رواية

أحلام مستغانمي

ذاكرة الجسد

نوفل

جميع الحقوق محفوظة.

صدر عام 2013 عن **نوفل**، دمغة الناشر هاشيت أنطوان.
الطبعة الرابعة، 2015

© هاشيت أنطوان ش.م.ل.، 2013
سنّ الفيل، حرج تابت، بناية فورست
ص. ب. 0656-11، رياض الصلح، 1107 2050 بيروت، لبنان
info@hachette-antoine.com
www.hachette-antoine.com
www.facebook.com/HachetteAntoine

لا يجوز نسخ أو استعمال أيّ جزء من هذا الكتاب في أيّ شكل من
الأشكال أو بأية وسيلة من الوسائل — سواء التصويرية أم الإلكترونية
أم الميكانيكية، بما في ذلك النسخ الفوتوغرافي والتسجيل على أشرطة
أو سواها وحفظ المعلومات أو استرجاعها — من دون الحصول على إذن
خطّي مسبق من الناشر.

تصميم الغلاف: معجون
تصميم الداخل: ماري تريز مرعب
تحرير ومتابعة نشر: رنا حايك
طباعة: **Chemaly & Chemaly**

ر.د.م.ك.: 1-948-26-9953-978

إهداء

إلى مالك حدّاد..
ابن قسنطينة الذي أقسم بعد استقلال الجزائر ألّا يكتب
بلغة ليست لغته..
فاغتالته الصفحة البيضاء.. ومات متأثِّرًا بسرطان صمته
ليصبح شهيد اللّغة العربيّة، وأوّل كاتب قرّر أن يموت
صمتًا وقهرًا وعشقًا لها.

وإلى أبي..
عساه يجد «هناك» من يتقن العربيّة، فيقرأ له أخيرًا
هذا الكتاب.. كتابه.

أحلام

خالد بن طوبال هو بطل «رصيف الأزهار لم يعد يجيب»، آخر رواية كتبها مالك حداد، قبل أن يقرّر الصمت.

عن تواطؤ شعري مع الكاتب، أستعير في «ذاكرة الجسد» بطله لينطق باللغة العربية، كما تمنّى مالك حداد حين كتب تلك الرواية أيام الثورة الجزائرية. بعد نصف قرن، يعود خالد بن طوبال ليكتب بهذه اللغة، عن غروب أحلامه الوطنية.. والقوميّة.

إنّ الجُمل المكتوبة بخطّ مميّز مأخوذة من روايات مالك حدّاد.

الفصل الأوّل

ما زِلْت أذكر قولك ذات يوم:

«الحبّ هو ما حدث بيننا. والأدب هو كلّ ما لم يحدث».

يمكنني اليوم، بعد ما انتهى كلّ شيء أن أقول:

هنيئًا للأدب على فجيعتنا إذن، فما أكبر مساحة ما لم يحدث.

إنّها تصلح اليوم لأكثر من كتاب.

وهنيئًا للحبّ أيضًا..

فما أجمل الذي حدث بيننا.. ما أجمل الذي لم يحدث.. ما أجمل الذي لن يحدث.

قبل اليوم، كنت أعتقد أنّنا لا يمكن أن نكتب عن حياتنا إلّا عندما نُشفى منها.

عندما يمكن أن نلمس جراحنا القديمة بقلم، دون أن نتألّم مرّة أخرى.

عندما نقدر على النظر خلفنا دون حنين، دون جنون، ودون حقد أيضًا.

أيمكن هذا حقًّا؟

نحن لا نُشفى من ذاكراتنا.

ولهذا نحن نكتب، ولهذا نحن نرسم، ولهذا يموت بعضنا أيضًا.

– أتريد قهوة؟

يأتي صوت عتيقة غائبًا، وكأنّه يطرح السؤال على شخص غيري.

معتذرًا دون اعتذار، على وجهٍ للحزن لم أخلعه منذ أيّام.

يخذلني صوتي فجأة..

أجيب بإشارة من رأسي فقط.

فتنسحب لتعود بعد لحظات، بصينيّة قهوة نحاسيّة كبيرة عليها إبريق، وفناجين، وسكّرية، ومرشّ لماء الزهر، وصحن للحلويات.

في مدن أخرى تُقدَّم القهوة جاهزة في فنجان، وُضعَت جواره مسبقًا ملعقة وقطعة سكّر.

ولكن قسنطينة مدينة تكره الإيجاز في كلّ شيء.

إنّها تفرد ما عندها دائمًا، تمامًا كما تلبس كلّ ما تملك. وتقول كلّ ما تعرف.

ولهذا، حتى الحزن كان وليمة في هذه المدينة.

أجمع الأوراق المُبعثَرة أمامي، لأترك مكانًا لفنجان القهوة وكأنّي أفسح مكانًا لك.

بعضها مسوّدات قديمة، وأخرى أوراق بيضاء تنتظر منذ أيّام بعض الكلمات فقط.. كي تدبّ فيها الحياة، وتتحوّل من ورق إلى أيّام.

كلمات فقط، أجتاز بها الصمت إلى الكلام، والذاكرة إلى النسيان، ولكن..

تركت السكّر جانبًا، وارتشفت قهوتي مرّة كما عوّدني حبّك.

فكّرت في غرابة هذا الطعم العذب للقهوة المرّة. ولحظتها فقط، شعرت بأنّني قادر على الكتابة عنكِ، فأشعلت سيجارة عصبيّة، ورحت

أطارد دخان الكلمات التي أحرقتني منذ سنوات، دون أن أطفئ
حرائقها مرّة فوق صفحة.

هل الورق مطفأة للذاكرة؟

نترك فوقه كلّ مرّة رماد سيجارة الحنين الأخيرة، وبقايا
الخيبة الأخيرة..

من منّا يطفئ الآخر أو يشعله؟

لا أدري.. فقبلكِ لم أكتب شيئًا يستحقّ الذكر.. معكِ فقط
سأبدأ الكتابة.

ولا بدّ أن أعثر أخيرًا على الكلمات التي سأنكتب بها، فمن حقِّي
أن أختار اليوم كيف أنكتب. أنا الذي لم أختَر تلك القصّة.

قصّة كان يمكن ألّا تكون قصّتي، لو لم يضعك القدَر كلّ مرّة
مصادفة، عند منعطفات فصولها.

من أين جاء هذا الارتباك؟

وكيف تطابقت مساحة الأوراق البيضاء المستطيلة، بتلك
المساحة الشاسعة البياض للوحات لم ترسم بعد.. وما زالت مُسنَدة
إلى جدار مرسم كان مرسمي؟

وكيف غادرَتني الحروف كما غادرَتني قبلها الألوان، وتحوّل
العالم إلى جهاز تلفزيون عتيق، يبثّ الصور بالأسود والأبيض فقط،
ويعرض شريطًا قديمًا للذاكرة، كما تعرض أفلام السينما الصامتة؟

كنت أحسدهم دائمًا، أولئك الرسّامين الذين كانوا ينتقلون
بين الرسم والكتابة دون جهد، وكأنَّهم ينتقلون من غرفة إلى أخرى
داخلهم. كأنَّهم ينتقلون بين امرأتين دون كلفة.

كان لا بدَّ ألّا أكون رجلًا لامرأة واحدة!

ها هو ذا القلم إذن.. الأكثر بوحًا والأكثر جرحًا.

ها هو ذا الذي لا يتقن المراوغة، ولا يعرف كيف توضَع الظلال على الأشياء، ولا كيف تُرَشّ الألوان على الجرح المعروض للفرجة.

وها هي الكلمات التي حرمتُ منها، عارية كما أردتُها، موجعة كما أردتُها. فلمَ رعشة الخوف تشلّ يدي، وتمنعني من الكتابة؟

تراني أعي في هـذه اللحظة فقط، أنّني استبدلت بفرشاتي سكّينًا، وأنّ الكتابة إليك قاتلة.. كحبّك.

ارتشفتُ قهوتكِ المرّة بمتعة مشبوهة هذه المرّة. شعرت بأنّني على وشك أن أعثر على جملة أولى، أبدأ بها هذا الكتاب.

جملة قد تكون بتلقائيّة كلمات رسالة.

كأن أقول مثلًا:

«أكتب إليكِ من مدينة ما زالت تشبهك، وأصبحتُ أشبهها، ما زالت الطيور تعبر هذه الجسور على عجل، وأنا أصبحتُ جسرًا آخَر معلّقًا هنا. لا تحبّي الجسور بعد اليوم..».

أو شيئًا آخر مثل:

«أمام فنجان قهوة ذكرتُكِ..

كان لا بدّ أن تضعي ولو مرّةً قطعة سكّر في قهوتي. لماذا كلّ هـذه الصينيّة.. من أجل قهوة مُرّة..؟».

كان يمكن أن أقول أيّ شيء..

ففي النهاية، ليست الروايات سوى رسائل وبطاقات، نكتبها خارج المناسبات المعلنة.. لنعلن نشرتنا النفسيّة، لمن يهمّهم أمرنا. ولذا أجمّلها، تلك التي تبدأ بجملة لم يتوقّعها من عايش طقسنا وطقوسنا. وربّما كان يومًا سببًا في كلّ تقلّباتنا الجوّية.

تتزاحم الجمل في ذهني، كلّ تلك التي لم تتوقّعيها.

وتمطر الذاكرة فجأة..

فأبتلع قهوتي على عجل. وأُشرّع نافذتي لأهرب منك إلى السماء الخريفيّة.. إلى الشجر والجسور والمارّة.

إلى مدينة أصبحت مدينتي مرّة أخرى. بعدما أخذتُ لي موعدًا معها لسبب آخر هذه المرّة.

ها هي ذي قسنطينة.. وها هو كلّ شيء أنت.

وها أنت تدخلين إليّ، من النافذة نفسها التي سبق أن دخلتِ منها منذ سنوات. مع صوت المآذن نفسه، وصوت الباعة، وخطى النساء الملتحفات بالسواد، والأغاني الصادحة من مذياع لا يتعب.. «يا التفّاحة.. يا التفّاحة.. خبّريني وعلاش الناس والعة بيك..».

تستوقفني هذه الأغنية بسذاجتها.

تضعني وجهًا لوجه مع الوطن. تذكّرني دون مجال للشكّ بأنّني في مدينة عربيّة، فتبدو السنوات التي قضيتها في باريس حلمًا خرافيًّا.

هل التغزّل بالفواكه ظاهرة عربيّة؟ أم وحده التّفاح الذي ما زال يحمل نكهة خطيئتنا الأولى، شهيّ لحدّ التغنّي به، في أكثر من بلد عربي؟

وماذا لو كنتِ تفّاحة؟

لا لم تكوني تفّاحة.

كنتِ المرأة التي أغرتني بأكل التفّاح لا أكثر. كنت تمارسين معي فطريًّا لعبة حوّاء. ولم يكن بإمكاني أن أتنكّر لأكثر من رجل يسكنني، لأكون معك أنت بالذات، في حماقة آدم!

– أهلًا سي خالد.. واش راك اليوم..؟

يسلّم عليّ جار، تسلّقت نظراته طوابق حزني. وفاجأه وقوفي الصباحي، خلف شرفة للذهول.

أتابع في نظرة غائبة، خطواته المتّجهة نحو المسجد المجاور. وما يليها من خطوات، لمارّة آخرين، بعضها كسلى، وأخرى عجلى، متّجهة جميعها نحو المكان نفسه.

الوطن كلّه ذاهب للصلاة.

والمذياع يمجّد أكل التفّاحة.

وأكثر من جهاز هوائيّ على السطوح، يقف مقابلًا للمآذن يرصد القنوات الأجنبيّة، التي تقدّم لك كلّ ليلة على شاشة تلفزيونك، أكثر من طريقة – عصريّة – لأكل التفّاح!

أكتفي بابتلاع ريقي فقط.

في الواقع لم أكن أحبّ الفواكه، ولا كان أمر التفّاح يعنيني بالتحديد.

كنت أحبّكِ أنتِ. وما ذنبي إن جاءني حبّك في شكل خطيئة؟

كيف أنتَ.. يسألني جار ويمضي للصلاة.

فيجيبه لساني بكلمات مقتضبة، ويمضي في السؤال عنكِ.

كيف أنا؟

أنا ما فعلته بي سيّدتي.. فكيف أنتِ؟

يا امرأة كساها حنيني جنونًا، وإذا بها تأخذ تدريجًا، ملامح مدينة وتضاريس وطن.

وإذا بي أسكنها في غفلة من الزمن، وكأنّني أسكن غرف ذاكرتي المُغلَقة من سنين..

كيف حالكِ؟

يا شجرة توت تلبس الحداد وراثيًا كلّ موسم.

يا قسنطينيّة الأثواب..

يا قسنطينيّة الحبّ.. والأفراح والأحزان والأحباب. أجيبي أين تكونين الآن؟

ها هي ذي قسنطينة...

باردة الأطراف والأقدام. محمومة الشفاه، مجنونة الأطوار.

ها هي ذي... كم تشبهينها اليوم أيضًا.. لو تدرين!

دعيني أغلق النافذة!

كان مارسيل بانيول يقول:

«تعوّد على اعتبار الأشياء العاديّة.. أشياء يمكن أن تحدث أيضًا».

أليس الموت في النهاية شيئًا عاديًا، تمامًا كالميلاد، والحبّ، والزواج، والمرض، والشيخوخة، والغربة والجنون، وأشياء أخرى؟

فما أطول قائمة الأشياء العاديّة التي نتوقّعها فوق العادة، حتى تحدث، والتي نعتقد أنّها لا تحدث سوى للآخرين، وأنَّ الحياة لسبب أو لآخر ستوفّر علينا كثيرًا منها، حتّى نجد أنفسنا يومًا أمامها.

عندما أبحث في حياتي اليوم، أجد أنَّ لقائي بك هو الشيء الوحيد الخارق للعادة حقًّا. الشيء الوحيد الذي لم أكن لأتنبّأ به، أو أتوقّع عواقبه عليّ، لأنّني كنت أجهل وقتها أنَّ الأشياء غير العاديّة، قد تجرّ معها أيضًا كثيرًا من الأشياء العاديّة.

ورغم ذلك..

ما زلت أتساءل بعد كلّ هذه السنوات، أين أضع حبّك اليوم؟

أفي خانة الأشياء العاديّة التي قد تحدث لنا يومًا كأيّ وعكة صحِّيّة أو زلّة قدم.. أو نوبة جنون؟

أم.. أضعه حيث بدأ يومًا؟

كشيء خارق للعادة، كهديّة من كوكب، لم يتوقّع وجوده الفلكيّون، أو زلزال لم تتنبّأ به أيّ أجهزة للهزّات الأرضيّة.

أكنتِ زلّة قدم.. أم زلّة قدَر؟

أقلّب جريدة الصباح بحثًا عن أجوبة مقنعة لحدث «عادي» غيّر مسار حياتي وجاء بي إلى هنا.

أتصفّح تعاستنا بعد كلّ هذه الأعـوام، فيعلق الوطن حبرًا أسود بيدي.

هناك صحف يجب أن تغسل يديكَ إن تصفّحتها وإن لم يكن للسبب نفسه كلّ مرّة. فهنالك واحدة تترك حبرها عليك.. وأخرى أكثر تألُّقًا تنقل عفونتها إليك.

ألأنّ الجرائد تشبه دائمًا أصحابها، تبدو لي جرائدنا وكأنّها تستيقظ كلّ يوم مثلنا، بملامح متعبة وبوجه غير صباحيّ غسلَته على عجل، ونزلَت به إلى الشارع. وهكذا دون أن تكلّف نفسها مشقّة تصفيف شعرها، أو وضع ربطة عنق مناسبة.. أو إغرائنا بابتسامة. 25 أكتوبر 1988.

عناوين كبرى.. كثير من الحبر الأسود. كثير من الدم. وقليل من الحياء.

هناك جرائد تبيعكَ نفس صور الصفحة الأولى.. ببدلة جديدة كلّ مرّة.

هنالك جرائد... تبيعكَ نفس الأكاذيب بطريقة أقلّ ذكاءً كلّ مرّة.

وهنالك أخرى، تبيعكَ تذكرة للهروب من الوطن.. لا غير.

ولأنّ ذلك لم يعد ممكنًا، فلأغلق الجريدة إذن... ولأذهب لغسل يدي.

آخر مرّة استوقفَتني فيها صحيفة جزائريّة، كانت منذ شهرين تقريبًا. عندما كنت أتصفّح مجلّة عن طريق الصدفة، وإذا بصورتكِ

تفاجئني على نصف صفحة بأكملها، مُرفقَة بحوار صحافي بمناسبة صدور كتاب جديد لكِ.

يومها، تسمَّر نظري أمام ذلك الإطار الذي كان يحتويك. وعبثًا رحت أفكّ رموز كلامك. كنتُ أقرأكِ مرتبكًا متلعمثًا، على عجل. وكأنَّني أنا الذي كنت أتحدّث إليك عنّي، ولست أنت التي كنت تتحدّثين للآخرين، عن قصّة ربّما لم تكن قصّتنا.

أيّ موعد عجيب كان موعدنا ذلك اليوم! كيف لم أتوقّع بعد تلك السنوات أن تحجزي لي موعدًا على ورق بين صفحتين، في مجلّة لا أقرأها عادة.

إنّه قانون الحماقات، أليس كذلك؟ أن أشتري مصادفة مجلّة لم أتعوّد شراءها، فقط لأقلب حياتي رأسًا على عقب!

وأين العجب؟

ألم تكوني امرأة من ورق، تحبّ وتكره على ورق، وتهجر وتعود على ورق، وتقتل وتُحيي بجرّة قلم.

فكيف لا أرتبك وأنا أقرأك، وكيف لا تعود تلك الرعشة المكهربة لتسري في جسدي، وتزيد من خفقان قلبي، وكأنَّني كنت أمامك، لا أمام صورة لكِ.

تساءلت كثيرًا بعدها، وأنا أعود بين الحين والآخر لتلك الصورة، كيف عدتِ هكذا لتتربّصي بي، أنا الذي تحاشيت كلّ الطرق المؤدّية إليك؟

كيف عدت.. بعدما كاد الجرح أن يلتئم، وكاد القلب المؤثَّث بذكراك أن يفرغ منك شيئًا فشيئًا وأنت تجمعين حقائب الحبّ وتمضين فجأة لتسكني قلبًا آخر.

غادرتِ قلبي إذن..

كما يغادر سائح مدينة جاءها في زيارة سياحيّة منظّمة. كلّ شيء موقوت فيها مسبقًا، حتّى ساعة الرحيل، ومحجوز فيها مسبقًا، حتّى المعالم السياحيّة التي سيزورها، واسم المسرحيّة التي سيشاهدها، وعنوان المحالّ التي سيشتري منها هدايا للذكرى.

فهل كانت رحلتك مضجرة إلى هذا الحدّ؟

ها أنا أمام نسخة منك، مدهوش مرتبك، وكأنّني أمامك.

تفاجئني تسريحتك الجديدة. شعرك القصير الذي كان شالًّا يلفّ وحشة ليلي.. ماذا تراك فعلت به؟

أتوقّف طويلًا عند عينيك. أبحث فيهما عن ذكرى هزيمتي الأولى أمامك.

ذات يوم.. لم يكن أجمل من عينيك سوى عينيك. فما أشقاني وما أسعدني بهما!

هل تغيّرت عيناك أيضًا.. أم نظرتي هي التي تغيّرت؟

أواصل البحث في وجهك عن بصمات جنوني السابق. لا أكاد أعرف شفتيك ولا ابتسامتك وحمرتك الجديدة.

كيف حدث يومًا.. أن وجدتُ فيك شبهًا بأمّي. كيف تصوّرتك تلبسين ثوبها العنّابي، وتعجنين بهاتين اليدين ذواتيْ الأظافر المطليّة الطويلة، تلك الكِسرة التي افتقدت مذاقها منذ سنين؟

أيّ جنون كان ذلك.. وأيّ حماقة!

هل غيّر الزواج حقًّا ملامحك وضحكتك الطفوليّة، هل غيّر ذاكرتك أيضًا، ومذاق شفتيك وسمرتك الغجريّة؟

وهل أنساك ذلك «النبيّ المفلس» الذي سرقوا منه الوصايا العشر وهو في طريقه إليك.. فجاءك بالوصيّة الحادية عشرة فقط.

ها أنت ذي أمامي، تلبسين ثوب الرِّدَّة. لقد اخترتِ طريقًا آخر، ولبستِ وجهًا آخر لم أعد أعرفه، وجهًا كذلك الذي نصادفه في المجلّات والإعلانات، لأولئك النساء الواجهة، المعَدّات مُسبَقًا لبيع شيء ما، قد يكون معجون أسنان، أو مرهمًا ضدَّ التجاعيد.

أم تراكِ لبستِ هذا القناع، فقط لتروّجي لبضاعة في شكل كتاب، سَمّيتِها «منعطف النسيان» بضاعة قد تكون قصّتي معك.. وذاكرة جرحي؟

وقد تكون آخر طريقة وجدتِها لقتلي اليوم من جديد، دون أن تتركي بصماتك على عنقي.

يومها تذكّرت حديثًا قديمًا لنا. عندما سألتك مرّة لماذا اخترتِ الرواية بالذات، وإذا بجوابك يدهشني.

قلت يومها بابتسامة لم أدرك نسبة الصدق فيها من نسبة التحايل: «كان لا بدّ أن أضع شيئًا من الترتيب داخلي.. وأتخلّص من بعض الأثاث القديم. إنَّ أعماقنا أيضًا في حاجة إلى نفض كأيّ بيت نسكنه، ولا يمكن أن أُبقي نوافذي مُغلقَة هكذا على أكثر من جثّة.. إنّنا نكتب الروايات لنقتل الأبطال لا غير، وننتهي من الأشخاص الذين أصبح وجودهم عبئًا على حياتنا. فكلّما كتبنا عنهم فرغنا منهم... وامتلأنا بهواء نظيف...».

وأضفتِ بعد شيء من الصمت: «في الحقيقة، كلّ رواية ناجحة، هي جريمة ما نرتكبها تجاه ذاكرة ما، وربّما تجاه شخص ما، نقتله على مرأى من الجميع بكاتم صوت. ووحده يدري أنَّ تلك الكلمة الرصاصة كانت موجّهة إليه.

والروايات الفاشلة، ليست سوى جرائم فاشلة، لا بدّ أن تُسحَب من أصحابها رخصة حمل القلم، بحجّة أنّهم لا يحسنون استعمال

الكلمات، وقد يقتلون بها أيّ أحد عن خطأ.. بمن في ذلك أنفسهم، بعدما يكونون قد قتلوا القرّاء.. ضجرًا!».

كيف لم تُثِر نزعتك الساديّة شكوكي يومها.. وكيف لم أتوقَّع كلّ جرائمك التي تلت ذلك اليوم، والتي جرّبتِ فيها أسلحتك الأخرى؟ لم أكن أتوقّع يومها أنّك قد توجّهين يومًا رصاصك نحوي.

ولذا ضحكت لكلامك، وربّما بدأ يومها انبهاري الآخر بك. فنحن لا نقاوم، في هذه الحالات، جنون الإعجاب بقاتلنا!

ورغم ذلك أبديت لك دهشتي. قلت:

ـ كنت أعتقد أنّ الرواية طريقة الكاتب في أن يعيش مرّة ثانية قصّة أحبّها.. وطريقته في منح الخلود لمن أحبَّ.

وكأنّ كلامي فاجأك فقلت وكأنّك تكتشفين شيئًا لم تحسبي له حسابًا:

ـ وربّما كان هذا صحيحًا أيضًا، فنحن في النهاية لا نقتل سوى من أحببنا. ونمنحهم تعويضًا عن ذلك خلودًا أدبيًا. إنّها صفقة عادلة.. أليس كذلك؟!

عادلة؟

من يناقش الطغاة في عدلهم أو ظلمهم؟ ومن يناقش نيرون يوم أحرق روما حبًّا لها، وعشقًا لشهوة اللّهب. وأنت، أما كنت مثله امرأة تحترف العشق والحرائق بالتساوي؟

أكنت لحظتها تتنبّئين بنهايتي القريبة، وتواسينني مسبقًا على فجيعتي..

أم كنت تتلاعبين بالكلمات كعادتك، وتتأمّلين وقعها عليّ، وتسعدين سرًّا باندهاشي الدائم أمامك، وانبهاري بقدرتك المذهلة، في خلق لغة على قياس تناقضك.

كلّ الاحتمالات كانت ممكنة..

فربّما كنتُ أنا ضحيّة روايتك هذه، والجثّة التي حكمتِ عليها بالخلود، وقرّرت أن تحنّطيها بالكلمات.. كالعادة.

وربّما كنت ضحيّة وهمي فقط، ومراوغتك التي تشبه الصدق، فوحدك تعرفين في النهاية الجواب عن كلّ تلك الأسئلة التي ظلَّت تطاردني، بعناد الذي يبحث عن الحقيقة دون جدوى.

متى كتبتِ ذلك الكتاب؟

أقبل زواجكِ أم بعده؟ أقبل رحيل زياد.. أم بعده؟ أكتبته عنّي.. أم كتبته عنه؟ أكتبته لتقتليني به.. أم لتحييه هو؟ أم لتنتهي منّا معًا، وتقتلينا معًا بكتاب واحد.. كما تركتِنا معًا من أجل رجل واحد؟

عندما قرأتُ ذلك الخبر منذ شهرين، لم أتوقّع إطلاقًا أن تعودي فجأة بذلك الحضور المُلحّ، ليصبح كتابك محور تفكيري، ودائرة مغلقة أدور فيها وحدي.

فلا كان ممكنًا يومها، بعد كلّ الذي حدث، أن أذهب للبحث عنه في المكتبات، لأشتري قصّتي من بائع مقابل ورقة نقديّة. ولا كان ممكنًا أيضًا أن أتجاهله وأواصل حياتي وكأنّني لم أسمع به، وكأنّ أمره لا يعنيني تمامًا.

ألم أكن متحرّقًا إلى قراءة بقيّة القصّة؟

قصّتك التي انتهت في غفلة منّي، دون أن أعرف فصولها الأخيرة.

تلك التي كنت شاهدها الغائب، بعدما كنت شاهدها الأوّل. أنا الذي كنت، حسب قانون الحماقات نفسه، الشاهد والشهيد دائمًا في قصّة لم يكن فيها من مكان سوى لبطل واحد.

ها هو ذا كتابك أمامي.. لم يعد بإمكاني اليوم أن أقرأه. فتركته هنا على طاولتي مُغلَقًا كلغز، يتربّص بي كقنبلة موقوتة، أستعين بحضوره الصامت لتفجير منجم الكلمات داخلي.. واستفزاز الذاكرة.

كلّ شيء فيه يستفزّني اليوم. عنوانه الذي اخترته بمراوغة واضحة.. وابتسامتك التي تتجاهل حزني. ونظرتك المحايدة التي تعاملني وكأنّني قارئ، لا يعرف الكثير عنك.

كلّ شيء.. حتى اسمك.

وربّما كان اسمك الأكثر استفزازًا لي، فهو ما يزال يقفز إلى الذاكرة قبل أن تقفز حروفه المميّزة إلى العين.

اسمك الذي.. لا يُقرأ، بل يُسمع كموسيقى تُعزف على آلة واحدة من أجل مستمع واحد.

كيف يمكنني أن أقرأه بحياد، وهو فصل من قصّة مدهشة كتبَتها الصدفة، وكتبها قدَرنا الذي تقاطع يومًا؟

يقول تعليقٌ على ظهر كتابك إنّه حدث أدبي.

وأقـول وأنا أضـع عليه حزمة مـن الأوراق التي سوّدتُها في لحظة هذيان..

«حان لك أن تكتب.. أو تصمت إلى الأبد أيّها الرجل. فما أعجب ما يحدث هذه الأيّام!».

وفجـأة.. يحسم البـرد المـوقـف، ويـزحـف ليـل قسنطينة نحوي من نافذةٍ للوحشة، فأعيد للقلم غطاءه، وأنزلق بدوري تحت غطاء الوحدة.

مـذ أدركـتُ أنّ لكلّ مدينةٍ الليل الذي تستحقّ، الليل الذي يشبهها والذي وحده يفضحها، ويعرّي في العتمة ما تخفيه في النهار، قرّرت أن أتحاشى النظر ليلًا من هذه النافذة.

كلّ المدن تمارس التعرّي ليلًا دون علمها، وتفضحُ للغرباء أسرارها، حتى عندما لا تقول شيئًا.

وحتّى عندما توصِد أبوابها.

ولأنَّ المدن كالنساء، يحدث لبعضهنَّ أن يجعلنا نستعجل قدوم الصباح. ولكن..

« Soirs, soirs. Que de soirs pour un seul matin... »

كيف تذكّرتُ هذا البيت للشاعر هنري ميشو ورحت أُردّده على نفسي بأكثر من لغة..

«أمسيات.. أمسيات

كم من مساء لصباح واحد».

كيف تذكّرته، ومتى تراني حفظته؟.. تراني كنت أتوقّع منذ سنين أمسيات بائسة كهذه، لن يكون لها سوى صباح واحد؟

أنقّب بعض الشيء في ذاكرتي عن القصيدة التي أُخِذ منها هذا البيت، وإذا بعنوانها «الشيخوخة».. فيخيفني اكتشافي فجأة وكأنَّني أكتشف معه ملامح وجهي الجديدة. فهل تزحف الشيخوخة هكذا نحونا حقًّا بليل طويل واحد. وبعتمة داخليّة تجعلنا نتمهّل في كلّ شيء، ونسير ببطء، دون اتّجاه محدَّد؟

أيكون الملل والضياع والرتابة جزءًا من مواصفات الشيخوخة، أم من مواصفات هذه المدينة؟

تراني أنا الذي أدخل الشيخوخة.. أم ترى الوطن بأكمله هو الذي يدخل اليوم سنّ اليأس الجماعي؟

أليس هو الذي يملك هذه القدرة الخارقة، على جعلنا نكبر ونهرم في بضعة أشهر، وأحيانًا في بضعة أسابيع فقط؟

قبل اليوم لم أكن أشعر بِثِقَل السنين. كان حبّك شبابي، وكان مرسمي طاقتي الشمسيّة التي لا تنضب، وكانت باريس مدينة أنيقة، يخجل الواحد من أن يهمل مظهره في حضرتها. ولكنّهم طاردوني حتّى مربّع غربتي، وأطفأوا شعلة جنوني.. وجاؤوا بي حتّى هنا.

الآن نحن نقف جميعًا على بركان الوطن الذي ينفجر، ولم يعد في وسعنا، إلّا أن نتوحّد مع الجمر المتطاير من فوّهته، وننسى نارنا الصغيرة.

اليوم لا شيء يستحقّ كلّ تلك الأناقة واللياقة، الوطن نفسه أصبح لا يخجل من أن يبدو أمامنا في وضع غير لائق!

لا أصعب من أن تبدأ الكتابة، في العمر الذي يكون فيه الآخرون قد انتهوا من قول كلّ شيء.

الكتابة ما بعد الخمسين لأوّل مرّة.. شيء شهواني وجنوني شبيه بعودة المراهقة.

شيء مثير وأحمق. شبيه بعلاقة حبّ بين رجل في سنّ اليأس، وريشة حبر بكر.

الأوّل مرتبك وعلى عجل.. والثانية عذراء لا يرويها حبر العالم!

سأعتبر إذن ما كتبته حتى الآن، مجرّد استعداد للكتابة فقط، وفائض شهوة.. لهذه الأوراق التي حلمت منذ سنين بملئها.

ربّما غدًا أبدأ الكتابة حقًّا.

أحبّ دائمًا أن ترتبط الأشياء الهامّة في حياتي بتاريخ ما.. يكون غمزة لذاكرة أخرى.

أغرتني هذه الفكرة من جديد، وأنا أستمع إلى الأخبار هذا المساء وأكتشف، أنا الذي فقدت علاقاتي بالزمن، أنّ غدًا سيكون أوّل نوفمبر.. فهل يمكنني ألّا أختار تاريخًا كهذا، لأبدأ به هذا الكتاب؟

غدًا ستكون قد مرّت 34 سنة على انطلاق الرصاصة الأولى لحرب التحرير، ويكون قد مرّ على وجودي هنا ثلاثة أسابيع، ومثل ذلك من الزمن على سقوط آخر دفعة من الشهداء.

كان أحدهم ذلك الذي حضرت لأشيّعه بنفسي وأدفنه هنا.

بين أوّل رصاصة، وآخر رصاصة، تغيّرت الصدور، تغيّرت الأهداف.. وتغيّر الوطن.

ولذا سيكون الغد يومًا للحزن مدفوع الأجر مسبقًا.

لن يكون هناك استعراض عسكري، ولا استقبالات، ولا تبادل تهانئ رسميّة.

سيكتفون بتبادل التُّهَم.. ونكتفي بزيارة المقابر.

غدًا لن أزور ذلك القبر. لا أريد أن أتقاسم حزني مع الوطن.

أفضّل تواطؤ الورق، وكبرياء صمته.

كلّ شيء يستفزّني الليلة.. وأشعر بأنّني قد أكتب أخيرًا شيئًا مدهشًا، لن أمزّقه كالعادة..

فما أوجع هذه الصدفة التي تعود بي، بعد كلّ هذه السنوات، إلى هنا، إلى المكان نفسه، لأجد جثث من أحبّهم في انتظاري، بتوقيت الذاكرة الأولى.

يستيقظ الماضي الليلة داخلي.. مرتبكًا. يستدرجني إلى دهاليز الذاكرة.

فأحاول أن أقاومه، ولكن، هل يمكنني أن أقاوم ذاكرتي هذا المساء؟ أغلق باب غرفتي وأشرع النافذة..

أحاول أن أرى شيئًا آخر غير نفسي. وإذا النافذة تطلّ عليّ.. تمتدُّ أمامي غابات الغار والبلُّوط، وتزحف نحو قسنطينة ملتحفة ملاءتها القديمة، وكلّ تلك الأدغال والجروف والممرّات السرّية

التي كنت يومًا أعرفها والتي كانت تحيط بهذه المدينة كحزام أمان، فتوصلك مسالكها المتشعّبة، وغاباتها الكثيفة، إلى القواعد السرّيّة للمجاهدين، وكأنّها تشرح لك شجرة بعد شجرة، ومغارة بعد أخرى.

إنّ كلّ الطرق في هذه المدينة العريقة، تؤدّي إلى الصمود.

وإنّ كلّ الغابات والصخور هنا قد سبقتك في الانخراط في صفوف الثورة.

هنالك مدن لا تختار قدرها..

فقد حكم عليها التاريخ، كما حكمت عليها الجغرافيا، ألّا تستسلم.. ولذا لا يملك أبناؤها الخيار دائمًا.

فهل عجبٌ أن أشبه هذه المدينة حدّ التطرّف؟

ذات يوم منذ أكثر من ثلاثين سنة سلكتُ هـذه الطرق، واخترت أن تكون تلك الجبال بيتي ومدرستي السرّيّة التي أتعلّم فيها المادّة الوحيدة الممنوعة من التدريس. وكنت أدري أنّه ليس من بين خرّيجيها من دفعة ثالثة، وأنّ قدَري سيكون مختصَرًا في المساحة الفاصلة بين الحرّيّة.. والموت.

ذلك الموت الذي اخترنا له اسمًا أكثر إغراءً، لنذهب إليه دون خوف، وربّما بشهوة سرّيّة، وكأنّنا نذهب لشيء آخر غير حتفنا.

لماذا نسينا يومها أن نطلق على الحرّيّة أيضًا أكثر من اسم؟ وكيف اختصرنا منذ البدء حرّيّتنا.. في مفهومنا الأوّل؟

كان الموت يومها يمشي إلى جوارنا، وينام ويأخذ كسرته معنا على عجل. تمامًا مثل الشوق والصبر والإيمان.. والسعادة المبهمة التي لا تفارقنا.

كان الموت يمشي ويتنفّس معنا.. وكانت الأيّام قاسية دائمًا، لا تختلف عمّا سبقتها سوى بعدد شهدائها، الذين لم يكن يتوقّع

أحد موتهم على الغالب.. أو لم يكن يتصوّر لسبب أو لآخر، أن تكون نهايتهم، هم بالذات، قريبة إلى ذلك الحدّ.. ومفجعة إلى ذلك الحدّ. وكان ذلك منطق الموت الذي لم أكن قد أدركته بعد.

ما زلت أذكرهم، أولئك الذين تعوّدنا بعد ذلك أن نتحدّث عنهم بالجملة. وكأنّ الجمع في هذه الحالة بالذات، ليس اختصارًا للذاكرة، بل لحقِّهم علينا.

لم يكونوا شهداء.. كان كلّ واحد منهم شهيدًا على حِدة. كان هناك من استشهد في أوّل معركة، وكأنّه جاء خصّيصًا للشهادة.

وهناك من سقط قبل زيارته المسروقة إلى أهله بيوم واحد، بعدما قضى عدّة أسابيع في دراسة تفاصيلها، والإعداد لها.

وهناك من تزوّج وعاد.. ليموت متزوّجًا.

وهناك من كان يحلم أن يعود يومًا لكي يتزوّج.. ولم يَعُد.

في الحروب، ليس الذين يموتون هم التعساء دائمًا. إنَّ الأتعس هم أولئك الذين يتركونهم خلفهم ثكالى، يتامى، ومعطوبي أحلام.

اكتشفت هـذه الحقيقة بـاكـرًا، شهيـدًا بعـد آخـر، وقصّة بعد أخرى..

واكتشفت في المناسبة نفسها، أنّني ربّما كنت الوحيد الذي لم يترك خلفه سوى قبر طريّ لأُمّ ماتت مرضًا وقهرًا، وأخٍ فريد يصغرني بسنوات، وأب مشغول بمطالب عروسه الصغيرة.

لقد كان ذلك المثل الشعبي على حقّ «إنّ الذي مات أبوه لم يَتَيَتَّم.. وحده الذي ماتت أمّه يتيم».

وكنت يتيمًا، وكنت أعي ذلك بعمق في كلّ لحظة. فالجوع إلى الحنان، شعور مخيف وموجع، يظلّ ينحر فيك ويلازمك من الداخل حتّى يأتي عليك بطريقة أو بأخرى.

أكان التحاقي بالجبهة آنذاك محاولة غير مُعلَنة للبحث عن موتٍ أجمل خارج تلك الأحاسيس المرضيّة التي كانت تملأني تدريجًا، حقدًا على كلّ شيء؟

كانت الثورة تدخل عامها الثاني، ويُتمي يدخل شهره الثالث، ولم أعد أذكر الآن بالتحديد، في أيّ لحظة بالذات أخذ الوطن ملامح الأمومة، وأعطاني ما لم أتوقّعه من الحنان الغامض، والانتماء المتطرّف له.

وربّما كان لاختفاء سي الطاهر من حيّنا بسيدي المبروك منذ بضعة أشهر، دَور في حسم القضيّة، واستعجالي في أخذ ذلك القرار المفاجئ. فلم يكن يَخفى على أحد أنّه انتقل إلى مكان سرّيّ في الجبال المحيطة بقسنطينة ليؤسّس من هناك مع آخرين إحدى الخلايا الأولى للكفاح المسلّح.

من أين عاد اسم سي الطاهر اللّيلة ليزيد من ارتباكي، ومن منكما استدرجني للآخر؟

من أين عاد.. وهل غاب حقًا، وعلى بعد شارعين منّي شارع ما زال يحمل اسمه؟

هناك شيء اسمه «سُلطة الاسم».

وهناك أسماء عندما تذكرها، تكاد تُصلح من جلستك، وتُطفئ سيجارتك. تكاد تتحدَّث عنها وكأنّك تتحدَّث إليها بنفس تلك الهَيْبة وذلك الانبهار الأوّل.

ولذا.. ظلّ لاسم سي الطاهر هَيْبَته عندي. لم تقتله العادة ولا المعاشرة، ولم تحوّله تجربة السجن المشترك، ولا سنوات النضال، إلى اسم عاديّ لصديق أو لجار. فالرموز تعرف دائمًا كيف تُحيط نفسها بذلك الحاجز اللّامرئي، الذي يفصل بين العادي والاستثنائي، والممكن والمستحيل، في كلّ شيء.

ها أنا أذكره في ليلة لم أحجزها له..

وبينما أسحب نَفَسًا من سيجارة أخيرة، يرتفع صوت المآذن مُعلِنًا صلاة الفجر. ومن غرفة بعيدة يأتي بكاء طفل أيقظ صوته أنحاء كلِّ البيت..

فأحسد المآذن، وأحسد الأطفال الرضّع، لأنَّهم يملكون وحدهم حقّ الصّراخ والقدرة عليه، قبل أن تروّض الحياة حبالهم الصوتيّة، وتعلِّمهم الصمت.

لا أذكر من قال «يقضي الإنسان سنواته الأولى في تعلّم النطق، وتقضي الأنظمة العربيّة بقيّة عمره في تعليمه الصمت!».

وكان يمكن الصمت أن يصبح نعمة في هذه الليلة بالذات، تمامًا كالنسيان. فالذاكرة في مناسبات كهذه لا تأتي بالتقسيط، بل تهجم عليك شلّالًا يجرفك إلى حيث لا تدري من المنحدرات.

وكيف لك لحظتها أن توقفها دون أن تصطدم بالصخور، وتتحطَّم في زلّة ذكرى؟

وها أنت ذا، تلهث خلفها لتلحق بماضٍ لم تغادره في الواقع، وبذاكرة تسكنها لأنَّها جسدك.

جسدك المشوّه لا غير.

وتدري أنّ هناك من يلهثون الآن من منبر إلى آخر، بحجّة أو بأخرى، لِيُدينوا تاريخًا كانوا طرفًا فيه، عساهم يلحقون بالمَوجة الجديدة، قبل أن يجرفهم الطوفان، فلا تملك إلّا أن تشفق عليهم.

ما أتعس أن يعيش الإنسان بثياب مبلّلة.. خارجًا لتوّه من مستنقع.. وألّا يصمت قليلًا في انتظار أن تجفّ!

صامتًا يأتي سي الطاهر الليلة.

صامتًا كما يأتي الشهداء.

صامتًا.. كعادته.

وها أنت ذا مرتبك أمامه كعادتك.

لقد كانت دائمًا الخمس عشرة سنة التي تفصلكما، أكبر من عمر السنوات. كانت عمرًا بحدّ ذاتها، ورمزًا بحدّ ذاتها، لرجل كان يجمع إلى جانب الفصاحة التي كان يتميَّز بها كلّ من اختلط بجمعيّة العلماء، ودرس في قسنطينة، فصاحة أخرى.. هي فصاحة الحضور.

كان سي الطاهر يعرف متى يبتسم، ومتى يغضب. ويعرف كيف يتكلّم، ويعرف أيضًا كيف يصمت. وكانت الهيبة لا تفارق وجهه ولا تلك الابتسامة الغامضة التي كانت تعطي تفسيرًا مختلفًا لملامحه كلّ مرّة.

«إنَّ الابتسامات فواصل ونقاط انقطاع.. وقليل من الناس أولئك الذين ما زالوا يتقنون وضع الفواصل والنقط في كلامهم».

في سجن «الكُدْيا» كان موعدي النضاليّ الأوّل مع سي الطاهر.

كان موعدًا مشحونًا بالأحاسيس المتطرّفة، وبدهشة الاعتقال الأوّل، بعنفوانه.. وبخوفه.

وكان سي الطاهر الذي استدرجني إلى الثورة يومًا بعد آخر، يدري أنَّه مسؤول عن وجودي يومها هناك. وربَّما كان يشفق سرًّا على سنواتي الستّ عشرة، على طفولتي المبتورة، وعلى «امّا» التي كان يعرفها جيّدًا، ويعرف ما يمكن أن تفعله بها تجربة اعتقالي الأوّل.

ولكنَّه كان يخفي عنّي كلّ شفقته تلك، مردّدًا لمن يريد سماعه: «لقد خُلقَت السجون للرجال».

وكان سجن «الكديا» وقتها، ككلّ سجون الشرق الجزائري يعاني فجأة من فائض رجولة، إثر تظاهرات 8 ماي 1945 التي قدّمت فيها قسنطينة وسطيف وضواحيهما أوّل عربون للثورة، متمثّلًا في دفعة أولى من عدّة آلاف من الشهداء سقطوا في تظاهرة واحدة، وعشرات الآلاف

من المساجين الذين ضاقت بهم الزنازين، ممّا جعل الفرنسيّين يرتكبون أكبر حماقاتهم، وهم يجمعون لعدّة أشهر بين السجناء السياسيّين، وسجناء الحقّ العامّ، في زنازين يجاوز أحيانًا عدد نزلائها عشرين مُعتقَلًا.

وهكذا، جعلوا عدوى الثورة تنتقل إلى مساجين الحقّ العامّ الذين وجدوا فرصة للوعي السياسي، ولغسل شرفهم بالانضمام إلى الثورة التي استُشهد بعد ذلك من أجلها الكثير منهم. وما زال بعضهم حتّى الآن على قيد الحياة، يعيش بتكريم ووجاهة القادة التاريخيّين لحرب التحرير، بعدما تكفّل التاريخ بإعادة سجلّ سوابقهم العدليّة.. إلى عذريّته الأولى، بينما وجد بعض السجناء السياسيّين، في تلك الحماقة الاستعماريّة، فرصة للتعارف، ووقتًا كافيًا للتشاور والتفكير في أمور الوطن.. والتخطيط للمرحلة المقبلة.

اليوم.. عندما أذكر تلك التجربة، تبدو لي لكثافتها ودهشتها، وكأنّها أطول ممّا كانت، رغم أنّها لم تدم بالنسبة لي سوى ستّة أشهر فقط. قضيتُها هناك قبل أن يُطلق سراحي واثنين آخرين لصغَر سنّنا ولأنّه كان هناك من أمرُهم مهمّ أكثر منّا.

وهكذا عدت إلى ثانويّة قسنطينة، بعدما أخلفت عامًا دراسيًّا، لأجد البرنامج نفسه وكتب الفلسفة نفسها والأدب الفرنسي في انتظاري.. وحدهم بعض رفاق الدراسة كانوا ما يزالون ضمن المتغيّبين، بين مساجين وشهداء.

أغلبهم طلبة في الصفوف العليا التي كان مقرّرًا أن تتخرّج منها أوّل دفعة من المثقّفين والموظّفين الجزائريّين المُفرنَسين.

وكان ذلك شرفهم، أولئك الذين راهن البعض على خيانتهم، فقط لأنّهم اختاروا الثانويّات والثقافة الفرنسيّة، في مدينة لا يمكن أحدًا فيها أن يتجاهل سلطة اللّغة العربيّة، وهيبتها في القلوب والذاكرة.

فهل عجب أن يكون من بين الذين سُجِنوا وعُذِّبوا بعد تلك التظاهرات، الكثير منهم، هم الذين كانوا بحكم ثقافتهم الغربيّة يتمتّعون بوعي سياسيٍّ مبكّر، وبفائض وطنيّة.. وفائض أحلام؟

والذين أدركوا، والحرب العالميّة تنتهي لمصلحة فرنسا والحلفاء، أنّ فرنسا استعملت الجزائريّين ليخوضوا حربًا لم تكن حربهم، وأنّهم دفعوا آلاف الموتى في معارك لا تعنيهم، ليعودوا بعد ذلك إلى عبوديّتهم؟

كان في مصادفة وجودي مع سي الطاهر في الزنزانة نفسها شيء أسطوري بحدِّ ذاته، وتجربة نضاليّة ظلّت تلاحقني لسنوات بكلِّ تفاصيلها، وربّما كان لها بعد ذلك أثر في تغيُّر قدَري. فهناك رجال عندما تلتقي بهم تكون قد التقيتَ بقدرك.

كان سي الطاهر استثنائيًا في كلِّ شيء، وكأنّه كان يُعدّ نفسه منذ البدء، ليكون أكثر من رجل.

لقد خُلق ليكون قائدًا. كان فيه شيء من سلالة طارق بن زياد، والأمير عبد القادر، وأولئك الذين يمكنهم أن يغيّروا التاريخ بخطبة واحدة.

وكان الفرنسيّون الذين عذّبوه وسجنوه لمدّة ثلاث سنوات يعرفون ذلك جيّدًا. ولكنّهم كانوا يجهلون أنّ سي الطاهر سيأخذ بثأره منهم بعد ذلك بسنوات، ويصبح الرأس المطلوب بعد كلّ عمليّة يقوم بها المجاهدون في الشرق الجزائري.

أيّ صدفة.. أن يعود القدر بعد عشر سنوات تمامًا، ليضعني مع سي الطاهر في تجربة كفاحيّة مسلّحة هذه المرّة!

عام 1955.. وفي شهر أيلول بالذات، التحقتُ بالجبهة.

كان رفاقي يبدأون سنةً دراسيّة ستكون الحاسمة، وكنت في عامي الخامس والعشرين أبدأ حياتي الأخرى.

أذكر أنَّ استقبال سي الطاهر لي فاجأني وقتها. لم يسألني عن أيّ تفاصيل خاصّة عن حياتي أو دراستي. لم يسألني حتَّى كيف أخذت قرار التحاقي بالجبهة، ولا أيّ طريق سلكت لأصل إليه. ظلَّ يتأمَّلني قبل أن يحتضنني بشوق وكأنَّه كان ينتظرني هناك منذ سنة. ثم قال:

– جئت...!

وأجبته بفرح وبحزن غامض معًا:

– جئت!

كان سي الطاهر هكذا أحيانًا. موجِزًا حتَّى في فرحته؛ فكنت موجِزًا معه في حزني أيضًا.

سألني بعدها عن أخبار الأهل، وأخبار «امّا» بالتحديد، فأجبته أنَّها توفيت منذ ثلاثة أشهر. وأعتقد أنّه فهم كلَّ شيء، فقد قال وهو يربّت على كتفي، وشيء شبيه بالدمع يلمع في عينيه:

– رحمها الله، لقد تعذّبت كثيرًا.

ثمَّ ذهب في تفكيره بعيدًا إلى حيث لا أدري..

بعدها، حسدت في عينيه تلك الدمعة المفاجئة التي رفع بها أمّي إلى مرتبة الشهداء. فلم يحدث لي أن رأيت سي الطاهر يبكي سوى الشهداء من رجاله. وتمنّيت طويلًا بعد ذلك أن أُمدَّد جثمانًا بين يديه، لأتمتَّع ولو بعد موتي بدمعة مكابرة في عينيه.

ألكلّ هذا تقلَّصت عائلتي فجأة في شخصه، ورحت أتفانى في إثبات بطولتي له، وكأنَّني أريد أن أجعله شاهدًا على رجولتي أو على موتي؛ شاهدًا على أنّني لم أعد أنتسب إلى أحد غير هذا الوطن، وأنّني لم أترك خلفي سوى قبر لامرأة كانت أمّي، وأخٍ يصغرني اختار له أبي مُسبَقًا امرأة ستصبح أمّه.

كنت أُلقي بنفسي على الموت في كلّ مرّة، وكأنّني أتحدّاه أو
كأنّني أريد أن يأخذني بدل رفاقي الذين تركوا خلفهم أولادهم وأهلهم
ينتظرون عودتهم.

وكنت كلّ مرّة أعـود أنا ويسقط آخـرون، وكأنّ المـوت قـرّر
أن يرفضني..

وكان سي الطاهر، بعد أكثر من معركة ناجحة اشتركت فيها،
قد بدأ تدريجًا يعتمد عليّ في المهمّات الصعبة، ويكلّفني بالمهمّات
الأكثر خطورة، تلك التي تتطلّب مواجهة مباشرة مع العدوّ. ورفعني
بعد سنتين إلى رتبة ملازم لأتمكّن من إدارة بعض المعارك وحدي،
وأَخْذِ القرارات العسكريّة التي يقتضيها كلّ ظرف.

بدأت وقتها فقط أتحوّل على يد الثورة إلى رجل، وكأنَّ الرتبة
التي كنت أحملها منحتني شهادة بالشفاء من ذاكرتي.. وطفولتي.

وكنت آنذاك سعيدًا وقد بلغت أخيرًا تلك الطمأنينة النفسيّة
التي لا تمنحنا إيّاها سوى راحة الضمير.

لم أكن أعيَ وقتها أنَّ طموحاتي لا علاقة لها بالمكتوب، وأنّ
القدَر كان يتربّص بي في ذلك الوقت الذي كنت أعتقد فيه أن لا شيء
بعد اليوم يمكن أن يعيدني إلى حزني السابق.

وجاءت تلك المعركة الضارية التي دارت على مشارف «باتنة»
لتقلب يومًا كلّ شيء..

فقد فقدنا فيها ستّة مجاهدين، وكنت فيها أنا من عداد الجرحى
بعدما اخترقت ذراعي اليسرى رصاصتان، وإذا بمجرى حياتي يتغيّر
فجأة، وأنا أجد نفسي من ضمن الجرحى الذين يجب أن يُنقَلوا على
وَجه السرعة إلى الحدود التونسيّة للعلاج. ولم يكن العلاج بالنسبة لي..
سوى بتر ذراعي اليسرى، لاستحالة استئصال الرصاصتين. لم يكن هناك

من مجال للنقاش أو التردّد. كان النقاش فقط، حول الطرق الآمنة التي يمكن أن نسلكها حتى تونس، حيث كانت القواعد الخلفيّة للمجاهدين. وها أنذا أمام واقع آخر..

ها هو ذا القدَر يطردني من ملجئي الوحيد، من الحياة والمعارك الليليّة، ويخرجني من السرّيّة إلى الضوء، ليضعني أمام ساحة أخرى، ليست للموت وليست للحياة. ساحة للألم فقط.. وشرفة أتفرّج منها على ما يحدث في ساحة القتال. فلقد بدا واضحًا من كلام سي الطاهر يومها، أنّني قد لا أعود إلى الجبهة مرّة ثانية.

في ذلك اليوم الأخير، حاول سي الطاهر أن يحافظ على نبرته الطبيعيّة، وراح يودّعني كما كان يودّعني كلّ مرّة قبل معركة جديدة. ولكن هذه المرّة كان يدري أنّه يعدّني لتحمّل معركتي مع القدَر.

غير أنّه كان موجزًا على غير عادته، ربّما.. لأنّه ليس هناك من تعليمات خاصّة تعطى في هذه الحالات.. وربّما لأنّه كان يتكبّد يومها أكثر خسارة بشريّة ويفقد في معركة واحدة عشرة من خيرة رجاله بين جرحى وقتلى. وكان يدري، والثورة مُطوَّقة من كلّ جانب، قيمة كلّ مجاهد وحاجة الثورة إلى كلّ رجل على حدة.

لم أقل له شيئًا ذلك اليوم.

كنت أشعر، لسبب غامض، بأنّني أصبحت يتيمًا مرّة أخرى.

كانت دمعتان قد تجمّدتا في عينيّ. كنت أنزف، وكان ألم ذراعي ينتقل تدريجًا إلى جسدي كلّه، ويستقرّ في حلقي غصّة. غصّة الخيبة والألم.. والخوف من المجهول.

كانت الأحداث تجري مسرعة أمامي، وقدَري يأخذ منحًى جديدًا بين ساعة وأخرى. وحده صوت سي الطاهر وهو يعطي تعليماته الأخيرة، كان يصل إليّ حيث كنتُ، ليصبح صلتي الوحيدة مع العالم.

برغم ذلك، ما زلت أذكر تمامًا حضوره الأخير، عندما جاء يتفقَّدني قبل سفري بساعة، ووضع ورقة صغيرة في جيبي وبعض الأوراق النقديّة، وقال وهو ينحني عليّ وكأنّه يودعني سرًّا:

«لقد وضعت في جيبك عنوان العائلة في تونس وشيئًا من الدراهم..».

ثمّ تمتم:

«لو قُدّر لك أن تصل إلى هناك.. أتمنَّى أن تذهب لزيارتهم حين تشفى وتسلّم هذا المبلغ إلى «امّا» لتشتري به هديّة للصغيرة، وأودُّ أيضًا أن تسجّلها في دار البلديّة إذا استطعت ذلك.. فقد يمرّ وقت طويل قبل أن أتمكّن من زيارتهم..».

وعاد بعد لحظات وكأنّه نسى شيئًا ليضيف شبه مرتبك وهو يلفظ ذلك الاسم لأوّل مرّة..

«.. لقد اخترت لها هذا الاسم... سجّلها متى استطعت ذلك وقبّلها عنّي.. وسلّم كثيرًا على «امّا»..».

كانت تلك أوّل مرّة سمعتُ فيها اسمك.. سمعته وأنا في لحظة نزف بين الموت والحياة، فتعلّقت في غيبوبتي بحروفه، كما يتعلّق محموم في لحظة هذيان بكلمة..

كما يتعلّق رسول بوصيّة يخاف أن تضيع منه..

كما يتعلّق غريق بحبال الحلم.

بين الألف وميم المتعة كان اسمك.

تشطره حاء الحرقة.. ولام التحذير. فكيف لم أَحذَر اسمك الذي ولد وسط الحرائق الأولى، شعلة صغيرة في تلك الحرب. كيف لم أحذر اسمًا يحمل ضدّه ويبدأ بـ«أح» الألم واللّذة معًا. كيف لم أحذر هذا

الاسم المفرد – الجمع كاسم هذا الوطن، وأدرك منذ البدء أنّ الجمع خُلِقَ دائمًا ليقتسم!

بين الابتسام والحزن، يحدث اليوم أن أستعيد تلك الوصيّة: «قبّلها عنّي..» وأضحك من القَدَر، وأضحك من نفسي، ومن غرابة المصادفات.

ثمّ أعود وأخجل من وقار صوته، ومن مسحة الضعف النادرة التي غلّفَت جملته تلك، هو الذي كان يريد أن يبدو أمامنا دائمًا، رجلًا مهيبًا لا هموم له سوى هموم الوطن، ولا أهل له غير رجاله..

لقد اعترف لي بأنّه رجل ضعيف؛ يحنّ ويشتاق وقد يبكي ولكن، في حدود الحياء، وسرًّا دائمًا. فليس من حقّ الرموز أن تبكي شوقًا.

إنّه لم يذكر أمّك مثلًا.. تراه لم يحنّ إليها، هي العروس التي لم يتمتّع بها غير أشهر مسروقة من العمر وتركها حاملًا.

ولماذا هذا الاستعجال المفاجئ؟ لماذا لا ينتظر بعض الوقت ليرتِّب قضيّة غيابه لأيّام، ويقوم هو نفسه بتسجيلك؟

لقد انتَظر ستّة أشهر، فلماذا لا ينتظر أسابيع أخرى.. ولماذا أنا بالذات..

أيّ قدر جعلني أحضر إلى هناك بتوقيتك؟

كلّما طرحت على نفسي هذا السؤال، دُهشتُ له وآمنت بالمكتوب.

فقد كان بإمكان سي الطاهر، برغم مسؤوليّاته، أن يهرب ليوم أو ليومين إلى تونس. ولم تكن قضيّة عبور الحدود بحراستها المشدّدة ودوريّاتها وكمائنها لتُخيفه، ولا حتّى اجتياز «خطّ موريس» المُكهرَب والمفروش بالألغام، والممتَدّ بين الحدود التونسيّة الجزائريّة من البحر إلى الصحراء، والذي اجتازه في ما بعد ثلاث مرّات، وهو رقم قياسي بالنسبة لعشرات المجاهدين الذين تركوا جثثهم على امتداده.

أكان حبّ سي الطاهر للانضباط، واحترامه للقوانين هو الذي خلق عنده ذلك الشعور بالقلق بعد ميلادك، وهو يكتشف عاجزًا أنّه أب منذ شهور لطفلة لم يمنحها اسمًا، ولم يتمكّن حتّى من تسجيلها؟

أم كان يخاف، هو الذي انتظرَك طويلًا، أن تضيعي منه إن هو لم يرسّخ وجودك وانتسابك له على ورقة رسميّة عليها ختم رسمي؟

أكان يتشاءم من وضعك القانوني هذا، ويريد أن يسجّل أحلامه في دار البلديّة، ليتأكّد من أنّها تحوّلت إلى حقيقة.. وأنَّ القدر لن يعود ليأخذها منه، هو الذي كان حلمه في النهاية أن يصبح أبًا كالآخرين بعد محاولة زواج فاشلة لم يُرزَق منها ذرِّيّة؟

ولا أدري إذا كان سي الطاهر في أعماقه يفضّل لو كان مولوده صبيًّا.. أدري فقط، كما علمت في ما بعد، أنّه حاول أن يتحايل على القدَر وأن يترك قبل سفره اسمًا احتياطيًّا لصبي، متجاهلًا احتمال مجيء أنثى. وربّما فعل ذلك أيضًا بعقليّة عسكريّة، وبهاجس وطني دون أن يدري.. فقد كانت أحاديثه وخططه العسكريّة تبدأ غالبًا بتلك الجملة التي كثيرًا ما سمعته يردّدها «لازمنا رجال يا جماعة..».

إذن، لهذا كان سي الطاهر يبدو سعيدًا ومتفائلًا في كلّ شيء في تلك الفترة..

فجأة تغيّر الرجل الصلب. أصبح أكثر مرونة وأكثر دعابة في أوقات فراغه.

شيء ما كان يتغيّر تدريجًا داخله، ويجعله أقرب إلى الآخرين، وأكثر تفهُّمًا لأوضاعهم الخاصّة.

فقد أصبح يمنح البعض بسهولة أكثر تسريحات لزيارة خاطفة لأهلهم، هو الذي كان يبخل بها على نفسه. لقد غيّرته الأبوّة المتأخّرة، التي جاءت رمزًا جاهزًا لمستقبل أجمل..

معجزة صغيرة للأمل.. كانت أنتِ..

* * *

طلع صباح آخر..

وها هو ذا النهار يفاجئني بضجيجه الاعتيادي، وبضوئه المُباعِث الذي يُدخِل النور إلى أعماقي غصبًا عنّي، فأشعر بأنّه يختلس شيئًا منّي.

في هذه اللحظة.. أكره هذا الجانب الفضوليّ والمُحرِج للشمس. أريد أن أكتب عنك في العتمة. قصّتي معك شريط مصوّر أخاف أن يحرقه الضوء ويلغيه، لأنّك امرأة نبتَت في دهاليزي السرّيّة.

لأنّك امرأة امتلكتُها بشرعيّة السرّيّة..

لا بدّ أن أكتب عنك بعد أن أُسدِل كلّ الستائر، وأغلق نوافذ غرفتي.

ورغم ذلك.. يُسعِدني في هذه اللحظة منظر الأوراق المكدَّسة أمامي، والتي ملأتُها البارحة، في ليلة نذرتُها للجنون. فقد أهديها لك مغلّفة بصورة مهذّبة في كتاب..

وأدري..

أدري أنّك تكرهين الأشياء المهذّبة جدًّا.. وأنّك أنانيّة جدًّا.. وأن لا شيء يعنيك في النهاية، خارج حدودك أنتِ.. وجسدك أنتِ.

ولكن قليلًا من الصبر سيّدتي.

صفحات أخرى فقط.. ثمّ أعرّي أمامك ذاكرتي الأخرى. صفحات أخرى لا بدّ منها، قبل أن أملأك غرورًا.. وشهوة.. وندمًا وجنونًا. فالكتب كوجبات الحبّ.. لا بدّ لها من مقدّمات أيضًا.. وإن كنت

أعترف بأنّ «المقدّمات» ليست مشكلتي الآن بقدر ما يربكني البحث عن مُنطلَق لهذه القصّة.

من أين أبدأ قصّتي معك؟

ولقصّتَك معي عدّة بدايات، تبدأ مع النهايات غير المُتَوقَّعة ومع مقالب القدَر.

وعندما أتحدّث عنك.. عمّن تراني أتحدّث؟ أعن طفلة كانت تحبو يومًا عند قدمي.. أم عن صبيّة قلبت بعد خمس وعشرين سنة حياتي.. أم عن امرأة تكاد تشبهك، أتأمّلها على غلاف كتاب أنيق عنوانه «معطف النسيان».. وأتساءل: أتراها حقًّا.. أنتِ؟

وعندما أسمِّيك فبأيّ اسم؟

تُرى، أدعوك بذلك الاسم الذي أراده والدك، وذهبت بنفسي لأسجِّله نيابة عنه في سجلّات البلديّة، أم باسمك الأوّل، ذلك الذي حَمَلْتِه خلال ستّة أشهر في انتظار اسم شرعي آخر؟

«حياة»..

سأدعوك هكذا.. ليس هذا اسمك على كلّ حال. إنّه أحد أسمائك فقط.. فَلأُسمِّيَنَّكِ به إذن ما دام هذا هو الاسم الذي عرفتك به، والاسم الذي أنفرد بمعرفته. اسمك غير المتداول على الألسنة، وغير المسجّل على صفحات الكتب والمجلّات، ولا في أيّ سجلّات رسميّة.

الاسم الذي مُنحتِه لتعيشي وليمنحك الله الحياة، والذي قتلته أنا ذات يوم، وأنا أمنحك اسمًا رسميًّا آخر، ومن حقّي أن أحييه اليوم، لأنّه لي ولم يُنَادِكِ رجل قبلي به.

اسمك الطفولي الذي يحبو على لساني، وكأنَّك أنت منذ خمس وعشرين سنة. وكلّما لفظْتِه، عُدتِ طفلة تجلس على ركبتي وتعبث بأشيائي وتقول لي كلامًا لا أفهمه..

فأغفر لك لحظتها كلّ خطاياك.

كلّما لفظتُه تدحرجت إلى الماضي، وعدتِ صغيرة في حجم دمية.. وإذا بك ابنتي.

هل أقرأ كتابك لأعرف كيف تحوّلَت تلك الطفلة الصغيرة إلى امرأة؟ ولكنّني أعرف مسبقًا أنّك لن تكتبي عن طفولتك.. ولا عن سنواتك الأولى. أنت تملئين ثقوب الذاكرة الفارغة بالكلمات فقط، وتتجاوزين الجراح بالكذب، وربّما كان هذا سرّ تعلّقك بي؛ أنا الذي أعرف الحلقة المفقودة من عمرك، وأعرف ذلك الأب الذي لم تريه سوى مرّات قليلة في حياتك، وتلك المدينة التي كنتِ تسكنينها ولا تسكنك، وتعاملين أزقّتها دون عشق، وتمشين وتجيئين على ذاكرتها دون انتباه.

أنت التي تعلّقتِ بي لتكتشفي ما تجهلينه.. وأنا الذي تعلّقتُ بك لأنسى ما كنت أعرفه.. أكان ممكنًا لحبّنا أن يدوم؟

كان سي الطاهر طرفًا ثالثًا في قصّتنا منذ البدء، حتّى عندما لا نتحدّث عنه، كان بيننا حاضرًا بغيابه، فهل أقتله مرّة ثانية لأتفرّد بك؟

آه لو تدرين.. لو تدرين ما أثقل حمل الوصايا، حتّى بعد ربع قرن، وما أوجع الشهوة التي يواجهها أكثر من مستحيل وأكثر من مبدأ، فلا يزيدها في النهاية إلّا... اشتهاءً!

كان السؤال منذ البداية..

كيف لي أن ألغي سي الطاهر من ذاكرتي، ألغي عمره من عمري، لأمنح حبّنا فرصة ولادة طبيعيّة؟

ولكن.. ما الذي سيبقي وقتها، لو أخرجتُك من ذاكرتنا المشتركة وحوّلتك إلى فتاة عاديّة؟

كان والدك رفيقًا فوق العادة.. وقائدًا فوق العادة.

كان استثنائيًّا في حياته وفي موته. فهل أنسى ذلك؟

لم يكن من المجاهدين الذين ركبوا الموجة الأخيرة، ليضمنوا مستقبلهم، مجاهدي (62) وأبطال المعارك الأخيرة، ولا كان من شهداء المصادفة، الذين فاجأهم الموت في قصف عشوائي، أو في رصاصة خاطئة.

كان من طينة ديدويش مراد، ومن عجينة العربي بن مهيدي، ومصطفى بن بولعيد، الذين كانوا يذهبون إلى الموت ولا ينتظرون أن يأتيهم.

فهل أنسى أنّه والـدك.. وسؤالك الدائم يعيد لاسمه هيْبَته حيًّا وشهيدًا؟

فيرتبك القلب الذي أحبّك حدّ الجنون، ويبقى صدى سؤالك ماثلًا... «حدّثني عنه..».

سأحدّثك عنه حبيبتي.. فلا أسهل من الحديث عن الشهداء. تاريخهم جاهز ومعروف مسبقًا كخاتمتهم، ونهايتهم تغفر لهم ما يمكن أن يكونوا ارتكبوا من أخطاء.

سأحدِّثك عن سي الطاهر...

فوحده تاريخ الشهداء قابل للكتابة، وما تلاه تاريخ آخر يصادره الأحياء. وسيكتبه جيل لم يعرف الحقيقة ولكنّه سيستنتجها تلقائيًا.. فهناك علامات لا تخطئ.

مات سي الطاهر طاهرًا على عتبات الاستقلال. لا شيء في يده غير سلاحه. لا شيء في جيوبه غير أوراق لا قيمة لها.. لا شيء على كتفيه سوى وسام الشهادة.

الرموز تحمل قيمتها في موتها..

ووحدهم الذين ينوبون عنهم، يحملون قيمتهم في رتبهم وأوسمتهم الشرفيّة، وما ملأوا به جيوبهم على عجل من حسابات سرّيّة.

ستّ ساعات من الحصار والتطويق، ومن القصف المركّز لدشرة بأكملها ليتمكّن قتَلَته من نشر صورته على صفحات جرائد الغد دليلًا على انتصاراتهم الساحقة على أحد المخرّبين و«الفلّاقة» الذين أقسمت فرنسا أن تأتي عليهم..

أكان حقًّا موت ذلك الرجل البسيط انتصارًا لقوّة عظمى، كانت ستخسر بعد بضعة أشهر الجزائر بأكملها؟!

استُشهد هكذا في صيف 1960، دون أن يتمتَّع بالنصر ولا بقطف ثماره.

ها هو رجل أعطى الجزائر كلّ شيء، ولم تعطه حتَّى فرصة أن يرى ابنه يمشي إلى جواره..

أو يراكِ أنتِ ربّما طبيبة أو أستاذة كما كان يحلم.

كم أحبّكِ ذلك الرجل!

بجنون أبوّة الأربعين.. بحنان الذي كان يخفي خلف صرامته الكثير من الحنان، بأحلام الذي صودرَت منه الأحلام، بزهوِّ المجاهد الذي أدرك وهو يرى مولده الأوّل، أنّه لن يموت تمامًا بعد اليوم.

ما زلت أذكر المرّات القليلة التي كان يحضر فيها إلى تونس لزيارتكم خلسة ليوم واحد أو ليومين.

وكنت وقتها أُسرع إليه متلهِّفًا لسماع آخر الأخبار، وتطوّرات الأحداث على الجبهة. وأنا أُجهِد نفسي في الوقت نفسه حتَّى لا أسرق منه تلك الساعات القليلة النادرة، التي كان يغامر بحياته ليقضيها برفقة عائلته الصغيرة.

كنت أندهش وقتها، وأنا أكتشف فيه رجلًا آخر لا أعرفه.

رجلٌ بثياب أخرى، بابتسامة وكلمات أخرى، وبجلسة يسهل له فيها إجلاسَك على ركبتيه طوال الوقت لملاعبتك.

كان يعيش كلّ لحظة بأكملها، وكأنّه يعتصر من الزمن الشحيح كلّ قطرات السعادة؛ وكأنّه يسرق من العمر مسبقًا، ساعات يعرفها معدودة؛ ويمنحك مسبقًا من الحنان زادك لعمر كامل.

كانت آخر مرّة رأيته فيها، في يناير عام 1960. وكان قد حضر ليشهد أهمّ حدث في حياته؛ ليتعرّف إلى مولوده الثاني «ناصر»، فقد كانت أمنيته السرّيّة أن يُرزق يومًا بذكر. يومها لسبب غامض تأمّلتُه كثيرًا.. وحدّثتُه قليلًا.. وفضّلت أن أتركه لفرحته تلك، ولسعادته المسروقة. وعندما عدت في الغد، قيل لي إنّه عاد إلى الجبهة على عجل مؤكِّدًا أنّه سيعود قريبًا لمدّة أطول.

ولم يَعُد..

انتهى بعد ذلك كرَم القدَر البخيل. فقد استُشهد سي الطاهر بعد بضعة أشهر دون أن يتمكّن من رؤية ابنه مرّة ثانية.

كان ناصر آنذاك يُنهي شهره الثامن، وأنت تدخلين عامك الخامس.

وكان الوطن في صيف 1960 بركانًا يموت ويولَد كلّ يوم. وتتقاطع مع موته وميلاده، أكثر من قصّة، بعضها مؤلم وبعضها مدهش..

وبعضها يأتي متأخِّرًا كما جاءت قصّتي التي تقاطعَت يومها معك.

قصّة فرعيّة، كُتبَت مسبقًا وحَوَّلت مسار حياتي بعد عمر بأكمله، بحكم شيء قد يكون اسمه القدر، وقد يكون العشق الجنوني.. ذاك الذي يفاجئنا من حيث لا نتوقّع، مُتجاهلًا كلّ مبادئنا وقيمنا السابقة..

والذي يأتي هكذا متأخِّرًا.. في تلك اللحظة التي لا نعود ننتظر فيها شيئًا؛ وإذا به يقلب فينا كلّ شيء.

فهل يمكنني اليوم، بعدما قطعت بيننا الأيّام جسور الكلام، أن أقاوم هذه الرغبة الجنونيّة لكتابة هاتين القصّتين معًا، كما عشتهما معك ودونك، بعد ذلك بسنوات..

رغبةً.. وعشقًا.. وحلمًا.. وحقدًا.. وغيرةً.. وخيبةً.. وفجائع حدّ الموت.

أنت التي كنت تحبّين الاستماع إليّ..

وتقلّبينني كدفتر قديم للدهشة.

كان لا بدّ أن أكتب من أجلك هذا الكتاب، لأقول لك ما لم أجد متّسعًا من العمر لأقوله.

سأحدّثك عن الذين أحبّوك لأسباب مختلفة، وخنتِهم لأسباب مختلفة أخرى.

سأحدّثك حتّى عن زياد، أما كنت تحبّين الحديث عنه وتراوغين؟

لم يعد من ضرورة الآن للمراوغة.. لقد اختار كلّ منّا قَدَره.

سأحدّثك عن تلك المدينة التي كانت طرفًا في حبّنا، والتي أصبحت بعد ذلك سببًا في فراقنا، وانتهى فيها مشهد خرابنا الجميل.

فعمّ تراك ستتحدّثين؟

عن أيّ رجل منّا تراك كتبت؟ مَنْ منّا أحببت؟

ومن منّا.. ستقتلين؟

ولمن تراك أخلصت، أنت التي تستبدلين حبًّا بحبّ، وذاكرة بأخرى، ومستحيلًا بمستحيل؟

وأين أنا في قائمة عشقك وضحاياك؟

تراني أشغل المكانة الأولى، لأنّني أقرب إلى النسخة الأولى؟

تراني النسخة المـزوّرة لسي الطاهر، تلك التي لم يحوّلها الاستشهاد إلى نسخة طبق الأصل؟

تراني الأبوّة المزوّرة.. أم الحبّ المزوّر؟

أنت التي – كهذا الوطن – تحترفين تزوير الأوراق وقلبها.. دون جهد.

كان مونترلان يقول:

«إذا كنت عاجزًا عن قتل من تدّعي كراهيته، فلا تقل إنّك تكرهه: أنت تعهّر هذه الكلمة!».

دعيني أعترف لك بأنّني في هذه اللحظة أكرهك، وأنّه كان لا بدَّ من أن أكتب هذا الكتاب لأقتلك به أيضًا. دعيني أجرّب أسلحتك.. فربّما كنت على حقّ.. ماذا لو كانت الروايات مسدّسات محشوّة بالكلمات القاتلة لا غير؟

ولو كانت الكلمات رصاصًا أيضًا؟

ولكنّني لن أستعمل معك مسدَّسًا بكاتم صوت، على طريقتك. لا يمكن رجلًا يحمل السلاح بعد هذا العمر، أن يأخذ كلّ هذه الاحتياطات.

أريد لموتك وقعًا مدوّيًا قدر الإمكان..

فأنا أقتل معك أكثر من شخص، كان يجب أن يجرؤ أحد على إطلاق النار عليهم يومًا.

فاقرئي هذا الكتاب حتّى النهاية، بعدها قد تكّفين عن كتابة الروايات الوهميّة.

وطالعي قصّتنا من جديد..

دهشة بعد أخرى، وجرحًا بعد آخر، فلم يحدث لأدبنا التعيس هذا، أن عرفِ قصّة أروع منها..

ولا شهد خرابًا أجمل.

الفصل الثاني

كان يوم لقائنا يومًا للدهشة..

لم يكن القدر فيه هو الطرف الثاني، كان منذ البدء الطرف الأوَّل. أليس هو الذي أتى بنا من مدن أخرى، من زمن آخر وذاكرة أخرى، ليجمعنا في قاعة بباريس، في حفل افتتاح معرض للرسم؟ يومها كنت أنا الرسَّام، وكنت أنت زائرة فضوليَّة على أكثر من صعيد.

لم تكوني فتاة تعشق الرسم على وجه التحديد، ولا كنت أنا رجلًا يشعر بضعف تجاه الفتيات اللّائي يصغرنه عمرًا. فما الذي قاد خطاك هناك ذلك اليوم؟.. وما الذي أوقف نظري طويلًا أمام وجهك؟ كنتُ رجلًا تستوقفه الوجوه، لأنّ وجوهنا وحدها تشبهنا، وحدها تفضحنا، ولذا كنت قادرًا على أن أحبَّ أو أكره بسبب وجه. وبرغم ذلك، لست من الحماقة لأقول إنّني أحببتك من النظرة الأولى. يمكنني أن أقول إنّني أحببتك ما قبل النظرة الأولى.

كان فيك شيء ما أعرفه. شيء ما يشدّني إلى ملامحك المحبّبة
إليّ مسبقًا، وكأنّني أحببت يومًا امرأة تشبهك، أو كأنّني كنت مستعدًّا
منذ الأزل لأحبّ امرأة تشبهك تمامًا.

كان وجهك يطاردني بين كلّ الوجوه، وثوبك الأبيض المتنقّل
من لوحة إلى أخرى، يصبح لون دهشتي وفضولي..

واللون الذي يؤثّث وحده تلك القاعة الملأى.. بأكثر من زائر
وأكثر من لون.

– هل يولَد الحبّ أيضًا من لون لم نكن نحبّه بالضرورة؟!
وفجأة اقترب اللّون الأبيض منّي، وراح يتحدّث بالفرنسيّة مع
فتاة أخرى لم ألاحظها من قبل..

ربّما لأنّ الأبيض عندما يلبس شعرًا طويلًا حالكًا، يكون قد غطّى
على كلّ الألوان..

قال الأبيض وهو يتأمّل لوحة:
Je préfère l'abstrait..! –
وأجاب اللّون الذي لا لون له:
Moi je préfère comprendre ce que je vois. –
ولم تدهشني حماقة اللّون الذي لا لون له، عندما يفضّل أن
يفهم كلّ ما يرى..

أدهشني اللّون الأبيض فقط.. فليس من طبعه أن يفضّل الغموض!
قبل ذلك اليوم، لم يحدث أن انحزت للّون الأبيض.
لم يكن لوني المفضّل.. فأنا أكره الألوان الحاسمة.
ولكنّني آنذاك انحزت إليك دون تفكير.
ووجدتني أقول لتلك الفتاة، وكأنّني أواصل جملة بدأتِها أنتِ:
– الفنّ هو كلّ ما يهزّنا.. وليس بالضرورة كلّ ما نفهمه!

نظرتما إليَّ معًا بشيء من الدهشة، وقبل أن تقولي شيئًا، كانت عيناك تكتشفان في نظرة خاطفة، ذراع جاكيتي الفارغة والمختبئ كمّها بحياء في جيب سترتي.

كانت تلك بطاقة تعريفي وأوراقي الثبوتيّة.

مَدَدتِ نحوي يدك مصافحة وقلتِ بحرارة فاجأتني:

– كنت أريد أن أهنّئك على هذا المعرض..

وقبل أن تصلني كلماتك.. كان نظري قد توقَّف عند ذلك السوار الذي يزيّن معصمك العاري الممدود نحوي.

كانت إحدى الحليّ القسنطينيّة التي تُعرف من ذهبها الأصفر المضفور، ومن نقشتها المميّزة. تلك «الخلاخل» التي لم يكن يخلو منها في الماضي، جهاز عروس ولا معصم امرأة من الشرق الجزائري.

مـددتُ يدي إليك دون أن أرفع عيني تمامًا عنه. وفي عمر لحظة، عادت ذاكرتي عمرًا إلى الـوراء. إلى معصم «امّا» الذي لم يفارقه هذا السوار قطّ.

وداهمـني شـعـور غـامـض، منـذ متـى لـم يـستوقف نظري سوار كهذا؟

لم أعد أذكر.. ربَّما منذ أكثر من ثلاثين سنة!

بكثير من اللباقة سحبتِ يدك التي كنتُ أشدّ عليها ربَّما دون أن أدري، وكأنَّني أمسك بشيء ما، استعدتُه فجأة.

وابتسمتِ لي..

رفعتُ عيني نحوَك لأوّل مرّة.

تقاطعَت نظراتنا في نصف نظرة.

كنت تتأمّلين ذراعيَ الناقصة، وأتأمَّلُ سوارًا بيدك.

كان كلانا يحمل ذاكرته فوقه..

وكان يمكننا أن نتعرّف كلٌّ إلى الآخر بهذه الطريقة فقط. ولكن كنتِ لغزًا لا تزيده التفاصيل إلّا غموضًا. فرُحتُ أراهن على اكتشافك. أتفحّصك مأخوذًا مرتبكًا.. كأنّني أعرفك وأتعرّف إليك في آن واحد.

لم تكوني جميلة ذلك الجمال الذي يبهر، ذلك الجمال الذي يخيف ويربك.

كنت فتاة عاديّة، ولكن بتفاصيل غير عاديّة، بسرٍّ ما يكمُن في مكان ما من وجهك.. ربّما في جبهتك العالية وحاجبيك السميكين والمتروكين على استدارتهما الطبيعيّة. وربّما في ابتسامتك الغامضة وشفتيك المرسومتين بأحمر شفاه فاتح كدعوة سرّيّة لقبلة. أو ربّما في عينيك الواسعتين ولونهما العسليّ المتقلّب. وكنت أعرف هذه التفاصيل..

أعرفها.. ولكن كيف؟

وجاء صوتك بالفرنسيّة يخرجني من تفكيري، قلتِ:

ـ يسعدني أن يصل فنّان جزائري إلى هذه القمّة من الإبداع.. ثمَّ أضفتِ بمسحة خجل:

ـ في الحقيقة.. أنا لا أفهم كثيرًا في الرسم، ولم أزر إلّا نادرًا معارض فنّيّة، ولكن يمكنني أن أحكم على الأشياء الجميلة، ولوحاتك شيء مميّز.. كنّا في حاجة إلى شيء جديد بنكهة جزائريّة معاصرة كهذه... لقد كنت أقول هذا لابنة عمّي عندما فاجأتنا.

وعندها تقدّمت تلك الفتاة منّي لتصافحني، وتقدّم لي نفسها، وكأنّها بذلك ستصبح طرفًا في وقفتنا، وذلك الحوار الذي وجدَت نفسها خارجه بعدما تجاهلتُها منذ البدء دون أن أدري..

قالت وهي تعرّفني بنفسها:

ـ الآنسة عبد المولى. إنّي سعيدة بلقائك..

انتفضتُ لسماع ذلك الاسم.

ونظرت مدهوشًا إلى تلك الفتاة التي صافحتني بحرارة لا تخلو من شيء من الغرور..

تفحّصتُها وكأنّي أكتشف وجودها، ثمّ عدت لأتأمّلك عساني أجد في ملامحكما جوابًا لدهشتي.

عبد المولى... عبد المولى..

وراحت الذاكرة تبحث عن جوابٍ لتلك المصادفة..

كنت أعرف عائلة عبد المولى جيِّدًا.

إنّهما أخوان لا أكثر. أحدهما سي الطاهر استُشهد منذ أكثر من عشرين سنة، وترك صبيًّا وبنتًا فقط.

والآخر «سي الشريف» تزوّج قبل الاستقلال، وقد يكون له اليوم عدّة أولاد وبنات..

فمن منكما ابنة سي الطاهر... تلك التي حملتُ اسمها وصيّة من الجبهة حتّى تونس... ونبْتُ عن أبيها في دار البلديّة، لتسجيلها رسميًا في سجلِّ الولادات؟

من منكما تلك الصغيرة التي قبّلتُها نيابة عن أبيها، ولاعبتُها ودلّلتُها نيابة عنه؟

من منكِ.. أنتِ؟

وبرغم بعض الخطوط المشتركة لملامحكما، كنت أشعر بأنَّك أنتِ.. لا تلك.

أو هكذا كنت أتمنَّى، وأنا أحلم قبل الأوان بقرابةٍ ما تكون جمعتني بك.

وأندهش لهذه المصادفة، وأجد فجأة تبريرًا لوجهك المحبَّب إليّ مُسبَقًا. لقد كنتِ نسخة عن سي الطاهر، نسخة أكثر جاذبيّة.

كنتِ أنثى.

ولكن.. أيُعقل أن تكوني أنت الطفلة التي رأيتُها آخر مرّة في تونس عام 1962 غداة الاستقلال، عندما رحت أطمئنّ عليكم كالعادة، وأتابع بنفسي تفاصيل عودتكم إلى الجزائر؟ بعدما اتّصل بي «سي الشريف» من قسنطينة، ليطلب منّي بيع ذلك البيت الذي لم يعد هناك ضرورة لوجوده، والذي اشتراه سي الطاهر منذ عدّة سنوات ليهرّب إليه أسرته الصغيرة، عندما أبعدَته فرنسا عن الجزائر في الخمسينيّات، بعد عدّة أشهر من السجن قضاها بتهمة التحريض السياسي.

كم كان عمرك وقتها؟

أيُعقل أن تكوني تغيّرت إلى هذا الحدّ.. وكبرت إلى هذا الحدّ.. خلال عشرين سنة؟!

رحت أتأمّلك مرّة أخرى. وكأنّني أرفض أن أعترف بعمرك، وربّما أرفض أن أعترف بعمري وبالرجل الذي أصبحتُه منذ ذلك الزمن الذي يبدو لي اليوم غابرًا.

ما الذي أوصلك إلى هذه المدينة.. وإلى هذه القاعة في هذا الزمن وهذا اليوم بالذات؟

يومٌ انتظرتُه طويلًا لسبب لا علاقة له بك..

وحسبت له ألف حساب لم تكوني ضمنه..

وتوقّعت فيه كلّ المفاجآت إلّا أن تكوني أنت مفاجأتي.

فجأة أذهلني اكتشافي، وخفت من مواجهة عينيك اللّتين كانتا تتابعان بشيء من الدهشة ارتباكي، فقرّرت أن أطرح سؤالي بالمقلوب، وأنا أواصل حديثي مع الفتاة الأخرى التي قدّمت لي نفسها. كنت أعرف أنّني إذا عرفتها فسينحلّ اللّغز، وأعرف تلقائيًا من منكما.. أنتِ.

فقد كان لإحداكما اسم أعرفه منذ خمس وعشرين سنة، وعليّ فقط أن أتعرّف إلى صاحبته.

سألتها:

– هل لديك قرابة بسي الشريف عبد المولى؟

أجابت بسعادة وكأنّها تكتشف أنّ أمرها يعنيني:

– إنّه أبي.. لقد تعذّر عليه الحضور اليوم بسبب وصول وفد من الجزائر البارحة.. لقد حدّثنا عنك كثيرًا. وقد أثار فضولنا لمعرفتك لدرجة قرّرنا أن نأتي مكانه اليوم لحضور الافتتاح!

كان كلام تلك الفتاة على تلقائيّته يحمل لي جوابين. الأوّل أنّها لم تكن أنت، والثاني سبب تخلّف «سي الشريف».

كنت قد لاحظت غيابه وتساءلت عن سببه، هل كان المانع شخصيًّا، أم سياسيًّا.. أم تراه كان لسبب ما يتحاشى الظهور معي؟

كنت أدري أنّ طرقنا افترقت منذ سنين عندما دخل دهاليز اللّعبة السياسيّة، وأصبح هدفه الوحيد الوصول إلى الصفوف الأماميّة. ورغم ذلك لم يكن بإمكاني أن أتجاهل وجوده معي في المدينة نفسها. فقد كان جزءًا من شبابي وطفولتي.. وكان بعض ذاكرتي.

ولـذا، ولأسباب عاطفيّة محض، كـان الشخصيّة الجزائريّة الوحيدة التي دعوتها.

لم ألتق به منذ عدّة سنوات، ولكن أخباره كانت تصلني دائمًا منذ عُيِّن، قبل سنتين، مُلَحَقًا في السفارة الجزائريّة، وهو منصب ككلّ المناصب «الخارجيّة»، يتطلّب كثيرًا من الوساطة والأكتاف العريضة.

وكان بإمكان «سي الشريف» أن يشقّ طريقه إلى هذا المنصب وإلى أهمّ منه بماضيه فقط، وباسمه الذي خلّده سي الطاهر باستشهاده.

ولكن يبدو أنّ الماضي لم يكن كافيًا بمفرده لضمان الحاضر، وكان عليه أن يتأقلم مع كلّ الرياح للوصول..

خطر ببالي كلّ ذلك، وأنا أحاول بـدَوري أن أتأقلم مـع كلّ المفاجآت والانفعالات التي هزّتني في لحظات، والتي كانت بدايتها أنّني وددت أن أسلّم على فتاة جميلة تزور معرضي لا غير.. فإذا بي أسلّم على ذاكرتي!

وعدت إلى دهشتي الأولى معك..

إلى كلّ التفاصيل الأولى التي لفتَت نظري إليك منذ البدء. إلى تلك اللّوحة بالذات التي توقّفت طويلًا أمامها. لقد كان هناك أكثر من قدر، أكثر من مكتوب.. أكثر من مصادفة.

أنتِ..

أكنت أنت.. في قاعة تتفرّجين فيها على لوحاتي. تتأمّلين بعضها، تتوقّفين عند بعضها الآخر، وتعودين إلى الدليل الذي تمسكينه بيدك لتتعرّفي إلى أسماء اللّوحات التي تلفت نظرك الأكثر؟

أنتِ..

تراك أنت.. نور آخر يضيء كلّ لوحة تمرّين بها، فتبدو الأضواء الموّجهة نحو اللّوحات، وكأنّها موجّهة نحوك.. وكأنّك كنت اللّوحة الأصليّة.

أنت إذن..

تتوقّفين أمام لوحة صغيرة لم تستوقف أحدًا. تتأمّلينها بإمعان أكبر، تقتربين منها أكثر، وتبحثين عن اسمها في قائمة اللّوحات.

ولحظتها سرت في جسدي قشعريرة مبهمة. واستيقظ فضول الرسّام المجنون داخلي..

من تكونين، أنت الواقفة أمام أحبّ لوحاتي إليّ..؟

رحت أتأمّلك مرتبكًا وأنت تتأمّلينها.. وتقولين لرفيقتك كلامًا لا يصلني شيء منه.

ما الذي أوقفك أمامها؟

لم تكن أجمل ما في القاعة من لوحات، كانت لوحتي الأولى وتمريني الأوّل في الرسم فقط..

ولكنّني أصررت هذه المرّة، على أن تكون حاضرة في معرضي الأهمّ هذا، لأنّني اعتبرتها برغم بساطتها، معجزتي الصغيرة.

رسمتها منذ خمس وعشرين سنة، وكان قد مرَّ على بتر ذراعي اليسرى أقلّ من شهر .

لم تكن محاولة للإبداع ولا لدخول التاريخ. كانت محاولة للحياة فقط، والخروج من اليأس. رسمتها كما يرسم تلميذ سُئل في حصة الفنون: «ارسم أقرب منظر إلى نفسك».

إنّها الجملة التي قالها لي ذلك الطبيب اليوغسلافي الذي قدم مع بعض الأطبّاء من الدول الاشتراكيّة إلى تونس، لمعالجة الجرحى الجزائريّين، والذي أشرف على عمليّة بتر ذراعي وظلّ يتابع تطوّراتي الصحّيّة والنفسيّة في ما بعد.

كان يسألني كلّ مرّة أزوره فيها عن اهتماماتي الجديدة، وهو يلاحظ إحباطي النفسي المستمرّ.

لم أكن مريضًا ليحتفظ بي الطبيب في مستشفى، ولا كنت معافى بمعنى الكلمة لأبدأ حياتي الجديدة.

كنت أعيش في تونس، ابنًا لذلك الوطن وغريبًا في الوقت نفسه؛ حرًّا ومقيّدًا في الوقت نفسه؛ سعيدًا وتعيسًا في الوقت نفسه.

كنت الرجل الذي رفضَه الموت ورفضَته الحياة. كنت كرة صوف متداخلة.. فمن أين يمكن ذلك الطبيب أن يجد رأس الخيط الذي يحلّ به كلّ عقدي؟

وعندما سألني ذات مرّة، وهو يكتشف ثقافتي، هل كنت أُحبّ الكتابة أو الرسم، تمسّكت بسؤاله وكأنّني أتمسّك بقشّة قد تنقذني من الغرق، وأدركت فورًا الوصفة الطبّيّة التي كان يعدّها لي.

قال:

ـ إنّ العمليّة التي أجريتها عليك، أجريت مثلها عشرات المرّات على جرحى كثيرين فقدوا في الحرب ساقًا أو ذراعًا، وإذا كانت العمليّة لا تختلف، فإنّ تأثيرها النفسي يختلف من شخص إلى آخر، حسب عمر المريض ووظيفته وحياته الاجتماعيّة.. وخاصّة حسب مستواه الثقافي، فوحده المثقّف يُعيد النظر في نفسه كلّ يوم، ويُعيد النظر في علاقته بالعالم وبالأشياء كلّما تغيّر شيء في حياته..

لقد أدركت هذا من تجربتي في الميدان. لقد مرّت بي أكثر من حالة من هذا النوع، ولذا أعتقد أنّ فقدانك ذراعك قد أخلّ بعلاقتك بما هو حولك. وعليك أن تعيد بناء علاقة جديدة بالعالم من خلال الكتابة أو الرسم..

عليك أن تختار ما هو أقرب إلى نفسك، وتجلس لتكتب دون قيود كلّ ما يدور في ذهنك. ولا تهمّ نوعيّة تلك الكتابة ولا مستواها الأدبي.. المهمّ الكتابة في حدّ ذاتها كوسيلة تفريغ، وأداة ترميم داخلي..

وإذا كنت تفضّل الرسم فارسم.. الرسم أيضًا قادر على أن يصالحك مع الأشياء ومع العالم الذي تغيّر في نظرك، لأنّك أنت تغيّرت وأصبحت تشاهده وتلمسه بيدٍ واحدة فقط..

كان يمكن أن أجيبه ذلك اليوم بتلقائيّة.. أنّني أحبّ الكتابة،
وأنّها الأقرب إلى نفسي، لأنني لم أفعل شيئًا طوال حياتي، سوى القراءة
التي تؤدّي تلقائيًا إلى الكتابة.

كان يمكن أن أجيبه كذلك، فقد تنبّأ لي أساتذتي دائمًا بمستقبل
ناجح.. في الأدب الفرنسي!

ولهذا ربّما أجبته دون تفكير، أو ربّما بموقف اكتشفت في ما
بعد أنّه كان جاهزًا في أعماقي:

– أفضّل الرسم...

لم تقنعه جملتي المُقتضَبة فسألني إن كنت رسمت قبل اليوم..
قلت: «لا..».

قال: «إذن ابدأ برسم أقرب شيء إلى نفسك.. ارسم أحبّ شيء
إليك..».

وعندما ودّعني قال بسخرية الأطبّاء عندما يعترفون بعجزهم
بلباقة: «ارسم.. فقد لا تكون في حاجة إليّ بعد اليوم!».

عدت يومها إلى غرفتي مسرعًا أريد أن أخلو لنفسي بين تلك
الجدران البيضاء، التي كانت استمرارًا لجدران مستشفى «الحبيب
ثامر» الذي كان حتّى ذلك الوقت، أكثر مكان أعرفه في تونس.

رحت يومها أتأمّل تلك الجدران على غير عادتي، وأنا أفكّر في
كلّ ما يمكن أن أعلّقه عليها من لوحات بعد اليوم. كلّ وجوه من
أحبّ.. كلّ الأزقّة التي أحبّ.. كلّ ما تركته خلفي هناك.

نمت في تلك الليلة قلقًا، وربّما لم أنم. كان صوت ذلك الطبيب
يحضرني بفرنسيّته المكسّرة ليوقظني «ارسم». كنت أستعيده داخل
بدلته البيضاء، يودّعني وهو يشدّ على يدي «ارسم». فتعبر قشعريرة
غامضة جسدي وأنا أتذكّر في غفوتي أوّل سورة للقرآن. يوم نزل

جبرائيل عليه السلام على محمّد لأوّل مرّة فقال له «اقرأ» فسأله النبيّ مرتعدًا من الرهبة.. «ما أنا بقارئ؟» فقال جبريل «اقرأ باسم ربّك الذي خلق»، وراح يقرأ عليه أوّل سورة من القرآن. وعندما انتهى عاد النبي إلى زوجته وجسده يرتعد من هول ما سمع. وما كاد يراها حتّى صاح «دثّريني.. دثّريني...».

كنت ذلك المساء أشعر برجفة الحمّى الباردة. وبرعشة ربّما كان سببها توتّري النفسي يومها، وقلقي بعد ذلك اللقاء الذي كنت أعرف أنّه آخر لقاء لي مع الطبيب. وربّما أيضًا بسبب ذلك الغطاء الخفيف الذي كان غطائي الوحيد في أوج الشتاء القارس، والذي لم يمنحني مستأجري البخيل غيره.

كدت أصرخ وأنا أتذكّر فراش طفولتي. وتلك «البطّانيّة» الصوفيّة التي كانت غطائي في مواسم البرد القسنطيني، كدت أصرخ في ليل غربتي.. «دثّريني قسنطينة.. دثّريني...» ولكن لم أقل شيئًا ليلتها، لا لقسنطينة ولا لصاحب الغرفة البائس. احتفظت بحمّاي وبرودتي لنفسي. صعب على رجل عائد لتوّه من الجبهة، أن يعترف حتّى لنفسه بالبرد..

انتظرت فقط طلوع الصباح لأشتري بما بقيَ في جيبي من أوراق نقديّة ما أحتاج إليه لرسم لوحتين أو ثلاث. ووقفت كمجنون على عجل أرسم «قنطرة الحبال» في قسنطينة..

أكان ذلك الجسر أحبّ شيء إليّ حقًّا، لأقف بتلقائيّة لأرسمه وكأنّني وقفت لأجتازه كالعادة؟ أم تراه كان أسهل شيء للرسم فقط؟ لا أدري..

أدري أنّني رسمته مرّات ومرّات بعد ذلك، وكأنّني أرسمه كلّ مرّة لأوّل مرّة. وكأنّه أحبّ شيء لديّ كلّ مرّة.

خمس وعشرون سنة، عمر اللّوحة التي سمّيتها دون كثير من التفكير «حنين». لوحة لشابّ في السابعة والعشرين من عمره، كان أنا بغربته وبحزنه وبقهره.

وها أنا ذا اليوم، في غربة أخرى وبحزن وبقهر آخرين.. ولكن بربع قرن إضافي، كان لي فيه كثير من الخيبات والهزائم الذاتيّة.. وقليل من الانتصارات الاستثنائيّة.

ها أنا اليوم أحد كبار الرسّامين الجزائريّين، وربّما كنت أكبرهم على الإطلاق؛ كما تشهد بذلك أقوال النقّاد الغربيّين الذين نُقِلَت شهاداتهم بحروف بارزة على بطاقات دعوة الافتتاح.

ها أنا اليوم.. نبيّ صغير نزل عليه الوحي ذات خريف في غرفة صغيرة بائسة، في شارع «باب سويقة» بتونس.

ها أنا نبيّ خارج وطنه كالعادة.. وكيف لا ولا كرامة لنبيّ في وطنه؟

ها أنا «ظاهرة فنّيّة»، كيف لا وقدر ذي العاهة أن يكون «ظاهرة» وأن يكون جبّارًا ولو بفَنِّه؟

ها أنا ذا..

فأين هو ذلك الطبيب الذي نصحني بالرسم ذات مرّة؟ والذي صدقَت نبوءته ولم أعد أحتاج إليه بعد ذلك اليوم؟ إنّه الغائب الوحيد في هذه القاعة الشاسعة التي لم يسبق لأيّ عربي أن عرض فيها لوحاته قبلي. أين هو الدكتور «كابوتسكي» ليرى ماذا فعلتُ بيدٍ واحدة.. ذلك الذي لم أسأله يومًا ماذا فعل بيدي الأخرى!

وها هي «حنين» لوحتي الأولى، وجوار تاريخ رسمها (تونس 57) توقيعي الذي وضعته لأوّل مرّة أسفل لوحة. تمامًا كما وضعته أسفل اسمِك، وتاريخ ميلادِك الجديد، ذات خريف من عام 1957، وأنا أسجِّلك في دار البلديّة لأوّل مرّة.

من منكما طفلتي.. ومن منكما حبيبتي؟ سؤال لم يخطر على بالي ذلك اليوم، وأنا أراك تقفين أمام تلك اللّوحة لأوّل مرّة.. لوحة في عمرك.. تكبرينها – رسميًّا – ببضعة أيّام.. وتصغرك في الواقع ببضعة أشهر لا غير.

لوحة كانت بدايتي مرّتين.. مرّة يوم أمسكتُ بفرشاة لأبدأ معها مغامرة الرسم.. ومرّة يوم وقفتِ أنتِ أمامها، وإذا بي أدخل في مغامرة مع القدَر...

* * *

على مفكّرة ملأى بمواعيد وعناوين لا أهمّيّة لها، وضعتُ دائرة حول تاريخ ذلك اليوم: نيسان 1981، وكأنّني أريد أن أميّزه عن بقيّة الأيّام. قبل ذلك اليوم، لم أجد في سنواتي الماضية ما يستحقّ التميّز. فقد كانت أيّامي مثل أوراق مفكّرتي ملأى بمسوّدات لا تستحقّ الذكر. وكنت أملأها غالبًا كي لا أتركها بيضاء، فقد كان اللّون الأبيض يخيفني دائمًا عندما يكون على مساحة ورق.

ثماني مفكّرات لثماني سنوات، لم يكن فيها ما يستحقّ الدهشة. جميعها صفحة واحدة لمفكّرة واحدة لا تاريخ لها سوى الغربة. غربة كنت أحاول أن أختصرها بعمليّة حسابيّة كاذبة، تتحوّل فيها السنوات إلى ثماني مفكّرات لا غير، ما زالت مكدّسة في خزانتي الواحدة فوق الأخرى.. مسجّلة لا حسب تواريخها الميلاديّة أو الهجريّة.. بل حسب أرقام سنوات هجرتي الاختياريّة.

أضع دائرة حول تاريخ ذلك اليوم، وكأنّني أطوّقك وأطارد ذكراك لتدخلي دائرة ضوئي إلى الأبد.

كنت أتصرّف عن حَدس مسبق، وكأنّ هذا التاريخ سيكون مُنعطفًا للذاكرة؛ كأنّه سيكون ميلادي الآخر على يديك. وكنت أعي وقتها تمامًا أنّ الولادة على يدك كالوصول إليك، أمر لن يكون سهلًا.

يشهد على ذلك غياب رقمك الهاتفي وعنوانك من تلك الصفحة التي لم تكن تحمل في النهاية سوى تاريخ لقائك. فهل كان من المنطقي أن أطلب منك رقم هاتفك في لقائنا الأوّل أو صدفتنا الأولى تلك.. وبأيّ مبرّر وبأيّ حجّة سأفعل ذلك، وكلّ الأسباب تبدو ملفّقة عندما يطلب رجل من فتاة جميلة رقم هاتفها؟

كنت أشعر برغبة في الجلوس إليك.. في التحدّث والاستماع إليك.. عساني أتعرّف إلى النسخة الأخرى لذاكرتي. ولكن كيف أقنعك بذلك؟ كيف أشرح لك في لحظات أنّني أعرف الكثير عنك، أنا الرجل الذي تقابلينه لأوّل مرّة، والذي تتحدّثين إليه كما نتحدّث بالفرنسيّة للغرباء بضمير الجمع.. فلا أملك إلّا أن أجيبك بنفس كلام الغرباء بالجمع..

كانت الكلمات تتعثّر يومها على لساني، وكأنّني أتحدّث لك بلغة لا أعرفها.. بلغة لا تعرف شيئًا عنّا. أيُعقَل بعد عشرين سنة أن أصافحك وأسألك بلغة فرنسيّة محايدة..

Mais comment allez-vous Mademoiselle? −

فتردّين عليّ بنفس المسافة اللّغويّة:

Bien... Je vous remercie. −

وتكاد الذاكرة تجهش بالبكاء.. تلك التي عرفتكِ طفلة تحبو.

تكاد ذراعي الوحيدة ترتعش وهي تقاوم رغبة جامحة لاحتضانك، وسؤالك بلهجة قسنطينيّة افتقدتها..

− واشك..؟

آه واشك.. أيّتها الصغيرة التي كبرَت في غفلة منِّي.. كيف أنت أيّتها الزائرة الغريبة التي لم تعد تعرفني. يا طفلة تلبس ذاكرتي، وتحمل في معصمها سوارًا كان لأمِّي؟

دعيني أضمّ كلّ من أحببتهم فيك. أتأمّلك وأستعيد ملامح سي الطاهر في ابتسامتك ولون عينيك. فما أجمل أن يعود الشهداء هكذا في طلّتك. ما أجمل أن تعود أمِّي في سوار بمعصمك، ويعود الوطن اليوم في مقدمِك. وما أجمل أن تكوني أنت.. هي أنت! أتدرين..

(إذا صادف الإنسان شيء جميل مفرط في الجمال.. رغب في البكاء..).

ومصادفتك أجمل ما حلّ بي منذ عمر.

كيف أشرح لك كلّ هذا مرّة واحدة.. ونحن وقوف تتقاسمنا الأعين والأسماع؟

كيف أشرح لك أنَّني كنت مشتاقًا إليك دون أن أدري.. أنَّني كنت أنتظرك دون أن أصدِّق ذلك؟

وأنّه لا بدّ أن نلتقي.

أجمع حصيلة ذلك اللّقاء الأوّل..

ربع ساعة من الحديث أو أكثر. تحدَّثت فيها أنا أكثر ممَّا تحدَّثت أنت. حماقة ندمت عليها في ما بعد. كنت في الواقع أحاول أن أستبقيك بالكلمات. نسيت أن أمنحك فرصة أكثر للحديث.

كنت سعيدًا وأنا أكتشف شغفك بالفنّ.. كنتِ على استعداد لمناقشتي طويلًا في كلّ لوحة، كان كلّ شيء معك قابلًا للجدل. وأمَّا أنا فكنت لحظتها لا أرغب سوى في الحديث عنك. وحده وجودك كان يثير شهيّتي للكلام.

ولأنّه لم يكن في الوقت متّسع لأسرد عليك فصول قصّتي المتقاطعة مع قصّتك، اكتفيت بجملتين أو ثلاث عن علاقتي القديمة بأبيك.. وعن طفولتك الأولى.. وعن لوحة قلتِ إنّك أحببتِها، وقلت لك.. إنّها توأمك!

اخترت جملي بكثير من الاقتضاب.. وكثير من الذكاء. تركت بين الكلمات كثيرًا من نقط الانقطاع.. لإشعارك بثقل الصمت الذي لم تملأه الكلمات.

لم أكن أريد أن أنفق ورقتي الوحيدة معك في يوم واحد على عجل.

كنت أريد أن أوقظ فضولك لمعرفتي أكثر، لكي أضمن عودتك لي ثانية. وعندما سألتني «هل ستكون موجودًا هنا طوال فترة المعرض؟» أدركت أنّني نجحت في أوّل امتحان معك، وأنا أجعلك تفكّرين في لقائي مرّة ثانية. ولكنّني قلت بصوت طبيعي لا علاقة له بزلازلي الداخليّة:

«سأكون هنا بعد الظهر في أغلب الأحيان..» ثمّ أضفت وأنا أكتشف أنّ جوابي قد لا يشجّعك على زيارة قد أكون غائبًا عنها:

«ومن الأرجح أن أكون هنا كلّ يوم، فستكون لي مواعيد كثيرة مع الصحافيّين والأصدقاء..».

كان في ذلك الكلام شيء من الحقيقة. ولكنّني لم أكن في الواقع مضطرًّا للبقاء طوال الوقت في المعرض. كنت فقط أحاول ألّا أجعلك تعودين عن قرارك لسبب ما.

قلت وأنت تتحدّثين إليَّ فجأة بطريقة الأصدقاء القدامى:

«قد أعود لزيارة المعرض يوم الاثنين المقبل.. إنّه اليوم الذي لا دروس لي فيه. في الحقيقة أنا حضرت اليوم عن فضول فقط.. ويسعدني أن أتحدّث إليك أكثر..».

تدخّلت ابنة عمّك، وكأنّها تعتذر، وربّما تتحسّر لأنّها لن تكون طرفًا في ذلك اللقاء:

«خسارة.. إنّه اليوم الأكثر مشاغل بالنسبة لي.. لن يمكنني أن أرافقك، ولكن قد أعود أنا أيضًا في يوم آخر». ثمّ التفتَت نحوي سائلة:

«متى ينتهي المعرض؟».

قلت:

«في 25 نيسان.. أي بعد عشرة أيّام..».

صاحت:

«عظيم.. سأجد فرصة للعودة مرّة أخرى..».

تنفّستُ الصعداء.

المهمّ أن أراك مرّة واحدة على انفراد، وبعدها سيصبح كلّ شيء أسهل.

تزوّدت منك بآخر نظرة، وأنت تصافحينني قبل أن تنسحبي.

كان في عينيك دعوة لشيء ما..

كان فيهما وعد غامض بقصّة ما..

كان فيهما شيء من الغرق اللذيذ المحبّب.. وربّما نظرة اعتذار مسبقة عن كلّ ما سيحلّ بي من كوارث بعد ذلك بسببهما.

وكنت أعي في تلك اللحظة، وذلك اللّون الأبيض يوليني ظهره ملتفًا بشال شعره الأسود.. ويبتعد عنّي تدريجًا ليختلط بأكثر من لون، أنّني سواء رأيتك أو لم أرك بعد اليوم، فقد أحببتك.. وانتهى الأمر.

غادرتِ القاعة إذن مثلما جئتِ.. ضوءًا يشقّ الطريق انبهارًا عند مروره.. متألّقًا في انسحابه كما في قدومه.

يجرّ خلفه أكثر من قوس قزح.. وذيلًا من مشاريع الأحلام.

ما الذي أعرفه عنك؟

شيئان أو ثلاثة.. أَعَدتُهما على نفسي بعد ذلك عدّة مرّات، لأقنع نفسي بأنَّك لم تكوني «نجمًا مذنّبًا» عابرًا كذاك الذي يضيء في الأمسيات الصيفيّة، ويختفي قبل أن يتمكّن الفلكيّون من مطاردته بمنظارهم، والذي يسمّونه في قواميس الفلك.. «النجم الهارب»!

لا.. لن تهربي منّي وتختفي في شوارع باريس وأزقّتها المتشعّبة بهذه السهولة. أعرف على الأقلّ أنَّك تعدِّين شهادة ما في المدرسة العليا للدراسات، وأنَّك في السنة الأخيرة للدراسة، وأنَّك في باريس منذ أربع سنوات، وتقيمين عند عمّك منذ عُيِّن في باريس أي منذ سنتين. معلومات قد تكون هزيلة، ولكنَّها تكفي للعثور عليك بأيّ طريقة.

كانت الأيّام الفاصلة بين يوم الجمعة ويوم الاثنين تبدو طويلة وكأنَّها لا تنتهي. وكنت قد بدأت بالعدّ العكسي منذ تلك اللحظة التي غادرتِ فيها القاعة، رحت أعدّ الأيّام الفاصلة بين يوم الجمعة ويوم الاثنين. تارة أعدّها فتبدو لي أربعة أيّام، ثمَّ أعود وأختصر الجمعة الذي كان على وشك أن ينتهي، والاثنين الذي سأراك فيه، فتبدو لي المسافة أقصر وأبدو أكثر قدرة على التحمُّل، إنَّها يومان فقط هما السبت والأحد.

ثمَّ أعود فأعدّ الليالي.. فتبدو لي ثلاث ليالٍ كاملة، هي الجمعة والسبت والأحد، أتساءل وأنا أتوقَّع مسبقًا طولها، كيف سأقضيها؟ ويحضرني ذلك البيت الشعري القديم الذي لم أصدّقهُ من قبل:
أعدّ الليالّي ليلة بعد ليلة وقد عشت دهرًا لا أعد اللياليا
ترى أهكذا يبدأ الحبّ دائمًا، عندما نبدأ باستبدال مقاييسنا الخاصّة، بالمقاييس المُتَّفق عليها، وإذا بالزمن فترة من العمر، لا علاقة لها بالوقت؟

في ذلك اليوم، سعدت وأنا أرى «كاترين» تدخل القاعة. جاءت متأخّرة كما كنت أتوقّع، أنيقة كما كنت أتوقّع. داخل فستان أصفر ناعم، تطير داخله كفراشة. قالت وهي تضع قبلة على خدِّي:

– لقد وصلت متأخّرة.. كان هناك ازدحام في الطريق كالعادة في مثل هذا الوقت.

كانت كاترين تسكن الضاحية الجنوبيّة لباريس. وكانت المواصلات تتضاعف في نهاية الأسبوع، في تلك الطرقات الرابطة بين باريس وضواحيها، والتي يسلكها الباريسيُّون لقضاء الأسبوع في بيوتهم الريفيّة. ولكن لم يكن ذلك السبب الوحيد لتأخّرها. كنت أعرف أنّها تكره اللّقاءات العامّة، أو تكره، كما استنتجتُ، أن تظهر معي في الأماكن العامّة. ربّما كانت تخجل أن يراها بعض معارفها وهي مع رجل عربي، يكبرها بعشر سنوات، وينقصها بذراع!

كانت تحبّ أن تلتقي بي، ولكن دائمًا في بيتي أو بيتها، بعيدًا عن الأضواء، وبعيدًا عن العيون، هنالك فقط تبدو تلقائيّة في مرحها وفي تصرّفاتها معي. ويكفي أن ننزل معًا لنتناول وجبة غداء في المطعم المجاور، ليبدو عليها شيء من الارتباك والتصنّع، ويصبح همّها الوحيد أن نعود إلى البيت.

وهكذا تعوّدتُ عندما تحضر أن أشتري مسبقًا ما يكفينا من الأكل لقضاء يوم أو يومين معًا. لم أعد أناقشها ولا أقترح عليها شيئًا. كان ذلك أوفر وأكثر راحة لي، فلماذا كلّ هذا الجدل؟

قالت كاترين بصوت أعلى من العادة وهي تمسك بذراعي وتلقي نظرة على اللّوحات المعلّقة التي كانت تعرفها جميعًا:

– برافو خالد، أهنّئك.. رائع كلّ هذا.. أيّها العزيز.

تعجّبت شيئًا ما، كانت تتحدّث هذه المرّة وكأنّها تريد أن يعرف الآخرون أنّها صديقتي أو حبيبتي.. أو أيّ شيء من هذا القبيل. ما الذي غيّر سلوكها فجأة، هل منظر ذلك الحشد من الشخصيّات الفنّية والصحافيّين الذين حضروا الافتتاح.. أم هي اكتشفت في هذا المكان، أنّها منذ سنتين تضاجع عبقريًّا دون أن تدري، وأنَّ ذراعي الناقصة التي كانت تضايقها في ظروف أخرى، تأخذ هنا بعدًا فنّيًا فريدًا لا علاقة له بالمقاييس الجماليّة؟

اكتشفتُ لحظتها أنّني، خلال الخمس والعشرين سنة التي عشتها بذراع واحدة، لم يحدث أنّني نسيت عاهتي إلّا في قاعات العرض.

في تلك اللحظات التي كانت فيها العيون تنظر إلى اللّوحات، وتنسى أن تنظر إلى ذراعي.. أو ربّما في السنوات الأولى للاستقلال.. وقتها كان للمحارب هيبته، ولمعطوبي الحروب شيء من القداسة بين الناس. كانوا يوحون بالاحترام أكثر ممّا يوحون بالشفقة. ولم تكن مُطالَبًا بتقديم أيّ شرح ولا أيّ سرد لقصّتكَ.

كنتَ تحمل ذاكرتك على جسدك، ولم يكن ذلك يتطلّب أيّ تفسير.

اليوم، بعد ربع قرن.. أنت تخجل من ذراع بدلتك الفارغ الذي تخفيه بحياء في جيب سترتك، وكأنّك تخفي ذاكرتك الشخصيّة، وتعتذر عن ماضيك لكلّ من لا ماضي لهم.

يدك الناقصة تزعجهم. تفسد على البعض راحتهم. تفقدهم شهيّتهم.

ليس هذا الزمن لك. إنّه زمن ما بعد الحرب.

زمن البدلات الأنيقة والسيّارات الفخمة.. والبطون المنتفخة. ولذا كثيرًا ما تخجل من ذراعك وهي ترافقك في الميترو وفي المطعم

وفي المقهى وفي الطائرة وفي حفل تدعى إليه. تشعر بأنّ الناس ينتظرون منك في كلّ مرّة أن تسرد عليهم قصّتك.

كلّ العيون المستديرة دهشة، تسألك سؤالًا واحدًا تخجل الشفاه من طرحه: «كيف حدث هذا؟».

ويحدث أن تحزن، وأنت تأخذ الميترو وتمسك بيدك الفريدة الذراع المعلّقة للركّاب. ثمّ تقرأ على بعض الكراسي تلك العبارة: «أماكن محجوزة لمعطوبي الحرب والحوامل..».

لا، ليست هذه الأماكن لك. شيء من العزّة، من بقايا شهامة، تجعلك تفضّل البقاء واقفًا معلّقًا بيد واحدة.

إنّها أماكن محجوزة لمحاربين غيرك، حربهم لم تكن حربك، وجراحهم ربّما كانت على يدك.

أمّا جراحك أنت.. فغير مُعترَف بها هنا.

ها أنت أمام جدليّة عجيبة..

تعيش في بلد يحترم موهبتك ويرفض جُروحك. وتنتمي لوطن، يحترم جراحك ويرفضك أنت. فأيّهما تختار.. وأنت الرجل والجرح في آن واحد.. وأنت الذاكرة المعطوبة التي ليس هذا الجسد المعطوب سوى واجهة لها؟

أسئلة لم أكن أطرحها على نفسي في السابق. كنت أهرب منها بالعمل فقط، والخلق المتواصل، وذلك الأرق الداخلي الدائم.

كان داخلي شيء لا ينام، شيء يواصل الرسم دائمًا وكأنّه يواصل الركض بي ليوصلني إلى هذه القاعة، حيث سأعيش لأيّام رجلًا عاديًّا بذراعين، أو بالأحرى رجلًا فوق العادة..

رجلًا يسخر من هذا العالم بيد واحدة، ويُعيد عجن تضاريس الأشياء بيد واحدة.

ها أنا ذا في هذه القاعة إذن.. وها هو ذا جنوني مُعلَّق للفرجة على الجدران. تتفحّصه العيون وتفسّره الأفواه كيفما شاءت.. ولا أملك إلّا أن أبتسم، وبعض تلك التعليقات المتناقضة تصل مسمعي. وأتذكّر قولًا ساخرًا لكونكور:

«لا شيء يسمع أكثر كمٍّ من الحماقات في العالم.. مثل لوحة في متحف!».

جاء صوت كاترين خافتًا وكأنّها تتحدّث إليَّ وحدي هذه المرّة:

– عجيب.. إنّني أرى هذه اللوحات وكأنّني لا أعرفها، إنّها هنا تبدو مختلفة..

كدت أجيبها وأنا أواصل فكرة سابقة:

«إنَّ للّوحات مزاجها وعواطفها أيضًا.. إنّها تمامًا مثل الأشخاص. إنّهم يتغيّرون أوّل ما تضعينهم في قاعة تحت الأضواء!».

ولكنّني لم أقل لها هذا.

قلت لها فقط:

– اللّوحة أنثى كذلك.. تحبّ الأضواء وتتجمّل لها، تحبّ أن ندلّلها ونمسح الغبار عنها، أن نرفعها عن الأرض ونرفع عنها اللحاف الذي نغطّيها به.. تحبّ أن نعلّقها في قاعة لتتقاسمها الأعين حتّى لو لم تكن معجبة بها..

في الواقع، إنَّ أكثر ما تكرهه هو أن تُعامَل بتجاهل..

قالت وهي تفكّر:

– صحيح ما تقوله.. من أين تأتي بهذه الأفكار؟ أتدري أنّني أحبّ الاستماع إليك؟ لا أفهم كيف لا نجد أبدًا وقتًا للحديث عندما نلتقي.

وقبل أن أعلّق على سؤالها بجواب مقنع جدًّا.. أضافت بنوايا أعرفها وهي تضحك..

– متى ستعاملني أخيرًا كلوحة؟

قلت وأنا أضحك لسرعة بداهتها.. ولشهيّتها التي لا تشبع:

– هذا المساء إذا شئت..

عندها أخذَت منِّي مفاتيح البيت، وطارَت كفراشة داخل فستانها الأصفر نحو الباب.

قالت وكأنَّها شعرت فجأة بالغيرة من كلّ اللوحات المعلّقة بعناية على الجدران، والتي ما زال بعض الزوّار يتأمّلونها:

– أنا مُتعبَة بعض الشيء.. سأسبقك.

أكانت حقًّا مُتعبَة إلى هذا الحدّ، أم أصبحت فجأة تغار عليّ أو تغار منّي.. أم جاءتني بجوع مُسبق؟ كالعادة، لم أحاول أن أتعمّق في فهمها.

كنت أريد فقط أن أستعين بها لأنسى. كنت سعيدًا أن أختصر معها يومًا أو يومين من الانتظار.. انتظارِك أنتِ! وكنت في حاجة إلى ليلة حبّ بعد شهر من الوحدة، والركض لإعداد كلّ تفاصيل هذا المعرض.

لحقتُ بكاترين بعد ساعة.

كنت متعبًا لأسباب كثيرة. أحدها لقائي العجيب بك وكلّ ما عشته من هزّات نفسيّة ذلك اليوم.

قالت وهي تفتح لي الباب:

– لم تتأخّر كثيرًا..

قلت وأنا أداعبها:

– كان في ذهني مشروع لوحة.. فعدت مسرعًا إلى البيت.. الوحي لا ينتظر كثيرًا كما تعلمين!

ضحكنا..

كان بيننا تواطؤ جسدي ما، يشيع بيننا تلك البهجة الثنائيّة، تلك السعادة السرِّية التي نمارسها دون قيود.. بشرعيّة الجنون!

ولكن شعرتُ لحظتها وهي جالسة في الأريكة المقابلة لي تشاهد الأخبار، وتلتهم سندويتشًا أحضرته معها، أنَّها امرأة كانت دائمًا على وشك أن تكون حبيبتي، وأنَّها هذه المرَّة – كذلك – لن تكونها!

إنّ امرأة تعيش على السندويتشات هي امرأة تعاني من عجز عاطفي، ومن فائض في الأنانيّة.. ولذا لا يمكنها أن تهِبَ رجلًا ما يلزمه من أمان.

ليلتها، ادّعيت أنَّني لست جائعًا.

في الحقيقة كنت رافضًا وربَّما عاجزًا عن الانتماء لزمن السندويتشات.

وبرغم ذلك..

حاولت ألّا أتوقَّف عند تلك التفاصيل التي كانت تستفزّ بداوتي في أوَّل الأمر.

تعوّدت منذ تعرَّفت إلى كاترين ألّا أبحث كثيرًا عن أوجه الاختلاف بيننا. أن أحترم طريقتها في الحياة، ولا أحاول أن أصنع منها نسخة منِّي، بل إنَّني ربَّما كنت أحبّها لأنَّها تختلف عنِّي حدّ التناقض أحيانًا.

فلا أجمل من أن تلتقي بضدّك، فذلك وحده قادر على أن يجعلك تكتشف نفسك. وأعترف بأنَّني مدين لكاترين بكثير من اكتشافاتي، فلا شيء كان يجمعني بهذه المرأة في النهاية، سوى شهوتنا المشتركة وحبّنا المشترك للفنّ.

وكان ذلك كافيًا لنكون سعيدين معًا.

تعوّدنا مع مرور الزمن ألّا يزعج بعضنا بعضًا بالأسئلة ولا بالتساؤلات. في البدء تأقلمتُ بصعوبة مع هذا النمط العاطفي الذي لا مكان فيه للغيرة ولا للامتلاك.

ثمَّ وجدت فيه حسنات كثيرة، أهمّها الحرّيّة.. وعدم الالتزام بشيء تجاه أحد..

كان يحدث أن نلتقي مرّة في الأسبوع، كما يحدث أن تمرّ عدّة أسابيع قبل أن نلتقي.. ولكن كنّا نلتقي دائمًا بشوق وبرغبة مشتركة.

كانت كاترين تقول «ينبغي ألّا نقتل علاقتنا بالعادة»، ولهذا أجهدت نفسي حتّى لا أتعوّد عليها، وأن أكتفي بأن أكون سعيدًا عندما تأتي، وأن أنسى أنّها مرّت من هنا عندما ترحل.

في تلك المرّة حاولت أن أستبقيها لقضاء كلّ نهاية الأسبوع معي، وسعدتُ أن تقبلَ عرضي بحماسة.

كنت في الواقع أخاف أن أبقى وحيدًا مع ساعتي الجداريّة في انتظار يوم الاثنين.

ورغم أنَّ كاترين ظلّت معي حتّى عشيّة الأحد، فإنَّ الوقت بدا لي طويلًا، وربّما بدا لي طويلًا أكثر لأنّها كانت معي. فقد بدأت فجأة أستعجل ذهابها وكأنّني سأخلو بك عند ذلك.

كانت أفكاري تدور حول سؤال واحد..

ماذا أقول لك لو انفردت بك يوم الاثنين؟ من أين أبدأ معك الحديث.. وكيف أقصّ عليك تلك القصّة العجيبة، قصّتنا؟

كيف أغريك بالعودة من جديد لسماع بقيّتها؟

صباح الاثنين، لبستُ بدلتي الأجمل لموعدنا المحتمل. اخترت بذَوق ربطة عنقي. وضعت عطري المفضّل، واتّجهت نحو قاعة المعرض نحو الساعة العاشرة.

كان أمامي متّسع من الوقت لأشرب قهوتي الصباحيّة في مقهى مجاور. فلم يكن يُعقَل أن تأتي قبل تلك الساعة، وحتّى القاعة نفسها لم تكن تفتح أبوابها قبل العاشرة.

عندما دخلتُ القاعة، كنتُ أوّل من يطأها في ذلك الصباح. كان في الجوّ شحنة غامضة من الكآبة. لم يكن هناك من أضواء موجّهة نحو اللّوحات، ولا أيّ ضوء كهربائي يضيء السقف.

ألقيت نظرة خاطفة على الجدران.

ها هي لوحاتي تستيقظ كامرأة، بتلك الحقيقة الصباحيّة العارية دون زينة ولا مساحيق ولا «رتُوش».

ها هي امرأة تتثاءب على الجدران بعد أمسية صاخبة.

اتّجهت نحو لوحتي الصغيرة «حنين» أتفقّدها وكأنّني أتفقّدك.

«صباح الخير قسنطينة.. كيف أنتَ يا جسري المعلّق.. يا حزني المعلّق منذ ربع قرن؟».

ردّت عليّ اللّوحة بصمتها المعتاد، ولكن بغمزة صغيرة هذه المرّة. فابتسمتُ لها بتواطؤ.

إنّنا نفهم بعضنا أنا وهذه اللّوحة.

«البلدي يفهم من غمزة!». وهي كانت لوحة بلديّة مكابرة مثل صاحبها، عريقة مثله، تفهم بنصف غمزة!

رحت بعدها أتلهّى ببعض المشاغل التي كانت مؤجّلة منذ البارحة. طريقة أخرى لكسب الوقت، والتفرّغ لكِ في ما بعد. وكان صوتٌ داخليّ يلاحقني أثناء ذلك، ليذكّرني أنّكِ ستأتين، ويمنعني من التركيز على أيّ شيء.

ستأتي..

ستأتي.. ردّد الصوت ساعة وساعتين وأكثر.. ومرّ صبح ومرّ مساء ولم تأتِ.

حاولت أن أنشغل بلقاءات وتفاصيل يوميّة كثيرة، حاولت أن أنسى أنّني هنا لانتظارك..

قابلت صحافيًا وتحدّثت إلى آخر دون أن تفارق عيناي الباب.

كنت أترقّبك في كلّ خطوة..

وكلّما تقدّم الوقت ازداد يأسي.

وفجأة فتح الباب ليدخل منه.. سي الشريف!

نهضت إليه مسلّمًا وأنا أُخفي عنه دهشتي. تذكّرت أغنية فرنسيّة يقول مطلعها «أردت أن أرى أختك.. فرأيت أمّك كالعادة..».

– ع السلامة يا سيدي.. عاش من شافك!

قالها وهو يحتضنني ويسلّم عليّ بحرارة. وأعترف برغم خيبتي بأنّه لم يحدث أن شعرت بسعادة وأنا أسلّم عليه مثل تلك المرّة.

وقبل أن أسأله عن أخباره قال وهو يقدّم لي ذلك الصديق المشترك الذي كان يرافقه:

– شفت شكون جبتلك معايَ؟

صحت وأنا أنتقل من دهشة إلى أخرى.

– أهلًا سي مصطفى واش راك.. واش هاذ الطلّة..

قال بمودّة وهو يحتضنني بدوره:

– واش آسيدي.. لو كان ما نجيوكش ما نشوفوكش وإلّا كيفاش؟

رحت أجامله.. وأسأله بدوري عن أخباره وإن كنت أدري أنّ في مرافقة سي الشريف له وفي مبالغته في تكريمه دليلًا على أنّه مرشّح لمنصب وزاري ما كما تقول الإشاعات.

عاتبني سي الشريف بودٍّ أحسَسته صادقًا:

– يا أخي.. أيعقل أن نسكن هذه المدينة معًا دون أن تفكّر في زيارتي مرّة واحدة؟ أنا هنا منذ سنتين وعنواني معروف عندك.

تدخّل سي مصطفى ليضيف بتلميح سياسي بين المزاح والجدّ:

– واش راك مقاطعنا.. وإلّا كيفاش هاذ الغيبة..؟

أجبتُه بصدق:

– لا أبدًا.. ولكن ليس من السهل على شخص سكنته الغربة أن يجمع أشياءه هكذا ويعود.. في الحقيقة، «المنفى عادة سيّئة يتّخذها الإنسان» وقد أصبحت لي أكثر من عادة سيّئة هنا..

ضحكنا.. وتشعّب بنا الحديث في مواضيع أخرى تطرّقنا إليها عبورًا ومجاملة فقط..

وكان لا بدّ أن يتوقّفا بعد ذلك أمام إحدى اللّوحات وهما يقومان بجولة لمشاهدة المعرض، لأفهم سرّ زيارة سي مصطفى لمعرضي، التي تعود لكونه يريد أن يشتري لوحة أو لوحتين منّي. قال:

– أريد أن أحتفظ منك بشيء للذكرى.. ألا تذكر أنّك بدأت الرسم يوم كنّا معًا في تونس؟ ما زلت أذكر حتّى لوحاتك الأولى.. لقد كنتُ أوّل من أريتَه لوحاتك وقتها.. هل نسيت؟

لا لم أنْسَ.. وكم كنت أتمنّى لحظتها لو أستطيع ذلك. شعرت بشيء من الإحراج وهو يستدرجني لتلك الفترة..

كان سي مصطفى صديقًا مشتركًا لي ولسي الشريف منذ أيّام التحرير. فقد كان ضمن المجموعة التي كانت تعمل تحت قيادة سي الطاهر، بل وكان واحدًا من الجرحى الذين نُقلوا معي للعلاج في تونس، حيث قضى ثلاثة أشهر في المستشفى عاد بعدها إلى الجبهة، ليبقى حتّى الاستقلال في صفوف جيش التحرير، ويعود برتبة رائد.

كان يومًا بشهامة وأخلاق نضاليّة عالية. وكنت في الماضي أكنُّ له احترامًا وودًّا كبيرين. ثمّ تلاشى تدريجًا رصيده عندي.. كلّما امتلأ رصيده الآخر بأكثر من طريقة وأكثر من عملة، مثله مثل من سبقوه إلى تلك المناصب الحلوب التي تناوب عليها البعض بتقسيم مدروس للوليمة..

ولكن كان أمره هو بالذات يعنيني ويحزنني. فقد كان رفيق سلاحي لسنتين كاملتين.. وكان بيننا تفاصيل صغيرة جمعتنا في الماضي ولا يمكن للذاكرة رغم كلّ شيء أن تتجاهلها.

لعلّ أكثر تلك التفاصيل تأثيرًا، تلك المصادفة التي جعلت الممرِّضة في تونس تعطيني وأنا أغادر المستشفى ثيابه التي وصل بها، والتي جفّ عليها دمه منذ عدّة أيّام.

كان في جيب سترته يومها بطاقة تعريفه التي لا تكاد تُقرأ، من آثار بقع الدم عليها. والتي احتفظتُ بها لأعيدها إليه في ما بعد.. ولكنّه عاد بعد ذلك إلى الجبهة دون أن يدري حتّى أنّها كانت في حوزتي، وربّما دون أن يسأل عنها. فقد كان ذاهبًا إلى مكان لا يحتاج فيه إلى بطاقة تعريف.

عام 1973، عثرتُ مصادفة على تلك البطاقة ضمن أوراقي القديمة، وكنت آنذاك أجمع أشيائي استعدادًا للرحيل..

تردّدت بين أن أحتفظ بها أو أعيدها إليه، فقد كنت أدري أنّ تلك الهويّة لم تعد في الواقع هويّته. ولكنّني كنت أريد أن أواجهه بالذاكرة.. دون أيّ تعليق.

وربّما كنت أريد كذلك، وأنا على أبواب المنفى، أن أنهي علاقتي بتلك البطاقة التي رافقتني منذ 1957 من بلد إلى آخر، وكأنّني أنهي علاقاتي بالوطن، وأضعه أخيرًا هو وأشياءه خارج الذاكرة..

يومها دُهِشَ سي مصطفى وأنا أُخرجُ من جيب سترتي تلك البطاقة وأضعها أمامه، بعد ست عشرة سنة.

أهو الذي ارتبك لحظتها.. أم أنا؟

شعرت فجأة وأنا أنفصل عنها أنّني أعطيته شيئًا كان ملتصقًا بصدري؛ شيئًا منِّي، ربّما ذراعي الأخرى، أو أيّ شيء كان لي.. كان أنا!

ولكنَّني وجدت آنذاك في فرحته عزائي.. وفي احتضانه لي بذلك العنفوان الأوّل الذي جمعنا يومًا، مكافأة للذاكرة ووهمًا ما بإمكانيّة إيقاظ ذلك الرجل الآخر داخله.

ها هو سي مصطفى بعد سنوات، يتأمّل لوحة لي وأتأمّله. لقد مات فيه الرجل «الآخر».. فكيف راهنت يومًا عليه؟

في هذه اللحظة، لا شيء يعنيه سوى امتلاك لوحة لي؛ وربّما كان مستعدًّا لأن يدفع أيّ ثمن مقابلها. فمن المعروف عنه أنّه لا يحسب كثيرًا في هذه الحالات، مثله مثل بعض السياسيّين والأثرياء الجزائريّين الجدد الذي شاعت وسطهم عدوى اقتناء اللّوحات الفنّيّة، لأسباب لا علاقة لها غالبًا بالفنّ، بل بعقليّة جديدة للنهب الفنّي أيضًا.. وبهاجس الانتساب للنخبة.

وربّما كان أكثر سخاءً معي أنا بالذات، للأسباب نفسها التي تجعلني اليوم أكثر رفضًا له.

لقد قرّر أن يستبدل بتلك البطاقة المهترئة، لوحة «أكواريل» يفاخر بها.. فهل يتساوى الدم بالألوان المائيّة.. ولو بعد ربع قرن؟!

سعدت بعدها وأنا أتخلّص منه ومن سي الشريف دون أن يأخذا على خاطرهما.. ودون أن أتنازل عن ذلك المبدأ الذي حدث أن جِعتُ بسببه. فلا يمكنني أن آكل من الخبز الملوّث. هناك من يولدون هكذا بهذه الحساسيّة التي لا شفاء منها تجاه كلّ ما هو قذر!

كنت في الواقع على عجل. أريد أن أنتهي منهما بسرعة.. خشية أن تأتي في تلك اللحظة ويكونا هناك.

وكنت قلقًا ومُبعثرًا بين الأحاسيس التي استدرجني إليها سي مصطفى بعد كلّ تلك السنوات.. وبين هاجس قدومِك، الذي أرهقني انتظاره منذ أيّام. ولكنّكِ لم تأتي.. لا أثناء ذلك ولا بعده.

من أين هجَمَت عليّ كلّ تلك الكآبة بعد ذلك؟

وإذا بقدميّ تقودانني بخطى مُثقَلة، مُحبَطة، إلى البيت، بعدما كانتا قد حملتاني إلى هنا، على أجنحة الشوق الجارف.

ماذا لو لم أرَكِ مرّة أخرى.. لو انتهى ذلك المعرض ولم تعودي؟ ماذا لو كان حديثك عن زيارتك المحتملة مجرّد مجاملة، أخذتها أنا مأخذ الجدّ؟

كيف يمكنني وقتها أن أطارد نجمك المذنّب الهارب؟

وحدها تلك البطاقة التي أعطاني إيّاها سي الشريف وهو يودّعني كانت تبعث شيئًا من الأمل في نفسي. فقد كنت أعرف أخيرًا الأرقام السرّية التي توصلني إليك، فنمت وأنا أخطِّط لمبرّر هاتفي قد يجمعني بك. ولكنّ الحبّ عندما يأتي لا يبحث له عن مبرّر، ولا يأخذ له موعدًا.. ولذا ما كدت في اليوم التالي أدخل القاعة وأجلس في الصالون لأطالع جريدتي، حتّى رأيتكِ تدخلين.

كنت تتقدّمين نحوي، وكان الزمن يتوقَّف انبهارًا بك.

وكان الحبّ الذي تجاهلني كثيرًا قبل ذلك اليوم.. قد قرّر أخيرًا أن يهبني أكثر قصصه جنونًا..

الفصل الثالث

التقينا إذن..

قلتِ:

– مرحبًا.. آسفة، أتيت متأخّرة عن موعدنا بيوم..

قلتُ:

– لا تأسفي.. قد جئت متأخّرة عن العمر بعمر.

قلتِ:

– كم يلزمني إذن لتغفر لي؟

قلتُ:

– ما يعادل ذلك العمر من عمر!

وجلس الياسمين مقابلًا لي.

يا ياسمينة تفتَّحت على عجل.. عطرًا أقلّ حبيبتي.. عطرًا أقل!

لم أكن أعرف أنّ للذاكرة عطرًا أيضًا.. هو عطر الوطن.

مرتبكًا جلس الوطن وقال بخجل:

– عندَك كأس ماء.. يعيّشَك؟

وتفجّرت قسنطينة ينابيع داخلي.

إرتوي من ذاكرتي سيّدتي.. فكلّ هذا الحنين لكِ.. ودعي لي مكانًا هنا مقابلًا لكِ..

أحتسيكِ كما تُحتسى، على مهل، قهوةٌ قسنطينيةٌ.

أمام فنجان قهوة.. وزجاجة كوكا جلسنا. لم يكن لنا الظمأ نفسه.. ولكن كانت لنا الرغبة نفسها في الحديث.

قُلتِ معتذرة:

– أنا لم أحضر البارحة، لأنّني سمعت عمّي يتحدّث لشخص على الهاتف ويتّفق معه على زيارتك، ففضّلتُ أن أوّجل زيارتي لك إلى اليوم حتّى لا ألتقي بهما..

أجبتُك وأنا أتأمّلك بسعادة من يرى نجمه الهارب أخيرًا أمامه:

– خفت ألّا تأتي أبدًا..

ثمّ أضفتُ:

– أمّا الآن فيسعدني أنّني انتظرتك يومًا آخر، إنّ الأشياء التي نريدها تأتي متأخّرة دائمًا!

تراني قلت وقتها أكثر ممّا يجب قوله؟

ساد بيننا شيء من الصمت ومن ارتباك الاعتراف الأوّل.. حتى قلت وكأنك تريدين كسر الصمت، أو إثارة فضولي:

– أتدري أنّني أعرف الكثير عنك؟

قلتُ سعيدًا ومتعجّبًا:

– وماذا تعرفين مثلًا؟

أجبتِ بطريقة أستاذ يريد أن يحيّر تلميذه:

– أشياء كثيرة قد تكون نسيتها أنت..

قلتُ لك بمسحة حزن:

– أشكّ في أن أكون نسيت شيئًا. مشكلتي في الواقع أنّني لا أنسى!

أجبتِني بصوت بريء، وباعتراف لم أعِ ساعتها كلّ عواقبه القادمة عليّ:

– أمّا أنا فمشكلتي أنّني أنسى.. أنسى كلّ شيء.. تصوّر.. البارحة مثلًا نسيت بطاقة الميترو في حقيبة يدي الأخرى. ومنذ أسبوع نسيت مفتاح البيت داخل البيت، وانتظرت ساعتين قبل أن يحضر أحد ليفتح لي الباب.. إنّها كارثة.

قلتُ ساخرًا:

– شكرًا إذن لأنّك تذكّرتِ موعدنا هذا!

أجبتِ باللهجة الساخرة نفسها:

– لم يكن موعدًا.. كان احتمال موعد فقط.. لا بدّ أن تعلم أنّني أكره اليقين في كلّ شيء... أكره أن أجزم بشيء أو ألتزم به.. الأشياء الأجمل، تولَد احتمالًا.. وربّما تبقى كذلك.

سألتُكِ:

– لماذا جئتِ إذن؟

تأمّلتِني.. وراحت عيناك تتسكّعان في ملامح وجهي، وكأنّهما تبحثان عن جواب لسؤال مفاجئ.. ثمّ قلتِ في نظرة مُثقَلة بالوعود والإغراء..

– لأنّك قد تكون يقيني المحتمل!

ضحكت لهذه الجملة التي تحمل تناقضًا أنثويًا صارخًا – لم أكن أعرف بعد أنّه سِمَتك – وقلتُ وقد ملأتني عيناك غرورًا وزهوًا رجاليًا:

– أمّا أنا فأكره الاحتمالات.. ولذا أجزم أنّني سأكون يقينك.

قلتِ بإصرار أنثى على قول الكلمة الأخيرة:

– إنّه افتراض.. محتمل أيضًا!

وضحكنا كثيرًا.

كنتُ سعيدًا وكأنَّني أضحك لأوَّل مرّة منذ سنوات. كنت أتوقَّع لنا بدايات أخرى، وكنت قد أعددت جملًا ومواقف كثيرة لمبادرتك في هذا اللقاء الأوَّل. ولكن أعترف بأنَّني لم أكن أتوقَّع لنا بداية كهذه. فقد تلاشى كلَّ ما أعددتُه ساعة قدومك.. وتبعثرَت لغتي أمام لغتك التي لم أكن أدري من أين تأتين بها.

كان في حضورك شيء من المرح والشاعريّة معًا. كان هناك تلقائيّة وبساطة تكاد تجاور الطفولة، دون أن تلغي ذلك الحضور الأنثويّ الدائم.. وكنت تملكين تلك القدرة الخارقة على مساواة عمري بعمرك، في جلسة واحدة. وكأنّ فتوّتك وحيويّتك قد انتقلتا إليّ عن طريق العدوى. كنت ما أزال تحت وقع تصريحاتك تلك، عندما فاجأني كلامك:

– في الواقع.. كنت أريد أن أرى لوحاتك بتأنٍّ أكثر، لم أكن أريد أن أتقاسمها في ذلك اليوم مع ذلك الحشد من الناس.. عندما أحبّ شيئًا.. أفضّل أن أنفرد به!

كانت هذه أجمل شهادة إعجاب يمكن أن تقولها زائرة لرسّام.. وأجمل ما يمكن أن تقوليه لي أنت ذلك اليوم. وقبل أن أذهب بعيدًا في فرحتي أو أشكرك أضفتِ:

– ما عدا هذا.. كنت أودّ أن أتعرّف إليك منذ زمن بعيد. لقد كانت جدّتي تحدّثني أحيانًا عنك عندما تذكر أبي. يبدو أنّها كانت تحبّك كثيرًا..

سألتُك بلهفة:

– وكيف هي «امّا الزهرة»؟ لم أرها منذ زمان.

قلتِ بمسحة حزن:

– لقد تُوفِّيَت منذ أربع سنوات، وبعد وفاتها انتقلت أُمِّي لتعيش مع أخي ناصر في العاصمة. وجئت أنا إلى باريس لمتابعة دراستي. لقد غيَّر موتها حياتنا بعض الشيء.. فهي التي ربَّتنا في الواقع..

حاولت أن أنسى ذلك الخبر. كان موتها شوكة أخرى انغرست في قلبي يومها. فقد كان فيها شيء من «امّا»، من عطرها السرِّيّ، من طريقتها في تعصيب رأسها على جنب بالمحارم الحريريّة، وإخفاء علبة «النفّة» الفضّيّة في صدرها الممتلئ. وكانت لها تلك الحرارة التلقائيّة التي تفيض بها الأمّهات عندنا، تلك الكلمات التي تعطيك في جملة واحدة ما يكفيك من الحنان لعمر بأكمله.

ولكن الوقت لم يكن للحزن. كنتِ معي أخيرًا، وكان على الزمن أن يكون للفرح فقط.

قلتُ لك:

– رحمها الله.. لقد كنت أنا أيضًا أحبّها كثيرًا..

تراك أردت عندئذ أن تضعي نهاية لموجة الحزن التي فاجأتني، خشية أن تجرفنا معًا نحو ذاكرة لم نكن مهيَّأين بعد لتصفّحها، أم فقط كنت تريدين أن تطبّقي برنامج زيارتك عندما نهضت فجأة وقلت:

– أيمكنني أن ألقي نظرة على لوحاتك؟

وقفتُ لمرافقتك.

رحت أشرح لك بعضها والمناسبات التي رسمتها فيها عندما قلتِ وأنت تنقلين فجأة عينيك من اللّوحات إليّ:

– أتدري أنّني أحبّ طريقتك في الرسم؟ أنا لا أقول لك هذا مجاملة، ولكن أعتقد أنّني لو كنت أرسم لرسمت هكذا مثلك.. أشعر

بأنّنا نحن الاثنين نرى الأشياء بإحساس واحد.. وقلّما أحسست بهذا تجاه إنتاج جزائري.

ما الذي أربكني أكثر لحظتها؟ أترى عيناك اللّتان أصبح لهما فجأة لون آخر تحت الضوء، واللّتان كانتا تتأمّلان فجأة ملامحي وكأنّهما تتأمّلان لوحة أخرى لي.. أم ما قلته قبل ذلك والذي شعرت بأنّه تصريح عاطفي وليس انطباعًا فنّيًا؛ أو هكذا تمنّيت أو خيّل لي. توقّف سمعي عند كلمة «نحن الاثنين». إنّها بالفرنسيّة تأخذ بعدًا موسيقيًا عاطفيًا فريدًا.. حتّى إنّها عنوان لمجلّة عاطفية تصدر لمن بقي من رومنطيقيّين في فرنسا (Nous deux).

أخفيتُ ارتباكي بسؤال ساذج:

– وهل ترسمين؟

قلتِ:

– لا أنا أكتب.

– وماذا تكتبين؟

– أكتب قصصًا وروايات؟!

– قصصًا وروايات...!

رّددتُها وكأنّني لا أصدّق ما أسمع.. فقلت وكأنّكِ شعرت بإهانة من مسحة العجب أو الشكّ في صوتي:

– لقد صدرَت لي أوّل رواية منذ سنتين..

سألتك وأنا أنتقل من دهشة إلى أخرى:

– وبأيّ لغة تكتبين؟

قلتِ:

– بالعربيّة..

– بالعربيّة؟!

استفزّتك دهشتي، وربّما أسأت فهمها حين قلتِ:

– كان يمكن أن أكتب بالفرنسيّة، ولكن العربيّة هي لغة قلبي.. ولا يمكن أن أكتب إلّا بها.. نحن نكتب باللّغة التي نحسّ بها الأشياء.

– ولكنّك لا تتحدّثين بغير الفرنسيّة..

– إنّها العادة..

قلتِها ثمّ واصلت تأمّل اللّوحات قبل أن تضيفي:

– المهمّ هو اللّغة التي نتحدّث بها لأنفسنا، لا تلك التي نتحدّث بها للآخرين!

رحت أتأمّلك مدهوشًا، وأنا أحاول أن أضع شيئًا من الترتيب في أفكاري..

أيمكن أن تجتمع كلّ هذه المصادفات، في مصادفة واحدة؟ وكلّ هذه الأشياء التي كانت قناعاتي الثابتة.. وأحلامي الوطنيّة الأولى، في امرأة واحدة.. وأن تكون هذه المرأة هي أنت.. ابنة سي الطاهر لا غير؟ لو تصوّرت لقاءً مدهشًا في حياتي، لما تصوّرت أكثر إدهاشًا من هذا. إنّها أكثر من مصادفة، إنّه قدر عجيب، أن تتقاطع طرقنا على هذا النّحو، بعد ربع قرن.

أعادني صوتك إلى الواقع وأنت تتوقّفين عند إحدى اللّوحات:

– أنت قلّما ترسم وجوهًا، أليس كذلك؟

وقبل أن أجيبك قلتُ:

– اسمعي.. لن نتحدّث معًا إلّا بالعربيّة.. سأغيّر عاداتك بعد اليوم..

سألتِني بالعربيّة:

– هل ستقدر؟

أجبتُك:

– سأقدر.. لأنّني سأغيّر أيضًا عاداتي معك..

أجبتني عندئذ بفرح سرّي لامرأة اكتشفتُ في ما بعد أنّها تحبّ الأوامر:

– سأطيعك.. فأنا أحبّ هذه اللّغة.. وأحبّ إصرارك. ذكّرني فقط إذا حدث ونسيت.

قلتُ:

– لن أذكّرك.. لأنّك لن تنسي ذلك!

وكنت أرتكب لحظتها أجمل الحماقات. وأنا أجعل تلك اللّغة التي كان لي معها أكثر من صلة عشقيّة، طرفًا آخر في قصّتنا المعقّدة.. عدتُ لأسألك بالعربيّة:

– عمّ كنت تتحدّثين منذ قليل؟

قلتِ:

– كنت أعجب ألّا يكون في معرضك لوحة تمثّل وجهًا أنثويًا سوى هذه.. ألا ترسم وجوهًا؟

قلتُ:

– كنت في فترة أرسم وجوهًا ثمّ انتقلت إلى موضوعات أخرى. في الرسم، كلّما تقدّم عمر الفنّان وتجربته، ضاقت به المساحات الصغيرة وبحث عن طرق أخرى للتعبير.

في الحقيقة أنا لا أرسم الوجوه التي أحبّها حقًّا.. أرسم فقط شيئًا يوحي بها.. طلّتها.. تماوج شعرها.. طرفًا من ثوب امرأة.. أو قطعة من حليّها. تلك التفاصيل التي تعلق في الذاكرة بعدما نفارقها. تلك التي تؤدّي إليها دون أن تفضحها تمامًا.. فالرّسّام ليس مصوّرًا فوتوغرافيًّا يطارد الواقع.. إنّ آلة تصويره توجد داخله، مخفيّة في

مكان يجهله هو نفسه، ولهذا هو لا يرسم بعينيه، بل بذاكرته وخياله.. وبأشياء أخرى.

قلتِ وعيناك تنظران إلى امرأة تطغى شقرة شعرها على اللّوحة ولا تترك مجالًا لأيّ لون آخر سوى حمرة شفتيها غير البريئتين:

– وهـذه المـرأة إذن.. لمـاذا رسمت لها لوحة واقعيّة إلى هذا الحدّ؟

ضحكتُ وقلت:

– هذه امرأة لا تُرسَم إلّا بواقعيّة..

– ولماذا سمّيتَ لوحتها «اعتذار»؟

– لأنّني رسمتها اعتذارًا لصاحبتها..

قلتِ فجأة بلهجة فرنسيّة وكأنّ غضبك أو غيرتك السرّيّة قد ألغت اتّفاقنا السابق:

– أتمنّى أن يكون قد أقنعها هذا الاعتذار.. فاللّوحة جميلة حقًّا.

ثمّ أضفتِ بشيء من الفضول النسائي:

– ولكن هذا يعود إلى نوع الذنب الذي اقترفتَه في حقّها!

لم أكن أشعر بأيّ رغبة في أن أقصّ عليك قصّة اللّوحة، في لقائنا الأوّل. كنت أخاف أن يكون لتلك القصّة تأثير سلبي على علاقتنا، أو على نظرتك إليّ. فحاولت أن أتهرّب من تعليقك الذي يستدرجني بحيلة إلى مزيد من التوضيح، وأتجاهل عنادك في الوقوف طويلًا أمام تلك اللّوحة بالذات.

ولكن.. هل يمكن أن تقاوم فضول أنثى تصرّ على معرفة شيء؟ أجبتكِ:

– لهذه اللّوحة قصّة طريفة نوعًا ما، تكشف عن جانب من عقدي ورواسبي القديمة، وهي هنا ربّما لهذا السبب.

ورحت أقصّ لأوّل مرّة قصّة تلك اللّوحة التي رسمتها ذات يوم، بعدما حضرت مرّة، كما أفعل بين الحين والآخر، إحدى جلسات الرسم في مدرسة الفنون الجميلة، حيث يدعوني هناك بعض أصدقائي الأساتذة، كما يفعلون عادة مع بعض الرسّامين، لألتقي بالطلبة والرسّامين الهواة.

كان الموضوع ذلك اليوم هو رسم موديل نسائي عارٍ. وبينما كان جميع الطلبة متفرّغين لرسم ذلك الجسد من زواياه المختلفة، كنت أنا أفكّر مدهوشًا في قدرة هؤلاء على رسم جسد امرأة بحياد جنسيّ، وبنظرة جماليّة لا غير، وكأنّهم يرسمون منظرًا طبيعيًّا أو مزهريّة على طاولة، أو تمثالًا في ساحة.

من الواضح، أنّني كنت الوحيد المرتبك في تلك الجلسة. فقد كنت أرى، لأوّل مرّة، امرأة عارية هكذا تحت الضوء تغيّر أوضاعها، تعرض جسدها بتلقائيّة، ودون حرج أمام عشرات العيون؛ وربّما في محاولة لإخفاء ارتباكي رحت أرسم أيضًا. ولكن ريشتي التي تحمل رواسب عقد رجل من جيلي، رفضَت أن ترسم ذلك الجسد، خجلًا أو كبرياء لا أدري.. بل راحت ترسم شيئًا آخر، لم يكن في النهاية سوى وجه تلك الفتاة كما يبدو من زاويتي.. وعندما انتهت تلك الجلسة، وارتدت تلك الفتاة التي لم تكن سوى إحدى الطالبات ثيابها، وقامت بجولة كما هي العادة لترى كيف رسمها كلّ واحد، فوجِئَت وهي تقف أمام لوحتي، بأنّني لم أرسم سوى وجهها. قالت بلهجة فيها شيء من العتاب وكأنّها ترى في تلك اللوحة إهانة لأنوثتها: «أهذا كلّ ما ألهمتُك إيّاه؟» فقلت مجاملًا: «لا، لقد ألهمتني كثيرًا من الدهشة، ولكنّي أنتمي إلى مجتمع لم تدخل الكهرباء بعد إلى دهاليز نفسه. أنت أوّل امرأة أشاهدها عارية هكذا تحت الضوء، رغم أنّني رجل يحترف

الرسم.. فاعذريني. إنَّ فرشاتي تشبهني، إنَّها تكره أيضًا أن تتقاسم مع الآخرين امرأة عارية.. حتَّى في جلسة رسم!».

كنت تستمعين إليَّ مدهوشة، وكأنَّك تكتشفين فيّ فجأة رجلًا آخر لم تحدّثك عنه جدّتك. كان في عينيك فجأة شيء جديد، نظرة غامضة ما، شيء من الإغراء المتعمّد، ربّما سببه غيرة نسائيّة من امرأة مجهولة، سرقَت في يوم ما اهتمام رجل لم يكن حتَّى الآن مهمًّا بالنسبة إليك.

رحت أتلذّذ بذلك الموقف العجيب الذي لم أتعمّده. كنت سعيدًا أن تثير فيك الغيرة هذا الصمت المفاجئ، وهذه الحمرة الخفيفة التي علت وجنتيك، وجعلت عينيك تتّسعان بغضب مكبوت. فاحتفظت لنفسي ببقيّة القصّة.. لم أخبرك أنّ هذه الحادثة تعود لسنتين، وأنَّ صاحبتها ليست سوى كاترين، وأنّه كان عليّ في ما بعد أن أقدّم لجسدها اعتذارًا آخر.. يبدو أنَّه كان مقنعًا لدرجة أنَّها لم تفارقني منذ ذلك الحين!

أذكر اليوم بشيء من السخرية، ذلك المنعطف الذي أخذته علاقتنا فجأة بعدما حدّثتك عن تلك اللّوحة.. عجيب هو عالم النساء حقًّا! كنت أتوقّع أن تقعي في حبّي وأنت تكتشفين تلك العلاقة السرّيّة التي تربطك بلوحتي الأولى «حنين». لوحة في عمرك وفي هويّتك. وإذا بك تتعلّقين بي بسبب لوحة أخرى لامرأة أخرى، تعبر الذاكرة عن طريق الخطأ!

انتهى موعدنا الأوّل عند الظهر.

كان عندي إحساس ما أنّني سأراك مرّة أخرى.. ربّما غدًا. كنت أشعر بأنّنا في بداية شيء ما، وأنّنا كلينا على عجل. كان هناك كثير من الأشياء التي لم ننقلها بعد، بل إنّنا لم نقل شيئًا في النهاية. نحن أغرينا

بعضنا فقط بحديث محتمل. كنّا، عن سذاجة أو عن ذكاء، نمارس اللّعبة نفسها معًا، ولذا تعجّبت كثيرًا عندما سألتني وأنت تودّعينني:

– هل ستكون هنا غدًا صباحًا؟

قلت لك بسعادة من ربح الرهان:

– طبعًا.

قلتِ:

– سأعود إذن غدًا في الوقت نفسه تقريبًا، سيكون لنا متّسع أكثر للحديث. لقد مرّ الوقت بسرعة اليوم دون أن ننتبه لذلك..

لم أعلّق على كلامك. كنت أدري أنّ لا مقياس للوقت سوى قلبينا. ولذا فالوقت لا يركض بنا إلّا عندما يركض بنا القلب لاهثًا أيضًا من فرحة إلى أخرى، ومن دهشة إلى أخرى.. ولذا وجدت في كلامك اعترافًا بفرح مشترَك سرّيّ.. توقّعت أن يتكرّر.

أذكر أنّني قلت لك يومها وأنا أودّعك عند باب القاعة:

– لا تنسي كتابك غدًا.. أريد أن أقرأك.

قلتِ متعجِّبة:

– أتتقن العربيّة؟

قلتُ:

– طبعًا.. سترين ذلك بنفسك.

قلتِ:

– سأحضره إذن..

ثمّ أضفتِ بابتسامة لا تخلو من كيدٍ نسائيّ محبّب:

– ما دمت تصرّ على معرفتي.. لن أحرمك من هذه المتعة!

وانغلق الباب خلف ابتسامتك تلك، دون أن أفهم ما كنتِ تعنينه بالتحديد.

ذهبتِ بالغموض الضبابي الذي جئتِ به.. نفسه. وبقيتُ عند عتبة ذلك الباب الزجاجيّ، أتأمّلك تندمجين بخطى المارّة وتختفين مرّة أخرى كنجم هارب.. وأنا أتساءل بشيء من الذهول.. ترانا التقينا حقًّا؟!

* * *

التقينا إذن..

الذين قالوا «الجبال وحدها لا تلتقي».. أخطأوا.

والذين بنوا جسورًا، لتتصافح دون أن تنحني أو تتنازل عن شموخها.. لا يفهمون شيئًا في قوانين الطبيعة.

الجبال لا تلتقي إلّا في الزلازل والهزّات الأرضيّة الكبرى، وعندها لا تتصافح، بل تتحوّل إلى تراب واحد.

التقينا إذن..

وحدثت الهزّة الأرضيّة التي لم تكن متوقَّعة، فقد كان أحدنا بركانًا، وكنت أنا الضحيّة.

يا امرأة تحترف الحرائق، ويا جبلًا بركانيًّا جرف كلّ شيء في طريقه، وأحرق آخر ما تمسَّكت به.

من أين أتيتِ بكلّ تلك الأمواج المُحرِقة من النار؟ وكيف لم أحذَر تربتك المحمومة، كشفتَيْ عاشقة غجريّة.

كيف لم أحذَر بساطتك وتواضعك الكاذب، وأتذكّر درسًا قديمًا في الجغرافيا: «الجبال البركانيّة لا قمم لها؛ إنّها جبال في تواضع هضبة..» فهل يمكن الهضاب أن تفعل كلّ هذا؟

كلّ الأمثلة الشعبيّة تحذّرنا من ذلك النهر المسالم الذي يخدعنا هدوؤه فنعبره، وإذا به يبتلعنا، وذلك العود الصغير الذي لا نحتاط له.. وإذا به يعمينا.

أكثر من مثل يقول لنا بأكثر من لهجة «يؤخذ الحذر من مأمنه». ولكن كلّ التحذيرات لن تمنعنا من ارتكاب المزيد من الحماقات، فلا منطق للعشق خارج الحماقات والجنون. وكلّما ازددنا عشقًا كبرت حماقاتنا.

ألم يقل برنارد شو «تعرف أنّك عاشق عندما تبدأ بالتصرّف ضدّ مصلحتك الشخصيّة»؟

وكانت حماقاتي الأولى، أنّني تصرّفت معك مثل سائح يزور صقلّية لأوّل مرّة، فيركض نحو بركان «إتنا»، ويصلّي ليستيقظ البركان النائم بعين واحدة من نومه، ويغرق الجزيرة نارًا، على مرأى من السيّاح المحمّلين بالآلات الفوتوغرافيّة.. والدهشة.

وتشهد جثث السيّاح التي تحوّلت إلى تراب أسود أنّه لا أجمل من بركان يتثاءب، ويقذف ما في جوفه من نيران وأحجار، ويبتلع المساحات الشاسعة في بضع لحظات..

وأنّ المتفرّج عليه يُصاب دائمًا بجاذبيّة مغناطيسيّة ما.. بشيء شبيه بشهوة اللّهب، يشدّه لتلك السيول الناريّة، فيظلّ منبهرًا أمامها. يحاول أن يتذكّر في ذهول كلّ ما قرأه عن قيام الساعة، وينسى بحماقة عاشق، أنّه يشهد ساعتها.. قيام ساعته!

يشهد الدمار حولي اليوم، أنّني أحببتك حتّى الهلاك، واشتهيتك.. حتّى الاحتراق الأخير. وصدّقت جاك بريل عندما قال «هناك أراضٍ محروقة تمنحك من القمح ما لا يمنحه نيسان في أوج عطائه». وراهنت على ربيع هذا العمر القاحل، ونيسان هذه السنوات العجاف.

يا بركانًا جرف من حولي كلّ شيء.. ألم يكن جنونًا أن أزايد على جنون السيّاح والعشّاق، وكلّ من أحبُّوك قبلي.. فأنقل بيتي عند سفحك، وأضع ذاكرتي عند أقدام براكينك، وأجلس بعدها وسط الحرائق.. لأرسمك.

ألم يكن جنونًا.. أن أرفض الاستعانة بنشرات الأرصاد الجوِّية، والكوارث الطبيعيّة، وأقنع نفسي بأنّني أعرف عنك أكثر ممّا يعرفون. نسيت وقتها أنّ المنطق ينتهي حيث يبدأ الحبّ، وأنَّ ما أعرفه عنك لا علاقة له بالمنطق ولا بالمعرفة.

التقت الجبال إذن.. والتقينا.

ربع قرن من الصفحات الفارغة البيضاء التي لم تمتلئ بك.

ربع قرن من الأيّام المتشابهة التي أنفقتُها في انتظارك.

ربع قرن على أوَّل لقاء بين رجل كان أنا، وطفلة تلعب على ركبتيّ كانت أنت.

ربع قرن على قبلة وضعتها على خدّك الطفولي، نيابة عن والد لم يرك.

أنا الرجل المعطوب الذي ترك في المعارك المنسيّة ذراعه، وفي المدن المُغلَقة قلبه..

لم أكن أتوقَّع أن تكوني المعركة التي سأترك عليها جثّتي، والمدينة التي سأنفق فيها ذاكرتي.. واللوحة البيضاء التي ستستقيل أمامها فرشاتي، لتبقى عــذراء.. وجبّارة مثلك. تحمل في لونها كلّ الأضداد.

كيف حدث كلّ هذا؟ لم أعد أدري.

كان الزمن يركض بنا من موعد إلى آخر، والحبّ ينقلنا من شهقة إلى أخرى، وكنت أستسلم لحبّك دون جدل.

كان حبّك قـدري.. وربَّما كان حتفي، فهل من قوّة تقف في وجه القدر؟

كان لقاؤنا يتكرَّر كلَّ يوم تقريبًا. كنّا تلتقي في تلك القاعة نفسها في ساعاتٍ مختلفة من النهار، فقد شاءت المصادفات أن يقع معرضي في عطلة الربيع المدرسيّة. وكنت تملكين ما يكفي من الوقت لزيارتي كلَّ يوم، فلم يكن لك أيّ دوام جامعي.

كان عليك فقط أن تتحايلي على الآخرين بعض الشيء، وربَّما على ابنة عمّك أكثر، حتّى لا ترافقك لسبب أو لآخر.

كنت أتساءل كلّ مرّة وأنا أودّعك مردّدًا تلقائيًّا، «إلى الغد»: ترانا نرتكب أكبر الحماقات ويزداد تعلُّقنا ببعض كلّ يوم؟ وربَّما لأنّني كنت أكبرك سنًّا، كنت أشعر بأنَّني أتحمَّل وحدي مسؤوليّة ذلك الوضع العاطفي الشاذّ وانحدارنا السريع والمفجع نحو الحبّ.

ولكن عبثًا كنت أحاول الوقوف في طريق ذلك الشلّال الذي كان يجرفني إليك بقوّة حبّ في الخمسين، بجنون حبّ في الخمسين، بشهيّة رجل لم يعرف الحبّ قبل ذلك اليوم.

كان حبّك يجرفني بشبابه وعنفوانه، وينحدر بي إلى أبعد نقطة في اللّامنطق.. تلك التي يكاد يلامس فيها العشق، في آخر المطاف، الجنون أو الموت..

وكنت أشعر وأنا أنحدر معك إلى تلك المتاهات العميقة داخلي، إلى تلك الدهاليز السرّيّة للحبّ والشهوة، وإلى تلك المساحة البعيدة الأغوار التي لم تطأها امرأة قبلك، أنَّني أنزل أيضًا سلّم القيم تدريجًا، وأنّني أتنكَّر دون أن أدري لتلك المُثُل التي آمنت بها بتطرّف، ورفضت عمرًا بأكمله أن أساوم عليها.

لقد كانت القِيَم بالنسبة لي شيئًا لا يتجزّأ، ولم يكن في قاموسي من فرق بين الأخلاق السياسيّة، وبقيّة الأخلاق.. وكنت أعي أنّني، معك، بدأت أتنكّر لواحدة لأقنعك بأخرى.

تساءلت كثيرًا آنذاك..

تُراني كنت أخون الماضي، وأنا أنفرد بك في جلسة شبه بريئة، في قاعة تؤثّثها اللّوحات والذاكرة؟

تراني أخون أعزّ مَنْ عرفت من رجال، وأكثرهم نخوة ومروءة، وأكثرهم شجاعة ووفاءً؟

تراني سأخون سي الطاهر قائدي ورفيقي وصديق عمرٍ بأكمله. فأدنّس ذكراه وأسرق منه زهرة عمره الوحيد.. ووصيّته الأخيرة؟

أيمكن أن أفعل كلّ ذلك باسم الماضي، وأنا أحدّثك عن الماضي؟!

ولكن.. أكنت حقًّا أسرق منك شيئًا، في تلك الجلسات التي كنت أحدّثك فيها طويلًا عنه؟

لا.. لم يحدث هذا أبدًا، كانت هيبة اسمه حاضرة في ذهني دائمًا. كانت تربطني بك وتفصلني عنك في الوقت نفسه. كانت جسرًا وحاجزًا في الوقت نفسه..

وكانت متعتي الوحيدة وقتها، أن أودعَك مفاتيح ذاكرتي. أن أفتح لك دفاتر الماضي المصفرّة، لأقرأها أمامك صفحة.. صفحة. وكأنّني أكتشفها معك وأنا أستمع لنفسي، أقصّها لأوّل مرّة.

كنّا نكتشف بصمت أنّنا نتكامل بطريقة مخيفة. كنت أنا الماضي الذي تجهلينه، وكنتِ أنت الحاضر الذي لا ذاكرة له، والذي أحاول أن أودعه بعض ما حمّلَتني السنوات من ثقل.

كنتِ فارغة كإسفنجة، وكنت أنا عميقًا ومثقلًا كبحر.

رحت تمتلئين بي كلّ يوم أكثر..

كنت أجهل ساعتها أنّني كنت أيضًا كلّما فرغتُ امتلأتُ بكِ، وأنّني كلّما وهبتك شيئًا من الماضي، حوّلتك إلى نسخة منّي. وإذا بنا نحمل ذاكرة مشتركة، طرقًا وأزقّة مشتركة، وأفراحًا وأحزانًا مشتركة كذلك. فقد كنّا معًا معطوبي حرب، وضعَتنا الأقدار في رحاها التي لا ترحم، فخرجنا كلٌّ بجرحه.

كان جرحي واضحًا وجرحك خفيًا في الأعماق. لقد بتروا ذراعي، وبتروا طفولتك. اقتلعوا من جسدي عضوًا.. وأخذوا من أحضانك أبًا.. كنّا أشلاء حرب.. وتمثالين محطّمين داخل أثواب أنيقة لا غير.

أذكر ذلك اليوم الذي طلبتِ فيه منّي لأوّل مرّة، أن أحدّثك عن أبيك. واعترفتِ بشيء من الارتباك، أنّكِ جئتِ لزيارتي من البدء.. بهذه النيّة فقط. كان في صوتك شيء من الحزن المكابر.. شيء من المرارة التي اكتشفتها فيك لأوّل مرّة.

قلتِ:

ــ ما فائدة أن يُمنَح اسم أبي لشارع كبير، وأن أحمل ثقل اسمه الذي يردّده أمامي المارّة والغرباء عدّة مرّات في اليوم. ما فائدة ذلك إذا كنت لا أعرف عنه أكثر ممّا يعرفون، وإذا لم يكن بينهم شخص واحد قادر على أن يحدّثني عنه حقًا؟

قلتُ لك متعجّبًا:

ــ ألم يحدّثك عنه عمّك مثلًا؟

قلتِ:

ــ عمّي لا وقت له لهذا.. وعندما يحدث أن يذكره أمامي، يأتي كلامه وكأنّه أقرب إلى خطبة تأبينيّة يتوجّه بها إلى غرباء يستعرض أمامهم مآثر أخيه، ولا يتوجّه فيها إليّ ليحدّثني عن رجل هو أبي قبل كلّ شيء..

الذي أريد أن أعرفه عن أبي، ليس تلك الجمل الجاهزة لتمجيد الأبطال والشهداء، التي تقال في كلّ مناسبة عن الجميع؛ وكأنَّ الموت ساوى فجأة بين كلّ الشهداء، فأصبحوا جميعًا نسخة طبق الأصل.

يهمّني أن أعرف شيئًا عن أفكاره.. بعض تفاصيل حياته.. أخطاءه وحسناته.. طموحاته السرِّية.. هزائمه السرِّية. لا أريد أن أكون ابنة لأسطورة، الأساطير بدعة يونانيّة. أريد أن أكون ابنة لرجل عادي بقوّته وبضعفه، بانتصاراته وبهزائمه. ففي حياة كلّ رجل خيبة ما وهزيمة ما، ربّما كانت سببًا في انتصار آخر.

حلّ شيء من الصمت بيننا..

كنت أتأمّلك وأغوص في أعماق نفسي. رحت أبحث عن الحدّ الفاصل بين هزائمي وانتصاراتي. لم أكن في تلك اللّحظة نبيًّا، ولا كنتِ أنتِ إلهة إغريقيّة.. كنّا فقط تمثالين أثريّين قديمين محطَّمَي الأطراف، يحاولان ترميم أجزائهما بالكلمات. فرحت أستمع إليك وأنت ترمّمين ما في أعماقك من دمار.

قلتِ:

ـ يحدث أن أشعر بأنَّني ابنة لرقم فقط، رقم بين مليون ونصف مليون رقم آخر. ربّما كان بعضها أكبر أو أصغر، ربّما كُتِبَ اسم بعضها بخطٍّ أكبر أو أصغر من خطٍّ آخر، ولكنَّها جميعًا أرقام لمأساة ما.

وأضفتِ:

ـ أن يكون أبي أورثني اسمًا كبيرًا، هذا لا يعني شيئًا. لقد أورثني مأساة في ثقل اسمه، وأورث أخي الخوف الدائم من السقوط، والعيش مسكونًا بهاجس الفشل، وهو الابن الوحيد للطاهر عبد المولى الذي ليس من حقِّه أن يفشل في الدراسة ولا في الحياة، لأنّه ليس من حقِّ الرموز أن تتحطّم. والنتيجة أنّه تخلَّى عن دراسته الجامعيّة

وهو يكتشف عبثيّة تكديس الشهادات، في زمن يكدّس فيه الآخرون الملايين. ربّما كان على حقّ، فالشهادات هي آخر ما يمكن أن يوصلك اليوم إلى وظيفة محترمة.

لقد رأى أصدقاءه الذين تخرّجوا قبله، ينتقلون مباشرة إلى البطالة أو إلى موظّفين برواتب وأحلام محدودة، فقرّر أن ينتقل إلى التجارة. ورغم أنّني أشاطره رأيه، يحزنني أن يتحوّل أخي وهو في عزّ شبابه، إلى تاجر صغير يدير محلًا تجاريًّا وشاحنة وهبَتها له الجزائر امتيازًا بصفته ابن شهيد. لا أعتقد أنّ أبي كان يتوقّع له مستقبلًا كهذا!

قاطعتكِ في محاولة لتخفيف تذمّرك:

– إنّه لم يتوقّع أيضًا لك مستقبلًا كهذا. لقد ذهبتِ أبعد من أحلامه؛ إنّك الوريثة لكلّ طموحاته ومبادئه. كان رجلًا يقدّس العلم والمعرفة، ويعشق العربيّة، ويحلم بجزائر لا علاقة لها بالخرافات والعادات البالية التي أرهقت جيله وقضت عليه. إنّك لا تعين أن يكون لك اليوم هذا الحظّ الاستثنائي، في وطن يمنحك فرصة أن تكوني فتاة مثقّفة، يمكنها الدراسة والعمل وحتّى الكتابة..

أجبتِ بشيء من السخرية:

– قد أكون مدينةً للجزائر بثقافتي أو بعلمي، ولكنّ الكتابة شيء آخر لم يمنّ به أحد عليّ. نحن نكتب لنستعيد ما أضعناه وما سُرق خلسةً منّا.. كنت أفضّل أن تكون لي طفولة عاديّة وحياة عاديّة، أن يكون لي أب وعائلة كالآخَرين، لا مجموعة من الكتب وحزمة من الدفاتر. ولكن أبي أصبح ملكًا لكلّ الجزائر، ووحدها الكتابة أصبحت ملكي.. ولن يأخذها منّي أحد!

أذهلني كلامك. ملأني بأحاسيس متناقضة. أحزنني، ولكنّه لم يوصلني إلى حدّ الشفقة عليك. إنّ امرأة ذكيّة لا تثير الشفقة.

إنّها دائمًا تثير الإعجاب حتّى في حزنها. وكنت معجبًا بك، بجرحك المكابر، بطريقتك الاستفزازيّة في تحدّي هذا الوطن. كنتِ تشبهينني أنا الذي كنت أرسم بيد لأستعيد يدي الأخرى. كنتُ أفضّل لو بقيت رجلًا عاديًا بذراعين اثنتين، لأقوم بأشياء عاديّة يوميّة، ولا أتحوّل إلى عبقري بذراع واحدة، لا تتأبّط غير الرسوم واللوحات.

لم يكن حلمي أن أكون عبقريًا ولا نبيًّا ولا فنّانًا رافضًا ومرفوضًا. لم أجاهد من أجل هذا. كان حلمي أن تكون لي زوجة وأولاد، ولكنّ القدَر أراد لي حياة أخرى، فإذا بي أب لأطفال آخرين وزوج للغربة والفرشاة.. لقد بتروا أيضًا أحلامي.

قلتُ لك:

– لن يأخذ أحد منك الكتابة.. إنَّ ما في أعماقنا هو لنا ولن تطوله يد أحد.

قلتِ:

– ولكن ليس في أعماقي شيء سوى الفراغات المحشوّة بقصاصات الجرائد.. بنشرات الأخبار، وبكتب ساذجة ليس بيني وبينها من قرابة.

ثمّ أضفتِ وكأنّك تودعينني سرًّا:

– أتدري لماذا كنت أحبّ جدّتي أكثر من أيّ شخص آخر.. وأكثر حتّى من أمّي؟ إنّها الوحيدة التي كانت تجد متّسعًا من الوقت لتحدّثني عن كلِّ شيء.. كانت تعود إلى الماضي تلقائيًا، وكأنّها ترفض الخروج منه. كانت تلبس الماضي.. تأكل الماضي.. ولا تطرب سوى لسماع أغانيه.

كانت تحلم بالماضي في زمن كان الآخرون يحلمون فيه بالمستقبل، ولذا كثيرًا ما تحدّثني عن أبي دون أن أطلب منها ذلك،

فقد كان أجمل ما في ماضيها الأنثوي العابر. وكانت لا تتعب من الحديث عنه، كأنّها تستعيده بالكلمات وتستحضره. كانت تفعل ذلك بحسرة الأمّ التي ترفض أن تنسى أنّها فقدت بِكرها إلى الأبد.. ولكنّها لم تكن تقول لي عنه أكثر ممّا تقوله أمّ عن ابنها. كان الطاهر هو الأجمل.. هو الأروع.. هو الابن البارّ الذي لم يجرحها يومًا بكلمة.

يوم الاستقلال بكَت جدّتي كما لم تبكِ يومًا. سألتها «امّا.. لماذا تبكين وقد استقلّت الجزائر؟» قالت: «كنت في الماضي أنتظر الاستقلال ليعود إليّ الطاهر، اليوم أدركت أنّني لم أعد أنتظر شيئًا».

يوم مات أبي لم تزغرد جدّتي كما في قصص الثورة الخياليّة التي قرأتُها في ما بعد. وقفَت في وسط الدار وهي تشهق بالبكاء وتنتفض حاسرة الرأس مردّدة بحزن بدائيّ: «يا وحيدتي.. يا سوادي.. آه الطاهر أحنّاني لمن خلّيتني.. نروح عليك أطراف».

وكانت أمّي تبكي بصمت وهي تحاول تهدئتها، وكنت أنا أتفرّج عليهما وأبكي دون أن أفهم تمامًا أنّني أبكي رجلًا لم أره سوى مرّات.. رجلًا كان أبي.

لماذا كان ذكرك لـ«امّا الزهرة» يثير دائمًا فيّ تلك العواطف الغامضة، التي كانت جميلة ودافئة قبل ذلك اليوم، والتي أصبحت فجأة موجعة حدّ البكاء؟

ما زلت أذكر ملامح تلك العجوز الطيِّبة التي أحبّتني بقدر ما أحببتُها والتي قضيت طفولتي وصباي متنقّلًا بين بيتها وبيتنا. كان لتلك المرأة طريقة واحدة في الحبّ. اكتشفت بعدها أنّها طريقة مشتركة لكلّ الأمّهات عندنا. إنّها تحبّكَ بالأكل، فتعدّ من أجلك طبقك المفضّل وتلاحقك بالأطعمة، وتحمّلك بالحلويات، وبالكسرة والرخسيس الذي انتهت لتوِّها من إعداده.

لقد كانت تنتمي إلى جيلٍ من النساء نذرن حياتهنَّ للمطبخ، ولذا كنَّ يعشن الأعياد والأعراس كوليمة حبّ، يهبن فيها من جملة ما يهبن فائض أنوثتهنَّ.. وحنانهنَّ وجوع سرّي لم يجد له من تعبير آخر خارج الأكل.

لقد كنَّ في الواقع يُطعمن كلّ يوم أكثر من مائدة.. وأكثر من «ترّاس».. وينَمن كلّ ليلة دون أن ينتبه أحد إلى جوعهنَّ المتوارَث منذ عصور.. اكتشفتُ هذه الحقيقة أخيرًا فقط، يوم وجدت نفسي – ربَّما وفاءً لهنَّ – عاجزًا عن حبّ امرأة تعيش على الأكل الجاهز، ولا وليمة لها غير جسدها!

سألتُك وأنا أهرب من تلك الذكريات هربي من خدوش طفولتي البعيدة:

– وأمّـك.. لم تحدِّثيني عنها أبـدًا كيف عاشت بعد وفاة سي الطاهر؟

قلتِ:

– لقد كانت قليلة الحديث عنه.. ربَّما كانت في أعماقها تعتب على الذين زوّجوها به، فقد كانوا يزفّونها إلى شهيد لا إلى رجل..

كانت تعرف مُسبَقًا نشاطه السياسي، وتـدري أنّه سيلتحق بالجبهة بعد الـزواج، وسيدخل في الحياة السرِّية، ولن يزورها إلّا خلسة بين الحين والآخر، وقد لا يعود إليها إلّا جثمانًا، فلماذا هذا الزواج إذن؟ ولكن كان لا بدّ لذلك الزواج من أن يتمّ؛ كان في الجوّ رائحة صفقةٍ ما. فقد كان أهلها فخورين بمصاهرة الطاهر عبد المولى، صاحب الاسم والثروة الكبيرة. ولا بأس أن تكون أمّي زواجه الثاني أو أرملته القادمة. وربَّما كانت جدّتي تعرف أنّه خُلق ليستشهد فراحت تزور الأولياء والصالحين متضرِّعة باكية ليكون لابنها أخيرًا ذرِّيّة..

تمامًا كما كانت تزورهم سابقًا يوم كانت حبلى به طالبة آنذاك أن يكون مولودها صبيًّا..

سألتُك:

– من أين تعرفين كلَّ هذه القصص؟

قلتِ:

– منها هي.. ومن أمِّي أيضًا. تصوَّر أنَّها يوم كانت حبلى بأبي لم تفارق مزار سيدي محمّد الغراب بقسنطينة، حتَّى إنَّها كادت تلده هناك.. ولذا سمَّته محمّد الطاهر تباركًا به.. ثمّ سمَّت عمّي محمّد الشريف تباركًا به أيضًا. بعدها عرفت أنَّ نصف رجال تلك المدينة أسماؤهم هكذا.. وأنَّ أهل تلك المدينة يولون اهتمامًا كبيرًا للأسماء، وأنَّ معظمهم يحمل أسماء الأنبياء أو الأولياء الصالحين. وهكذا كادت تسمِّيني «السيّدة» تباركًا بالسيّدة المنوبيّة التي كانت تزورها في تونس كلّ مرّة محمَّلة بالشمع والسجّاد والدعوات، متنقّلة بين ضريحها ومزار سيدي عمر الفاياش. ربَّما سمعتَ به، ذلك الوليّ الذي كان يعيش عاريًا تمامًا من كلّ شيء.. وهو ما جعل السلطات التونسيّة تربط قدمه إلى سلسال حديديّ حتَّى لا يغادر البيت عاريًا كما تعوّد أن يفعل.. وهكذا كان يعيش مقيَّدًا، يدور ويصرخ وسط غرفة فارغة، إلّا من النساء اللاتي يتسابقن لزيارته، بعضهنَّ للتبارك به.. وأخريات لمجرّد اكتشاف رجولته المعروضة للفرجة.. ولفضول النساء المتلحّفات بـ«السفساري» والمتظاهرات بالحشمة الكاذبة!

سألتكِ ضاحكًا..

– وهل زرته أنت؟

قلتِ:

– طبعًا.. لقد زرته بعد ذلك مع كلّ واحدة منهنّ على انفراد؛ وزرت أيضًا «السيّدة المنوبيّة»، المرأة التي كدت أحمل اسمها، لولا أنَّ أمِّي أنقذَتني من تلك الكارثة، وقرَّرت أن تسمِّيني «حياة» في انتظار مجيء أبي، الذي يعود إليه القرار الأخير في اختيار اسمي.

توقَّف القلب عند هـذا الاسـم.. وركضت الـذاكـرة إلى الوراء. تعثَّر اللسان وهو يلفظ هذا الاسم بعد ربع قرن تمامًا وفاجأك سؤالي:

– هل يسعدك أن أناديك «حياة»؟

قلتِ متعجِّبة..

– لماذا.. ألا يعجبك اسمي الحقيقيّ.. أليس أجمل؟!

قلتُ:

– إنّه حقًّا أجمل.. حتَّى إنَّني تعجَّبت وقتها كيف خطر اسم كهذا في بال والدك. كنت أسمعه لأوَّل مرّة ولم يكن في حياته آنذاك ما يمكن أن يوحي باسم جميل كهذا.. وبرغم ذلك أُحبُّ أن أسمِّيك «حياة» لأنَّني قد أكون الوحيد مع والدتك الذي يعرف اليوم هذا الاسم. أريد أن يكون بيننا ككلمة سرّ، ليذكّرك بعلاقتنا الاستثنائيّة، وبأنَّك أيضًا.. طفلتي بطريقة ما.

ضحكتِ.. قلتِ:

– أتدري أنَّك لم تخرج أبدًا من فترة الثورة، ولذا أنت تشعر برغبة في أن تعطيني اسمًا حركيًّا حتَّى قبل أن تحبّني. وكأنَّك ستُدخلني بذلك في العمل السرّي.. أيّ مهمّة تراك تعدّ لي؟

ضحكتُ بدوري لملاحظتك التي فاجأتني بواقعيّتها. تراكِ بدأتِ تعرفينني إلى هذا الحدّ؟

قلتُ:

– اعلمي أيّتها الثوريّة المبتدئة أنّه لا بدّ من أكثر من اختبار لنكلِّف أحدًا بمهمّة فدائيّة. ولذا سأبدأ في مرحلة أولى بدراستك، ومعرفة استعداداتك الخاصّة!

* * *

أحسستُ لحظتها، أنَّ الوقت قد أصبح مناسبًا، لأقصَّ عليكِ أخيرًا قصّة يومي الأخير في الجبهة، ذلك اليوم الذي لفظ فيه سي الطاهر اسمك أمامي لأوَّل مرّة، وهو يودّعني ويكلّفني إذا ما وصلتُ إلى تونس على قيد الحياة أن أسجّلك نيابة عنه..

وتلك الليلة التي عبرتُ فيها الحدود الجزائريّة التونسيّة، بجسد محموم وذراع تنزف، وأنا أردِّد لنفسي بهذيان الحمّى اسمك الذي أصبح وسط إجهادي ونزفي، وكأنّه اسم لعمليّة أخيرة كلّفني بها سي الطاهر، كنت أريد أن أحقِّق طلبه الأخير، وأطارد حلمه الهارب، فأمنحك اسمًا شرعيًّا رسميًّا.. لا علاقة له بالخرافات والأولياء..

أذكر ذلك اليوم الذي وقفتُ فيه لأوّل مرّة أدقّ باب بيتكم في شارع التوفيق بتونس. أذكر تلك الزيارة بكلِّ تفاصيلها وكأنَّ ذاكرتي كانت تقرأ مسبقًا ما سيُكتَب لي معك، فأفرغت مساحة كافية لها.

في ذلك اليوم الخريفيّ من شهر أيلول، انتظرتُ أمام بابكم الحديديّ الأخضر، قبل أن تفتح «امّا الزهرة» الباب بعد لحظات بدت لي طويلة..

ما زلت أذكر تلك الشهقة في نظرتها، كأنَّها كانت تنتظر شخصًا آخر غيري.

توقَّفت مدهوشة أمامي، تفحَّصَت معطفي الرماديّ الحزين ووجهي النحيل الشاحب. توقَّفت عند ذراعي الوحيدة التي تمسك علبة الحلوى، وذراع معطفي الأخرى الفارغة التي تختبئ لأوَّل مرّة بحياء داخل جيب معطفي.

وقبل أن أنطق بأيّ كلمة اغروقت عيناها بالدموع، وراحت تبكي دون أن تفكِّر حتَّى في دعوتي إلى دخول البيت.

انحنيتُ أقبّلها.. بشوق السنوات التي لم أرها فيها.. بالشوق الذي حمّلني إيّاه ابنها.. وبشوق «امّا» التي لم أتعوّد بعد سنتين ونصف على فجيعتها..

– واشك امّا الزهرة؟

زاد بكاؤها وهي تحتضنني وتسألني بدورها..

– واش راك يا ولدي..؟

أكان بكاؤها فرحًا بلقائي، أم حزنًا على حالتي، وعلى ذراعي التي تراها مبتورة لأوَّل مرّة.. أكانت تبكي لأنَّها توقَّعت أن ترى ابنها ورأتني.. أم فقط لأنَّ أحدًا قد دقّ هذا الباب، ودخل حاملًا في يده البهجة، وشيئًا من الأخبار، لبيت ربَّما لم يدخله رجل منذ شهور؟

– ع السلامة.. جوز يا ولدي جوز..

قالتها وهي تشرع باب الدار أخيرًا وتمسح دموعها. ثمّ أعادت وهي تسبقني «جوز.. جوز..» بصوت عال كإشارة موجّهة لأمّك التي ركضت عند سماع هذه الكلمات، ولم أرَ غير ذيل ثوبها يسبقني، ويختفي خلف باب أُغلقَ على عجل.

أحببتُ ذلك البيت.. بدوالي العنب التي تتسلّق جدران حديقته الصغيرة، وتمتدّ لتتدلّى عناقيد ثريّات سوداء وسط الدار.

شجرة الياسمين التي ترتمي وتطلّ من السور الخارجي، كامرأة فضوليّة ضاقت ذرعًا بجدران بيتها، وراحت تتفرّج على ما يحدث في الخارج، لتغري المارّة بقطف زهرها.. أو جمع ما تبعثر من الياسمين أرضًا.. ورائحة الطعام التي تنبعث منه، فتبعث معها الطمأنينة، ودفء غامض يستبقيك هناك.

سبقتني «امّا الزهرة» إلى غرفة تطلّ على وسط الدار مردّدة:

– اقعد يا ولدي.. اقعد..

قالتها وهي تأخذ منّي علبة الحلوى وتضعها على الصينيّة النحاسيّة المستديرة والموضوعة على مائدة خشبيّة.

وما كدت أجلس أرضًا على ذلك المطرح الصوفي حتّى ظهرتِ أنتِ في طرف الغرفة صغيرة كدمية، وحبَوت مسرعة نحو العلبة البيضاء تحاولين سحبها إلى الأرض وفتحها. وقبل أن أتدخّل أنا، كانت «امّا الزهرة» قد أخذَت منك العلبة وذهبت بها إلى مكان آخر وهي تقول: «يعطيك الصحة يا وليدي.. وعلاش عييت روحك يا خالد يا بني.. وجهك يكفينا..».

ثمّ عادت ونهرَتك، وأنت تتّجهين نحو الشيّاحة الخشبيّة، الموضوعة على شكل قبّة صغيرة فوق كانون، والتي كانت ثيابك الصغيرة البيضاء منثورة فوقها كي تجفّ.. وعندها حبَوت نحوي في خطوتين متردّدتين، ويداك الصغيرتان أمامك تستنجدان بي.

لحظتها شعرت بهول ما حلّ بي، وأنا أمدّ نحوك يدي الفريدة في محاولة الإمساك بك. لقد كنت عاجزًا عن التقاطك بيدي الوحيدة المرتبكة، ووضعك في حجري لملاعبتك دون أن تفلتي منّي.

أليس عجيبًا أن يكون لقائي الأوَّل بك هو امتحاني الأوَّل وعقدتي الأولى، وأن أنهزم على يدك في أصعب تجربة مررتُ بها منذ أصبحت رجل الذراع الواحدة.. منذ عشرة أيَّام لا أكثر ..!

عادت «امّا الزهرة» بصينيّة القهوة وبصحن «الطمّينة»:

– قل لي يا خالد يا ابني وراسك.. واش راه الطاهر؟

قالتها قبل أن تجلس حتَّى على المطرح.. كان في سؤالها مذاق الدمع. وفي حلقها غصّة السؤال الذي يخاف الجواب.. فرحت أُطمئنُها. أخبرتها أنّني كنت تحت قيادته وأنّه الآن في منطقة الحدود وأنَّ صحَّته جيِّدة ولكنَّه لا يستطيع الحضور هذه الأيَّام، لصعوبة الأوضاع ولمسؤوليَّاته الكثيرة.

لم أخبرها أنَّ المعارك تشتدّ كلَّ يوم، وأنَّ العدوّ قرَّر أن يطوِّق المناطق الجبليّة، ويحرق كلَّ الغابات، حتَّى تتمكَّن طائراته من مراقبة تحرّكاتنا.. وأنَّه ألقي القبض على مصطفى بن بولعيد، ومعه مجموعة من كبار القادة والمجاهدين، وأنَّ ثلاثين منهم قد صدر في حقِّهم الحكم بالإعدام، وأنَّني أتيت للعلاج مع مجموعة من الجرحى والمشوّهين الذين مات اثنان منهم قبل أن يصلا..

لقد قال لها منظري أكثر ممَّا تتحمَّله امرأة في سنِّها، فرحت أغيّر مجرى الحديث.. أمددتُها بتلك الأوراق النقديّة التي أرسلها معي سي الطاهر، وطلبت منها حسب وصيّته أن تشتري لكِ بها هديّة، ووعدتُها أن أعود قريبًا لتسجيلك، بذلك الاسم الذي اختاره لك، والذي ردَّدَته امّا الزهرة بصعوبة، وبشيء من الدهشة، ولكن دون تعليق. فقد كان لما يقوله سي الطاهر بالنسبة لها صفة القداسة.

وكأنَّك انتبهتِ فجأة أنَّ الحديث يعنيك، فتسلَّقتِ ركبتيَّ وجئت فجأة لتجلسي في حجري بتلقائيّة طفوليّة، ولم أتمالك لحظتها

من احتضانك بيدي الوحيدة.. ضممتك إليّ، وكأنّني أضمّ الحلم الذي أضعت من أجله ذراعي الثانية؛ كأنّني أخاف أن يهرب منّي وتهرب معه أحلام ذلك الرجل الذي لم يسعَد بعد باحتضانك.

رحت أقبّلك وسط دموعي وفرحتي وألمي وكلّ تناقضي، نيابة عن سي الطاهر وعن رفاق لم يروا أولادهم منذ التحقوا بالجبهة، نيابة عن آخرين، ماتوا وهم يحلمون بلحظة بسيطة كهذه، يحتضنون فيها بدل البنادق، أطفالهم الذين وُلدوا وكبروا في غفلة منهم.

نسيت يومها أن أقبّلك نيابة عنّي.. وأن أبكي أمامك نيابة عنّي. نيابة عن الرجل الذي سأتحوّل إليه على يدك بعد ربع قرن. نسيت أن أسجّل جوار اسمَك اسمي مسبقًا.. وأن أطلب ذاكرتك مسبقًا.. وأعوامك المقبلة مسبقًا.. وأن أحجز عمرك، وأوقف عدّاد السنوات الذي كان يركض بي نحو السابعة والعشرين.. وأنت تدخلين شهرك السابع!

نسيت أن أستبقيك هكذا على حجري إلى الأبد، تلعبين وتعبثين بأشيائي، وتقولين لي كلامًا لا أفهمه.. ولا تفهمينه.

لم تقاطعيني مرّة واحدة، وأنا أقصّ عليك تلك القصّة بإيجاز متعمَّد، وأترك تفاصيلها المتشعّبة لي.

توقَّفتِ فقط عند ذلك اليوم، 15 أيلول 1957، يوم كتبتُ على سجلّ رسمي اسمك النهائي.

لم تسأليني أيّ سؤال توضيحي، ولا علَّقت يومها بكلمة واحدة، على قصّة لم يقصّها عليك أحد قبلي، ربّما لأنّه لا أحد وجد في تلك القصّة ما يستحقّ التوقُّف عنده.

استمعتِ إليّ بذهول، وبصمتٍ مخيف. وراحت غيوم مكابِرة تحجب نظرتك عنّي.. كنتِ تبكين أمامي لأوّل مرّة، أنت التي ضحكت معي في ذلك المكان نفسه كثيرًا.

ترانا أدركنا لحظتها، أنّنا كنّا نضحك لنتحايل على الحقيقة الموجعة، على شيء ما كنّا نبحث عنه، ونؤجّله في الوقت نفسه؟

نظرتُ إليك خلف ضباب الدمع.. كنت أودُّ لحظتها، لو احتضنتك بذراعي الوحيدة، كما لم أحضن امرأة، كما لم أحضن حلمًا. ولكنّني بقيت في مكاني، وبقيتِ في مكانِك، متقابلَين هكذا.. جبلين مكابرين، بينهما جسر سرّي من الحنين والشوق.. وكثير من الغيوم التي لم تمطر.

استوقفَتني كلمة جسر، وتذكّرت تلك اللّوحة، وكأنّني تذكّرت الفصل الأهمّ من قصّة، كنت أرويها لك وربّما أرويها لنفسي أيضًا، عساني أصدّق غرابتها. وقفتُ وقلتُ:

ـ تعالي سأريك شيئًا.

تبعتِني دون سؤال.

وقفت أمام تلك اللوحة. قلت لك وأنت تنتظرين مدهوشة ما سأقوله:

ـ أتدرين.. يوم رأيتك تقفين أمام هذه اللوحة، في ذلك اليوم الأوّل، سرت قشعريرة في جسدي. شعرت بأنّ بينك وبين هذه اللوحة قرابةً ما أجهلها. ولكنّني كنت متأكّدًا منها، ولذا أتيت لأسلّم عليك عساني أكتشف خطأ حدسي.. أو صوابه.

قلتِ متعجّبة:

ـ وهل كنتَ مصيبًا في حدسك؟

قلتُ:

ـ ألم تلاحظي التاريخ المكتوب على هذه اللوحة؟

أجبتِ وأنت تبحثين عنه أسفلها..

ـ لا..

قلتُ:

– إنّه قريب من تاريخ ميلادك الرسميّ. أنت تكبرين هذه
اللّوحة بأسبوعين فقط. إنّها توأمك إذا شئتِ!

قلتِ مدهوشة:

– عجيب.. عجيب كلّ هذا!!

نظرتِ إلى اللوحة وكأنّك تبحثين فيها عن نفسك، قلت:

– أليست هذه قنطرة الجبال؟

أجبتُك:

– إنّها أكثر من قنطرة.. إنّها قسنطينة. وهذه هي القرابة الأخرى
التي تربطك بهذه اللّوحة.

يوم دخلتِ هذه القاعة، دخلَت قسنطينة معك.

دَخَلَت في طلّتك.. في مشيتك.. في لهجتك.. وفي سوار كنت
تلبسينه.

فكّرتِ قليلًا ثمّ قلت:

– آ.. تعني «المقياس».. يحدث أحيانًا أن ألبسه في بعض
المناسبات.. ولكنّه ثقيل يوجع معصمي.

قلتُ:

– لأنَّ الـذاكـرة ثقيلة دائمًا. لقد لبسَته «امّا» عدّة
سنوات متتالية، ولـم تشكُ من ثقله. ماتت وهـو في معصمها..
إنّها العادة فقط!

لم أعتب عليكِ. كان في صوتي حسرة، ولكن لم أقل لك شيئًا.
كنت تنتمين إلى جيل يثقل عليه حمل أيّ شيء. ولذا اختصر الأثواب
العربيّة القديمة بأثواب عصريّة من قطعة أو قطعتين. واختصر الصيغة
والحليّ القديمة، بحليّ خفيفة تُلبَس وتُخلَع على عجل. واختصر التاريخ

والذاكرة كلّها بصفحة أو صفحتين في كتب مدرسيّة، واسم أو اسمين في الشعر العربي..

لن أعتب عليك، نحن ننتمي إلى أوطان لا تلبس ذاكرتها إلّا في المناسبات، بين نشرة أخبار وأخرى. وسرعان ما تخلعها عندما تُطفأ الأضواء، وينسحب المصوّرون، كما تخلع امرأة أثواب زينتها.

قلتِ وكأنّك تعتذرين عن خطأ لم تتعمّديه:

ـ إذا شئتَ أَلبسُ ذلك السوار من أجلك.. أيسعدك هذا؟

فاجأني كلامك. كان الموقف حزينًا شيئًا ما، برغم تلقائيّته، وربّما كان مضحكًا بحزن.

كنتُ هنا أعرض عليك أبوّتي، وكنت تعرضين عليّ أمومتك. أنتِ الفتاة التي كان يمكن أن تكون ابنتي، والتي أصبحَت دون أن تدري.. أمِّي!

وكان يمكن أن أجيبك لحظتها بكلمة واحدة، أختصر فيها كلّ تناقضات موقفنا ذلك، وأختصر فيها كلّ ما أشعر به تجاهك من عواطف متطرّفة.. وجامحة. ولكنّني قلت شيئًا آخر.

قلتُ:

ـ يسعدني ذلك، ويسعدني أيضًا أن تلبسيه من أجلك أنت.

لا بدّ أن تعي أنّك لن تفهمي شيئًا من الماضي الذي تبحثين عنه، ولا من ذاكرة أب لم تعرفيه، إذا لم تفهمي قسنطينة بعاداتها وتلتحمي بها. إنّنا لا نكتشف ذاكرتنا ونحن نتفرّج على بطاقة بريديّة.. أو لوحة زيتيّة كهذه.

نحن نكتشفها عندما نلمسها، عندما نلبسها ونعيش بها.

هذا السوار مثلًا، لقد أصبحَت علاقتي به فجأة علاقة عاطفيّة. لقد كان في ذاكرتي رمزًا للأمومة دون أن أدري. اكتشفتُ هذا يوم

رأيتك تلبسينه، وكان يمكن ألّا تلبسينه، وتظلّ كلّ تلك الأحاسيس التي فجّرها داخلي نائمة في دهاليز النسيان. هل تفهمين الآن.. أنّ الذاكرة أيضًا في حاجة إلى أن نوقظها أحيانًا؟

كم كنتُ أحمق.. كنت دون أن أدري، أوقظ داخلي ماردًا كان نائمًا منذ سنين. وكنت أحوّلك في حمّى جنوني من فتاة إلى مدينة. وكنتِ تستمعين لي بانبهار تلميذة، وتتلقّين كلماتي كما يتلقّى شخص في جلسة تنويم مغنطيسي، تعاليمه وأوامره من منوّم يفعل به ما يشاء.

اكتشفت يومها قدرتي على ترويضك، وعلى السيطرة على نارك المحرقة.

وقرَّرت في سرِّي أن أحوّلك إلى مدينة شاهقة.. شامخة، عريقة.. عميقة، لم يطُلْها الأقزام ولا القراصنة.

حكمت عليك أن تكوني قسنطينة ما..

وكنت أحكم على نفسي بالجنون.

* * *

قضينا معًا وقتًا أطول ذلك اليوم.. وافترقنا مثقلين بالهزّات النفسيّة، مشحونين بالانفعالات المتطرّفة، التي عشناها خلال أربع ساعات من الحديث المستمرّ. قلنا الكثير، وسط دموعنا المكابرة أحيانًا، ووسط صمتنا المخيف أحيانًا أخرى.

كنت سعيدًا ربَّما لأنَّني رأيتك تبكين لأوّل مرّة. كنت أحتقر الناس الذين لا دموع لهم، فهم إمّا جبابرة.. أو منافقون. وفي الحالتين هم لا يستحقُّون الاحترام.

كنتِ المرأة التي أريد أن أضحك وأبكي معها.

وكان هذا أروع ما اكتشفته ذلك اليوم.

تذكّرتُ لقاءنا الأوّل، الذي بدأناه دون تخطيط بالتعليقات الساخرة. يومها تذكرت مثلًا فرنسيًّا يقول: «أقصر طريق لأن تربح امرأة هو أن تضحكها»، وقلت ها أنذا ربحتها دون جهد..

اليوم اكتشفت حماقة ذلك المثل الذي يشجّع على الربح السريع، وعلى المغامرات العابرة التي لا يهمّ أن تبكي بعدها المرأة التي قد ضحكت في البداية.

لم أربحك بعد نوبة ضحك..

ربحتُك يوم بكيتِ أمامي وأنتِ تستمعين إلى قصّتك التي كانت قصّتي أيضًا. ثمَّ في تلك اللحظة التي تأمّلتِ فيها تلك اللوحة بتأثّر واضح. وكنتِ ربَّما على وشك أن تضعي قبلة على خدِّي، أو تحضنيني في لحظة حنان مفاجئ.. ولكنّك لم تفعلي.

وافترقنا مثل العادة، ونحن نتصافح، وكأنّنا نخاف أن تتحوّل تلك القبلة العابرة على الخدّ، إلى فتيلة تشعل البراكين النائمة.

كنّا نفهم بعضنا بصمت متواطئ. كان حضورك يوقظ رجولتي. كان عطرك يستفزّني ويستدرجني إلى الجنون. وعيناك كانتا تجرّدانني من سلاحي حتّى عندما تمطران حزنًا.

وصوتك.. آه صوتك كم كنتُ أحبّه.. من أين جئتِ به؟ أيّ لغة كانت لغتك؟ أيّ موسيقى كانت موسيقاك..

كنت دهشتي الدائمة، وهزيمتي المؤكّدة، فهل كان يمكن أن تكوني ابنتي، أنت التي لم يكن يمكن في المنطق أن تكوني شيئًا آخر غير ذاك بالنسبة لي.

ورحتُ أقاومك بحواجز وهميّة أضعها بيننا كلّ مرّة، كما توضَع حواجز في ساحة سباق، لكنَّك كنت فرسًا خُلقت للتحدّي وربح الرهان. كنت تقفزين عليها جميعًا مرّة واحدة، بنظرة واحدة.

كانت نظراتك تتسكّع فوقي، تتوقّف أحيانًا هنا.. وأحيانًا هناك، لتنتهي عند عينيّ أو زرّ قميصي المفتوح كالعادة.

قلتِ مرّة وأنت تتأمّلينني أكثر:

– فيكَ شيء من زوربا. شيء من قامته.. من سمرته.. وشعره الفوضويّ المنسّق. ربّما كنت فقط أكثر وسامة منه.

أجبتُك:

– يمكن أن تضيفي كذلك، أنّني في سنّه، وفي جنونه وتطرّفه، وأنّ في أعماقي شيئًا من وحدته.. من حزنه ومن انتصاراته التي تتحوّل دائمًا إلى هزائم.

قلتِ متعجّبة:

– أتعرف عنه كلّ هذا... أتحبّه؟

أجبتُ:

– ربّما..

قلتِ:

– أتدري أنّه الرجل الذي أثّر أكثر في حياتي؟

أدهشني اعترافك. فكّرت إمّا أنّك لم تعرفي كثيرًا من الرجال.. أو لم تقرئي كثيرًا من الكتب. وقبل أن أقول شيئًا واصلتِ بحماسة:

– يعجبني جنونه وتصرّفاته غير المتوقّعة.. علاقته العجيبة بتلك المرأة.. فلسفته في الحبّ والزواج.. في الحرب وفي العبادة، وتعجبني أكثر طريقته في أن يصل بأحاسيسه إلى ضدّها. أتذكّر قصّة الكرز، يوم كان يحبّ الكرز كثيرًا وقرّر أن يُشفى من ولعه به بأن يأكل

منه كثيرًا.. كثيرًا حتى يتقيَّأه. بعد ذلك أصبح يعامله كفاكهة عاديّة. كانت تلك طريقته في أن يُشفى من الأشياء التي يشعر بأنّها تستعبده.

قلتُ:

– لا أذكر هذه القصّة..

قلتِ:

– وهل تذكر رقصته تلك وسط ما يسمّيه الخراب الجميل؟ إنّه شيء مدهش أن يصل الإنسان بخيبته وفجائعه حدّ الرقص. إنّه تميّز في الهزائم أيضًا، فليست كلّ الهزائم في متناول الجميع. فلا بدّ أن تكون لك أحلام فوق العادة، وأفراح وطموحات فوق العادة، لتصل بعواطفك تلك إلى نقيضها بهذه الطريقة..

كنتُ أستمع إليك بانبهار وبمتعة. وبدل أن أجد في ذلك «الخراب الجميل» الذي كنت تصفينه لي بحماسة، ما يمكن أن يثير مخاوفي من نزعة ساديّة، أو مازوشيّة ما قد تسكنك، رحت أنقاد لجمال فكرتك فقط، وأقول دون كثير من التفكير:

– صحيح.. جميل ما تقولين. – ثمّ أضيف – لم أكن أدري أنّك تحبّين زوربا إلى هذا الحدّ!

قلتِ ضاحكة:

– سأعترف لك بشيء.. لقد أربكتني هذه القصّة كثيرًا. يوم قرأتها شعرت بشيء من الغبطة والحزن معًا. كنت أريد أن أحبّ رجلًا كهذا.. أو أكتب رواية كهذه، ولم يكن ذلك ممكنًا، ولهذا ستطاردني هذه القصّة حتّى أشفى منها بطريقة أو بأخرى.

قلتُ ساخرًا:

– يسعدني إذن أن تجدي شيئًا من الشبه بيني وبينه، فقد تحقّقين الأمنيتين معًا..

تأمّلتِني بشيء من الشيطنة المحبّبة وقلتِ:

— معك أريد أن أحقّق إحدى الأمنيتين فقط.

وأضفتِ قبل أن أسألك أيّهما:

— لن أكتب عنك شيئًا.

— آ.. لماذا..؟

— لأنّني لا أريد قتلكَ، أنا سعيدة بكِ.. نحن نكتب الروايات لنقتل الأشخاص الذين أصبح وجودهم عبئًا علينا.. نحن نكتب لننتهي منهم..

يومها ناقشتك طويلًا في نظرتك «الإجراميّة» للأدب وقلت لك ونحن نفترق:

— أيمكنني أخيرًا أن أطّلع على روايتك الأولى... أو «جريمتك الأولى»؟!

ضحكتِ وأجبتِ:

— طبعًا.. شرط ألّا تتحوّل إلى محقّق جنائي أو طرفٍ في تلك القصّة!

تراك كنت تتنبّئين بما ينتظرني، وتدرين مسبقًا أنّني لن أكون معك قارئًا محايدًا بعد الآن؟ في اليوم التالي أحضرت لي تلك الرواية. قلتِ وأنت تمدّين نحوي الكتاب:

— أتمنّى أن تجد شيئًا من المتعة في قراءتها..

قلتُ مازحًا:

— وأتمنّى ألّا يفسد عدد ضحاياك متعتي!

أجبتِ باللهجة نفسها:

— لا.. اطمئنّ.. فأنا أكره المقابر الجماعيّة!

كيف نسيتُ هذه الجملة الأخيرة..

عندما أتذكّرها الآن، أقتنع بأنّ قصّتك الجديدة هذه، التي تروّج لها المجلّات والجرائد، لن تكون سوى ضريح فردي لبطل واحد ربّما كان زياد... وربّما كان أنا.. فمن ترى المحظوظ منّا بميتة كهذه؟! وحده كتابك قد يحمل جوابًا عن هذا السؤال، وعن أسئلة أخرى تطاردني.

ولكن.. لماذا يثير كلّ ما تكتبينه لديّ أكثر من سؤال؟ ولماذا أشعر أنّني طرف في كلّ قصصك الواقعيّة والوهميّة، حتّى تلك التي كتبتها قبلي؟

ترى لأنّني أتوهّم أنّ لي حقًا تاريخيًا عليك، أو لأنّكِ يوم أهديت لي كتابك الأوّل ذاك، لم تضعي عليه أيّ إهداء، وقلت ذلك التعليق المدهش الذي لم أنسه:

«إنّنا نخطّ إهداءً للغرباء فقط.. أمّا الذين نحبّهم فمكانهم ليس في الصفحة البيضاء الأولى، بل في صفحات الكتاب..».

يومها أسرعتُ إلى ذلك الكتاب ألتهمه في سهرتين. رحت أركض لاهثًا من صفحة إلى أخرى، وكأنّني أبحث عن شيء ما غير الذي أقرأه. عن شيء قد تكونين كتبته لي مسبقًا مثلًا حتّى قبل أن نلتقي. عن شيء ما قد يكون يربطنا من خلال قصّة لم تكن قصّتنا.

أدري أنّ ذلك كان جنونًا، ولكن أليس في الحياة مصادفات مدهشة كتلك اللّوحة التي رسمتُها في أيلول من عام 1957، وبقيَت تنتظرك ربع قرن دون أن أدري أنّها كانت لك.. بل إنّها كانت أنتِ؟

وكان ذلك محض أوهام.. لم تخبّئي لي في كتابك ذاك، سوى مرارة وألم وغيرة حمقاء، ذقت نارها لأوّل مرّة. غيرة جنونيّة من رجل من ورق، قد يكون مرّ بحياتك حقًّا.. وقد يكون مخلوقًا خياليًا، أثّثت به فراغ أيّامك وبياض الصفحات فقط.

ولكن أين هو الحدّ الفاصل بين الوهم والواقع؟ لم تجيبيني مرّة واحدة عن ذلك السؤال.. رحتِ تعمّقين حيرتي بأجوبة أكثر غموضًا.. قلتِ:

– إنَّ المهمّ في كلّ ما نكتبه.. هو ما نكتبه.. هو ما نكتبه لا غير، فوحدها الكتابة هي الأدب.. وهي التي ستبقى، وأمّا الذين كتبنا عنهم فهم حادثة سير.. أناس توقَّفنا أمامهم ذات يوم لسببٍ أو لآخر.. ثمَّ واصلنا الطريق معهم أو بدونهم.

قلتُ:

– ولكن لا يمكن أن تكون علاقة الكاتب بملهمه مبسَّطة إلى هذا الحدّ. إنَّ الكاتب لا شيء دون من يلهمه.. إنّه مدين له بشيء.. قاطعتِني..

– مدين له بماذا..؟ ... إنَّ ما كتبه أراغون عن عينيْ إلزا هو أجمل من عينيْ إلزا اللتين ستشيخان وتذبلان.. وما كتبه نزار قبّاني عن ضفائر «بلقيس» أجمل بالتأكيد من شعر غزير كان محكومًا عليه أن يبيَضَّ ويتساقط.. وما رسمه ليوناردو دافنشي في ابتسامة واحدة للجوكاندا، لم يأخذ قيمته في ابتسامة ساذجة للموناليزا، بل في قدرة ذلك الفنّان المذهلة على نقل أحاسيس متناقضة، وابتسامة غامضة تجمع بين الحزن والفرح في آن واحد.. فمن هو المدين للآخر بالمجد إذن؟

كان حديثنا يأخذ منحى آخر ربّما أردتَه أنت في محاولة للهرب من الحقيقة. فأعدتُ عليك السؤال بصيغة أكثر مباشرة:

– هل مرَّ هذا الرجل بحياتك.. أم لا؟

ضحكتِ.. وقلتِ:

– عجيب.. إنَّ في روايات أغاتا كريستي أكثر من 60 جريمة. وفي روايات كاتبات أخريات أكثر من هذا العدد من القتلى. ولم يرفع

أيّ مرّة قارئ صوته ليحاكمهنّ على كلّ تلك الجرائم، أو يطالب بسجنهنّ. يكفي كاتبةً أن تكتب قصّة حبّ واحدة، لتّتجه كلّ أصابع الاتّهام نحوها، وليجد أكثر من محقّق جنائي أكثر من دليل على أنّها قصّتها. أعتقد أنّه لا بدّ للنقّاد من أن يحسموا يومًا هذه القضيّة نهائيًا، فإمّا أن يعترفوا بأنَّ للمرأة خيالاً يفوق خيال الرجال، وإمّا أن يحاكمونا جميعًا!

ضحكتُ لحجّتك التي أدهشتني ولم تقنعني. قلتُ:

– في انتظار أن يحسم النقّاد هذه القضيّة، دعيني أكرّر عليك سؤالاً لم تجيبيني عنه.. هل مرّ هذا الرجل بحياتك حقًّا؟

قلتِ وأنت تعبثين بأعصابي:

– المهمّ أنّه مات بعد هذا الكتاب..

– آ.. لأنّك قادرة على أن تقتلي الماضي هكذا بجرّة قلم؟

قلتِ وأنت تواصلين مراوغتك:

– أيّ ماضٍ؟.. نحن قد نكتب أيضًا لنصنع أضرحة لأحلامنا لا غير.. كان في أعماقي شعور ما بأنَّ تلك القصّة كانت قصّتك، وأنَّ ذلك الرجل قد مرّ بحياتك.. وربّما بجسدك أيضًا.

كنت أكاد أشمّ بين السطور رائحة تبغه. أكاد أكتشف أشياءه مبعثرة بين صفحات كتابك. في كلّ فقرة شيء منه.. من سمرته.. من مذاق قبلته.. من ضحكته.. من أنفاسه.. ومن اشتهائك الفاضح له.. تراه أبدع في حبّك حقًّا.. أم أنت التي أبدعت في وصفه؟ أم تراه محض اختراع نسائي، كَسَته لغتك رجولةً وأحلامًا صنعت لها بعد ذلك ضريحًا جميلًا.. على مقاسه. وأنا، بأيّ منطق رحت أطالع ذلك الكتاب، في زيّ عاشق متنكّر ببدلة شرطيّ أخلاق. وإذا بي أنقّب بين الكلمات وأبحث بين الفواصل، عساني أكتشفك متلبّسة بقبلةٍ ما.. هنا، أو أكتشف الأحرف الأولى من اسمه هناك.

ذهب تفكيري بعيدًا.. تذكّرت أنّك في باريس منذ أربع سنوات، وأنّك تقطنين عند عمّك منذ عُيّن في باريس، أي منذ سنتين فقط. فماذا تراك قبل ذلك في كلّ الفترة التي كنت فيها بمفردك؟

أرهقني كتابك ذاك، كان ممتعًا ومتعبًا مثلك.. اعترفت لك في ما بعد، بأنّ علاقتي بك قد تغيّرت منذ قرأتُه، وأنّني أشكّ في أن أكون قادرًا على الصمود بعد اليوم.. فأنا لم أكن مهيّاً لسلاح الكلمات.

قلتِ فقط وكأنّ الأمر لا يعنيك تمامًا:

– كان عليكَ ألّا تقرأني إذن!

أجبتُك بحماقة:

– ولكنّني أحبّ أن أقرأك. ثمّ أنا لا أملك طريقة أخرى لفهمك..

أجبتِ:

– مخطئ.. أنت لن تفهم شيئًا هكذا.. الكاتب إنسان يعيش على حافة الحقيقة، ولكنّه لا يحترفها بالضرورة. ذلك اختصاص المؤرّخين لا غير.. إنّه في الحقيقة يحترف الحلم.. أي يحترف نوعًا من الكذب المهذّب. والروائيّ الناجح هو رجل يكذب بصدق مدهش، أو هو كاذب يقول أشياء حقيقيّة.

ثمّ أضفتِ بعد شيء من التفكير: أعتقد أنّ هذا هو الأصحّ!

آه.. أيّتها الكاذبة الصغيرة.. أعذب الكذب كان كذبك، وأكثره ألمًا كذلك. قرّرتُ يومها ألّا أنقّب بعد ذلك في ذاكرتك. أنت لن تبوحي لي بشيء. ربّما لأنّك أنثى تحترف المراوغة، وربّما لأنّه ليس هناك من شيء يستحقّ الاعتراف.

كنتِ تريدين فقط أن توهميني أنّك لم تعودي تلك الطفلة التي عرفتُها. في الواقع.. كنتِ فارغة، وكان كذبك في مساحة فراغك. وإلّا فما سرّ تعلّقك بي، ولماذا كنت تطاردين ذاكرتي بالأسئلة،

وتستدرجينها للحديث عن كلّ شيء؟ لماذا كلّ تلك الشراهة للمعرفة، كلّ تلك الرغبة في مقاسمتي ذاكرتي وكلّ ما أحببت وما كرهت من أشياء.. أكانت الذاكرة عقدتك؟

* * *

كان لا بدّ لمعرضي من أن ينتهي، لننتبه أنّنا نعرف بعضنا بعضًا منذ أسبوعين فقط، لا منذ أشهر كما كان يبدو لنا. فكيف فرغنا من ذاكرتنا في بضعة أيّام؟ كيف تعلّمنا في بضع ساعات قضيناها معًا، أن نحزن ونفرح ونحلم بتوقيتٍ واحد؟

كيف أصبحنا نسخةً بعضنا من بعض.. وكيف يمكننا أن نغادر هذا المكان، الذي أصبح جزءًا من ذاكرتنا؟ كيف.. وهو الذي وضعنا لعدّة أيّام، خارج حدود الزمان والمكان، في قاعة شاسعة، يسكنها الصمت ويؤثّثها الفنّ، وربع قرن من المعاناة والجنون؟

كنّا لوحة وسط عدّة لوحات أخرى.

كنّا لوحة متقلّبة الأطوار، متعدّدة الألوان، رسمَتها المصادفة يومًا ثمّ واصلَت رسمها يد الأقدار. وكنت أتلذّذ بوضعي الجديد ذاك وأنا أتحوّل من صاحب ذلك المعرض، إلى لوحة من لوحاته لا أكثر.

لم يحدث، مثل تلك المرّة، أن شعرت بحزن وأنا أرفع تلك اللّوحات المعلّقة على الجدران، لوحة بعد أخرى، وأجمعها في الصناديق لأترك القاعة فارغة لرسّام آخر، سيأتي بلوحاته.. بحزنه وبفرحه وبقصص أخرى لا تشبه قصّتي.

كنت أشعر بأنّني أجمع أيّامي معك.

فجأة، توقَّفت يدي وهي على وشك أن ترفع تلك اللوحة التي تركتُها للآخر.

تأمّلتُها مرّة أخرى، شعرت بأنَّها ناقصة. لم يكن على مساحتها سوى جسر يعبرها من طرف إلى آخر، معلَّقًا نحو الأعلى بحبال من طرفيه كأرجوحة حزن.

وتحت الأرجوحة الحديديّة هوّة صخريّة ضاربة في العمق تعلن تناقضها الصارخ مع المزاج الصافي لسماء استفزازيّة الهدوء والزرقة. لم أشعر، قبل تلك اللحظة، بأنَّ هذه اللوحة في حاجة إلى تفاصيل جديدة، تكسر هذا التضادّ، وتؤثِّث عري اللّونين اللّذين ينفردان بها.

في الواقع، لم تكن «حنين» لوحة. كانت رؤوس أقلام ومشاريع أحلام تجاوزَتها الأحداث بخمس عشرة سنة من الحنين والدهشة، لا فقط بربع قرن من الزمن.

حملتُها تحت إبطي، وكأنَّني أميّزها عن الأخرى. كنت فجأة على عجل. أريد أن أجلس أمامها بعد كلّ تلك السنوات، مُحمَّلًا بفرشاة وألوان أخرى، لأنفخ الحياة والضجيج فيها، وأنقل إليها أخيرًا حجارة «قنطرة الحبال» حجرًا.. حجرًا. ولكن كان في ذهني المُبعثَر لحظتها هاجس آخر يطغى على كلّ شيء: كيف يمكن أن نلتقي بعد الآن... وأين؟

انتهت عطلتك الجامعيّة مع نهاية معرضي تقريبًا. وها نحن محاصَران بكلِّ مستحيلات الزمان والمكان. ملاحَقان بكلّ العيون التي قد تسرق سرّنا. بكلّ أولئك الذين لا نعرفهم.. ويعرفوننا. أيّ جنون.. وأيّ قدر كان قدري معك! ولماذا وحدي تفضحني عاهتي؟ ولماذا كلّ هذا الحذر.. ولماذا أنت بالذات؟ كان مجرّد احتمال لقائي بسي الشريف ذات يوم وأنا بصحبتك، يجعلني أعدل عن هذه الفكرة، وأشعر فجأة بحرج الموقف، وبذلك الارتباك الذي سيفضحني لا محالة.

اتّفقنا على أن تطلبيني هاتفيًّا، وأن نتّفق على برنامج جديد.
كان ذلك هو الحلّ الوحيد. فلم يكن ممكنًا أن أزورك في حيّك
الجامعي. فقد كانت ابنة عمّك تتابع دراستها معك في الجامعة نفسها.
أكان يمكننا أن نجد ظروفًا أكثر تعقيدًا من هذه؟

* * *

أطول نهاية أسبوع على الإطلاق، كانت تلك التي قضيتُها في
انتظار هاتفك صباح الاثنين.
يوم الأحد دقّ الهاتف.
أسرعت إليه وأنا أراهن أنّك أنت. فربّما نجَحتِ في سرقة
لحظات تحدّثينني فيها.. ولو قليلًا. كانت كاترين على الخطّ. أخفيتُ
عنها خيبتي. ورحت أستمع لها وهي تثرثر حول مشاغلها اليوميّة،
ومشروع سفرها إلى لندن.. ثمّ سألتني عن أخبار المعرض وقالت وهي
تنتقل من موضوع إلى آخر:
– لقد قرأتُ مقالًا جيّدًا عن معرضك في مجلّة أسبوعيّة.. من
المؤكَّد أنّك اطّلعت عليه.. إنّه بقلم روجيه نقّاش، يبدو أنّه يعرفك..
أو يعرف لوحاتك جيّدًا.
لم أكن أشعر برغبة في الحديث.. قلتُ لها باقتضاب:
– نعم، إنّه صديق قديم..
تخلّصتُ منها بلباقة.
لم أكن أشعر بأيّ رغبة في لقائها ذلك اليوم. ربّما كانت
حاجتي للرسم يومها، تفوق حاجاتي الجسديّة الأخرى.. وربّما كنت
فقط ممتلئًا بكِ.

عدتُ إلى مرسمي مُثقَل الخطى.

كنت قد شرعت في إعداد تشكيلة من الألوان، لأبدأ بوضع لمسات على تلك اللّوحة.

ولكنّني ارتبكت. تحوّلت أمامها إلى ذلك الرسّام المبتدئ الذي كنتُه منذ خمس وعشرين سنة.

أترى، قرابتها الجديدة بك، هي التي أضفَت عليها هذه الصبغة المربكة؟

أم تراني كنت مرتبكًا لأنّني كنت أجلس أمام الماضي لا غير.. لأضفي على الذاكرة – لا على لوحة – بعض «الرتوشات»؟

كنت أشعر بأنّني على وشك أن أرتكب حماقة. وأدري – رغم رغبتي المضادّة للمنطق – أنّه لا ينبغي أبدًا العبث بالماضي، وأنَّ أيّ محاولة لتجميله، ليست سوى محاولة لتشويهه.

كنت أدرك هذا.. ولكن هذه اللوحة أصبحت تضايقني فجأة هكذا.. كان كلّ شيء فيها مُبسَّطًا حدّ السذاجة، فلماذا لا أواصل رسمها اليوم، ولماذا لا أعاملها بمنطق فنّي لا أكثر؟

ألم يقضِ شاغال خمس عشرة سنة في رسم إحدى لوحاته؟ كان يعود إليها دائمًا بين لوحة وأخرى ليضيف شيئًا أو وجهًا جديدًا عليها، بعدما أصرَّ على أن يجمع فيها كلّ الوجوه والأشياء التي أحبّها منذ طفولته؟

أليس من حقِّي أيضًا أن أعود إلى هذه اللوحة، أن أضع على هذا الجسر بعض خطى العابرين، وأرشّ على جانبيه بعض البيوت المعلَّقة فوق الصخور، وأسفله شيئًا من ذلك النهر الذي يشقّ المدينة، بخيلًا أحيانًا، ورقراقًا وزبديًا أحيانًا أخرى.. ألم يعد ضروريًا أن أضع عليها

بصمات ذاكرتي الأولى، التي كنت عاجزًا عن نقلها في السابق، يوم كنت رسّامًا مبتدئًا وهاويًا لا غير؟

لا أدري كيف تذكّرت لحظتها روجيه نقّاش، صديق طفولتي.. وصديق غربتي.

تذكّرت ولعه بقسنطينة، وتعلّقه بذكراها، هو الذي لم يعد إليها أبدًا منذ غادرها سنة 1959 مع أهله، ومع فوج من الجالية اليهوديّة التي كانت تريد أن تبني لها مستقبلًا آمنًا في بلدٍ آخر.

لم يحدث أن زرته مرّة في بيته، دون أن يصرّ على أن يسمعني شريطًا جديدًا للمطربة اليهوديّة سيمون تمّار وهي تغنّي المالوف والموشّحات القسنطينيّة بأداء وبصوت مدهشَين، مرتدية ذلك الثوب القسنطيني الفاخر، الذي أهدوه لها في أوّل عودة لها هناك.. والذي يزيّن غلاف شريطها.

منذ بضعة أشهر أخبرني روجيه أنّ سيمون ماتت مقتولة على يد زوجها في واحدة من نوبات غيرته، فقد كان يتّهمها بحبّ رجل عربي. سألته إن كان ذلك صحيحًا.. أجابني.. «لا أدري..» ثمّ أضاف بمرارة ما.. «أدري أنّها كانت تحبّ قسنطينة».

وروجيه أيضًا كان يحبّها.. وكان حلمه السرّي أن يعود إليها ولو مرّة واحدة، أو يأتيه أحد على الأقلّ بثمرة واحدة من شجرة التين التي كانت تطال نافذة غرفته والتي كانت في حديقة بيته منذ أجيال.

وكنت أشعر بمزيج من السعادة والإحراج معًا وأنا أستمع إليه، يقصّ عليّ بلهجته القسنطينيّة المحبّبة التي لم يطمس ربع قرن من البعد أيّ نبرة فيها، شوقه إلى تلك المدينة.. القاتلة!

وكان يزيد إحراجي كلّ ما قام به روجيه لمساعدتي منذ سنوات، عندما وصلتُ إلى باريس لأستقرّ فيها. فقد كان له من الصداقات

والوساطات، ما يمكن أن يسهّل عليّ – دون أن أطلب منه ذلك – كثيرًا من المعاملات والمشكلات التي تواجه رجلًا في وضعي.

ذات مرّة سألته «لماذا لم تعد ولو مرّة واحدة لزيارة قسنطينة؟ أنا لا أفهم خوفك، إنَّ الناس ما زالوا يعرفون أهلك في ذلك الحيّ ويذكرونهم بالخير..» أذكر وقتها أنّه قال لي «ما يخيفني ليس ألّا يعرفني الناس هناك، بل ألّا أعرف أنا تلك المدينة.. وتلك الأزقّة.. وذلك البيت الذي لم يعد بيتي منذ عشرات السنين..».

ثمّ أضاف: «دعني أتوهّم أنّ تلك الشجرة ما زالت هناك.. وأنّها تعطي تينًا كلّ سنة، وأنّ ذلك الشبّاك ما زال يطلّ على ناسٍ كنت أحبّهم.. وذلك الزقاق الضيّق ما زال يؤدّي إلى أماكن كنت أعرفها.. أتدري.. إنّ أصعب شيء على الإطلاق هو مواجهة الذاكرة بواقع مناقض لها..».

كان في عينيه يومها لمعة دموع مكابرة، فأضاف بشيء من المزاح «لو حدث وغيّرت رأيي، سأعود إلى تلك المدينة معك، أخاف أن أواجه ذاكرتي وحدي..».

اليوم، وبعد عدّة سنوات، أذكر كلامه فجأة – هو الذي لم يطرح معي ذلك الموضوع بعد ذلك أبدًا..

تراه نجح حقًّا في التحايل على ذاكرته؟

وماذا لو كان على حقّ؟ يجب أن نحتفظ بذكرياتنا في قالبها الأوّل وصورتها الأولى ولا نبحث لها عن مواجهة اصطداميّة مع الواقع يتحطّم بعدها كلّ شيء داخلنا كواجهة زجاجيّة.. المهمّ في هذه الحالات إنقاذ الذاكرة.

أقنعني ذلك المنطق، وشعرت بأنّ هاتف كاترين أنقذني بطريقة غير مباشرة من حماقة كنت على وشك ارتكابها.

لن يكون لتلك اللوحة أيّ قيمة تأريخيّة بعد اليوم، إذا أضفتُ إليها شيئًا هنا، أو طمست فيها شيئًا هناك.. ستصبح لوحة لقيطة لذاكرة مزوّرة.. وهل يهمّ عندئذٍ أن تكون أجمل؟

نظرت إلى خشبة الألوان التي كانت بيدي. فكّرت أنّه رغم ذلك لا بدّ أن أفعل شيئًا بهذه الألوان.. وبهذه الفرشاة العصبيّة التي كانت تترقَّب مثلي لحظة الخلق الحاسمة.

وفجأة وجدت الحلّ في فكرة بسيطة ومنطقيّة لم تخطر ببالي.

رفعت تلك اللوحة عن خشبات الرسم، ووضعت أمامها لوحة بيضاء جديدة، ورحت أرسم دون تفكير، قنطرة أخرى، بسماء أخرى، بوادٍ آخر وبيوت وعابرين.

رحت هذه المرّة، أتوقَّف عند كلِّ تفاصيل اللوحة، أدرس كل جزء فيها، وكأنّه لوحة على حدة.

بل إنّني فاجأت نفسي، أركض إلى تلك التفاصيل وأكاد أبدأ بها، وكأنَّ أمر الجسر لم يعد يعنيني في النهاية، بقدر ما تعنيني الحجارة والصخور التي يقف عليها. وتلك النباتات التي تبعثَرت أسفله، مستفيدة من رطوبة (أو عفونة) الأعماق. وتلك الممرّات السرّيّة التي حفرَتها خطى الإنسان وسط المسالك الصخريّة. منذ أيّام ماسينيسا حتَّى اليوم، في غفلة من الجسر العجوز الذي لا يمكنه في شموخه الشاهق، أن يرى ما يحدث على علوّ 700 متر من سفحه!

أليس التحايل على الجسور هو الهدف الأزلي الأوّل للإنسان الذي يولَد بين المنحدرات... والقمم؟

أدهشَتني هذه الفكرة التي وُلدَت في ذهني مصادفة؛ وأدهشني أكثر، أن هذه التفاصيل التي تشغلني اليوم بإلحاح، لم تكن تلفت انتباهي منذ ربع قرن، يوم رسمت هذا الجسر نفسه لأوّل مرّة.

أترى لأنّني كنت في بدايتي الأولى، محكومًا بالخطوط العريضة للأشياء كأيّ مبتدئ، وأنّ طموحي آنذاك، لم يكن يتجاوز رغبتي في إدهاش ذلك الدكتور – أو إدهاش نفسي – ورفع أثقال التحدّي بيدٍ واحدة؟

اليوم، بعد ذلك العمر.. لم يعد يعنيني أن أُثبت شيئًا لأحد. أريد فقط أن أعيش أحلامي السرِّية، وأن أنفق ما بقيَ لي من وقت في طرح أسئلة.. كان الجواب عنها في الماضي ترفًا.. ليس في متناول الشباب. ولا في متناول.. ذلك المناضل أو المجاهد المعطوب الذي كُنتُه..

ربّما لأنّ الوقت آنذاك لم يكن للتفاصيل، بل كان وقتًا جماعيًّا نعيشه بالجملة، وننفقه بالجملة.

كان وقتًا للقضايا الكبرى.. والشعارات الكبرى.. والتضحيات الكبرى. ولم يكن لأحد الرغبة في مناقشة الهوامش أو الوقوف عند التفاصيل الصغيرة.

تراها حماقة الشباب.. أم حماقة الثورات؟!

أخذت منّي تلك اللّوحة، كلّ أمسية الأحد، وقسمًا كبيرًا من الليل. ولكنّني كنت سعيدًا وأنا أرسم وكأنّني كنت أسمع صوت الدكتور كابوتسكي يعود لي بعد ذلك العمر «ارسم أحبّ شيء إلى نفسك».

وها أنا أطيعه وأرسم اللّوحة نفسها، بالارتباك نفسه.

ولكن ما رسمتُه هذه المرّة، لم يكن تمرينًا في الرسم. كان تمرينًا في الحبّ.

كنت أشعر بأنّني أرسمك أنتِ لا غير. أنت بكلِّ تناقضك. أرسم نسخة أخرى عنك أكثر نضجًا.. أكثر تعاريج. نسخة أخرى من لوحة أخرى كبرت معك.

كنت أرسم تلك اللوحة بشهيّة مدهشة للرسم. بل وربّما بشهوة ورغبة سرِّية ما..

فهل بدأَت شهوتك تتسلّل يومها إلى فرشاتي، دون أن أدري؟!

* * *

في اليوم التالي، فاجأني صوتك في الساعة التاسعة تمامًا.

جاء شلّال فرح، وشجرة ياسمين تساقطَت أزهارها على وسادتي.

كنت أكتشف صوتك على الهاتف، وأنا في فراشي بعد ليلة مرهقة من العمل. شعرت بأنَّه يشرع نوافذ غرفتي، ويقبّلني قبلة صباحيّة.

– هل أيقظتُكَ؟

– لا أنت لم توقظيني.. أنت منعتني البارحة من النوم لا أكثر!

قلتِ بلهجة جزائريّة بين المزاح والجِدّ:

– علاش.. إن شاء الله خير..

قلتُ:

– لأنَّني رسمت حتَّى ساعة متأخِّرة من الليل..

– وما ذنبي أنا؟

– لا ذنب لكِ سوى ذنب الملهم.. يا ملهمتي!

صحتِ فجأة بالفرنسيّة كعادتك عندما تفقدين السيطرة على أعصابك:

- Ah.. non!

ثمّ أضفتِ:

– أتمنَّى أنَّكَ لم ترسمني.. يا لها من كارثة معك!

– وأين هي الكارثة إن كنتُ رسمتُك؟

واصلتِ بصوت عصبي:

– ألأنتَ مجنون؟ تريد أن تحوّلني إلى لوحة تدور بها القاعات من مدينة إلى أخرى، يتفرّج عليها كلّ من يعرفني؟!

كنتُ أشعر برغبة صباحيّة في مشاكستك، ربّما من فرط سعادتي، وربّما لأنّني مجنون حقًّا، ولا أعرف كيف أكون سعيدًا مثل الآخرين.

قلتُ لك:

– أما قلتِ مرّة.. إنّ الناس الذين يلهموننا هم أناس توقّفنا أمامهم ذات يوم لسبب أو لآخر، وأنّهم ليسوا سوى حادثة سير. فأن أكون رسمتُكِ لا يعني شيئًا، سوى أنّني صادفتُكِ يومًا في طريقي لا غير!

صحتِ:

– ألأنتَ أحمق؟ تريد أن تقنع عمّي وتقنع الآخرين بأنّك رسمتَني بعدما صادفتني مرّة على رصيف، واقفة مثلًا أمام ضوء أحمر.. إنّنا لا نرسم سوى ما يثيرنا.. أو ما نحبّه.. هذا معروف!

أتراكِ كنت تستدرجينني إلى ذلك الاعتراف، وتدورين حوله، أم كنتِ من الحماقة لتصدّقي زعمي بأنّني لا أدري ذلك. لكنّني وجدتُ في تلك الفرصة الصباحيّة، وفي ذلك الخيط الهاتفي الذي كان يفصلني ويقرّبني منك في آن واحد.. مناسَبة لمصارحتكِ.

قلتُ:

– لنفترض إذن أنّني أحبّك!

كنتُ أنتظر وقع تلك الكلمات عليك، وأتوقّع عدّة أجوبة لكلامي.

ولكنّكِ قلتِ بعد لحظة صمت:

– ولنفترض إذن.. أنّني لم أسمع!

أدهشتِني..

لم أفهم تمامًا إذا كنت تجدين ذلك «التصريح» أقلّ أو أكثر ممّا توقّعتِ، أم كنتِ كعادتك تتلاعبين بالكلمات بمتعة مدهشة، وأنت تدرين أنّك تلعبين بأعصابي لا غير، وتقذفينني من سؤال.. إلى تساؤل آخر.

– أين نلتقي؟

كان هذا هو السؤال الأهمّ الذي قرّرنا أن نجيب عنه بجدّيّة. تناقشنا طويلًا في عنوان مكان آمن يمكن أن نشرب فيه قهوة، أو نتناول فيه وجبة الغداء معًا.

ولكن باريس ضاقت بنا.

كنتِ لا تعرفين غير الأماكن التي يرتادها الطلبة. وكنتُ لا أرتاد غير المقاهي القريبة من حيّي. قرّرنا أن نلتقي في أحد المقاهي المجاورة لبيتي والتي تقدّم وجبات غداء.

وكنت أقترف إحدى حماقاتي الكبرى.

لم أكن أعرف وقتها أنّني أختار عنوانًا لذاكرتي مجاورًا تمامًا لعنوان بيتي، وأنّني بذلك سأمنح الذكريات إمكانية مطاردتي.

لم أعد أذكر الآن، كيف أصبح ذلك المقهى العنوان الدائم لجنوننا، وكيف أصبح تدريجًا يشبهنا، بعدما تعوّد أن يختار لنا زاوية جديدة كلّ مرّة، تتلاءم مع مزاجنا المتقلّب، خلال شهرين من السعادة المسروقة..

كنّا نلتقي هناك في أوقات مختلفة من النهار، حسب ساعات دراستك وبرنامج أعمالي.

تعوّدتُ أن تطلبيني هاتفيًا كلّ صباح في الساعة التاسعة، وأنتِ في طريقك إلى الجامعة. ونتّفق كلّ صباح على برنامج ذلك اليوم، الذي لم يعد لنا فيه في النهاية من برنامج سوانا.

كنتُ أتدحرج يومًا بعد آخر نحو هاوية حبّك، أصطدم بالحجارة والصخور، وكلِّ ما في طريقي من مستحيلات. ولكنَّني كنت أحبّك. ولا أنتبه إلى آثار الجراح على قدمي، ولا إلى آثار الخدوش على ضميري الذي كان قبلك إناء بلّور لا يقبل الخدش. وكنت أواصـل نزولي معك بسرعة مذهلة نحو أبعـد نقطة في العشق الجنوني.

وكنت أشعر بأنَّني غير مذنب في حبّك. على الأقلّ حتَّى تلك الفترة التي كنت مكتفيًا فيها بحبّك، بعدما أقنعت نفسي بأنَّني لا أسيء إلى أحد بهذا الحبّ.

وقتها لم أكن أجرؤ على أن أحلم بأكثر من هذا. كانت تكفيني تلك العاطفة الجارفة التي تعبرني لأوَّل مرّة، بسعادتها المتطرّفة أحيانًا، وحزنها المتطرّف أحيانًا أخرى.

كان يكفيني الحبّ.

متى بدأ جنوني بك؟

يحدث أن أبحث عن ذلك التاريخ وأتساءل.. ترى أفي ذلك اليوم الذي رأيتُك فيه أوَّل مرّة؟ أم في ذلك اليوم الذي انفردتُ بكِ فيه أوَّل مرّة؟ أم في ذلك اليوم الذي قرأتُك فيه أوَّل مرّة؟

أم ترى يوم وقفت بعد عمر من الغربة، لأرسم فيه قسنطينة.. كما لأوَّل مرّة!

ترى يوم ضحكتِ أم يوم بكيتِ.

أعندما تحدَّثتِ.. أم عندما صمتِّ.

أعندما أصبحتِ ابنتي.. أم لحظة توهَّمتُ أنَّك أمِّي؟!

أيّ امرأةٍ فيك هي التي أوقعتني؟

كنتُ معك في دهشة دائمة. فقد كنتِ شبيهة بتلك الدمية الروسيّة الخشبيّة التي تخفي داخلها دمية أخرى. وهذه تخفي دمية أصغر، وهكذا تكون سبع دمى داخل واحدة!

كنت كلَّ مرّة أُفاجَأ بامرأة أخرى داخلك. وإذا بكِ تأخذين في بضعة أيّام ملامح كلّ النساء. وإذا بي مُحاطٌ بأكثر من امرأة، يتناوبن عليّ في حضورك وفي غيابك، فأقع في حبّهنّ جميعًا.

أكان يمكنني إذن أن أحبّك بطريقة واحدة؟

لم تكوني امرأة.. كنت مدينة.

مدينة بنساء متناقضات، مختلفات في أعمارهنَّ وفي ملامحهنَّ؛ في ثيابهنَّ وفي عطرهنَّ؛ في خجلهنَّ وفي جرأتهنَّ؛ نساء من قبل جيل أمّي إلى أيّامك أنتِ.

نساء كلّهنّ أنتِ.

عرفتُ ذلك بعد فوات الأوان، بعدما ابتلعتِني كما تبتلع المدن المُغلَقة أولادها.

كنتُ أشهد تحوّلكِ التدريجي إلى مدينة تسكنني منذ الأزل..

كنتُ أشهد تغيّركِ المفاجئ، وأنت تأخذين يومًا بعد يوم ملامح قسنطينة، تلبسين تضاريسها، تسكنين كهوفها وذاكرتها ومغاراتها السرّيّة، تزورين أولياءها، تتعطّرين ببخورها، ترتدين قندورة عنّابي من القطيفة، في لون ثياب «امّا»، تمشين وتعودين على جسورها، فأكاد أسمع وقع خلخالك الذهبي يرنّ في كهوف الذاكرة.

أكاد ألمح آثار الحنّاء على كعبَيْ قدميك المهيّأتين للأعياد.

وكنت أنا أستعيد لهجتي القديمة معك. كنت ألفظ التاء «تساء» على الطريقة القسنطينيّة.

كنت أناديك مدلَّلًا «يالّا» كما لم يعد الرجال ينادون النساء في قسنطينة.

كنت أناديك بحنين «يا أميمة»، بذلك النداء الـذي ورثَته قسنطينة دون غيرها، عن أهل قريش منذ عصور.

وكنت، كنت عندما يجرّدني عشقك من سلاحي الأخير، أعترف لك مهزومًا على طريقة عشّاقنا «نشتيك.. يعن بُوزَيْنِك!».

تلك الكلمة التي كان أصلها «أشتهيك» والتي اختصروها منذ زمان لتخفي معناها الأصلي، وتتحوّل إلى كلمة ودّ لا غير.

فقسنطينة مدينة منافقة، لا تعترف بالشهوة ولا تجيز الشوق؛ بل تأخذ خلسة كلّ شيء، حرصًا على صيتها، كما تفعل المدن العريقة. ولذا فهي تبارك مع أوليائها الصالحين.. الزناة أيضًا.. والسرّاق!

ولم أكن سارقًا، ولا كنت وليًّا، ولا شيخًا يدّعي البركات، لتباركني قسنطينة.

كنت فقط رجلًا عاشقًا، أَحبّك بجنون رسّام؛ بتطرّف رسام وحماقته، خلقَكِ هكذا كما يخلق الجاهليّون آلهتهم بأيديهم، ثمّ يجلسون لعبادتها، وتقديم القرابين لها.

وربَّما كان هذا أكثر ما كنت تحبّينه في حبّي!

ذات يوم قلتِ لي:

– كنت أحلم أن يحبّني رسّام. قرأت عن الرسّامين قصصًا مدهشة. إنّهم الأكثر جنونًا بين كلّ المبدعين. إنَّ جنونهم متطرّف.. مفاجئ ومخيف. لا يشبه في شيء ما يُقال عن الشعراء مثلًا أو عن الموسيقيّين. لقد قرأت حياة فان غوغ.. دولاكروا.. غوغان.. دالي.. سيزان.. بيكاسو وآخرين كثيرين لم يبلغوا هذه الشهرة. أنا لا أتعب من قراءة سيرة الرسّامين.

في الواقع شهرتهم لا تعنيني بقدر ما يعنيني تقلّبهم وتطرّفهم. تهمّني تلك اللحظة الفاصلة بين الإبداع والجنون. عندما يعلنون فجأة خروجهم عن المنطق واحتقارهم له. وحدها تلك اللحظة تستحقّ التأمّل والانبهار أحيانًا، فهم يفعلون ذلك لمجرّد تحدّينا وتعجيزنا بلوحة ليست سوى حياتهم.

هنالك مبدعون، يكتفون بوضع عبقريّتهم في إنتاجهم. وهنالك آخرون، يصرّون على توقيع حياتهم أيضًا، بنفس العبقريّة، فيتركون لنا سيرة فريدة، غير قابلة للتكرار أو التزوير..

أعتقد أنّ مثل هذا الجنون ينفرد به الرسّامون. ولا أظنّ أنّ شاعرًا يمكن أن يصل إلى ما وصل إليه فان غوغ مثلًا في لحظة يأس واحتقار للعالم، عندما قطع أذنه ليهديها إلى غانية..

أو ما فعله ذلك الرسّام المجهول الذي لم أعد أذكر اسمه، والذي شنق نفسه، بعدما علّق في سقف غرفته، لوحة المرأة التي أحبّها والتي قضى أيّامًا في رسمها. وهكذا توحّد معها على طريقته.. ووقّع لوحته وحياته معًا مرّة واحدة.

قلتُ:

– إنّ ما يعجبك في النهاية، هو قدرة الرسّامين الخارقة على تعذيب أنفسهم، أو على التمثيل بها.. أليس كذلك؟

أجبتِ:

– لا.. ولكن هنالك لعنة تلاحق الرسّامين دون غيرهم؛ وهنالك جدليّة لا تنطبق إلّا عليهم. فكلّما زاد عذابهم وجوعهم وجنونهم، زاد ثمن لوحاتهم. حتّى إنّ موتهم يوصلها إلى أسعار خياليّة، وكأنّ عليهم أن ينسحبوا لتحلّ هي مكانهم.

لم أناقشك في رأيك.

رحت أستمع إليك وأنت تردّدين كلامًا أعرفه، ولكن فاجأني أن يأتي منك.

لم أتساءل يومها، إن كنت تحبّينني لاحتمال جنوني، أو لشيء آخر، ولا إن كانت نيّتك اللّاشعوريّة تحويلي إلى لوحة ثمينة أدفع ثمنها من حطامي.

هل سيزيد عذابي حقًّا من قيمة أيّ لوحة سأرسمها كيفما كان، تحت تأثير جوعي أو نوبة جنوني؟

اكتفيت بالتساؤل.. أين يبدأ الفنّ ترى؟.. وأين تبدأ النزعة الساديّة عند الآخرين؟

كنت أعتقد أنّ هذه الجدليّة لا علاقة لها بالإبداع ولا بالفنّ، بل بطبع الإنسان لا أكثر.

نحن ساديّون بفطرتنا. يحلو لنا أن نسمع عذابات الآخرين، ونعتقد، عن أنانيّة، أنّ الفنّان مسيح آخر جاء ليُصلَب مكاننا.

عذابه يحزننا ويسعدنا في آن واحد. قصّته قد تبكينا، ولكنّها لن تمنعنا من النوم، ولن تدفعنا إلى إطعام فنّان آخر، يموت جوعًا أو قهرًا أمامنا. بل إنّنا نجد من الطبيعي أن تتحوّل جراح الآخرين إلى قصيدة نغنّيها، أو لوحة نحتفظ بها، وقد نتاجر بها، للسبب نفسه.

فهل الجنون قُصِر حقًّا على الرسّامين دون غيرهم؟

أليس هو قاسمًا مشتركًا بين كلِّ المبدعين، وكلِّ المسكونين بهذه الرغبة المرضيّة في الخلق؟

فالذي يخلق لا يمكن بحكم منطق الإبداع نفسه، أن يكون إنسانًا عاديًّا، بأطوار عاديّة وبحزن وفرح عاديّ. بمقاييس عاديّة للكسب والخسارة.. للسعادة والتعاسة.

إنّه إنسان متقلّب، مفاجئ، لن يفهمه أحد ولن يجد أحد مبرّرًا لسلوكه.

كان ذلك أوّل يوم حدّثتك فيه عن زياد.

قلتُ:

- لقد عرفت شاعرًا فلسطينيًا كان يدرّس في الجزائر. كان سعيدًا بحزنه وبوحدته؛ مكتفيًا بدخله البسيط كأستاذ للأدب العربي، وبغرفته الجامعيّة الصغيرة، وبديوانين شعريّين. حتّى ذلك اليوم الذي تحسّنت فيه أحواله المادّية، وحصل على شقّة وكان على وشك الزواج بإحدى طالباته التي أحبّها بجنون، والتي قبِل أهلها أخيرًا تزويجها منه.

قرّر فجأة أن يتخلّى عن كلِّ شيء، ويعود إلى بيروت ليلتحق بالعمل الفدائي..

عبثًا حاولت إقناعه بالبقاء. لم أكن أفهم حماقته تلك، وإصراره على الرحيل عندما أوشك أخيرًا أن يحقّق أحلامه. وكان يجيب ساخرًا «أيّ أحلام.. أنا لا أريد أن أقتل داخلي ذلك الفلسطيني المشرّد.. فعندها لن يكون لأيّ شيء أمتلكه من قيمة..».

ويضيف وهو ينفث دخانه على مهل وكأنّه يختفي خلفه كي يبوح لي بسرٍّ: «ثمّ.. لا أريد أن أنتمي لامرأة.. أو إذا شئت لا أريد أن أقيم فيها.. أخاف السعادة عندما تصبح إقامة جبريّة. هنالك سجون لم تخلق للشعراء..».

وكانت الفتاة التي أحبّته تزورني راجية أن أقنعه بالبقاء، وأنّه مجنون ذاهب إلى الموت وإلى حتفه المؤكّد. ولكن عبثًا، لم تكن هناك حجّة واحدة لإغرائه بالبقاء.. بل إنّه في تطرّفه المفاجئ، أصبح يجد في حججي ما يزيدهُ إغراءً بالرحيل.

أذكر أنّه قال لي يومها بشيء من السخرية، وكأنّه يعطيني درسًا في الحياة:

«هناك عظمة ما، في أن نغادر المكان ونحن في قمّة نجاحنا. إنّه الفرق بين عامّة الناس.. والرجال الاستثنائيّين!».

سألتكِ إن كنت تعتقدين أنَّ شاعرًا كهذا، هو أقلّ جنونًا من رسّام قطع أذنه؟

لقد استبدل براحته شقاءً لم يكن مرغمًا عليه. واستبدل بحياته موتًا، دون أن يكون مجبرًا عليه.

لقد أراد أن يذهب إلى الموت مكابرًا، لا مهزومًا ومُكرَهًا. إنَّها طريقته في أن يهزم مسبقًا شيئًا لا يُهزم، وهو الموت.

سألتِني بلهفة:

— هل مات؟

قلتُ لك:

— لا.. إنّه لم يمت.. أو على الأقلّ ما زال على قيد الحياة حتّى تاريخ بطاقته الأخيرة التي بعث إليّ بها في رأس السنة، أي منذ ستّة أشهر تقريبًا.

ساد بيننا شيء من الصمت، وكأنّ أفكارنا معًا ذهبت إليه..

قلتُ لك:

— أتدرين أنّه كان سببًا غير مباشر في مغادرتي الجزائر؟ معه تعلّمت أنّه لا يمكن أن نتصالح مع كلِّ الأشخاص الذين يسكنوننا، وأنّه لا بدّ من أن نضحّي بأحدهم ليعيش الآخر. وأمام هذا الاختبار فقط نكتشف طينتنا الأولى، لأنّنا ننحاز تلقائيًّا إلى ما نعتقد أنّه الأهمّ.. وأنّه نحن لا غير.

قلتِ وأنتِ تقاطعينني:

- صحيح.. نسيت أن أسألك لماذا جئت إلى فرنسا؟

أجبتُك وتنهيدة تسبقني، وكأنّها تفتح أبواب صدر أوصَدَته الخيبات:

- قد لا تقنعك أسبابي.. ولكنّني مثل ذلك الصديق، أكره الجلوس على القمم التي يسهل السقوط منها. وأكره خاصّة أن يحوّلني مجرّد كرسيّ أجلس عليه إلى شخص آخر لا يشبهني.

لقد كنت بعد الاستقلال أهرب من المناصب السياسيّة التي عُرضَت عليّ، والتي كان الجميع يلهثون للوصول إليها.

كنت أحلم بمنصب في الظلّ يمكن أن أقوم فيه بشيء من التغيّرات دون كثير من الضجيج ودون كثير من المتاعب. ولذا، عندما عُيّنت مسؤولًا عن النشر والمطبوعات في الجزائر، شعرت بأنّني خُلِقت لذلك المنصب. فقد قضيت كلّ سنوات إقامتي في تونس في تعلّم العربيّة والتعمّق فيها، وتجاوز عقدتي القديمة كجزائري لا يتقن بالدرجة الأولى سوى الفرنسيّة. وأصبحت، في بضع سنوات، مزدوج الثقافة، لا أنام قبل أن أبتلع وجبتي من القراءة بإحدى اللّغتين.

كنت أعيش بالكتب ومع الكتب، حتّى إنّني كدت في فترة ما أنتقل من الرسم إلى الكتابة، وخاصّة أنّ الرسم كان في نظر البعض آنذاك، شبيهًا بالشذوذ الثقافي، وعلامة من علامات الترف الفنّي، التي لا علاقة بها بظروف التحرير.

عندما عدت إلى الجزائر بعدها، كنت ممتلئًا بالكلمات.

ولأنَّ الكلمات ليست محايدة، فقد كنت ممتلئًا كذلك بالمثل والقيم، وبالرغبة في تغيير العقليّات والقيام بثورة داخل العقل الجزائري الذي لم تغيّر فيه الهزّات التاريخيّة شيئًا.

ولم يكن الوقت مناسبًا لحلمي الكبير الذي لا أريد أن أسمّيه «الثورة الثقافيّة». بعدها لم تعد هاتان الكلمتان مجتمعتين أو متفرّقتين تعنيان شيئًا عندنا.

كانت هناك أخطاء كبرى تُرتكب عن حسن نيّة. فلقد بدأت التغيّرات بالمصانع، والقرى الفلّاحيّة والمباني والمنشآت الضخمة، وتُرِك الإنسان إلى الأخير.

فكيف يمكن إنسانًا بائسًا فارغًا، وغارقًا في مشكلات يوميّة تافهة، ذا عقليّة متخلِّفة عن العالم بعشرات السنين، أن يبني وطنًا، أو يقوم بأيّ ثورة صناعيّة أو زراعيّة، أو أيّ ثورة أخرى؟

لقد بدأت كلّ الثورات الصناعيّة في العالم من الإنسان نفسه، ولذا أصبح اليابان يابانًا وأصبحت أوروبا ما هي عليه اليوم.

وحدهم العرب راحوا يبنون المباني ويسمّون الجدران ثورة. ويأخذون الأرض من هذا ويعطونها لذاك، ويسمّون هذا ثورة.

الثورة هي عندما لا نكون في حاجة إلى أن نستورد حتَّى أكلنا من الخارج.. الثورة هي عندما يصل المواطن إلى مستوى الآلة التي يسيّرها.

كان صوتي يأخذ فجأة نبرة جديدة، فيها كثير من المرارة والخيبة التي تراكمت منذ سنين. وكنت تنظرين إليَّ بشيء من الدهشة ربّما من الإعجاب الصامت، وأنا أحدّثك لأوّل مرة عن شجوني السياسيّة.

سألتِني:

– ألهذا جئت إلى فرنسا إذن؟

قلتُ:

– لا.. ولكنَّني جئت ربّما بسبب أوضاع هي نتيجة أخطاءٍ كهذه، لأنّني ذات يوم قرّرت أن أخرج من الرداءة، من تلك الكتب

الساذجة التي كنت مضطرًا إلى قراءتها ونشرها باسم الأدب والثقافة، ليلتهمها شعب جائع إلى العلم.

كنت أشعر بأنّني أبيعه معلّبات فاسدة مرّ وقت استهلاكها. كنت أشعر بأنّني مسؤول بطريقة أو بأخرى عن تدهور صحّته الفكريّة، وأنا ألقّنه الأكاذيب بعدما تحوّلت من مثقّف إلى شرطيّ حقير، يتجسّس على الحروف والنقاط، ليحذف كلمة هنا وأخرى هناك.. فقد كنت أتحمّل وحدي مسؤوليّة ما يكتبه الآخرون.

كنت أشعر بالخجل وأنا أدعو أحدهم إلى مكتبي لإقناعه بحذف فكرة أو رأي كنت أشاركه فيه.

ذات يوم، زارني زياد.. ذلك الشاعر الفلسطيني الذي حدّثتك عنه، والذي لم أكن التقيتُه من قبل.

وكنت قد اتّصلت به لأطلب منه حذف أو تغيير بعض الكلمات التي جاءت في ديوانه، والتي كانت تبدو لي قاسية تجاه بعض الأنظمة.. وبعض الحكّام العرب بالذات، الذين كان يشير إليهم بتلميح واضح، ناعتًا إيّاهم بكلِّ الألقاب.

لم أنسَ قطّ نظرته ذلك اليوم.

توقّفت عيناه عند ذراعي المبتورة لحظة، ثمّ رفع عينيه نحوي في نظرة مهينة وقال:

«لا تبتر قصائدي سيّدي.. ردّ لي ديواني، سأنشره في بيروت».

شعرت بأنّ الدم الجزائري يستيقظ في عروقي، وأنّني على وشك أن أنهض من مكاني لأصفعه، ثمّ هدّأت من روعي، وحاولت أن أتجاهل نظرته وكلماته الاستفزازيّة.

ما الذي شفع له عندي في تلك اللحظة؟

ترى هويّته الفلسطينيّة، أم تلك الشجاعة التي لم يواجهني بها كاتب قبله، أم ترى عبقريّته الشعريّة؟ فقد كان ديوانه أروع ما قرأت من الشعر في ذلك الزمن الرديء. وكنت أؤمن في أعماقي بأنّ الشعراء كالأنبياء هم دائمًا على حقّ.

تلقَّيت كلماته كصفعة أعادَتني إلى الواقع، وأيقظَتني بخجل. لقد كان ذلك الشاعر على حقّ، كيف لم أكتشف أنّني لم أكن أفعل شيئًا منذ سنوات سوى تحويل ما يوضع أمامي من إنتاج إلى نسخة مبتورة مشوّهة مثلي؟

قلت له متحدِّيًا، وأنا ألقي نظرة غائبة على غلاف تلك المخطوطة: «سأنشر لك حرفيًّا».

كان في موقفي شيء من «الرجولة»، تلك الرجولة أو الشجاعة التي لا يمكن موظّفًا مهما كان منصبه أن يتحلّى بها، دون أن يغامر بوظيفته، لأنَّ الموظَّف في النهاية هو رجل استبدل برجولته كرسيًّا! سبّب لي ديوانه عند صدوره بعض المتاعب. شعرت أنّ هناك من الزيف ما لم أعُد أتحمّله.

ما الذي يمنعني من فضح أنظمة دمويّة قذرة، ما زلنا باسم الصمود ووحدة الصفّ، نصمت على جرائمها؟ ولماذا من حقّنا أن ننتقد أنظمة دون أخرى حسب النشرات الجويّة، والرياح التي يركبها قبطان بواخرنا؟

بدأ شيء من اليأس والمرارة يملأني تدريجًا. هل أغيّر وظيفتي لأستبدل بمشكلاتي مشاكل أخرى، وأصبح هذه المرّة طرفًا في لعبة أخرى؟

ماذا أفعل بكلّ ما كدّست وجمعت من أحلام طوال سنوات غربتي ونضالي، وماذا أفعل بسنواتي الأربعين، وبذراعي المبتورة، وبذراعي الأخرى؟

ماذا أفعل بهذا الرجل المكابر العنيد الذي يسكنني، ويرفض أن يساوم على حرّيّته، وبذلك الرجل الآخر الذي لا بدّ أن يعيش ويتعلّم الجلوس على المبادئ.. ويتأقلم مع كلّ كرسيّ.

كان لا بدّ أن أقتل أحدهما ليحيا الآخر.. وقد اخترت.

كان لقائي بزياد منعطَفًا في حياتي.

اكتشفت بعدها أنّ قصص الصداقة القويّة، كقصص الحبّ العنيفة، كثيرًا ما تبدأ بالمواجهة والاستفزاز واختبار القوى.

فلا يمكن رجلين، يتمتّع كلاهما بشخصيّة قويّة وبذكاء وحساسيّة مفرطة، رجلين حملا السلاح في فترات من حياتهما.. وتعوّدا لغة العنف والمواجهة، أن يلتقيا دون تصادم.

وكان لا بدّ لنا من ذلك الاصطدام الأوّل.. وذلك التحدّي المتبادل لنفهم أنّنا من طينة واحدة.

بعدها أصبح زياد تدريجًا صديقي الوحيد الذي أرتاح إليه حقًّا.

كنّا نلتقي عدّة مرّات في الأسبوع، نسهر ونسكر معًا، نتحدّث طويلًا عن السياسة، وكثيرًا عن الفنّ، نشتم الجميع ونفترق سعيدين بجنوننا.

كنّا في عام 1973. كان عمره ثلاثين سنة، وديوانين، ما يقارب ستّين قصيدة، وما يعادلها من الأحلام المُبعثَرة.

وكان عمري بعض اللوحات، قليلًا من الفرح وكثيرًا ومن الخيبات، وكرسيّين أو ثلاثة، تنقّلت بينها منذ الاستقلال، بشيء من الوجاهة، بسائق وسيّارة.. وبمذاق غامض للمرارة.

ذات يوم، رحل زياد بعد حرب أكتوبر بشهرين أو ثلاثة. عاد إلى بيروت لينضمّ إلى الجبهة الشعبيّة التي كان منخرطًا فيها قبل قدومه إلى الجزائر.

ترك لي كلّ كتبه المفضّلة التي كان ينقلها من بلد إلى آخر. ترك لي فلسفته في الحياة، وشيئًا من الذكريات، وتلك الصديقة التي كانت تزورني أحيانًا لتسأل عن أخباره، تلك التي كان يرفض أن يكتب لها، وكانت ترفض أن تنساه.

قلتِ وأنتِ تخرجين من صمتك الطويل:

– ولماذا لم يكتب لها؟

قلتُ:

– ربّما لأنّه كان يكره التحرّش بالماضي.. وربّما كان يريد أن تنساه وتتزوّج بسرعة، كان يريد لها قدرًا آخر غير قدره.

سألتِني:

– وهل تزوّجَت؟

قلتُ:

– لا أدري.. لقد فقدتُ أخبارها منذ عدّة سنوات، من الأرجح أن تكون تزوّجت. لقد كانت على قدر كبير من الجمال. ولكن لا أعتقد أن تكون نسيته، من الصعب على امرأة عرفت رجلًا مثل زياد أن تنساه..

شعرتُ في تلك اللحظة، بأنّكِ ذهبت بعيدًا في أفكارك.

تراكِ كنت بدأتِ تحلمين به؟

تراني بدأت يومها باقتراف حماقاتي، الواحدة تلو الأخرى، وأنا أردّ بعد ذلك على أسئلتك الكثيرة حوله، بأجوبة تثير فيك فضول الأنثى والكاتبة في آن واحد؟

حدَّثتُك عن قصائده كثيرًا، وعن ديوانه الأخير، الذي كتب قصائده كما يطلق بعضهم الرصاص في الأعراس والمآتم ليشيّعوا حبيبًا أو قريبًا.

كان هو يشيِّع صديقًا قديمًا اسمه الشعر، ويقسم أنّه لن يكتب بعد اليوم سوى بسلاحه.

في الواقع، لم يكن ذلك الرجل يكتب. كان فقط يفرغ رشَّاشه المحشوّ غضبًا وثورة في وجه الكلمات.

كان يطلق الرصاص على كلّ شيء حوله.. بعدما لم يعد يثق بشيء! آخ.. كم كان زياد مدهشًا!

لا بدّ أن أعترف اليوم أيضًا بأنّه كان مدهشًا حقًّا، وأنَّني كنت أحمق. كان لا بدّ أن أحدِّثك عنه وأنا أتوهّم أنَّ الجبال لا تلتقي.. لماذا كنت أحدِّثك عنه بتلك الحماسة، وبتلك الشاعريّة؟

أكنت أريد أن أتقرَّب إليك به، وأقنعك من خلاله بأنَّ لي قرابة سابقة بالكتَّاب والشعراء، فأكبر بذلك في عينيك؟

أم كنت أصفُه لك في صورته الأجمل، لأنَّني كنت أعتقد حتَّى ذلك اليوم أنَّني أشبهه، وأنَّني كنت أصف لك نفسي لا غير.. ربَّما كان كلّ هذا حقًّا.. ولكن..

كنت أريد أيضًا، أن تكتشفي العروبة في رجال استثنائيّين، كما لم تنجب هذه الأمّة.

رجال وُلدوا في مدن عربيّة مختلفة، ينتمون إلى أجيال مختلفة، واتّجاهات سياسيّة مختلفة، ولكنّهم جميعًا لهم قرابة ما بأبيك.. بوفائه وشهامته، بكبريائه، وعروبته..

جميعهم ماتوا أو سيموتون من أجل هذه الأمّة.

كنت لا أريد أن تنغلقي في قوقعة الوطن الصغير، وأن تتحوَّلي إلى منقِّبة للآثار والذكريات، في مساحة مدينة واحدة.

فكلّ مدينة عربيّة اسمها قسنطينة. وكلّ عربي ترك خلفه كلّ شيء وذهب ليموت من أجل قضيّة، كان يمكن أن يكون اسمه الطاهر..

وكان يمكن أن تكون لك قرابة به.

كنت أريد أن تملئي رواياتك بأبطال آخرين أكثر واقعيّة، أبطال تخرجين معهم من مراهقتك السياسيّة، ومراهقتك العاطفيّة.

ألم أقل لك ذلك اليوم – بحماقة – «لو عرفتِ رجالاً مثل زياد.. لما أحببت بعد اليوم «زوربا»، ولما كنت في حاجة إلى خلق أبطال وهميّين. هنالك في هذه الأُمّة أبطال جاهزون يفوقون خيال الكتّاب..».

لم أكن أتوقَّع يومها أن يحصل كلّ الذي حصل، وأن أكون أنا الذي سيتحوَّل ذات يوم إلى منقِّب يبحث بين سطورك عن آثار زياد، ويتساءل من منّا أحببتِ أكثر، ولمن بنيتِ ضريحك الأخير، وروايتك الأخيرة..

أليَّ.. أم له؟

في ذلك اليوم، وضعتِ فجأة قبلة على خدّي. وقلتِ بلهجة جزائريّة ونحن على وشك أن ننهض للذهاب:

«خالد.. انحبّك..»

توقَّف كلّ شيء لحظتها حولي، وتوقَّف عمري على شفتيك. وكان يمكن وقتها أن أحتضنك، أو أقبّلك.. أو أردّ عليك بألف.. ألف أحبّك أخرى.

ولكنّي جلست من دهشتي، وطلبت من النادل قهوة أخرى، وقلت لك أوّل جملة خطرت آنذاك في ذهني:

«لماذا اليوم بالذات؟»

أجبتني بصوت خافت:

‎- لأنّني اليوم أحترمك أكثر. إنّها أوّل مرّة منذ ثلاثة أشهر تحدّثني فيها عن نفسك. اكتشفت اليوم أشياء مدهشة. لم أكن أتصوّر أنّك حضرت إلى باريس لهذه الأسباب. عادة يأتي الفنّانون هنا

بحثًا عن الشهرة أو الكسب لا أكثر. لم أتوقّع أن تكون تخلّيت عن كلّ شيء هناك، لكي تبدأ من الصفر هنا..

قاطعتكِ مصحِّحًا لكلامك:

ـ لم أبدأ من الصفر.. نحن لا نبدأ من الصفر أبدًا عندما نسلك طريقًا جديدًا. إنّنا نبدأ من أنفسنا فقط. أنا بدأت من قناعاتي.

شعرت يومها بأنّنا ندخل مرحلة أخرى من علاقتنا، وأنّكِ عجينة تأخذ فجأة شكل قناعاتي، وشكل طموحاتي وأحلامي المقبلة.

تذكّرت جملة قرأتها يومًا في كتاب عن الرسم لأحد النقّاد تقول: «إنّ الرسّام لا يقدّم لنا من خلال لوحته صورة شخصيّة عن نفسه. إنّه يقدّم لنا فقط مشروعًا عن نفسه ويكشف لنا الخطوط العريضة لملامحه القادمة».

وكنتِ أنتِ مشروعي القادم.

كنت ملامحي القادمة، ومدينتي القادمة. كنت أريدك الأجمل، أريدك الأروع.

كنت أريد لك وجهًا آخر، ليس وجهي تمامًا، وقلبًا آخر، ليس قلبي، وبصمات أخرى، لا علاقة لها بما تركه الزمن على جسدي وروحي من بصمات زرقاء.

يومها، عرضتُ عليك بعد شيء من التردّد أن تزوري ذات يوم مرسمي، لأريكِ ما رسمته في الأيّام الأخيرة.

وكنت سعيدًا أن تقبلي عرضي دون تردّد أو خوف. فقد كنت أحرص على ألّا تسيئي الظنّ بي. وكنت قرّرت أن أسحب ذلك العرض نهائيًا إذا ما ضايقك.

ولكنّكِ فاجأتِني وأنت تصيحين بفرح طفلة عُرضت عليها زيارة مدينة الألعاب:

– أو.. رائع يسعدني حقًّا أن أزوره!

في اليوم التالي، طلبتني هاتفيًّا لتخبريني أنّ عندك ساعتين وقت الظهر، يمكنك أن تزوريني خلالهما.

وضعتُ السمّاعة.. ورحت أحلم، أسبق الساعات، وأسبق الزمن.

أنتِ في بيتي.. أحقًّا سيحدث هذا؟

أحقًّا ستدقِّين جرس هذا الباب، ستجلسين على هذه الأريكة، ستمشين هنا أمامي.

أنتِ.. أخيرًا أنتِ؟

أخيرًا سأجلس إلى جوارك، لا مقابلك. أخيرًا لن يلاحقنا نادل بطلباته وخدماته. لن تلاحقنا عيون روّاد المقهى، ولا عيون الغرباء من المارّة.

أخيرًا يمكننا أن نتحدّث، أن نحزن ونفرح، دون أن يكون هناك شاهِدٌ على تقلّباتنا النفسيّة.

رحت من فرحي أشرع الباب لك مسبقًا، وأنا أجهل أنّني أشرع قلبي للعواطف والزوابع.

أيّ جنون كان.. أن آتي بك إلى هنا، أن أفتح لك عالمي السرّيّ الآخر، أن أحوّلك إلى جزء من هذا البيت.

هذا البيت الذي أصبح جنّتي في انتظارك، والذي قد يصبح جحيمي بعدك.

أكنتُ عندئذٍ أعي كلّ هذا؟ أم كنت سعيدًا وأحمق كأيّ عاشقٍ لا يرى أبعد من موعده القادم؟

تساءلت بعدها.. إن كنت حقًّا لا أريد غير إطلاعك على لوحتي الأخيرة.. وعلى حديقتي السرّيّة للجنون.

تذكّرت كاترين، وتلك اللّوحة التي رسمتها لها اعتذارًا لأنّني ذات يوم، كنت عاجزًا عن أن أرسم شيئًا آخر غير وجهها، بينما كان

الآخرون يتسابقون في رسم جسدها العاري، المعروض للوحي في قاعة للفنون الجميلة.

تذكّرت يوم عرضتُ عليها أن تزورني لأريها تلك اللّوحة..

لم أتوقّع أن تكون تلك اللّوحة البريئة، سببًا بعد ذلك في علاقة غير بريئة دامت سنتين.

أليس في دعوتي لك لزيارة مرسمي، شيء من قلّة التعقّل، ورغبة سرّيّة في استدراج الظروف لأشياء أخرى؟

تراني كنت أفعل ذلك، وأنا أستعيد جملة كاترين، وهي تستسلم لي في ذلك المرسم، وسط فوضى اللّوحات المرسومة، واللوحات البيضاء المتّكئة على الجدران، وتقول لي بإشارة متعمّدة:

ــ هذا مكان يغري بالحبّ..

فأجيبها بشيء من الواقعيّة:

ــ لم أكن أعرف هذا قبل اليوم..

فهل كان مرسمي يغري بالحبّ؟ أم أنَّ في كلّ مكان للخلق جاذبيّةً ما تغري بالجنون؟

ولكن، برغم هذا كنت أدري أنّك لم تكوني كاترين.. ولن تكونيها. فبيننا من الحواجز ما لن يحطّمه أيّ جنون..

اليوم، بعد ستّ سنوات على تلك الزيارة، أستعيد ذلك اليوم، وكأنّني أعيشه مرّة أخرى، بكلِّ هزّاته النفسيّة المتقلّبة.

ها أنت تدخلين في فستان أبيض (لماذا أبيض؟)، يسبقك عطرك إلى الطابق العاشر. يسبقك القلب إلى المصعد ويهرول أمامك.

وتتلعثم الكلمات التي ترحّب بك بالفرنسيّة (لماذا بالفرنسيّة؟).

ها أنا أكاد أضع قبلة على خدّك.. وإذا بي أصافحك (لماذا أصافحك؟).

أسألك هل وجدت البيت بسهولة فتأتي الكلمات بالفرنسيَّة (لماذا أيضًا بالفرنسيَّة؟).

تراني كنت أبحث عن حرِّيَّة أو جرأة أكثر، داخل تلك اللّغة الغريبة عن تقاليدي وحواجزي النفسيّة؟

على تلك الأريكة جلستِ.

قلتِ وأنتِ تلقين نظرة عامّة على غرفة الجلوس:

– لم أكن أتصوَّر بيتك هكذا. إنَّه رائع ومؤثِّث بكثير من الذوق!

سألتُكِ:

– كيف كنتِ تتصوَّرينه إذن؟

أجبتِني:

– بفوضى.. وبأشياء أكثر.

قلتُ لك ضاحكًا:

– لست في حاجة إلى أن أسكن شقّة مغبرّة، بأشياء كثيرة مبعثرة لأكون فنّانًا. إنَّها فكرة أخرى خاطئة عن الرسّامين. أنا مسكون بالفوضى، ولكنَّني لا أسكنها بالضرورة. إنَّها طريقتي الوحيدة، في وضع شيء من الترتيب داخلي.

لقد اخترتُ هذه الشقّة الشاهقة، لأنَّ الضوء يؤثِّثها وهو كلّ ما يلزم الرسّام، فاللّوحة مساحة لا تؤثَّث بالفوضى بل بالضوء ولعبة الظلّ والألوان.

فتحتُ نافذتي الزجاجيّة الكبيرة، ودعوتُك للخروج إلى الشرفة. قلتُ:

– انظري هذه النافذة، إنَّها الجسر الذي يربطني بهذه المدينة. من هنا، من شرفتي، أتعامل مع سماء باريس المتقلِّبة.

كلّ صباح تقدِّم لي باريس نشرتها النفسيّة، فأجلس هنا في الشرفة لأتفرّج عليها وهي تنقلب من طور إلى آخر.

يحدث كثيرًا أن أرسم أمام هذه النافذة، ويحدث أن أجلس في الخارج لأتفرَّج على نهر السين، وهو يتحوَّل إلى إناء يطفح بدموع مدينة تحترف البكاء.

يحلو لي الجلوس هنا على حافة المطر قريبًا ومحميًا منه في آن واحد. منظر المطر يستدرجني لأحاسيس متطرِّفة.

«إنَّ الإنسان ليشعر أنَّه في عنفوان الشباب عند نزول المطر».

عندئذٍ، نظرتِ إلى السماء وكأنَّك تصلِّين لتمطر، وقلتِ بالعربيّة:
– إنَّ المطر يغريني بالكتابة.. وأنت؟

كنتُ على وشك أن أجيبك «وأنا يغريني بالحبّ».

نظرتُ طويلًا إلى السماء. كانت صافية زرقاء كسماء حزيران.

كانت زرقتها تضايقني فجأة، ربَّما لأنَّني تعوَّدت أن أراها رماديَّة. وربَّما لأنَّني تمنَّيت في سرِّي، لو أمطرَت لحظتها؛ لو تواطأت معي ورمَتك إلى صدري عصفورة مبلَّلة.

لكن، لم أقل لك شيئًا من كلِّ هذا.

نقلت نظرتي من السماء إلى عينيك.

كنت أراهما لأوَّل مرَّة في الضوء. شعرت أنَّني أتعرَّف إليهما. ارتبكت أمامهما كأوَّل مرَّة. كانتا أفتح من العادة، وربَّما أجمل من العادة.

كان فيهما شيء من العمق والسكون في آن واحد. شيء من البراءة، والمؤامرة العشقيَّة.

تراني أطلتُ النظر إليك؟ سألتِني بطريقة من يعرف الجواب مسبقًا:
– لماذا تنظر إليَّ هكذا؟

كان صوتك بالعربيّة يأتي كموسيقى عزفٍ منفرد.

وجدتُ الجواب في قصيدة، حفظت مطلعها ذات يوم:

عيناك غابتا نخيل ساعة السحَر

أو شرفتان راح ينأى عنهما القمر

سِألتِني مدهوشة:

– أتعرف شعر السيّاب أيضًا؟ عجيب!

قلتُ في جواب مزدوج:

– أعرف «أنشودة المطر».

شعرتُ أنّك ربّما أحببتِني أكثر تلك اللحظة بالذات، وكأنّني أصبحت في نظرك السيّاب أيضًا.

وككلّ مرّة أفاجئك فيها ببيت شعر، أو بمقولة ما باللّغة العربيّة، سألتِني:

– متى قرأتَ هذا؟

أجبتُك هذه المرّة:

– أنا لم أفعل شيئًا عزيزتي سوى القراءة. ثروة الآخرين تُعدّ بالأوراق النقديّة، وثروتي بعناوين الكتب. أنا رجل ثريّ كما ترين.. قرأت كلّ ما وقعت عليه يدي.. تمامًا كما نهبوا كلّ ما وقعت عليه يدهم!

بعدها، قلتِ وأنت تحدِّقين في ذلك الجسر الحجريّ الرماديّ، الذي يجري تحته نهر السين بزرقة صيفيّة استثنائيّة:

– أنت محظوظ بهذا المنظر، جميل أن تطلّ شرفتك على نهر السين، ما اسم هذا الجسر؟

قلتُ:

– إنّه جسر ميرابو. اكتشفت أخيرًا أنّ «أبولينير» قد خلّد هذا الجسر في عدّة قصائد، عثرت على بعضها منذ أيّام في ديوان له. يبدو أنّه كان مولعًا به. إنّ الشعراء مثل الرسّامين لهم عادة لا تقاوَم في

تخليد كلِّ مكان سكنوه أو عبروه بحبّ. بعضهم خلَّد ضيعة مجهولة، وآخر مقهى كتب فيه يومًا، وثالث مدينة عبرها مصادفة، وإذا به يقع في حبّها إلى الأبد.

سألتِني:

– وهل رسمتَ أنتَ هذا الجسر؟

أجبتُك متنهّدًا:

– لا.. لأنّنا لا نرسم بالضرورة ما نرى.. بل ما رأيناه يومًا ونخاف ألّا نراه بعد ذلك أبدًا. هكذا قضى دولاكروا عمره في رسم مدن مغربيَّة لم يسكنها سوى أيّام، وقضى أطلان عمره في رسم مدينة واحدة.. هي قسنطينة.

لم أكن أعي هذه الحقيقة قبل أن أقف منذ شهرين في هذه الغرفة مقابلًا لهذه النافذة، لأرسم بشيء من التوتّر الاستثنائي لوحتي الأخيرة.

كانت عيناي تريان جسر ميرابوا ونهر السين ووادي الرمال.. لا غير. وأدركت أنّنا في النهاية لا نرسم ما نسكنه.. بل ما يسكننا.

سألتِني بلهفة:

– هل يمكن أن أرى هذه اللّوحة؟

قلتُ وأنا أقودُك إلى مرسمي:

– طبعًا.

وقفتِ وسط تلك الغرفة الشاسعة الملأى باللوحات. رحتِ تنظرين إلى الجدران، وإلى ما اتّكأ من اللّوحات أرضًا، بدهشة طفل في مدينة سحريّة. ثمّ قلتِ بالانبهار نفسه:

– كم هو رائع كلّ هذا.. أتدري؟ لم يحدث أن زرتُ مرسمًا قبل اليوم..

كنتُ أودّ أن أقول لك «ولم يحدث لامرأة قبلك أن زارت هذا المرسم».

ولكن لوحة كاترين المستندة إلى الجدار ذكّرَتني بمرور امرأة أخرى من هنا. ذهب فكري عندها بعض الوقت عندما قلتِ فجأة:

– وأين هي اللوحة التي حدَّثتَني عنها؟

أخذتك إلى الطرف الآخر للقاعة، كانت اللّوحة ما تزال منتصبة على خشبات الرسم، وكأنّها تلغي بوضعها المميّز ذاك، كلّ اللّوحات الأخرى المبعثرة حولها.

هناك علاقة عشقيّة ما بين أيّ رسّام ولوحته الأخيرة. هناك تواطؤ عاطفي صامت، لن يكسره سوى دخول لوحة عذراء أخرى إلى دائرة الضوء.

فالرسّام مثل الكاتب لا يعرف كيف يقاوم النداء الموجع للّون الأبيض، واستدراجه إيّاه للجنون الإبداعي كلّما وقف أمام مساحة بيضاء.

كيف إذن، ما زلتُ أقاوم منذ شهرين تحدّي اللّون الأبيض وإغراء كلّ اللّوحات التي أشهرَت في وجهي بياضها؟

ولماذا، رفضت أن أرسم شيئًا بعد لوحتي هذه، وفضّلت أن أبقيها هكذا على الخشبات نفسها، لأشهد لها أنّها كانت سيّدتي، وسيّدة كلّ ما حولي من لوحات، وكأنّني أرفض أن أحيلها إلى ركن أو جدار كما تُحال عشيقة عابرة.

أيمكن ذلك.. وهي التي أعطتني من النشوة، ما لم تعطنيه حتّى النساء؟

ربّما.. لأنّه لم يحدث قبلها أن مارست الحبّ رسمًا.. مع الوطن!

قلتِ وأنت تتأمّلينها:

– إنَّها مشابهة للوحتك الأولى «حنين» ولكنَّها تختلف عنها، في كثير من التفاصيل.. وخاصّة في الألوان الترابيّة الخام التي استعملتها، إنَّها تعطيها نضجًا.. وحياة أكثر.

قلتُ وأنا أنقل نظري منها إليك:

– لقد بُعثَت فيها الحياة.. إنَّها أنتِ.

– أنا؟

– أتذكرين يوم قلت لك على الهاتف، لقد سهرتُ البارحة حتَّى ساعة متأخِّرة من الليل لأرسمك. اتَّهمتِني يومها بالجنون وخفتِ أن أكون قد فضحت ملامحك. لا تخافي، لن أرسمك أبدًا ولن يعرف أحد أنَّك عبرت حياتي ذات يوم. إنَّ للفرشاة شهامة أيضًا.

وأضفتُ:

أنت مدينة.. ولست امرأة، وكلَّما رسمتُ قسنطينة رسمتك أنت، ووحدك ستعرفين هذا..

قلتِ فجأة وأنت تشيرين بنظرة من عينيك إلى لوحة كاترين:

– وهي؟

كان في سؤالك شيء من عناد الأطفال وأنانيّتهم، وشيء من عناد النساء وغيرتهنَّ.

وقلت وأنا أرفع تلك اللّوحة من الأرض:

– هل تزعجك هذه اللّوحة حقًّا؟

أجبتِ بشيء من الكذب الواضح:

– لا..

واصلتُ وأنا أشعر بأنَّني قادر في تلك اللحظة على أن أرتكب أيّ جنون:

– إذا شئتِ فسأتلفها أمامك..

صحتِ:

– لا، أأنت مجنون؟

قلتُ بهدوء:

– لست مجنونًا.. وهذه اللّوحة لا تعني شيئًا بالنسبة لي. إنّها امرأة عابرة، في مدينة عابرة.

قلتِ بابتسامة مُربكة وأنت تتأمّلينها:

– إنّها مدينتك الأخرى.. أليس كذلك؟

من أين جئتِ بتلك الرصاصة الأخيرة، لتطلقيها على تلك اللّوحة؟

اعترفتُ لك بتلميح واضح:

– لا.. ليست مدينتي، إنّها وسادتي الأخرى.. أو إذا شئت سريري الآخر فقط!

شعرتُ بأنَّ شيئًا من الحمرة قد علا وجنتيك، وأنَّ عواطف وأحاسيس متناقضة قد عبرّتك، وتركَت آثارها على ملامحك التي تغيّرت في لحظات.

ثمّ تمتمتِ بهدوء وكأنَّك تتحدَّثين إلى نفسك:

– ... لا يهمّ!

قلتُ لك وأنا أمسكك من ذراعك:

– لا تغاري من هذه اللّوحة. هنالك امرأة واحدة تستحقّ أن تغاري منها في هذا البيت، هي هذه..

نظرتِ نحو المكان الذي أشرت إليه. كان ثمّة تمثال ينتصب على الأرض في حجم امرأة.

قلتِ بتعجّب:

– هذه... لماذا هذه؟

قلتُ:

– لأنَّها المرأة الوحيدة التي ارتحتُ لها حتَّى الآن، والتي قاسَمَتني معظم سنوات غربتي. كنت في السابق أملك منها نسخة مصغَّرة. وقرّرت منذ سنتين أن أهدي نفسي تمثالها في حجمه الأكبر.

كانت تلك إحدى نوبات جنوني. ولكنَّني لم أندم على اقتنائها، إنَّها تشبهني كثيرًا. أنا بذراع واحدة وهي بلا ذراعين. لقد فقدنا أطرافنا في أزمنة مختلفة، لأسباب مختلفة. ولكنّنا صامدان معًا، لن تمنعنا عاهتنا من الخلود.

لم تعلِّقي على كلامي.

يبدو أنَّكِ لم تصدِّقي ذلك. أن يعيش رجلٌ مع تمثالٍ لامرأة، ضرب من الجنون أليس كذلك؟ حتَّى لو كان الرجل رسَّامًا، وكانت المرأة فينوس لا غير!

المشكلة معكِ.. أنَّكِ كنتِ مأخوذة بالعبقريّة التي تلامس الجنون. ولكنَّك كنت أعقل من أن تكتشفيها. ولذا كلَّما أردتُ أن أعطيك دليلًا على جنوني، لم تكوني تصدّقينني تمامًا.

رحتِ فقط، بحماقة أنثى، تستَرقين النظر إلى لوحة كاترين، وكأنَّها وحدها تعنيك. ورحتُ أنا أحاول فهمك.

ما الذي كان يزعجك في تلك اللّوحة؟ هل وجودها في تلك اللحظة بيننا بحضورها الصامت الذي يذكّرك بمرور امرأة أخرى في حياتي؟ أم شُقرة تلك المرأة، والإغراء الاستفزازي لشفتيها وعينيها المختفيتين خلف خصلات شَعر فوضويّ؟

أكنتِ تغارين من اللوحة أم من صاحبتها؟ وكيف يكون من حقّك أن تعاتبيني على لوحة واحدة رسمتُها لامرأة، دون أن يكون لي

الحقّ في أن أحاسبك على كلّ ما كتبتِه قبلي، وعلى ذلك الرجل الذي
عذّبتني به صدقًا أم كذبًا؟

عادت عيناكِ إلى اللوحة الأخيرة. تأمّلتِها قليلًا ثم قلت:

– إذن هذه.. أنا!

قلتُ:

– ربّما لم تكوني أنت، ولكن هكذا أراك، فيك شيء من تعاريج
هذه المدينة؛ من استدارة جسورها، من شموخها، من مخاطرها، من
مغارات أوديتها، من هذا النهر الزبديّ الذي يشطر جسدها، من
أنوثتها وإغرائها السرِّيّ ودوارها.

قاطعتِني مبتسمة:

– أنت تحلم.. كيف يمكنك أن تجد قرابة بيني وبين هذا
الجسر؟ كيف خطرت فكرة كهذه بذهنك؟! أتدري أنّني لا أحبّ
سوى الجسور الخشبيّة الصغيرة تلك التي نراها في بطاقات نهاية
السنة، مرشوشة بالثلج والفضّة، تعبرها العربات الخرافيّة؟ أمّا جسور
قسنطينة الحديديّة المعلّقة في الفضاء، فهي جسور مخيفة.. حزينة.
لا أذكر أنّني عبرتها مرّة واحدة راجلة، أو حاولت مرّة واحدة النظر منها
إلى أسفل.. إلّا شعرت بالفزع والدوار.

قلتُ:

– ولكنّ الدوار هو العشق؛ هو الوقوف على حافة السقوط الذي
لا يقاوَم؛ هو التفرّج على العالم من نقطة شاهقة للخوف؛ هو شحنة من
الانفعالات والأحاسيس المتناقضة، التي تجذبك للأسفل والأعلى في
وقت واحد، لأنَّ السقوط دائمًا أسهل من الوقوف على قدمين خائفتين!
أن أرسم لك جسرًا شامخًا كهذا، يعني أن أعترف لك بأنَّك دواري. إنَّه ما
لم يقله لكِ رجلٌ قبلي. أنا لا أفهم أن تحبِّي قسنطينة وتكرهي الجسور؛

وتبحثي عن الإبداع، وأنت تخافين الدوار. لولا الجسور لما كانت هذه المدينة. ولولا شهقة الدوار، لما أحبّ أحد.. أو أبدع.

كنتِ تستمعين إليّ، وكأنّك تكتشفين شيئًا لم تنتبهي له من قبل برغم بساطته.

غير أنّك قلتِ:

- ربّما كنتَ في النهاية على حقّ، ولكنّني كنت أفضّل لو رسمتَني أنا لا هذا الجسر. إنّ أيّ امرأة تتعرّف إلى رسّام، تحلم في سرّها أن يخلّدها، أن يرسمها هي.. لا أن يرسم مدينتها؛ تمامًا كما أنّ أيّ رجل يتعرّف إلى كاتبة، يتمنّى أن تكتب عنه شيئًا، لا عن شيء آخر له علاقة به. إنّها النرجسيّة.. أو الغرور أو أشياء أخرى لا تفسير لها.

فاجأني اعترافك. شعرت بشيء من الخيبة.

هل رسمتُ نسخة مزوّرة عنك إذن؟ أحقّ أنّه ليس بينك وبين هذا الجسر من قرابة؟ أكانت هذه اللوحة نسخة طبق الأصل عن ذاكرتي.. وأنّ حلمك في النهاية، أن تصبحي نسخة أخرى عن كاترين لا غير، أن تتحوّلي إلى لوحة عاديّة، مفضوحة المزاج، ووجه بكثير من المساحيق، يشبه وجهها؟

ترانا لم نُشْفَ من هذه العقدة؟

قلتُ لك بشيء من اليأس:

- إذا كان هذا ما تريدين.. فسأرسمك.

أجبتِني بصوت فيه خجل ما:

- أعترف بأنّني منذ البداية، كنت أحلم أن ترسمني أنا.. وأن أحتفظ بهذه اللّوحة عندي كذكرى، شرط ألّا تضع عليها توقيعك إذا أمكن..

شعرتُ برغبة في الضحك، أو على الأرجح برغبة في الحزن، وأنا أكتشف ذلك المنطق العجيب للأشياء.

كان من حقِّي إذن أن أوقِّع الرموز واللَّوحات التي ليس بينها وبينك من شبه. وأمَّا أنت فليس في وسعي أن أضع أسفل رسمك توقيعي. أنت المرأة الوحيدة التي أحببتُها، لن يقترن اسمي بك ولو مرّة واحدة، حتَّى في أسفل لوحة؟

هناك إذن الذين يشترون توقيعي فقط، لا لوحاتي. وهناك أنت التي تريدين لوحتي دون توقيع.

وهنالك أنا.. المجنون العنيد الذي يرفض هذا المنطق الجديد للأشياء، ويرفض باسم الحبّ أن يحوّلكِ إلى لوحة لقيطة، لا نسب لها ولا صاحب. يمكن أن تتبنَّاها أيّ ريشة وأيّ رسَّام.

حيّرَكِ صمتي.. قلتِ شبه معتذرة:

– وهل يزعجك أن ترسمني؟

قلتُ ساخرًا:

– لا.. كنت أكتشف فقط مرّة أخرى، أنَّك نسخة طبق الأصل عن وطنٍ ما، وطنٌ رسمت ملامحه ذات يوم. ولكنّ آخرين وضعوا إمضاءهم أسفل انتصاراتي. هناك إمضاءات جاهزة دائمًا لمثل هذه المناسبات. فمنذ الأزل، كان هناك دائمًا من يكتب التاريخ، وهناك من يوقِّعه، ولذا أنا أكره اللّوحات الجاهزة للتزوير.

تراكِ فهمتِ كلّ ما قلتُه لك لحظتها؟

بدأتُ أشكّ فجأة في وعيك السياسي. لقد كان كلّ ما يهمّك في النهاية، هو موضوع لوحتك لا غير.

قلتِ وأنت تغادرين المرسم:

– أتدري أنَّنا لن نلتقي لمدّة شهرين؟ سأسافر الأسبوع المقبل إلى الجزائر..

صحتُ وأنا أستوقفك في الممرّ:

– أحقّ ما تقولين؟

قلتِ:

– طبعًا، أنا أقضي دائمًا عطلتي الصيفيّة مع والدتي في الجزائر. ولا بدّ أن أعود الأسبوع المقبل مع عمّي وعائلته.. لن يبقى أحد هنا في باريس.

وقفتُ مذهولًا وسط الممشى. أمسكتُ بذراعك وكأنّني أمنعك من الرحيل، وسألتك بحزن:

– وأنا..؟

– أنت.. سأشتاق إليك كثيرًا. أعتقد أنّنا سنتعذّب بعض الشيء.. إنّه فراقنا الأوّل. ولكن سنحتال على الوقت ليمرّ بسرعة.

ثمّ أضفتِ بلهجة من يريد أن يحلّ مشكلةً، أو ينتهي منها بسرعة:

– لا تحزَن.. يمكنك أن تكتب لي أو تطلبني هاتفيًّا.. سنبقى على اتّصال.

كنتُ على حافة البكاء.

كطفل أخبرته أمّه أنّها ستسافر دونه. وكنتِ أنتِ تزفّين لي ذلك الخبر، بشيء من الساديّة التي أدهشتني. وكأنّ عذابي يغريك بشيء ما.

هل أمسك بأطراف ثوبك كطفل وأجهش بالبكاء؟

هل أتحدّث إليك ساعات، لأقنعك بأنّني لن أقدر بعد اليوم على العيش بدونك، وأنّ الزمن بعدك لا يُقاس بالساعات ولا بالأيّام، وأنّني أدمنتُك؟

كيف أقنعكِ أنّني أصبحتُ عبدًا لصوتكِ عندما يأتي على الهاتف؟ عبدًا لضحكتك، لطلّتك، لحضورك الأنثويّ الشهيّ، لتناقضك

التلقائيّ في كلّ شيء وفي كلّ لحظة. عبدٌ لمدينة أصبحت أنت، لذاكرة أصبحت أنت، لكلّ شيء لمسته أو عبرته يومًا.

كان الحزن يهجم عليّ فجأة، وأنا واقف هكذا في ذلك الممرّ أتأمّلك بذهول من لا يصدّق.

وكنتِ قريبة منّي حدّ الالتصاق، كما لم يحدث أن كنتِ يومًا. بحثتُ في ملامحك عن شيء يفضح لي في تلك اللحظة عواطفك؛ لكنّني لم أفهم شيئًا.

أتراه عطرك الذي كان يخترق حواسي ويشلّ عقلي، هو الذي جعلني عندئذٍ لا أتعمّق في البحث؟ كنت أعي فقط أنّك بعد لحظات ستكونين بعيدة، بقدر ما كنتِ ساعتها قريبة.

رفعتِ وجهك نحوي.

كنتُ أريد أن أقول لك شيئًا لم أعد أذكره. ولكن قبل أن أقول أيّ كلمة، كانت شفتاي قد سبقتاني وراحتا تلتهمان شفتيك في قبلة محمومة مفاجئة. وكانت ذراعي الوحيدة تحيط بك كحزام، وتحوّلك في ضمّة واحدة إلى قطعة منّي.

انتفضتِ قليلًا بين يديّ كسمكة خرجت لتوّها من البحر، ثمّ استسلمتِ لي.

كان شعرك الطويل الحالك، ينفرط فجأة على كتفيك شالًا غجريًّا أسود، ويوقظ رغبة قديمة لإمساكك منه، بشراسة العشق الممنوع. بينما راحت شفتاي تبحثان عن طريقة تتركان بها توقيعي على شفتيك المرسومتين مُسبَقًا للحبّ.

كان لا بدّ أن يحدث هذا..

أنت التي تضعين الظلال على عينيك، والحمّى على شفتيك بدل أحمر الشفاه، أكان يمكن أن أصمد طويلًا في وجه أنوثتك؟ ها هي

سنواتي الخمسون تلتهم شفتيك، وها هي الحمّى تنتقل إليّ، وها أنا أذوب أخيرًا في قبلة قسنطينة المذاق، جزائريّة الارتباك.

لا أجمل من حرائقك.. باردةٌ قُبل الغربة لو تدرين. باردةٌ تلك الشفاه الكثيرة الحمرة والقليلة الدفء. باردٌ ذلك السرير الذي لا ذاكرة له.

دعيني أتزوّد منك لسنوات الصقيع. دعيني أخبّئ رأسي في عنقك، أختبئ طفلًا حزينًا في حضنك.

دعيني أسرق من العمر الهارب لحظة واحدة، وأحلم أنَّ كلّ هذه المساحات المحرقة.. لي.

فأحرقيني عشقًا، قسنطينة!

شهيّتين شفتاك كانتا، كحبّات توت نضجت على مهل. عَبِقًا جسدك كان، كشجرة ياسمين تفتّحت على عجل.

جائعٌ أنا إليك.. عمرٌ من الظمأ والانتظار. عمرٌ من العقَد والحواجز والتناقضات. عمرٌ من الرغبة ومن الخجل، من القيم الموروثة، ومن الرغبات المكبوتة. عمرٌ من الارتباك والنفاق.

على شفتيك رحت ألملم شتات عمري.

في قبلة منك اجتمعت كلّ أضدادي وتناقضاتي. واستيقظ الرجل الذي قتلتُه طويلًا مراعاة لرجل آخر، كان يومًا رفيق أبيك. رجلٌ كاد يكون أباك.

على شفتيك وُلـدتُ ومـتُّ في وقـتٍ واحـد. قتلت رجلًا وأحييت آخر.

هل توقَّف الزمن لحظتها؟

هل سوّى أخيرًا بين عمرينا، هل ألغى ذاكرتنا بعض الوقت؟

لا أدري..

كلّ الذي كنت أدريه، أنّك كنت لي، وأنّني كنت أريد أن أصرخ لحظتها كما في إحدى صرخات غوته على لسان فاوست «قف أيّها الزمن.. ما أجملك!».

ولكنّ الزمن لم يتوقَّف. كان يتربَّص بي كالعادة. يتآمر عليّ كالعادة. وكنتِ بعد لحظات تتأمَّلين ساعتك في محاولة لإخفاء ارتباكك، وتذكيري بضرورة عودتك إلى الجامعة.

عرضتُ عليك فنجان قهوة في محاولة أخيرة لاستبقائك.

قلتِ وأنت أمام المرآة تضعين شيئًا من الترتيب في مظهرك، وتصفّفين شعرك وتعيدين جمعه:

– أفضّل شيئًا باردًا إذا أمكن..

تركتك في الصالون وذهبت إلى المطبخ. تعمَّدت ألّا أستعجل في العودة، وكأنّني فجأة أصبحت أخجل من آثار قُبَلي على شفتيك.

وعندما عدتُ بعدها، كنتِ أمام المكتبة تلقين نظرة على عناوين الكتب، وتقلّبين بعضها. ثمّ سحبتِ من أحد الرفوف كتابًا صغيرًا، سألتِني وأنت تنظرين إلى غلافه:

– أليس هذا الديوان لصديقك الشاعر الذي حدَّثتَني عنه؟

أجبتُك بسعادة وأنا أجد أخيرًا في ذلك الموضوع مخرجًا لارتباكي:

– نعم.. هناك ديوان آخر له أيضًا تجدينه على الرفّ نفسه.

قلتِ:

– هل اسمه زياد الخليل؟ لقد سمعت هذا الاسم قبل اليوم.

قلبتِ الكتاب. رأيتك تتأمَّلين طويلًا صورته على ظهر الكتاب. تقرئين بعض السطور.. ثمّ قلتِ:

ـ أيمكن لي أن أستعير منك هذين الديوانين؟ أفضّل أن أقرأهما
على مهل هذا الصيف، فليس لي ما أطالعه.
أجبتُك بحماسة، أو بحماقة:
ـ طبعًا، إنّها فكرة جيّدة.. أنا واثق بأنّ هذين الديوانين سيتركان
تأثيرهما على كتاباتك. ستجدين أشياء رائعة خاصّة في الديوان الأخير
«مشاريع للحبّ القادم». إنّه أجمل ما كتب زياد.
رحتِ بسعادة تخفين الكتابين في حقيبة يدك. كنتِ وقتها في
سعادة طفلة تعود إلى بيتها بلعبٍ أحبّتها.
طبعًا، لم أكن أعي في ذلك الحين، أنّني سأكون بعد ذلك لعبتك
الأخرى، وأنّ هذين الكتابين سيتركان تأثيرهما أيضًا على مجرى قصّتنا.
كنت تستعيدين تدريجًا وجهك العاديّ وملامحك الطبيعيّة.
وكأنّ زوبعة حبّي لم تمرّ بك. فهل كان ذلك تمثيلًا أم حقيقة؟
حاولت أن أنسى خيبتي معك، أمام تلك اللّوحة التي كانت
السبب الأوّل في زيارتك. حاولت أيضًا أن أخفّف من خيبتك.
قلتُ:
ـ سأرسمك، ستكون لوحتك تسليتي في هذا الصيف..
ثمّ أضفتُ دون أيّ نيّة خاصّة:
ـ يجب أن تزوريني مرّة أخرى لتجلسي أمامي، حتّى أتمكّن من
رسمك، أو تعطيني صورة لك أنقل عنها ملامحك.
قلتِ وكأنّ الجواب كان جاهزًا لديك:
ـ لم يبقَ أمامي متّسع من الوقت لأعود إليك هذه الأيّام، وليس
في حوزتي أيّ صورة. يمكنك أن تستعين بصورتي الموجودة على ظهر
كتابي، في انتظار أن أعود.

أعترف بأنّني لم أفهم في ذلك الحين أيضًا، إن كان في جوابك شيء من التلميح لي بأنّك لن تعودي إلى هذا البيت، أم كنت تجيبينني بتلقائيّة بريئة لا أكثر؟

ألست أنت التي كنت تلحّين عليّ أن أرسمك؟

فلماذا حوّلتِ هذه اللّوحة إلى قضيّة شخصيّة أنا وحدي معنيّ بها؟

لم أناقشك كثيرًا. كنت أدري أنّني في جميع الحالات سأرسمك. ربّما لأنّني لا أعرف كيف أرفض لك طلبًا، وربّما لأنّني لا أعرف كيف سأقضي الصيف دون استحضارك ولو رسمًا.

ذهبتِ ذلك اليوم بعدما وضعت قبلتين على خدِّي، ووعدتني بلقاء قريب. لم يعد ممكنًا بعد قبلتنا أن نتصافح..

كنت أعي أنّ شيئًا ما قد تغيّر في علاقتنا، ولم يعد ممكنًا بعد اليوم لذلك المارد الذي انطلق فجأة من أعماقنا، أن يعود إلى قلب الزجاجة التي أغلقناها عليه لأسابيع كاملة.

كنت أعي أنّني أنتقل معك، في بضع لحظات، من الحبّ إلى العشق. من العاطفة البريئة إلى الشهوة، وأنّه سيكون من الصعب، بعد اليوم، أن أنسى مذاق قبلتك، وحرارة جسدك الملتصق بي للحظات.

كم دامت قبلتنا تلك، دقيقتين؟ أم ثلاثًا؟ أم خمس دقائق للجنون لا غير؟

أيمكن أن تتسبّب تلك الدقائق القليلة بكل ما حلّ بي بعد ذلك؟

أيمكن أن تلغي خمس دقائق، خمسين سنة من عمري؟

وكيف لم أشعر بعدها بأيّ إحساس بالندم، بأيّ خجل تجاه ذكرى سي الطاهر؟ أنا الذي كنت أقترف يومها أوَّل خيانة بالمفهوم الأخلاقي للخيانة.

لا.. لم يكن في قلبي سوى الحبّ.

كنت ممتلئًا بالعشق، بالشهوة، بالجنون. كنت أخيرًا سعيدًا. فلماذا أفسد سعادتي بالندم، بالتساؤلات التي ستوصلني إلى التعاسة؟

لا أذكر من قال «الندم هو الخطأ الثاني الذي نقترفه..» ولم يكن في القلب مساحة أخرى ولو صغيرة، يمكن أن يتسلّل منها شيء آخر غير الحبّ.

ألم يكن كلّ ذلك جنونًا؟

كيف سمحت لنفسي بأن أكون سعيدًا إلى ذلك الحدّ، وأنا أدري أنَّني لم أمتلك منك شيئًا في النهاية، سوى بضع دقائق للفرح المسروق، وأنَّ أمامي متّسعًا من العمر.. للعذاب؟

الفصل الرابع

كان لرحيلك مذاق الفجيعة الأولى. والوحدة التي أحالتني في أيّام إلى مرتبة لوحة يتيمة على جدار، تحضرني جملة تبدأ بها رواية أحببتها يومًا..

«ما أعظم الله! فهو عظيم بقدر ما أنا وحيد. إنّي لأرى المؤلّف فيبدو لي كلوحة..».

وكنت أنا في عزلتي ووحدتي، ذلك المؤلّف وتلك اللّوحة معًا. فما أكبر وأبرد ذلك الكون الذي كنت مُعلَّقًا على جداره، في انتظارك!

كنت أدخل بعدك منحدرات الخيبات النفسيّة والعاطفيّة في الوقت نفسه. وأعيش ذلك القلق الغامض، الذي يسبق ويَلي دائمًا كلّ معرض لي. وكنت أقوم تلقائيًا بجردة لأفراحي وخيباتي.

انتهى معرضي إذن. لم تهتمّ به غير صحافة فرنسيّة مختصّة كالعادة، وبعض المجلّات العربيّة المهاجرة.

ولكن يمكن أن أقول إنّه حصل على تغطية إعلاميّة كافية، وإنَّ الذين كتبوا عنه أجمعوا على أنّه حدث فنِّي عربي في باريس.

وحدها الصحافة الجزائريّة تجاهلته، عن إهمال لا غير، كالعادة. جريدة ومجلّة أسبوعيّة واحدة، كتبتا عنه بطريقة مقتضبة، وكأنّهما تعانيان فعلًا من قلّة الصفحات، لا من قلّة الموادّ الصحافيّة.

لم يحضر ذلك الصديق الصحافي، الذي وعدني بالحضور إلى باريس لقضايا شخصيّة، ولإجراء مقابلة طويلة معي بالمناسبة نفسها.

ورغم أنّني رجل غير مولع بالأضواء، والجلوس لعدّة ساعات إلى صحافي للحديث عن نفسي، كنت أتمنّى أن تتمّ تلك المقابلة، لأتمكّن أخيرًا من الحديث طويلًا إلى الشّخص الوحيد الذي كان يعنيني حقًّا.. القارئ الجزائريّ.

عبد القادر طلبني ليخبرني أنّه اضطُرّ للبقاء في الجزائر، لتغطية مهرجان ما من المهرجانات التي ازدهرت هذه الأيّام، لأسباب غامضة يعلمها الله.. وآخرون.

ولم أعتب عليه. ليس هناك من مقارنة بين مهرجان أو ملتقى رسمي، يجري إعداده والإنفاق عليه بالعملة الصعبة، وبين أيّ معرض مهما كان اسم صاحبه، والسنوات التي أخذَتها منه تلك اللّوحات.

في النهاية لا يمكن حتّى أن أعتب على الصحافة الجزائريّة.

ماذا يمكن أن يقدّم معرض للّوحات الفنّيّة من متعة أو ترفيه للمواطن الجزائري الذي يعيش على وشك الانفجار، بل الانتحار، ولا وقت له للتأمّل أو التذوّق، والذي يفضّل على ذلك مهرجانًا لأغنية «الراي». يمكن أن يرقص.. ويصرخ.. ويغنّي فيها حتّى الفجر، منفقًا على تلك الأغاني الشعبيّة المشبوهة، ما تجمّع في جيبه من دنانير، وما تراكم في جسده من «ليبيدو»؟

تلك هي «الثروة» الوحيدة التي يملكها شبابنا حقًّا، والتي كعملتنا لا يدري أين ينفقها خارج الأسواق السوداء.. للبؤس.

بعضهم أدرك هذا قبل غيره.

سنة 1969، وفي عزّ الفراغ والبؤس الثقافيّ الذي كان يعيشه الوطن، اخترع أحدهم في بضعة أيّام، أكبر مهرجان عرفته الجزائر وأفريقيا، كان اسمه «المهرجان الأفريقي الأوّل»، دُعيَت إليه قارّة وقبائل أفريقيّة بأكملها لتغنّي وترقص – عارية أحيانًا – في شوارع الجزائر لمدّة أسبوع كامل على شرف الثورة!

كم من ملايين أُنفقَت وقتها، على مهرجان للفرح ظلَّ الأوَّل والأخير. وكان أهمّ إنجازاته التعتيم على محاكمة قائد تاريخي كان أثناء ذلك، يُستجوَب رجاله ويعذبون في الجلسات المغلقة.. باسم الثورة نفسها.

ودون أن تكون لي صداقة ما بذلك القائد، الذي كان اسمه الطاهر أيضًا، ولا أيّ عداء خاصّ لذلك الحاكم الذي كان يومًا مجاهدًا وقائدًا أيضًا، بدأت أعي لعبة السلطة، وشراهة الحكم. وأصبحت أَحذَر الأنظمة التي تكثر من المهرجانات والمؤتمرات.. إنَّها دائمًا تخفي شيئًا ما!

فهل مصادفة أن تبدأ مشكلاتي منذ ذلك الحين، ويولَد أوّل مذاق للمرارة في حلقي يومها؟

عندما التقيت بذلك الصديق بعد أشهر، اعتذر لي بأسف صادق، ووعدني ألّا يفوّت معرضي المقبل.

ربّتُّ كتفه ضاحكًا وقلت:

- لا يهمّ.. بعد أيّام لن يذكر أحد اسم ذلك المهرجان. ولكنّ التاريخ سيذكر اسمي لا محالة ولو بعد قرن!

قال لي بمزاح لا يخلو من الجدّ:

- أتدري أنّك مغرور؟

أجبتُه:

— أنا مغرور لكي لا أكون «محقورًا» فنحن لا نملك الخيار يا صاحبي. إنّنا ننتمي إلى أُمّة لا تحترم مبدعيها، وإذا فقدنا غرورنا وكبرياءنا، تدوسنا أقدام الأمّيّين والجهلة!

تساءلت بعدها أأكون مغرورًا حقًّا؟

اكتشفت بعد شيء من التفكير، أنَّني لا أكون مغرورًا إلّا لحظة أقف أمام لوحة بيضاء وأنا ممسك بفرشاة. كم يلزمني من الغرور لحظتها لأهزم بياضها وأفضّ بكارتها، وأتحايل على ارتباكي بفائض رجولتي، وعنفوان فرشاتي؟

ولكن..

ما أكاد أنتهي منها، وأمسح يدي من كلّ ما علق بها من ألوان حتّى أرتمي على الأريكة المجاورة، وأتأمّلها مدهوشًا، وأنا أكتشف أنّني الوحيد الذي كان يعرق وينزف أمامها..

وأنّها أنثى عربيّة تتلقّى ثورتي ببرود وراثيّ مخيف!

.. ولذا، حدث في لحظات انهياراتي وخيباتي الكبرى أن مزّقت إحداها وألقيت بها في سلّة المهملات، بعدما أصبح وجودها يضايقني.

هنالك لوحات هي من السذاجة والبرودة بحيث تخلَقُ عندَك عقدة رجولة.. لا فقط عقدة إبداع!

ورغم ذلك، لن يعرف أحد هذا. وربّما لن يتوقّع ضعفي وهزائمي السرّيّة أحد.

فالآخرون لن يروا غير انتصاراتي، مُعلَّقة على الجدران في إطار جميل. وأمّا سلال المهملات، فستبقى دائمًا في ركن من مرسمي وقلبي، بعيدة عن الأضواء.

فالذي يجلس أمام مساحة بيضاء للخلق، لا بدّ أن يكون إلهًا أو عليه أن يغيّر مهنته.

أأكون إلهًا؟ أنا الذي حوّلني حبّك إلى مدينة إغريقيّة، لم يبق منها قائمًا غير الأعمدة الشاهقة المتآكلة الأطراف؟

هل يفيد شموخي، وملح حبّك يفتّت أجزائي من الداخل كلّ يوم.. شهران.. ولا شيء سوى رقم هاتفيّ مستحيل.. وكلمات تركتِها لي تجفّ لها الفرشاة.

وإذا بالصمت يصبح لوني المفضّل.

كنت أدري جدليّة الرسم والكتابة كما أردتِها أنتِ.

كنتِ تفرَغين من الأشياء كلّما كتبتِ عنها، وكأنّك تقتلينها بالكلمات. وكنتُ كلّما رسمتُ امتلأت بها أكثر، وكأنّني أبعث الحياة في تفاصيلها المنسيّة. وإذا بي أزداد تعلّقًا بها، وأنا أعلّقها من جديد على جدران الذاكرة.

أن أرسمك، أليس يعني أن أُسكنك غرف بيتي أيضًا، بعدما أسكنتك قلبي؟

حماقة قرّرت في البدء ألّا أرتكبها. ولكنّني اكتشفت ليلًا بعد آخر عبثيّة قراري.

لماذا كان الليّل هزيمتي؟

ألأنّني كلّما خلوتُ بنفسي خلوتُ بكِ، أم لأنّ للفنّ طقوس الشهوة السرّيّة التي تولد غالبًا ليلًا في ذلك الزمان الخارج عن الزمن.. والخارج عن القانون؟

على حافة العقل والجنون.. في ذلك الحدِّ الذي تلغيه العتمة والذي يفصل بين الممكن والمستحيل..

كنت أقترفك..

كنت أرسم بشفتيّ حدود جسدك.

أرسم برجولتي حدود أنوثتك.

أرسم بأصابعي كلّ ما لا تصله الفرشاة..

بيد واحدة كنت أحتضنك.. وأزرعك وأقطفك.. وأعرّيك وألبسك وأغيّر تضاريس جسدك لتصبح على مقاييسي.

يا امرأة على شاكلة وطن..

امنحيني فرصة بطولة أخرى. دعيني بيدٍ واحدة أغيّر مقاييسك للرجولة ومقاييسك للحبّ.. ومقاييسك للذّة! كم من الأيدي احتضنَتك دون دفء! كم من الأيدي تتالت عليك.. وتركت أظافرها على عنقك، وإمضاءها أسفل جرحك، وأحبّتك خطأً.. وآلمتك خطأً.

أحبّك السرّاق والقراصنة.. وقطّاع الطرق، ولم تُقطَع أيديهم.

وحدهم الذين أحبُّوك دون مقابل، أصبحوا ذوي عاهات.

لهم كلّ شيء، ولا شيء غيرك لي.

أنت لي اللّيلة ككلِّ ليلة. فمن سيأخذ طيفك منّي؟ من سيصادر جسدك من سريري؟ من سيسرق عطرك من حواسي؟ ومن سيمنعني من استعادتك بيدي الثانية؟

أنت لذّتي السرّيّة، وجنوني السرّيّ، ومحاولتي السرّيّة للانقلاب على المنطق.

كلّ ليلة تسقط قلاعك في يدي، ويستسلم حرّاسك لي، وتأتين في ثياب نومك لتتمدّدي إلى جواري، أمرّر يدي على شعرك الأسود الطويل المُبعثَر على وسادتي، فترتعشين كطائر بَلَّلهُ المطر، ثمّ يستجيب جسدك النائم لي.

كيف حدث هذا.. وما الذي أوصلني إلى هذا الجنون؟

ترى صوتك الذي تعوَّدتُه حدّ الإدمان، صوتك الذي كان يأتي شلّال حبٍّ وموسيقى، فيتدحرج قطرات لذّة عليّ؟

حبّك هاتف يسأل «واشك؟»

يدثِّرني ليلًا بلحافٍ من القبل. يترك جواري عينيه قنديل شوق، عندما تنطفئ الأضواء.

يخاف عليّ من العتمة، يخاف عليّ من وحدتي ومن شيخوختي. فيعيدني إلى الطفولة دون استشارتي، يقصّ عليّ قصصًا يصدِّقها الأطفال. يغنِّي لي أغنيات ينام لسماعها الأطفال.

تُرى أكان يكذب؟ هل تكذب الأمّهات أيضًا؟

هذا ما لا يصدِّقه الأطفال!

ما الذي أوصلني إلى جنوني؟

ترى قبلتك المسروقة من المستحيل؟ وهل تفعل القبل كلّ هذا؟

أذكر أنَّني قرأت عن قُبَل غيَّرت عمرًا ولم أصدِّق..

كيف يمكن نيتشه، فيلسوف القوة والرجل الذي نظَر طويلًا للجبروت والتفوّق، أن يقع صريع قبلة واحدة، سرقها مصادفة في زيارة سياحيّة لمعبد، بصحبة Lou، المرأة التي أحبّها أكثر من كاتب وشاعر في عصرها. كان أحدهم أبولينير الذي تغزّل فيها طويلًا وبكاها أمام هذا الجسر نفسه، واجدًا في اسمها المطابق بالفرنسيّة تمامًا لاسم الذئب (loup) دليلًا قاطعًا على قَدَره معها؟

أمّا نيتشه القائل «عندما تزور امرأة لا تنس أن تصحب معك العصا»، فقد كان أمامها رجلًا محطَّمًا، ضعيفًا، وبدون إرادة. حتّى إنَّ أمّه قالت يومًا «لم تترك هذه المرأة أمام ابني سوى خيار من بين ثلاثة: إمّا أن يتزوّجها.. أو ينتحر.. أو يصبح مجنونًا!».

كانت تلك حال نيتشه يوم أَحبّ. فهل أخجلُ من ضعفي معكِ، وأنا لست فيلسوفًا للقوّة، ولست شمشون الـذي فقد شعره وقوّته الأسطوريّة بسبب قبلة؟

هل أخجل من قبلتك، وهل أندم عليها، أنا الذي بدأ عمري على شفتيك؟

لا أدري كيف شُفي نيتشه من امرأة لم يتزوّجها. هل انتحر أم أصبح مجنونًا؟

أدري فقط، أنّني قضيت شهرين وسط تقلُّبات نفسيّة متناقضة، كدت ألامس فيها شيئًا يشبه الجنون، ذلك الجنون الذي كان يغريك، وكنت تتغزّلين به كثيرًا، وتعتبرينه الصكّ الوحيد الذي يشهد للفنّان بالعبقريّة.

فليكن.. سأعترف لك اليوم، بعد كلّ تلك السنوات، بأنّني وصلت معك يومًا إلى ذلك الحدّ المخيف من اللّاعقل.

أكان عشقًا فقط، أم سببًا لأهبَكِ لاشعوريًّا اللّعبة التي لم تكوني حصلت عليها بعد: ذلك الرجل المجنون الذي تحلمين به؟

حدث كثيرًا وقتها، أن استعدت قصّتي معك فصلًا فصلًا.

كنت كلّ مرّة أقع على استنتاجات متناقضة. مرّة يبدو لي حبّك قصّة أسطوريّة أكبر منك ومنِّي. شيئًا ربّما كان مقدَّرًا مُسبَقًا منذ قرون، منذ.. كانت قسنطينة مدينة تدعى «سيرتا».

ومرّة أتساءل، ماذا لو كنتُ رجلًا استوقفَتك ذاكرتك وأغراك جنونه بقصّة ما؟

ماذا لو كنت مجرّد ضحيّة لجريمة أدبيّة ما، تحلمين بارتكابها في كتاب قادم؟

ثمّ فجأة تطغى طفولتك على الجانب «الإجرامي» فيك، فأذكرُ أنّني كنتُ أيضًا نسخة عن والدك، وأنّني بسبب قبلة حمقاء نسفتُ إلى الأبد ذاك الجسر السرّيّ الذي كان يجمعنا.

آنذاك، كنت أقرّر الاعتذار منك، وأستيقظ من نومي وأتّجه إلى مرسمي. أجلس طويلًا أمام لوحتك البيضاء وأتساءل: من أين أبدأك؟ أتأمّل طويلًا صورتك، على ظهر روايتك التي أهديتِها لي دون إهداء. أكتشف أنَّ وجهك لا علاقة له بالصورة. فكيف أضع عمرًا لوجهك الجديد والقديم معًا. كيف أنقل عنك نسخة دون أن أخونك؟

أتذكّر وسط ارتباكي ليوناردو دافنشي، ذلك الرسّام العجيب الذي كان قادرًا على أن يرسم بيده اليمنى ويده اليسرى بالإتقان نفسه. بأيّ يد تراه رسم الجوكندا ليمنحها الخلود والشهرة؟ وبأيّ يد يجب أن أرسمك أنا؟

ماذا لو كنتِ المرأة التي لا تُرسَم إلّا باليد اليسرى، تلك التي لم تعد يدي؟

خطر ببالي مرّة أن أرسمك بالمقلوب، وأجلس لأتفرّج عليك عساني أكتشف أخيرًا سرّك. فربَّما كانت هذه الطريقة الوحيدة لفهمك.

فكّرتُ حتّى في إمكان عرض تلك اللّوحة مقلوبة في معرض. سيكون اسمها «أنت».

سيتوقَّف أمامها الكثيرون. وقد يعجبون بها، دون أن يتعرّف أحدهم تمامًا إليك.

أليس هذا ما تريدين في النهاية؟!

* * *

مرَّ أكثر من أسبوع، وأكثر من نشرة جويَّة قبل أن يأتي صوتك ذات صباح دون مقدِّمات:

– كيف أنتَ؟

اندهش القلب الذي لم يتوقَّع هديَّة صباحيَّة كتلك. وارتبك الكلام:

– وَينك؟

كان صوتك يبدو قريبًا أو هكذا خيّل لي. ولكنَّكِ أجبتِني بضحكة أعرف مراوغتها:

– حاول أن تحزر!

أجبتُك كمن يحلم:

– هل عدتِ إلى باريس؟

ضحكتِ وقلتِ:

– أيّ باريس.. أنا في قسنطينة. جئت هنا منذ أسبوع لأحضر زواج إحدى القريبات.. وقلت لا بدّ أن أطلبك من هنا. طمئنّي عنك ماذا تفعل في هذا الصيف.. ألم تسافر إلى أيّ مكان؟

اختصرتُ عذابي في بضع كلمات، قلتُ:

– إنّني متعب.. جدّ متعب.. كيف لم تتّصلي بي حتّى الآن؟

فقلتِ وكأنَّكِ طبيب سيكتب وصفة لمريض، أو شيخٌ يُطلَب منه كتابة حجاب أو تعاويذ سحريَّة:

– سأكتب لك.. والله سأكتب لك قريبًا.. يجب أن تعذرني. أنت لا تدري كم الحياة هنا مزعجة وصعبة. إنَّ الواحد لا يخلو لنفسه في هذه المدينة ولو لحظة. حتّى الكلام على الهاتف مغامرة بوليسيّة..

– وماذا تفعلين؟

– لا شيء.. أنتقل من بيت إلى آخر، ومن دعوة إلى أخرى. حتّى المدينة لم أتجوّل فيها على قدميّ، لقد عبرتها بالسّيّارة فقط..

ثمّ أضفتِ وكأنّكِ تذكّرت فجأة شيئًا هامًّا:

– أتدري.. أنتَ على حقّ. إنَّ أجمل ما في قسنطينة، جسورها لا
غير. لقد ذكرتك وأنا أعبرها..

كنت أودّ تلك اللحظة لو سألتك «هل تحبّينني؟» ولكنّني سألتك
بحماقة:

– هل تحبّينها؟

أجبتِني بعد شيء من الصمت، وكأنّني طرحت عليك سؤالًا
يستدعي التفكير:

– ربّما بدأت أحبّها..

قلت:

– شكرًا..

ضحكتِ.. قلتِ وأنتِ تنهين المكالمة:

– أيّها الأحمق.. لن تتغيّر!

* * *

«المرء يفتح شبّاكه لينظر إلى الخارج.. ويفتح عينيه لينظر
إلى الباطن.. وما النّظر سوى تسلّقك الجدار الفاصل بينك وبين
الحرّية».

في ذلك الصباح، أشعلت سيجارة صباحيّة على غير عادتي.
وجلست على شرفتي أمام فنجان قهوة، أتأمّل نهر السين، وهو يتحرّك
ببطء تحت جسر ميرابو.

كانت زرقته الصيفيّة الجميلة، تستفزّني ذلك الصباح دون
مبرّر. تذكّرني فجأة بالعيون الزرق التي لا أحبّها.

أترى لأنّه لا نهر في قسنطينة.. أعلنت العداء لهذا النهر؟ نهضت دون أكمل سيجارتي. كنت فجأة على عجل.

فليكن.. عفوك أيّها النهر الحضاريّ. عفوك أيّها الجسر التاريخيّ. عفوك صديقي أبولينير. هذه المرّة أيضًا سأرسم جسرًا آخر غير هذا.

كنت هذه المرّة ممتلئًا بك، بصوتك الآتي من هناك، ليوقظ من جديد تلك المدينة داخلي.

لم أكن قد لمست الفرشاة منذ ثلاثة أشهر. وكان في داخلي شيءٌ ما على وشك أن ينفجر بطريقة أو بأخرى. كلّ تلك الأحاسيس والعواطف المتضاربة التي عشتها قبل رحيلك وبعده، والتي تراكمت داخلي كقنبلة موقوتة، كان لا بدّ أن أرسم لأرتاح أخيرًا.

أرسم ملء يدي.. ملء أصابعي. أرسم بيدي الموجودة وبتلك المفقودة. أرسم بكلّ تقلّباتي، بتناقضي وجنوني وعقلي، بذاكرتي ونسياني، حتّى لا أموت قهرًا ذات صيف، في مدينة فارغة إلّا من السيّاح والحمام.

وهكذا بـدأت ذلـك الصباح لوحة لقنطرة جـديـدة، قنطرة سيدي راشد.

لم أكن أتوقّع يومها وأنا أبدأها، أنّني أبدأ أغرب تجربة رسم في حياتي، وأنّها ستكون البداية لعشر لوحات أخرى. سأرسمها في شهر ونصف دون توقُّف، إلّا لسرقة ساعات قليلة من النوم، أنهض منها غالبًا مخطوفًا بشهيّة جنونيّة للرسم.

كانت الألـوان تأخذ فجأة لـون ذاكرتي، وتصبح نزفًا يصعب إيقافه.

ما كنت أنتهي من لوحة حتّى تولَد أخرى، وما أنتهي من حيّ حتّى يستيقظ آخر، وما أكاد أنتهي من قنطرة، حتّى تصعد من داخلي أخرى.

كنت أريد أن أُرضي قسنطينة حجرًا.. حجرًا، جسرًا.. جسرًا، حيًّا.. حيًّا، كما يُرضي عاشق جسد امرأة لم تَعُد له.

كنت أعبرها ذهابًا وإيّابًا بفرشاتي، وكأنّني أعبرها بشفاهي. أقبّل ترابها.. وأحجارها وأشجارها وأوديتها. أوزّع عشقي على مساحتها قُبلًا ملوّنة. أرشّها بها شوقًا.. وجنونًا.. وحبًّا حتّى العرق.

وكنت أسعد وذلك القميص يلتصق بي، بعد ساعات من الالتحام بها.

العرق دموع الجسد. ونحن في ممارسة الحبّ كما في ممارسة الرسم، لا نبكي جسدنا من أجل أيّ امرأة، ولا من أجل أيّ لوحة. الجسد يختار لمن يعرق.

وكنت سعيدًا أن تكون قسنطينة، هي اللّوحة التي بكى لها جسدي.

في ذلك الشهر الأخير من الصيف، كنت ما أزال أتوقّع رسالة منك، تعطيني شيئًا من القوّة والحماسة اللّتين افتقدتهما خلال الشهرين الماضيين لغيابك، عندما فاجأَتني رسالة من زياد.

كانت رسائله القادمة من بيروت دائمًا تدهشني حتّى قبل أن أفتحها.

كنت أتساءل كلّ مرّة، كيف وصلت هذه الرسالة إلى هنا؟ من أيّ مخيّم أو من أيّ جبهة، تحت أيّ سقف مُدمَّر يكون قد كتبها؟ أيّ صندوق أَودَعها، وكم من ساعي بريد تناوب عليها حتّى تصل هنا، داخل صندوق بريدي.. في الحيّ السادس عشر بباريس؟

كنت أعاملها دائمًا بحبّ خاصّ. كانت تذكّرني بزمن حرب التحرير، يوم كنّا نبعث الرسائل لأهلنا مهرّبة تحت الثياب.

كم من الرسائل لم تصل، وماتت مع أصحابها! وكم من الرسائل وصلت بعد فوات الأوان. هنالك قصص تصلح لأكثر من رواية.

آخر رسالة لزياد كانت تعود لما يقارب السنة.

كان يحدث أن يكتب لي هكذا دون مناسبة، رسائل طويلة أحيانًا، وموجزة أحيانًا أخرى، كان يسمّيها «إشعار بالحياة».

في البدء ضحكت لهذه التسمية التي يريد أن يخبرني بها فقط أنّه ما زال على قيد الحياة.

بعدها أصبحت أخاف صمته الطويل، وانقطاع رسائله. فقد كان يحمل لي احتمال إشعار بشيء آخر.

هذه المرّة، كان يريد أن يخبرني أنّه قد يحضر إلى باريس في بداية أيلول، وأنّه ينتظر جوابًا سريعًا منّي ليتأكّد من وجودي في باريس في هذه الفترة.

فاجأَتني رسالته.. أسعدَتني وأدهشَتني.

ذهب تفكيري إليك وقلت «طويل عمر هذا الرجل.. ما كدت أذكره معكِ حتّى حضر». ثمّ تساءلتُ تراكِ قرأتِ أشعاره؟ وهل أعجبَتك؟ وماذا سيكون ردّ فعلك إذا قلت لك إنّه سيحضر إلى باريس، أنت التي خفت أن يكون مات، وأبديت اهتمامًا بقصّته؟

كان الصيف ينسحب تدريجًا، وكنت أستعيد توازني تدريجًا كذلك.

لقد أنقذَتني تلك اللوحات من الانهيار. كان لا بدّ من أن أرسمها لأخرج من تلك المطبّات الجنونيّة التي وضعتُ عليها قدميّ معك.

كنت قد فقدت كثيرًا من وزني. ولكن لم يكن ذلك يعنيني، أو ربّما لم أكن وقتها لأنتبه له، بعدما أصبحت أنظر إلى اللوحات، وأنسى أن أنظر إلى نفسي في مرآة.

كنت أعتقد أنَّ الذي خسرته من وزن في أيَّام، هو الذي ربحته من مجد إلى الأبد. ولذا كان يحلو لي أن أتأمَّل نزفي وجنوني معلَّقًا أمامي: إحدى عشرة لوحة لم تعد تكفيها جدران البيت.

وربَّما جاء تعلَّقي بها، كذلك، من أني كنت أدري وأنا أضع فرشاتي لآخر مرَّة بعد أن أكون قد انتهيت من إحداها، أنَّه قد تمرّ عدَّة أشهر قبل أن أشعر برغبة جديدة في الرسم.

فقد كنت فرغت مرّة واحدة من ذاكرتي.. وارتحت.

كنّا على أبواب أيلول، وكنت سعيدًا أو ربَّما في حالة ترقُّب للسعادة.

ستعودين أخيرًا.. كنت أنتظر الخريف كما لم أنتظره من قبل. كانت الثياب الشتويّة المعروضة في الواجهات تعلن عودتك. اللوازم المدرسيّة التي تملأ رفوف المحالّ، تعلن عودتك.

والرّيح.. والسماء البرتقاليّة.. والتقلّبات الجويّة.. كلّها كانت تحمل حقائبك.

ستعودين..

مع النوء الخريفيّ، مع الأشجار المُحمرَّة، مع المَحافظ المدرسيّة.

ستعودين..

مع الأطفال العائدين إلى المدارس، مع زحمة السيّارات، مع مواسم الإضرابات، مع عودة باريس إلى ضوضائها.

مع الحزن الغامض.. مع المطر.

مع بدايات الشتاء.. مع نهايات الجنون.

ستعودين لي.. يا معطفي الشتويّ.. يا طمأنينة العمر المتعب.. يا أحطاب اللَّيالي الثلجيّة.

أكنت أحلم؟

كيف نسيت تلك المقولة الرائعة لأندريه جيد «لا تهيّئ أفراحك!» كيف نسيت نصيحة كهذه؟

كنتِ في الواقع امرأة زوبعة، تأتي وترحل وسط الأعاصير والدمار. كنتِ معطفًا لغيري وبردًا لي.

كنتِ الأحطاب التي أحرقتني بدل أن تدفّئني.

كنت أنتِ.

وكنتُ أنتظر أيلول إذن..

أنتظرُ عودتك لنتحدّث أخيرًا بصدق مُطلَق. ماذا تريدين منّي بالتحديد.. ومن أكون أنا بالنسبة إليك.. وما اسم قصّتنا هذه؟

أخطأتُ مرّة أخرى.

لم يكن الوقت للسؤال ولا للجواب. كان وقتًا لجنونٍ آخر.

كنت أنتظر الأمان. وجئتِ، زوبعة صادفت زوبعة أخرى، اسمها زياد..

وكانت الأعاصير.

لم يتغيّر زياد منذ آخر مرّة رأيته فيها، منذ خمس سنوات في باريس، ربّما أصبح فقط أكثر امتلاءً، أكثر رجولةً مع العمر، منذ ذلك الوقت الذي زارني فيه أوّل مرّة في الجزائر سنة 1972 في مكتبي. يوم كان شابًّا فارعًا بوزن أقلّ، وربّما بهموم أقلّ أيضًا.

ما زال شعره مرتّبًا بفوضويّة مهذّبة، وقميصه المتمرّد الذي لم يتعوّد يومًا على ربطة عنق، مفتوحًا دائمًا بزرٌّ أو زرّين. وصوته المميّز دفئًا وحزنًا، يوهمكَ أنّه يقرأ شعرًا، حتّى عندما يقول أشياء عاديّة. فيبدو وكأنّه شاعر أضاع طريقه ويوجد خطأ حيث هو.

في كلّ مدينة قابلتُه فيها، شعرت بأنّه لم يصل بعد إلى وجهته النهائيّة، وأنّه يعيش على أهبّة سفر.

كان حتّى عندما يجلس على كرسيٍّ يبدو جالسًا على حقائبه. لم يكن يومًا مرتاحًا حيث كان، وكأنَّ المدن التي يسكنها محطَّات ينتظر فيها قطارًا لا يدري متى يأتي.

ها هو ذا.. كما تركته، محاطًا بأشيائه الصغيرة ومحمّلًا بالذاكرة، ومرتديًا سروال الجينز نفسه، كأنّه هويّته الأخرى.

كان زياد يشبه المدن التي مرّ بها. فيه شيء من غزّة، من عمّان.. ومن بيروت وموسكو.. ومن الجزائر وأثينا.

كان يشبه كلَّ من أَحَـبّ. فيه شيء من بوشكين، من السيّاب.. من الحلّاج، من ميشيما.. من غسّان كنفاني.. ومن لوركا وتيودوراكيس.

ولأنَّني كثيرًا ما قاسمت زياد ذاكرته، حدث أن أحببتُ كلَّ ما أَحَبّ ومن أَحَبّ، دون أن أدري.

كنت في حاجة إليه في تلك الأيّام.

شعرت وأنا أستقبله، أنَّني افتقدته طوال هذه السنوات دون أن أدري، وأنَّني بعده لم ألتقِ بشخصٍ يمكن أن أدعوه صديقًا.

ها هو زياد. باعدتنا الأيّام وباعدتنا القارّات. ووحدها قناعاتنا القديمة ظلّت تجمعنا.

ولذلك لم تزل في القلب مكانته الأولى. فلم يحدث لزياد أن فقد احترامي لسبب أو لآخر خلال كلّ هذه السنوات.

أليس هذا أمرًا نادرًا هذه الأيّام؟

جاء زياد..

واستيقظ البيت الذي ظلَّ مُغلقًا لشهرين في وجه الآخرين، حتّى في وجه كاترين نفسها.

راح زياد يملأه بحضوره، بأشيائه وفوضاه، بضحكته العالية أحيانًا، وبحضوره السرّيّ الغامض دائمًا. فأكاد أشكره فقط، لأنّه أشرع نوافذ هذا البيت، واحتلّ غرفة من غرفه.. وربّما احتلّه كلّه.

عُدنا تلقائيًا إلى عاداتنا القديمة التي تعود إلى خمس سنوات، عندما زارني أوّل مرّة في باريس.

رحنا من جديد إلى المطاعم نفسها تقريبًا. جلسنا وتحدّثنا في الموضوعات نفسها تقريبًا، فلا شيء تغيّر منذ ذلك الحين. لم يسقط نظامٌ عربيّ واحد من تلك الأنظمة التي كان زياد يراهن على سقوطها منذ عرفتُه. لم يحدث أيّ زلزال سياسي هنا أو هناك، ليغيّر خريطة هذه الأمّة.

وحده لبنان أصبح وطنًا للزلازل والرّمال المتحرّكة. ولكن من تراه سيبتلع في النهاية؟

كان هذا هو السؤال الذي حاولنا أن نتنبّأ من خلاله بأكثر من جواب. وكان النقاش يصبّ في النهاية دائمًا في القضيّة الفلسطينيّة، وفي خلافات فصائلها، والمعارك التي حدثت بين عناصرها في لبنان، والتصفيات الجسديّة التي راح ضحيّتها أكثر من اسم فلسطيني في الخارج.

كان حديث زياد ينتهي كالعادة بشتم تلك الأنظمة التي تشتري مجدها بالدم الفلسطينيّ، تحت أسماء مستعارة كالرفض والصمود.. والمواجهة. فينعتها في فورة غضبه بكلّ النعوت الشرقيّة البذيئة، التي أضحك لها وأنا أكتشف بعضها لأوّل مرّة.

وأكتشف أيضًا أنَّ لكلّ ثوّار قاموسهم الخاصّ، الذي تفرزه ثورتهم ومعايشتهم الخاصّة، فأستعيد بحنين، مفردات أخرى لزمنٍ آخر وثورةٍ أخرى.

ربّما كان هذا الأسبوع هو أجمل الأيّام التي قضيتها مع زياد، والتي حاولت بعد ذلك ولعدّة سنوات ألّا أذكر غيرها، حتّى لا أشعر بالمرارة ولا بالحسرة على كلِّ ما عشته بعدها عن خطأ أو عن صواب.

كلّ ما مرَّ بي من ألم.. من غيرة ومن صدمات، وأنا أضَعكُما ذات يوم هكذا وجهًا لوجه، دون أيّ مقدِّمات أو توضيحات خاصّة.. له قلت: «سنتغدّى غدًا مع صديقة كاتبة.. لا بدّ أن أعرّفك إليها..».

لم يبدُ عليه اهتمام خاصّ بكلامي. قال على طريقته الخاصّة وهو يعود لقراءة جريدته: «أنا أكره النساء عندما يحاولن ممارسة الأدب تعويضًا عن ممارسات أخرى.. أتمنّى ألّا تكون صديقتك هذه عانسًا، أو امرأة في سنّ اليأس.. فأنا لا صبر لي على هذا النوع من النِّساء!» لم أجبه. رحت أتعمَّق في فكرته.. وأبتسم!

على الهاتف قلتُ لكِ: «تعالي غدًا للغداء في ذلك المطعم نفسه.. فأنا أحمل لك مفاجأة لا تتوقّعينها»..

قلتِ:

«إنّها لوحتي.. أليس كذلك؟».

أجبتك بعد شيء من التردّد: «لا.. إنّها شاعر»!.

* * *

التقيتما إذن..

ويمكن أن أقول هذه المرّة أيضًا:

«الذين قالوا وحدها الجبال لا تلتقي أخطأوا. والذين بنوا بينها جسورًا لتتصافح دون أن تنحني، لا يفهمون شيئًا في قوانين الطبيعة.

الجبال لا تلتقي إلّا في الزلازل والهزّات الأرضيّة الكبرى. وعندها لا تتصافح، بل تتحوّل إلى تراب واحد».

التقيتما إذن.. وكان كلاكما بركانًا.. فأين العجب، إذا كنت هذه المرّة أيضًا أنا الضحيّة!

ما زلت أذكر ذلك اليوم..

وصلتِ متأخِّرة بعض الشيء، وكنتُ مع زياد قد طلبنا مشروبًا في انتظارك.

ودخلتِ..

كان زياد يحدّثني عن شيءٍ ما عندما صمَتَ فجأة، وتوقّفت عيناه عليك وهو يراك تجتازين باب المطعم.

فاستدرتُ بدوري نحو الباب.. ورأيتك تتقدّمين نحونا في ثوبٍ أخضر.. أنيقة، مغرية، كما لم تكوني يومًا.

وقف زياد ليسلّم عليك وأنت تقتربين منّا. وبقيت أنا من دهشتي جالسًا. كان من الواضح أنّه لم يتوقّعك هكذا.

ها أنت ذي أخيرًا..

أحسست أنّ شيئًا ما يسمّرني إلى ذلك الكرسيّ، وكأنّ تعب كلّ الأسابيع الماضية، وكلّ عذابي بعدك قد نزل عليّ فجأة، ومنع رجليّ من الوقوف.

ها أنت ذي أخيرًا.. أهذه أنت حقًّا؟!

وقبل أن أفكر في تعريف أحدكما إلى الآخر، كنتِ قد قدّمت نفسك لزياد، وكان هو بـدوره على وشك أن يعرّفك بنفسه عندما قاطعته قائلة:

– دعني أحزر.. ألستَ زياد الخليل؟

ووقف زياد مدهوشًا قبل أن يسألك:

– كيف عرفتِ؟

استدرتِ نحوي عندئذٍ وكأنَّكِ تكتشفين وجودي هناك، فوضعت قبلتين على خدِّي وقلت وأنت توجِّهين الحديث إليه:

– أنت تملك شبكة إعلان قويّة في شخص هذا الرجل..

ثمّ سألتِني وأنت تتفحّصين ملامحي:

– لقد تغيّرتَ بعض الشيء.. ما الذي حدث لك في هذه العطلة؟

تدخّل زياد ليقول ساخرًا:

– لقد رسم إحدى عشرة لوحة في شهر ونصف.. إنَّه لم يفعل شيئًا غير هذا. نسي حتّى أن يأكل ونسي أن ينام.. أعتقد أنَّني لو لم أحضر إلى باريس لمات هذا الرجل الذي أمامك جوعًا وإعياءً وسط لوحاته.. كما لم يعد الرسّامون يموتون اليوم!

وبدل أن تسأليني سألتِ زياد بشيء من الذعر، وكأنَّكِ كنت تخافين أن أكون قد رسمت إحدى عشرة نسخة من صورتك:

– ماذا رسم؟

أجابك زياد بابتسامة وجّهها إليّ:

– لقد رسم قسنطينة.. لا شيء سوى قسنطينة.. وكثيرًا من الجسور..

صحتِ وأنتِ تسحبين كرسيًّا وتجلسين:

– لا.. أرجوكما لا تحدّثاني عن قسنطينة مرّة أخرى.. إنَّني عائدة توًّا منها. إنَّها مدينة لا تُطاق.. إنَّها الوصفة المثاليّة لكي ينتحر المرء أو يصبح مجنونًا!

ثمَّ وجَّهتِ كلامك إليّ:

– متى تُشفى أنت من هذه المدينة؟

كان يمكن أن أقول لك لو كنّا على انفراد «يوم أُشفَى منك!».

ولكن زياد أجاب ربَّما نيابة عنِّي:

– نحن لا نُشفى من ذاكرتنا يا آنستي.. ولهذا نحن نرسم.. ولهذا نحن نكتب.. ولهذا يموت بعضنا أيضًا..

رائع زياد... كان مدهشًا وشاعرًا في كلِّ شيء.

كان يقول شعرًا دون جهد، ويحبّ ويكره دون جهد، ويُغري دون جهد.

كنت أنظر إليه وهو يسألك «أنتِ جزائريّة إذن؟»، ولا أستمع لما تقولينه له.

بدا لي في تلك اللَّحظة أنَّ الحديث كان يدور بينكما فقط، وأنَّني لم أقل كلمة واحدة منذ قدومك.

كنتُ طرفًا فقط في تلك الجلسة الغريبة للقدر.

كنتُ أنظر إليك.. وأبحث في ملامحكِ عن شرح لما حلَّ بي.

سألتُك يومًا: «ما هو أجمل شيء فيك؟».

ابتسمتِ بإيماء غامض ولم تجيبي.

لم تكوني الأجمل، كنتِ الأشهى. فهل هناك من تفسيرٍ للرغبةِ!

ربَّما كان زياد يشبهك أيضًا..

اكتشفت ذلك مع مرور الأيّام، وأنا أنظر إليكما وأنتما تتحدّثان أمامي كلّ مرّة.

كان أيضًا شيء من السحر الغامض فيه.. من الجاذبيّة التي لا علاقة لها بالجمال. وكانت فكرة تشابهكما أو تطابقكما هذه تزعجني.. بل وأزعجتني ربَّما منذ اللَّحظة الأولى. عندما نبّهتني إلى تدهور صحّتي وشحوب لوني، بينما كنت أراكما أمامي في صحّة وتألّق مثيرين للغيرة.

ترى بدأت الغيرة تتسلَّل إليّ اللَّحظة.. وأنا أكتشف أنَّني لست بينكما سوى شبح، ووجهٌ حُشِرَ خطأ في لوحتكما الثنائيّة؟

لم تتنبّهي يومها أنّني وصلت إلى تلك الحالة بسببك. ولذا لم تعتذري لي، بل وأكثر من ذلك كنت تتحدّثين قليلًا إليّ.. وكثيرًا إليه. قلتِ له:

– لقد أحببت ديوانك الأخير «مشاريع للحبّ القادم»؛ لقد ساعدني شيئًا ما على تحمّل هذه العطلة البائسة. هنالك مقاطع منه حفظتها لفرط ما أعدت قراءتها..

ورحت تقرئين أمام دهشة زياد:

«تربّص بي الحزن لا تتركيني لحزن المساء
سأرحل سيّدتي
أشرعي اليوم بابك قبل البكاء
فهذي المنافي تغرّر بي للبقاء
وهذي المطارات عاهرة في انتظار
تراودُني للرحيل الأخير...»

كنت أستمع إليك تقرئين شعرًا لأوّل مرّة.

كان في صوتك موسيقى لآلة لم تخلق بعد أتعرّف إليها لأوّل مرّة في حزن نبرتك التي خلقت في البدء للفرح.. فإذا بها عزف لشيء آخر.

وكان زياد يستمع إليك بشيء من الذهول، وكأنّه فجأة يجلس خارج الزّمن وخارج الذاكرة.

كأنّه أخيـرًا قـرّر أن يجلس على شـيء آخـر غير حقائبه ليستمع إليك.

وعندما سكتِّ.. راح يقرأ بقيّة تلك القصيدة وكأنّه يقرأ لك طالعَه لا غير:

«وما لي سواكِ وطن
وتذكرة للتراب.. رصاصة عشق بلون كفن

ولا شيء غيرك عندي

مشاريع حبّ.. لعمر قصير!».

في تلك اللَّحظة.. شعرت أنَّ شحنة من الحزن المكهرب وربَّما الحبّ المكهرب أيضًا قد سرت بيننا، واخترقتنا نحن الثلاثة.

كنت أحبّ زياد.. كنت مبهورًا به. كنت أشعر أنَّه يسرق منِّي كلمات الحزن، وكلمات الوطن، وكلمات الحبِّ أيضًا..

كان زياد لساني، وكنت أنا كما كان يحلو له أن يقول.

وكنت أشعر في تلك اللَّحظة.. أنَّك أصبحتِ قلبنا.. معًا!

* * *

كان يجب أن أتوقَّع كلَّ الذي حدث.

فهل كان يمكن أوقف انجرافكما بعد ذلك؟

كنت شبيهًا بذلك العالم الفيزيائي الذي يخترع وحشًا، ثمّ يصبح عاجزًا عن السيطرة عليه.

كنت أكتشف بحماقة أنَّني صنعت قصّتكما بيدي، بل وكتبتها فصلًا فصلًا بغباء مثاليّ، وأنَّني عاجز عن التحكُّم في أبطالي.

كيف يمكن أن أضع أمامك رجلًا يصغرني باثنتي عشرة سنة، ويفوقني حضورًا وإغراءً، وأحاول أن أقيس نفسي به أمامك؟

كيف يمكن أن أفكّ صلة الكلمة التي كانت تجمعكما بتواطؤ، وأمنع كاتبة أن تحبّ شاعرًا تحفظ أشعاره عن ظهر قلب؟

وكيف أقنعه هو الذي ربَّما لم يُشفَ بعد من حبّه الجزائريّ السابق، بألّا يحبّك أنتِ التي جئت لتوقظي الذاكرة، وتشرّعي نوافذ النسيان؟

كيف حدث هذا.. وكيف أتيت بكما لأضعكما أمام قدركما.. الذي كان أيضًا قدري!

قال لي ذلك المساء:

– إنَّها رائعة هذه الفتاة.. لا أذكر أنّني قرأت لها شيئًا، فربّما بدأَت الكتابة بعدما غادرَت الجزائر حسب ما فهمت. ولكنّني أعرف هذا الاسم.. لقد سبق لي أن قرأته في مكان ما.. إنَّه ليس غريبًا عنّي.

قلتُ له وقتها:

– أنت لم تقرأ هذا الاسم بل سمعته فقط. إنَّه اسم لشارع في الجزائر يحمل اسم أبيها (الطاهر عبد المولى) الذي استشهد أثناء الثورة.

وضع زياد جريدته ونظر إليَّ دون أن يقول شيئًا.

أحسسته ذهب بعيدًا في تفكيره.

تراه بدأ أيضًا يكتشف كلّ الهوامش المثيرة للقائكما في تلك الظروف.. وكلّ التفاصيل العجيبة التي لا يمكن أن يبقى محايدًا أمامها؟

شعرت برغبة في الكلام عنك أكثر.

كنت على وشك أن أحدّثه عن سي الطاهر. كدت أخبره أنّك ابنة قائدي وصديقي. كدت أقصّ عليه حتَّى قصّتي العجيبة معك، أنت التي كان يمكن أن تكوني ابنتي، قبل أن تصبحي فجأة بعد ربع قرن حبيبتي!

كدت أحكي له قصّة لوحتي الأولى «حنين» وتصادفها مع ميلادك. وقصّة لوحاتي الأخيرة وعلاقتها بك.. وسبب تدهور صحّتي وجنوني الأخير..

كدت أشرح له سرّ قسنطينة.

أَصَمَتُّ لأحتفظ بسرّك لي كما نحتفظ بسرّ كبيرٍ نتلذّذ بحمله وحدنا؟ أكان لحبّك نكهة العمل السرّي ومتعته القاتلة؟

أم تراني كنت أخجل أن أعترف له بأنّك حبيبتي، دون أن أدري هو الذي لم أخجل منه يومًا والذي تقاسمت معه كلّ شيء؟

ألأنّك حبٌّ لم يُخلق ليُقتسم، قرّرتِ منذ البدء أن تكوني لأحدنا.. فقط؟

أَعَن صداقة أو حماقة، كنت أريد أن أمنحه فرصة حبّك الذي قد يكون حبّه الأخير، وأيّامًا من السعادة المسروقة من الموت المحتمل الذي كان يتربّص به في كلّ حين.. وفي كلّ مدينة؟

ماذا جاء زياد يفعل في باريس؟ من الواضح أنّه لم يأت في زيارة سياحيّة. ربّما جاء ليقوم ببعض الاتّصالات السرّيّة، يلتقي ببعض الجهات.. يتلقّى أو يعطي تعليمات لا أدري..

ولكنّه كان قلقًا شيئًا ما. كان يتحاشى أخذ مواعيده على الهاتف، وكان لا يغادر البيت بمفرده إلّا نادرًا.

ولم أطرح عليه يومًا أيّ سؤال عن سبب زيارته لباريس. كان هناك شيء من بقايا فترة كفاحيّة في حياتي، تجعلني أحترم أسرار الآخرين عندما يتعلّق ذلك بقضايا نضاليّة.

كنت أحترم سرّه، وكان يحترم صمتي. ولهذا نقلنا سرّنا وصمتنا حتّى قصّتنا المشتركة معك.

أكان بحدسه المفرط يتوقّع شيئًا ما بيني وبينك؟

أم تراه أمام تظاهري باللّامبالاة، لم يتوقّع وجود حبّ ملتهب كهذا في أحشائي.

وكيف يمكن أن يتوقّع ذلك، وأنا أنسحب تدريجًا على رؤوس الأصابع، لأترك له المجال لمزيد من التوسّع؟

كنت أدعه يجيب على الهاتف نيابة عنّي. يتحدّث إليك ويدعوك إلى البيت نيابة عنّي.

وكنت تأتين، وأحاول ألّا أسأل نفسي لمن جئت.. ولمن تراك تجمّلت؟

ربّما كان أكثر الأيّام وجعًا يوم زرتِ البيت بعد ذلك أوّل مرّة. كان لا بدّ أن ينبّهك زياد للوحاتي لتنتبهي إليها. رحتِ تنتقلين من غرفة إلى أخرى وكأنّك تعبرين غرف بيتك. لم يستوقفك ذلك الممرّ، ولا ذكرى قبلة قلبت حياتي رأسًا على عقب.

أكانت تلك اللّحظة هي الأكثر ألمًا، أم عندما فتحتِ (خطأ؟) بابًا، فقلت لك موضّحًا «هذه غرفة زياد». فوقفتِ أمام ذلك الباب نصف المفتوح، لحظات بدَت لي أطول ممّا قضيتِه من وقت أمام كلّ لوحاتي مجتمعة.

قلتِ وأنت تعودين إلى الصالون وتجلسين على تلك الأريكة نفسها:
– لا أفهم أن تكون رسمتَ كلّ هذه الجسور.. جنون هذا.. كانت تكفي لوحة أو اثنتان.

أَعَن اقتناع أم عن لياقة تطوّع زياد ليجيبك نيابة عنّي، بعدما لاحظ وقع كلماتك عليّ، ولاحظ تلك الخيبة التي أفقدَتني صوتي:
– أنت لم تتأمّلي هذه اللّوحات.. لقد حكمت عليها من النظرة الأولى.. وفي الرسم، اللّوحات لا تتطابق وإن تشابهت. هنالك أرقام سرّيّة تفتح لغز كلّ لوحة.. شيء شبيه بـ«الكود» لا بدّ من البحث عنه للوصول إلى ذلك الإشعار بشيءٍ ما يريد أن يوصله إلينا صاحبها..

لو مررتِ بنفس هذه السرعة أمام لوحة «لاعبي الورق» الشهيرة، لما لاحظت سوى لاعبين جالسين أمام طاولة، ولما انتبهت إلى كونهما يمسكان بأوراق بيضاء يخفيها أحدهما عن الآخر. إنَّ ما أراد أن ينقله

لنا «سيزان» ليس مشهدًا للعبة الورق بل مشهد من التزوير المُتَّفَق عليه.. وربَّما المتوارَث ما دام أحد اللاعبين أكبر من الثاني سنًّا.

وقبل أن يواصل زياد كلامه قاطعته قائلة:

– من أين تعرف كلّ هذا.. هل أنت خبير أيضًا في الرسم.. أم انتقلَت إليك عدوى خالد؟

ضحك زياد واقترب منك بعض الشيء وقال:

– ليس هذا ميدان خبرتي على الإطلاق.. إنّه ترف ليس في متناول رجل مثلي.. بل إنّ جهلي في الفنّ سيفاجئك. أنا لا أعرف غير قلّة قليلة من الرسّامين اكتشفت أعمالهم عن طريق المصادفة.. وفي الكتب المختصَّة غالبًا.. ولكنّني أحبّ بعض المدارس الحديثة التي تطرح أسئلة من خلال أعمالها..

الفنّ للفنّ لا يقنعني، والجوكندا المحترَمة لا تهزّني. أحبّ الفنّ الذي يضعني في مواجهةٍ وجوديّة مع نفسي، ولهذا أُعجبت بلوحات خالد الأخيرة.. إنّها أوّل مرّة يدهشني فيها حقًّا.

لقد توحّد مع هذا الجسر لوحة بعد أخرى في فرحٍ ثمَّ في حزن متدرّج حتّى العتمة، وكأنّه عاش بتوقيته يومًا أو عمرًا كاملًا..

في اللّوحة الأخيرة لا يظلّ باديًا من الجسر سوى شبحه البعيد تحت خيط من الضوء. كلّ شيء حوله يختفي تحت الضباب فيبدو الجسر مضيئًا علامةَ استفهام معلّقة إلى السماء. لا ركائز تشدّ أعمدته إلى أسفل، لا شيء يحدّه على يمينه ولا على يساره، وكأنّه فقد فجأة وظيفته الأولى كجسر!

أتراه بداية الصبح عندئذ أم بداية اللّيل. أتراه يحتضر أم يولد مع خيط الفجر؟ إنّه السؤال الذي يبقى معلّقًا كالجسر لوحة بعد أخرى، مطاردًا باللعبة المستمرة للظلّ والضوء، بالموت والبعث

المستمرّين، لأنّ أيّ شيء معلّق بين السماء والأرض هو شيء يحمل موته معه.

كنت أستمع إلى زياد مدهوشًا، وربّما اكتشفت شيئًا لم يخطر ببالي لحظة رسم كلّ هذه اللوحات.

أحقٌّ ما قاله؟

من المؤكّد أنّ زياد كان يتحدّث عن لوحاتي خيرًا منّي. مثل كلّ النقّاد الذين يعطونك شروحًا مدهشة لأعمالٍ فنّيّة قمت بها أنت بكلّ بساطة، دون أيّ تساؤلات فلسفيّة، فيضحكونك إذا كنت فنّانًا صادقًا وبسيطًا لا تهمّك الرموز والنظريّات المعقّدة في الفنّ. وقد يملأونك غرورًا وجنونًا، إذا كنت مثل الكثيرين الذين يأخذون أنفسهم مأخذ الجدّ، ويبدأون عندئذٍ بالتنظير والتبشير بمدرسةٍ فنّيّة جديدة!

كان تحليل زياد حقيقة هامّة أدهشتني ولم أنتبه لها من قبل.

لقد كنت أعتقد وأنا أرسم تلك الجسور أنّني أرسمك، ولم أكن في الواقع أرسم سوى نفسي. كان الجسر تعبيرًا عن وضعي المعلّق دائمًا ومنذ الأزل. كنت أعكس عليه قلقي ومخاوفي ودواري دون أن أدري.

ولهذا ربّما كان الجسر هو أوّل ما رسمت يوم فقدت ذراعي.

فهل تعني كلّ هذه الجسور، أن لا شيء تغيّر في حياتي منذ ذلك الحين؟

ربّما كان هذا هو الأصحّ.. ولكن ليس هذا كلّ شيء. وقد كان يمكن زياد أن يُفلسِف أيضًا رمز الجسر بأكثر من طريقة.. ولكن من المؤكّد أنّه لن يذهب أبعد من الرموز المعروفة، لأنّ رموزنا تأخذ بُعدها من حياتنا فقط، وزياد في النهاية لم يكن يعرف كلّ ثنايا ذاكرتي.

ولم يكن زار تلك المدينة التي تعرف وحدها سرّ الجسور!

تذكَّرت حين ذاك رسّامًا يابانيًا معاصرًا، قرأت يومًا أنَّه قضى عدَّة سنوات وهو لا يرسم سوى الأعشاب. وعندما سُئل مرّة لماذا الأعشاب دائمًا.. قال: «يوم رسمت العشب فهمت الحقل.. ويوم فهمت الحقل أدركت سرّ العالم..».

وكان على حقّ. لكلٍّ مفتاحه الذي يفتح به لغز العالم.. عالمه.

همنغواي فهم العالم يوم فهم البحر. وألبرتو مورافيا يوم فهم الرغبة، والحلّاج يوم فهم الله، وهنري ميلر يوم فهم الجنس، وبودلير يوم فهم اللَّعنة والخطيئة.

وفان غوغ.. تراه فهم حقارة العالم وساديّته، عندما كان يجلس محمومًا معصوب الرأس أمام تلك النافذة التي لم يكن يرى منها.. غير حقول عبّاد الشمس الشاسعة فلا يملك أمام إرهاقه إلّا أن يرسم أكثر من لوحة للمنظر نفسه؟

لأنَّ يده المحمومة لم تكن تقدر على رسم أكثر من تلك الزهور البسيطة الساذجة.

ولكنَّه.. كان يواصل الرسم برغم ذلك، لا ليعيش من لوحاته بل لينتقم لها ولو بعد قرن.

ألم يقل لأخيه تلك النبوءة التي تحقّقت في ما بعد حين حطّمت لوحته «عبّاد الشمس» كلّ الأرقام القياسيّة بثمنها المرتفع: «سيأتي يوم يفوق فيه ثمن لوحاتي.. ثمن حياتي».

تساءلتُ وأنا أصل إلى هذه الفكرة: هل الرسّامون أنبياء أيضًا؟ ثمّ رحت أربط هذه الفكرة بتعليق زياد «كلّ شيء مُعلَّق يحمل موته معه»..

وإذا بي أسأل نفسي، أيّ نبوءة تحمل كلُّ اللّوحات التي رسمتها في درجة متقدِّمة من اللّاوعي والجنون؟ أَمَوْت تلك المدينة أم

ميلادها؟ أصمود جسورها المعلّقة منذ قرون في وجه أكثر من نشرة جويّة وأكثر من ريح مضادّة، أم سقوطها جميعًا في دمار هائل مفاجئ، في تلك اللّحظة التي لا يفصل فيها بين اللّيل والنّهار سوى خيط باهت للغفلة.. غفلة التاريخ؟!

كنت تحت تأثير تلك الرؤية المذهلة، عندما جاء صوتك لينتزعني من هواجسي.

قلتِ وأنتِ توجّهين حديثك إليّ:

– أتدري خالد.. إنّ من حسن حظّك أنّك لم تزر قسنطينة منذ عدّة سنوات.. وإلّا لما رسمتَ من وحيها أشياء جميلة كهذه. يوم تريد أن تشفى منها عليك أن تزورها فقط.. ستكفّ عن الحلم!

طبعًا، لم أكن أدري آنذاك، أنّك ذات يوم ستتكفّلين شخصيًّا بقتل ذلك الحلم، وتوصلينني في ما بعد حتّى أعتاب قسنطينة مُكرهًا.

تدخّل زياد ليقول كلامًا جاء هذه المرّة أيضًا سابقًا لوقته.. كالنبوءة.

قال بشيء من العتاب المهذّب:

– لماذا تصرّين على قتل حلم هذا الرجل؟ هنالك أحلام نموت على يدها، دعيه سعيدًا ولو بوَهمه..

لم تعلّقي على كلامه، وكأنَّ أحلامي لم تعد تهمّك بالدرجة الأولى. سألتِه فقط:

– وأنتَ.. ما هو حلمك؟

قال:

– ربّما مدينة ما أيضًا..

– هل اسمها الخليل؟

قال مبتسمًا:

– لا.. نحن لا نحمل دائمًا أسماء أحلامنا.. ولا ننتسب لها. اسمي الخليل ومدينتي اسمها غزّة.

– ومنذ متى لم تزرها؟

– منذ حرب حزيران.. أي منذ خمس عشرة سنة تمامًا..

ثمَّ أضاف:

– يضحكني الذي يحدث لخالد اليوم، كان يقنعني في الماضي يوم كنّا في الجزائر بالزواج والعيش هناك نهائيًا. لم يكن يفهم أن تطاردني تلك المدينة إلى درجة إخراجي من كلّ المدن. وها هو الآن يصل إلى كلامي من تلقاء نفسه، ويصبح بـدوره مسكونًا بمدينة، مُطارَدًا بها.

العجيب أنّه لم يحدِّثني عنها أيّ مرّة.. وكأنّه لم يكن يوليها اهتمامًا من قبل. هنالك أشياء شبيهة بالسعادة لا ننتبه لوجودها إلّا بعد أن نفتقدها!

ربّما كان ذلك ما حدث لي.. فقد كنت أعي تدريجًا أنّني كنت سعيدًا معك قبل تلك العطلة الصيفيّة.. وقبل مجيء زياد.. وقبل أن يتحوّل حبّنا من عشقٍ ثنائيٍّ عنيفٍ إلى حبٍّ مثلَّث الأطراف كلّ زواياه متساوية، ومن لعبة شطرنج يحكمها لاعبان متقابلان، ويملأ الحبّ فيها كلّ المربّعات السوداء والبيضاء، بقانون المدّ والجزر العشقيّ، إلى لعبة طاولة، نجلس حولها نحن الثلاثة، بأوراقنا المقلوبة، وأحزاننا المقلوبة، بنبضات قلوبنا المشتركة، بذاكرتنا المشتركة، يتربّص بعضنا ببعض ونخلق قوانين جديدة للحبّ.. نزوّر الأوراق التي نملك النسخ نفسها منها، نحتال على منطق الأشياء لا ليربح أحدنا الجولة، بل لكي لا يكون بيننا من خاسر، وحتّى تكون نهايتنا أقلّ وجعًا من البداية.

كان واضحًا أنَّ زياد كان يشعر بأنَّني أحبّك بطريقةٍ أو بأخرى. ولكنَّه لم يكن يعي جذور ذلك الحبّ ومداه. ولذا كان ينساق إلى حبّك دون تفكير ودون شعور بالذنب.

لم يكن لأحدنا وعيٌ كاملٌ لينتبه إلى أنَّ العشق اسم ثنائي لا مكان فيه لطرف ثالث. ولذا عندما حوّلناه إلى مثلّث، ابتلعنا كما يبتلع مثلّث «برمودا» كلّ البواخر التي تعبره خطأً؟

كيف وصلنا إلى هنا.

أيّ ريح حملتنا إلى هذه الديار الغريبة عن طقوسنا؟ أيّ قَدَرٍ بعثرَنا ثمّ أعاد جمع أقدارنا المتناقضة المبعثرة، وأعمارنا وتواريخنا المتفاوتة، ومعاركنا وأحلامنا المتباعدة، وأوقفنا هنا، أطرافًا في معركة نخوضها مع بعضنا ضدّ بعضنا دون وعي؟

بعد أشهر قرأت بين أوراق زياد خاطرة، أدهشتني بتطابقها مع أحاسيسي هذه، كتب فيها:

«عشقُنا جولة أخرى خسرناها في زمن المعارك الفاشلة، فأيّ الهزائم أكثر إيلامًا إذن؟

مقدّرًا كان كلّ الذي حصل.

شعبَين كنّا لأرضٍ واحدة.

ونبيَّين لمدينةٍ واحدة.

وها نحن قلبان لامرأة واحدة.

كلّ شيء كان مُعَدًّا للألم. (هل يسعنا العالم معًا؟)

ها نحن نتقاسم كبرياءنا رغيفًا عربيًّا مستديرًا كجرحنا. رصاصة مستديرة الرأس.. أطلَقوها على مربّع أحمر، يتدرّب فيه القدر على إطلاق الرّصاص على دوائر سوداء تصغر تدريجًا كالدوّار.. حتَّى تصل مركز الموت..

حيث الرصاصة لا تخطئ.

حيث الرصاصة لا ترحم.

وحيث سيكون قلب أحدنا..»

كان زياد في تلك الأمسيات الشتائيّة، يسهر أحيانًا في غرفته ليكتب، وكنت أرى في ذلك علامة لا تخطئ..

لا بدّ أن يكون عاشقًا ليعود إلى الكتابة بهذه الشراهة، هو الذي لم يكتب شيئًا منذ عدّة سنوات.

كنت أبتسم أحيانًا، وصوت موسيقى خافتة ينبعث من غرفته حتّى ساعة متأخّرة من الليل.

كأنَّ زياد كان يريد أن يملأ رئتيه بالحياة، أو كأنّه لم يكن يثق بها تمامًا، ويخاف إن هو نام أن تسرق منه شيئًا.

كان يستمع دائمًا إلى الأشرطة نفسها التي لا أدري من أين أحضرها، والتي لم أكن مولعًا بها أنا على وجه التحديد، كالموسيقى الكلاسيكيّة.. وشريط لفيفالدي وآخر لتيودوراكيس.

وكنت أقول لنفسي وأنا أقضي أحيانًا سهرة كاملة بمفردي أمام التلفزيون:

«إنّه يعيش جنونه أيضًا. هنالك جنون الصّيف.. وهنالك جنون الشّتاء. انتهى جنوني وبدأ جنونه!».

ولكن.. كيف يمكنني أن أعرف درجات جنونه هذا؟ من أين آتي بمقياس للزلزال، أعرف منه ما يحدث في أعماقه بالتحديد؟

كيف يمكن ذلك، ونوباته كتابات سرِّيّة لا يدري بها غير الورق. بينما يُعلِّق جنوني على الجدران، إحدى عشرة لوحة تشهد ضدِّي.. وتفضحني.

فهل انتهى جنوني حقًّا؟

لا.. أَصبَح فقط جنونًا داخليًا لا علاقة له بالإبداع. أصبح أحاسيس مرضيّة أبذّرها هباءً في الغيرة واليأس.

فإذا غيّر زياد بدلته، شعرتُ أنّه يتوقّع قدومكِ، وإذا جلس ليكتب فهو يكتب لك، وإذا ترك البيت فهو على موعد معك..

نسيت في زحمة غيرتي، حتّى الأسباب التي جاء من أجلها زياد إلى باريس، ولقاءاته.. وهواجسه الأخرى.

.. ثمّ جاء ذلك السَّفر الذي كدت أنساه. ربّما كانت تلك أكثر تجاربي ألمًا على الإطلاق. فقد كان عليّ أن أتركّكما عشرة أيّام كاملة معًا في مدينة واحدة. وربّما غالبًا في بيتٍ واحد هو بيتي.. نظرًا لصعوبة لقائكما خارج البيت.

سافرت يومها وأنا أحاول أن أقنع نفسي بأنّها فرصة لنا جميعًا، لنضع شيئًا من الترتيب في علاقتنا، وأنّه كان لا بدّ لأحدنا من أن يتغيّب لتحسم هذه الأمور الغامضة بيننا نهائيًا.

طبعًا، لم أكن مقتنعًا في أعماقي بهذا المنطق، أو على الأقلّ بهذا القدر العنيد الذي جعل القرعة تقع عليّ.

فمن الواضح أنَّ القدر كان منحازًا لكما. وكان ذلك يؤلمني كثيرًا. ولكن ما الذي كان أشدّ إيلامًا لي:

أن أدري أنّكِ مع رجل آخر، أم أن يكون ذلك الرجل هو زياد لا سواه، أم أن تتمّ خيانتي في بيتي في غرف لم أتمتّع بك فيها؟

إلى أيّ حدّ ستذهبين معه.. وإلى أي حدٍّ سيذهب هو معك؟ وهل ستوقفه ذاكرتنا المشتركة.. وكلّ ما جمعنا يومًا من قِيَم؟

قلت لكِ الكثير عن زياد.. ولم أقل لك الأهمّ.

كان زياد يومًا خليّتي السرِّيّة، أوراق انتمائي السرِّيّة.

كان هزائمي وانتصاراتي، حججي وقناعاتي، كان عمرًا سرِّيًّا لعمرٍ آخر. فهل سيخونني زياد؟

كنت قد بدأت أعتب عليه، وربّما أحقد عليه مُسبَقًا.

نسيت في جنون غيرتي، أنّني لم أفعل شيئًا غير ذلك معكِ، أنا الذي تنكّرت أيضًا لسي الطاهر، لرجلٍ كان يومًا قائدي، وكان يومًا صديقي.. لرجل أودعك عندي وصيّة ذات يوم ومات شهيدًا.

من منّا الأكثر خيانة إذن؟

هو الذي قد يضع أحلامه ورغباته حيّز التنفيذ.. أم أنا الذي لم أنفِّذها لأنّني لم أجد فرصة لذلك؟

أنا الـذي أنـام وأصحو معك من شهور، وأغتصبك حتَّى في غفوتي.. أم هو الذي ستكونين له بإرادتك.

* * *

هنالك مدن كالنساء، تهزمكَ أسماؤها مسبقًا. تغريك وتربكك، تملأك وتفرغك، وتجرّدك ذاكرتها من كلّ مشاريعك، ليصبح الحبّ كلّ برنامجك.

هنالك مدن.. لم تخلق لتزورها بمفردك، لتتجوّل وتنام وتقوم فيها.. وتتناول فطور صباحاتها وحيدًا.

هنالك مدن جميلة كذكرى، قريبة كدمعة، موجِعة كحسرة.. هنالك مدن.. كم تشبهك!

فهل يمكن أن أنساكِ في مدينة اسمها.. غرناطة؟

كان حبّك يأتي مع المنازل البيضاء الواطئة، بسقوفها القرميديّة الحمراء.. مع عرائش العنب.. مع أشجار الياسمين الثقيلة.. مع الجداول التي تعبر غرناطة.. مع المياه.. مع الشمس.. مع ذاكرة العرب.

كان حبُّك يأتي مـع العطـور والأصـوات والـوجـوه، مـع سمرة الأندلسيّات وشعرهنَّ الحالك.

مع فساتين الفرح.. مع قيثارة محمومة كجسدك.. مع قصائد لوركا الذي تحبِّينه.. مع حزن أبي فراس الحمداني الذي أُحبُّه.

كنت أشعر أنّك جزء من تلك المدينة أيضًا.. فهل كلّ المدن العربيّة أنت... وكلّ ذاكرةٍ عربيّة أنت؟

مرّ الزمان وأنت ما زلت كمياه غرناطة، رقراقة الحنين.. تحملين طعمًا مميّزًا لا علاقة له بالمياه القادمة من الأنابيب والحنفيّات.

مرّ الزمن، وصوتك ما زال يأتي كصدى نوافير المياه وقت السّحر، في ذاكرة القصور العربيّة المهجورة، عندما يفاجئ المساء غرناطة، وتفاجئ غرناطة نفسها عاشقة لملك عربي غادرها لتوّه..

كان اسمه «أبا عبد الله». وكان آخر عاشق عربيّ قبّلها!

تراني كنت ذلك الملك الذي لم يعرف كيف يحافظ على عرشه؟

تراني أضعتُك بحماقة أبي عبد الله، وسأبكيك يومًا مثله؟

كانت أمّه قد قالت له يومًا وغرناطة تسقط في غفلة منه: «ابكِ مثل النساء مُلْكًا مُضاعًا، لم تحافظ عليه مثل الرجال...»

فهل حقًّا لم أحافظ عليك؟ وعلى مَنْ أُعلن الحرب.. أسألكِ؟

على مَنْ.. وأنتما ذاكرتي وأحبّتي.

على مَنْ.. وأنتِ مدينتي وقلعتي.

فلِمَ الخجل؟

هل هناك ملك عربيّ واحد.. حاكم عربيّ واحد، لم يبكِ منذ أبي عبد الله مدينة ما؟

فاسقطي قسنطينة.. هذا زمن السقوط السّريع!

هل سقطتِ حقًّا يومها.. هذا ما لن أعرفه أبدًا.

ولكن أعرف فقط تاريخ سقوطك الأخير، سقوطك النهائيّ الذي كنت شاهدًا عليه بعد ذلك.

فأيّ جنون كان أن تزيد المسافات من حبّك، وأن تأخذي ملامح تلك المدينة أيضًا. وإذا بي كمجنون أجلس كلّ ليلة لأكتب لك رسائل كانت تولَد من دهشتي وشوقي وغيرتي عليك. كنت أقصّ فيها تفاصيل يومي وانطباعاتي في مدينة تشبهك حدّ الدهشة.

كتبتُ لكِ مرّة:

«أريد أن أحبّك هنا. في بيتٍ كجسدك، مرسوم على طراز أندلسيّ.

أريد أن أهرب بك من المدن المُعلَّبة، وأُسكن حبّك بيتًا يشبهك في تعاريج أنوثتك العربيّة. بيتًا تختفي وراء أقواسه ونقوشه واستداراته ذاكرتي الأولى. تظلِّل حديقته شجرة ليمون كبيرة، كتلك التي يزرعها العرب في حدائق بيوتهم بالأندلس.

أريد أن أجلس إلى جوارك، كما أجلس هنا على حافة بركة ماء تسبح فيها سمكات حمراء، وأتأمّلك مدهوشًا.

أستنشق جسدك، كما أستنشق رائحة الليمون البلديّ الأخضر قبل أن ينضج.

أيّتها الفاكهة المحرّمة.. أمام كلّ شجرة أمرّ بها، أشتهيك..»

كم من الرسائل كتبت لك.. هل يمكن كاتبةً أن تقاوم الكلمات؟

كنت أريد أن أطوّقك بالحروف، أن أستعيدك بها، أن أدخل معكما حلقة الكلمات المغلقة في وجهي بتهمة الرسم فقط، فرحت أخترع من أجلك رسائل لم تُكتب قبلك لامرأة. رسائل انفجرت في ذهني فجأة بعد خمسين سنة من الصَّمت.

تراني بدأت يومها أكتب كتابي هذا دون أن أدري، بعد أن انتقل عشقي لك إلى هذه اللُّغة التي كنت أكتب بها رسائل لأوّل مرّة. قبلك كتبتُ لنساء عبرن حياتي أيّام الشباب والمراهقة.

لم أكن أجهد نفسي آنذاك في البحث عن الكلمات.

كانت اللُّغة الفرنسيّة تستدرجني تلقائيًا بحرّيّتها للقول دون عقَد.. ولا خجل.

معكِ رحت أكتشف العربيّة من جديد. أتعلّم التحايل على هَيبتها، أستسلم لإغرائها السرّي، لتعاريجها، لإيحاءاتها.

رحت أنحاز للحروف التي تشبهك.. لتاء الأنوثة.. لحاء الحرقة.. لهاء النشوة.. لألف الكبرياء.. للنقاط المبعثرة على جسدها خالات سمراء..

هل اللّغة أنثى أيضًا؟ امرأة ننحاز إليها دون غيرها، نتعلّم البكاء والضحك.. والحبّ على طريقتها. وعندما تهجرنا نشعر بالبرد وباليتم دونها؟

تراك قرأت تلك الرسائل؟ هل شعرت بعقدة يتمي وخوفي من مواسم الصقيع؟

أأدهشَتك أم تراها جاءت في غير وقتها؟

كان لا بدّ أن أكتبها لك قبل أن يتسلَّل زياد إليك من كلّ المسام، ويصبح لغتك.

فهل تفيد رسائل الحبّ عندما تأتي متأخّرة عن الحبّ؟

ألم يحبّ سلفادور دالي وبول إيلوار المرأة نفسها؟

وعبثًا راح إيلوار يكتب لها أجمل الرسائل.. وأروع الأشعار.. ليستعيدها من دالي الذي خطفها منه. ولكنّها فضَّلت جنون دالي المجهول آنذاك.. على قوافي بول إيلوار. وظلَّت حتّى موتها منحازة

لريشة دالي فقط الذي تزوّجها أكثر من مرّة بأكثر من طقس، ولم يرسم امرأة غيرها طوال حياته.

الواقع أنَّ الحبَّ لا يكرِّر نفسه كلّ مرّة، وأنَّ الرسّامين لا يهزمون الشعراء دائمًا.. حتّى عندما يحاولون التنكُّر في ثياب الكلمات.

* * *

عندما عـدتُ بعد ذلك إلى بـاريس، كانت في الحلق غصّة لازمتني طـوال تلك الأيّام، وأفسـدَت عليّ حتّى متعة نجاح ذلك المعرض، واللّقاءات الجميلة أو المفيدة التي قمتُ بها أثناءه.

كان هناك شيء داخلي ينزف دون توقُّف. عاطفة جديدة للغيرة والحقد الغامض الذي لا يفارقني ويذكّرني كلّ لحظة بأنَّ شيئًا ما يحدث هناك.

استقبلني زياد بشوق (أكان حقًّا سعيدًا بعودتي؟). أمدّني بالبريد الـذي وصل أثناء غيابي وبورقة سجّل عليها أسماء الذين طلبوني هاتفيًّا خلال تلك الأيّام.

أمسكتها دون أن ألقي عليها نظرة. كنت أدري أنّني لن أجد اسمك فيها.

ثمّ راح يسألني عن المعرض.. عن سفرتي وأخباري العامّة، ويحدّثني عن آخر التطوّرات السياسيّة بشيء من القلق، الذي فسّرته بارتباكه لحظتها أمامي لسبب أو لآخَر.

كنت أستمع إليه وأنا أتفقّد بحواسي ذلك البيت كما في خرافة الغول الذي كان كلّما عاد إلى بيته، راح يتشمّم الأجواء بحثًا عن إنسان قد يكون تسلَّل إلى مغارته أثناء غيابه..

كنت أشعر أنَّكِ مررتِ بهذا البيت. إحساس غامض كان يؤكِّد لي ذلك، دون أن أجد في الواقع حجّة تثبت لي شكوكي.

ولكن هل تهمّ الحجّة؟.. هل يُعقَل أن تمرّ عشرة أيّام دون أن تلتقيا.. وأين يمكن أن تلتقيا في مكان غير هذا؟ وإذا التقيتما فهل ستكتفيان بالحديث؟

كنتِ مَنجمًا للكبريت.. وكان زياد عاشقًا مجوسيًّا يعبد اللّهب! فهل كان يمكن أن يصمد طويلًا في وجه نيرانك.. أنت المرأة التي يحلم الرجال أن يحترقوا بها ولو وهمًا؟

رحت أبحث في ملامح زياد عن فرحٍ ما، عن سعادةٍ ما أجد فيها الحجّة القاطعة على أنَّكِ كنتِ له.

ولكن لم يبدُ على وجهه أيّ شعور خاصّ، غير القلق.

فجأة حدّثني عنكِ قال:

– لقد طلبتُ منها أن تأتي غدًا لنتناول معًا غداءنا الأخير..

صحتُ بشيءٍ من الدهشة:

– لماذا الأخير؟

قال:

– لأنّني سأسافر الأحد..

– ولماذا الأحد؟

قلتها وأنا أشعر بشيءٍ من الحزن والفرح معًا.

أجاب زياد:

– لأنّني يجب أن أعود.. كنت أنتظر فقط عودتك لأسافر. لم يكن مقرَّرًا أن أبقى هنا أكثر من أسبوعين. لقد قضيت شهرًا كاملًا ولا بدّ أن أعود.

ثمَّ أضاف بشيءٍ من السخرية:

– قبل أن أتعوّد على الحياة الباريسيّة.

تُراكِ أنتِ الحياة الباريسيّة التي كان يخاف أن يتعوّد عليها؟ تراه كان يهرب مرّة أخرى من حبّ آخر أم أنَّ مهمّته انتهت أخيرًا فلم يعد أمامه غير الرحيل؟

مرّ يوم السبت وسط مشاغل عودتي، وانشغال زياد بترتيب تفاصيل سفره.

حاولت أن أتحاشى الجلوس إليه ذلك المساء. ولكن كان يوم الأحد يتربّص بنا ويضعنا أخيرًا وجهًا لوجه نحن الثلاثة في ذلك الغداء الأخير الحاسم.

يومها قابلَتني بحرارة لم أتوقّعها. فسَّرتُها على طريقتي بأنَّها شعور بالذنب (أو ربّما بالامتنان). ألم أقدّم لكِ حبًّا على طبق من شِعر على طاولة هي.. بيتي؟!

ثمَّ شكرتني على رسائلي، وأبديتِ إعجابك بأسلوبي.. وكأنَّك أستاذة قدّم لها تلميذ نصًّا إنشائيًا.

أزعجني شكرك العلنيّ، وشعرتُ أنّك حدّثت زياد عنها وربّما أريته إيّاها أيضًا.

كنت على وشك أن أقول شيئًا عندما واصلتِ:

– تمنّيتُ لو كنت معكَ هناك.. هل غرناطة جميلة حقًّا إلى هذا الحدّ؟ وهل زرتَ حقًّا بيت غارسيا لوركا في خوانتا فاكيروس.. أليس هذا اسم ضيعته كما قلت؟ حدّثني عنه..

وجدت في طريقتك في بدء الحديث معي من الهوامش، شيئًا مثيرًا للدهشة، وربّما للتفكير أيضًا.

أهذا كلّ ما وجدتِ قوله بعد كلّ الزوابع التي مرّت بنا، بعد عشرة أيّام من الجحيم الذي عشته وحدي؟

لا أدري كيف خطر عندئذٍ في ذهني مشهد لفيلم شاهدتُه يومًا عن حياة لوركا..

قلتُ لكِ:

– أتدرين كيف مات لوركا؟

قلتِ:

– بالإعدام..

قلتُ:

– لا.. وضعوه أمام سهل شاسع وقالوا له امشِ.. وكان يمشي عندما أطلقوا خلفه الرصاص، فسقط ميتًا دون أن يفهم تمامًا ما الذي حدث له.

إنَّه أحزن ما في موته. فلم يكن لوركا يخاف الموت، كان يتوقَّعه، ويذهب إليه مشيًا على الأقدام كما نذهب لموعدٍ مع صديق.. ولكن كان يكره فقط أن تأتيه الرصاصة من الظهر!

شعرتُ آنذاك أنَّ زياد تلقَّى كلماتي كرصاصة في الصدر. رفع عينيه نحوي، أحسستُه على وشك أن يقول شيئًا ولكنَّه صَمَت.

كنّا نفهم بعضنا دون كثير من الكلام.

ندمت بعدها على إيلامي المتعمَّد له. فقد كان إيلامه يعزّ عليَّ أكثر من ألمك. ولكن كان هذا أقلّ ما يمكن أن أقوله له بعد كلّ ما عشته من عذاب بسببه.

وربَّما كان أكثره أيضًا.

تحوّل غداؤنا فجأة إلى وجبة صمت مربك تتخلّله أحيانًا أحاديث مفتعَلة، كنتِ تخترعينها أنتِ بفطرةٍ نسائيّة لترطيب الجوّ.. وربَّما للمراوغة. ولكن عبثًا.

كان هناك شيء من البلّور قد انكسر بيننا. ولم يعد هناك من أمل لترميمه.

سألتكِ بعدها:

– هل ستأتين معي لنرافق زياد إلى المطار؟

أجبتِ:

– .. لا.. لا يمكن أن أذهب إلى المطار.. قد ألتقي بعمّي هناك، إذ إنّه يحدث أن يمرّ بمكتب الخطوط الجويّة الجزائريّة. ثمّ إنّني أكره المطارات.. وأكره مراسم الوداع. الذين نحبّهم لا نودّعهم، لأنّنا في الحقيقة لا نفارقهم. لقد خُلِقَ الوداع للغرباء.. لا للأحبّة.

كانت تلك إحدى طلعاتك العجيبة المدهشة كقولك السابق مثلًا «نحن لا نكتب إهداءً سوى للغرباء وأمّا الذين نحبّهم فهم جزء من الكتاب وليسوا في حاجة إلى توقيع في الصفحة الأولى..»

ولماذا الوداع؟

هل هناك من ضرورة لوداع آخر؟

كنت أراك طوال وجبة الغداء تلتهيمنه بنظراتك ولا تأكلين شيئًا سواه.

كانت عيناك تودّعان جسده قطعة قطعة. تتوقّفان طويلًا عند كلّ شيء فيه، وكأنّك تختزنين منه صورًا عدّة.. لزمن لن يبقى لك فيه سوى الصور.

وكان هو يتحاشى نظراتك، ربّما مراعاة لي، أو لأنّ كلماتي الموجعة أفقدَته رغبة الحبّ.. ورغبة الأكل كذلك. وجعلته يحوّل نظراته الحزينة إلى أعماقه وإلى ما بعد السفر.

ولم أكن أنا أقلّ حزنًا منكما، ولكن حزني كان فريدًا وفرديًّا كخيبتي. متشعّب الأسباب غامضًا كموقفي من قصّتكما العجيبة.

وربّما زاده رفضك مرافقتي إلى المطار توتّرًا. فقد كنت أطمع في عودتك معي على انفراد لأخلو أخيرًا بك. لأفهم منك دون كثير من الأسئلة، إلى أيّ مدى كنتِ قادرة على محو تلك الأيّام من ذاكرتك، والعودة إليّ دون جروح أو خدوش.

كنتُ أدري أنّ قلبك قد أصبح منحازًا إليه. وربّما جسدك أيضًا. ولكنّني كنت أثق بمنطق الأيّام. وأعتقد أنّك في النهاية ستعودين إليّ، لأنّه لن يكون هناك سواي.. ولأنّني ذاكرتك الأولى.. وحنينك الأوّل لأبوّة كنتُ أنا نسخة أخرى عنها.

فرحت أراهن على المنطق.. وأنتظرك.

رحل زياد..

ورحتُ أستعيد تدريجًا بيتي وعاداتي الأولى قبله.

كنت سعيدًا ولكن بمرارة غامضة. فقد كنت تعوّدت وجوده معي، وكنت أشعر بشيء من الوحدة المفاجئة وهو يتركني وحدي لموسم الشتاء؛ لتلك الأيّام الرماديّة، والسهرات الطويلة المدهشة.

رحل زياد.. وفرغ البيت منه فجأة كما امتلأ به.

لم يبق سوى تلك الحقيبة التي قد تشهد على مروره من هنا، والتي تركها أسفل الخزانة بعدما جمع فيها أوراقه وأشياءه، والتي رأيت في بقائها عندي مشروع عودة محتملة، قد تكونين أنت أحد أسبابها.

ولكن لا بدّ أن أعترف بأنَّ سعادتي كانت تفوق حزني، وأنّني كنت أشعر أنّني أستعيدك وأنا أستعيد ذلك البيت الفارغ منه.

كنت أشعر بأنَّ هذا البيت سيمتلئ أخيرًا بحضورك بطريقة أو بأخرى، وأنّني سأخلو فيه بك وأنا أخلو لنفسي.

سأعيدك إليه تدريجًا. ألم تعترفي مرارًا بأنّك تحبّينه.. تحبّين طريقة ترتيبه.. تحبّين ضوءه.. منظر نهر السين الذي يطلّ عليه؟

أم ترى كنت تحبّين فقط زياد، وحضوره الذي كان يؤثّث كلّ شيء.. ويجعل الأشياء أحلى!

في البدء.. كنت أتوقّع هاتفك. كنت أتمسّك به، أستنجد به، ولكن صوتك كان ينسحب أيضًا تدريجًا أمام دهشتي.

كان هاتفك يأتي مرّة كلّ أسبوع، ثمّ كلّ أسبوعين، ثمّ نادرًا قبل أن ينقطع نهائيًّا.

كان يأتي شحيحًا كقطرات الدواء. وكنت أشعر أحيانًا بأنّك تطلبينني مجاملة فقط، أو عن ضجر، أو ربّما بنيّة غير معلنة لمعرفة أخبار زياد.

وكنت أنا أثناء ذلك، أتساءل: تراه كان يكتب إليك مباشرة على عنوان البيت، ولهذا لم تكوني في حاجة إلى أن تسأليني مرّة عن أخباره؟ أم كعادته أخبركِ مسبقًا أنّه لن يكتب إليك، وأنَّ عليك مثله أن تتعلّمي النسيان، فرُحتِ تطبّقين تلك العقوبة عليّ أيضًا؟!

كان زياد يكره أنصاف الحلول في كلّ شيء.

كان متطرّفًا كأيّ رجل يحمل بندقيّة. ولذا كان يكره أيضا ما كان يسمّيه سابقًا «أنصاف الملذّات» أو «أنصاف العقوبات»!

كان رجل الاختيارات الحاسمة. فإمّا أن يحبّ ويتخلّى عندئذٍ عن كلّ شيء ليبقى مع من يحبّ، أو يرحل لأنَّ الذي ينتظره هناك أهمّ. وعندها لن يكون من مبرّر لتعذيب النَّفس بالأشواق والذكرى.

تساءلت طويلًا بعد ذلك، ماذا عساه اختار؟

تراه تصرّف هذه المرّة أيضًا كما تصرّف منذ سنوات في الجزائر مع تلك الفتاة التي كان على وشك الزواج بها..

أم تغيّر هذه المرّة، ربّما بحكم العمر.. وربّما فقط لأنَّكِ أنتِ، ولأنَّ الذي حدث بينكما لم يكن قصّة عاديّة تحدث بين شخصين عاديّين؟

كنت أحاول أحيانًا استدراجك للحديث عنه، عساني أصل إلى نتيجة تساعدني على تحديد القواعد الجديدة للّعبة.. والتأقلم معها.

وكنت تراوغينني كعادتك. كان من الواضح أنّك تحبّين أن أحدّثك عنه، ولكن دون أن تبوحي لي بشيء.

كنت تناقضين نفسك كلَّ لحظة. تمزجين بين الجدّ والمزاح، وبين الحقيقة والكذب، في محاولة للهروب من شيء ما..

كان كلامك كذبًا أبيض أستمع إليه بفرشاتي، وألوّن جمله بألوان أكثر تناسبًا مع كلّ ما أعرفه عنك.

تعوّدت أن أكسو ما تقولينه لي بالبنفسجيّ، بالأزرق.. والرماديّ، بالقلق الذي يخيّم على كلّ ما تقولينه.

تعوّدت أن أجمع حصيلة ما قلته لي، وأصنع منها حوارًا لرسوم متتالية على ورق، أضع عليها أنا التعليقات المناسبة لحوار آخر وكلام لم ينقله.

لعلّي وقتها بدأت أكتشف تدريجًا تلك العلاقة الغامضة التي بدأت تربطك في ذاكرتي بذلك اللّون الأبيض.

لم يكن كلامك وحده كذبًا أبيض.

كنتِ امرأة تملك قدرة خارقة على استحضار ذلك اللّون في كلّ أشكاله وأضداده. أو لعلّي وقتها أيضًا بدأت دون أن أدري وبحدس غامض أُخرجُ هذا اللّون نهائيًا من ألوان لوحاتي، وأحاول الاستغناء عنه، في محاولة مجنونة لإلغائك.

كان لونًا متواطئًا معك. منذ ذلك اليوم الذي رأيتك فيه طفلة تحبو بينما تجفّ أثوابها الطفوليّة البيضاء فوق خشبات منصوبة فوق كانون. غمزة مسبقة للقدر الذي كان يُهيّأ لي معك على نارٍ باردة، أكثر من ثوب أبيض.

كان الأبيض لونًا مثلك يدخل في تركيب كلّ الألـوان، وكلّ الأشياء. فكم من الأشياء يجب أن أدمّر قبل أن أنتهي منه! وكم من اللّوحات سألغي إن أنا قاطعته!

كنت أحاول بكلّ الأشكال (والألوان..) أن أنتهي منك. ولكنّي كنت في الحقيقة أزداد تورّطًا في حبّك.

اعترفت لك مرّة على الهاتف.. في لحظة يأس:

أتدرين.. حبّك صحراء من الرمال المتحرّكة، لم أعد أدري أين أقف فيها..

أجبتِني بسخريّتكِ الموجعة:

– قف حيث أنت.. المهمّ ألّا تتحرّك. فكلّ محاولة للخلاص في هذه الحالات، ستجعل الرّمال تسحبك أكثر نحو العمق. إنّها النّصيحة التي يوجّهها أهل الصحراء لكلّ من يقع في بالوعة الرّمال المتحرّكة.. كيف لا تعرف هذا!؟!

يومها كان لا بدّ أن أحزن.. ولكنّني ضحكت. ربّما لأنّني أحبّ سخريتك الذكّية حتّى عندما تكون موجِعة، فنحن قلّما نلتقي بامرأة تعذّبنا بذكاء.

وربّما لأنّك كنتِ تزفّين لي احتمال موت كنت أراه جميلًا بقدر ما هو حتميّ..

تذكّرت مثلًا شعبيًّا رائعًا، لم أكن قد تنبّهت له من قبل: «الطير الحرّ ما ينحكمش، وإذا انحكم.. ما يتخبّطش!».

وكنت أشعر آنذاك أنّني ذلك الطائر المكابر الذي ينتسب إلى سلالة الصقور والنسور التي لا يسهل اصطيادها، والتي عندما تُصطاد، تصبح شهامتها في أن تستسلم بكبرياء، دون أن تقاوم أو تتخبّط كما يفعل طائرٌ صغيرٌ وقع في فخّ.

عندما أجبتك يومها بذلك المثل الشعبيّ، صحتِ دهشة:

– ما أجمله.. لم أكن أعرفه!

أجبتك وسط تنهيدة:

– لأنّك لم تعرفي الرجال.. ليس هذا زمنًا للصقور ولا للنسور.. إنّه زمنٌ للطيور المدجّنة التي تنتظر في الحدائق العموميّة!

ستّ سنوات مرّت على ذلك الحديث. وها أنا أذكره اليوم مصادفة، وأستعيد نصيحتك الأخيرة:

«قف حيث أنت.. المهمّ ألّا تتحرّك!».

كيف صدّقتُ يومها أنّك كنت تخافين عليّ من العواصف والزوابع.. والرّمال المتحرّكة. أنتِ التي أوقفتني هنا في مهبّ الجرح عدّة سنوات، ورحت تنفخين حولي العواصف وتحرّكين أمواج الرّمال تحت قدميّ.. وتحرّضين القدر عليّ.

لم أتحرّك أنا..

ظللتُ واقفًا بحماقة عند عتبات قلبك لسنوات عدّة.

كنت أجهل أنّك تبتلعينني بصمت، أنّك تسحبين الأرض من تحت قدميّ وأنّني أنزلق نحو العمق.

كنت أجهل أنّ زوابعك ستعود كلّ مرّة، وحتّى بعد غيابك بسنوات لتغتالني.

واليوم.. وسط الأعاصير المتأخّرة يأتي كتابك ليثير داخلي زوبعة من الأحاسيس المتطرّفة والمتناقضة معًا.

«منعطف النسيان» قلتِ..

من أين يأتي النسيان.. أسألك؟

* * *

ما زلت أذكر ذلك اليوم من فبراير، عندما جاء صوت سي الشريف على الهاتف، ليدعوني إلى العشاء في منزله.

فوجئت بدعوته، ولم أسأله حتّى عن مناسبتها. فهمت منه فقط أنّه دعا آخرين للعشاء، وأنّنا لن نكون بمفردنا.

أعترف بأنّني كنت سعيدًا ومرتبكًا بفرحي.

خجلت من نفسي لأنّني منذ لقائنا الأخير لم أطلبه سوى مرّة واحدة بمناسبة العيد، برغم إلحاحه عليّ أن أزوره ولو مرّة في المكتب، لنأخذ قهوة معًا.

فجأة، أخذت قرارًا ربّما كان أحمق. قرّرت أن آخذ إحدى لوحاتي لأهديها له.

ألم يهدِ لي اليوم تلك الفَرْحَة التي لم أعد أتوقّعها؟

سأثبت له دون كلام، أنَّ لوحاتي لا تُتَداوَل إلّا بعملة القلب لا بالعملات المشبوهة.

بعد ذلك وجدت لهذه الفكرة حسنة أخرى.

سأكون حاضرًا في ذلك البيت الـذي تسكنينه ولو معلّقًا على جدار.

في اليوم التالي، حملت لوحتي وذهبت إلى ذلك العشاء.

كان القلب يركض بي، يسبقني في ذلك الحيّ الراقي بحثًا عن تلك البناية. حتّى إنّني لم أعد أذكر من اهتدى إلى بيتك أوّلًا: عيناي.. أم قلبي.

عندما دخلتها شعرت بأنّ عطرك كان يتربّص بي عند المدخل.. وفي المصعد... وأنّك كنت هنا تقودين وجهتي بعطرك فقط.

استقبلني سي الشريف عند الباب. رحّب بي بعناق حارّ، زادت حرارته رؤية تلك اللّوحة الكبيرة التي كنت أحملها بصعوبة.

بدا لي في تلك اللَّحظة أنَّه لم يصدِّق تمامًا أن تكون هديَّة له.
تردَّد قبل أن يأخذها منِّي، لكنَّني استوقفتُه لأقول له: «هذه لوحة
منِّي.. إنَّها هديَّة لك..»

رأيت فجأة على وجهه فرحًا وغبطة نادرة. وراح ينزع عنها
الغلاف على عجل، بفضول من ربح شيئًا في اليانصيب.

ثمّ صاح وهو يرى منظر تلك القنطرة معلَّقة وسط الضباب إلى
السماء:

– هذي قنطرة الحبال!

وقبل أن أقول شيئًا عانقني وقال وهو يربِّت كتفي:

– يعطيك الصحّة.. تعيش آ حبيبي.. تعيش!

لم أتمالك من تقبيله بالحرارة نفسها، لأنَّه أهدى لي شيئًا ربَّما
لم ينتبه لثمنه عندي.

رافقني سي الشريف إلى الصالون وهو يمسك ذراعي بيد،
ويمسك لوحتي باليد الأخرى. واتَّجه بي نحو ذلك المجلس ليقدّمني
إلى ضيوفه، كأنَّه يريد أن يشهد الجميع على امتنانه لي، أو ربَّما على
علاقتنا وصداقتنا الوطيدة، التي كان شائعًا عنِّي أنَّني لا أجود بها في
هذا الزمن المبتذل.. إلّا على القلّة.

لفظ أمامي عدّة أسماء لعدّة وجوه، صافحت أصحابها وأنا
أتساءل من يكون معظمهم.

لم أكن أعرف منهم غير واحد أو اثنين، وأمّا البقيّة فكانوا
ما أسمّيه النبتات الطفيليّة.. أو «النبتات السيّئة». كما يسمّي
الفرنسيّون تلك النبتة التي تنمو من اللّاشيء، في أيّ حوض أو أيّ
تربة، وإذا بها تمدّ جذورها فجأة وتضاعف أوراقها وفروعها، حتّى
تطغى وحدها ذات يوم على كلّ التربة.

لا أدري لماذا كنت دائمًا أملك الحاسّة القويّة التي تجعلني أتعرّف إلى هذا النوع من المخلوقات أينما كانت. فهي على اختلاف أشكالها وهيئاتها ومناصبها تمتلك مظهرًا مشتركًا يفضحها، بذلك الزيف والرياء المفرط وبمظاهر الغنى والوجاهة الحديثة التي لبسَتها على عجل.. وبذلك القاموس المشترك في الحديث الذي يوهمكَ أنّها أهمّ ممّا تتوقّع.

نظرة خاطفة واحدة، وبعض الجمل المتبادَلة فقط، كانت كافية لأستنتج نوعيّة ذلك المجلس «الراقي» الذي يضمّ نخبة من وجهاء المهجر، الذين يحترفون الشعارات العلنيّة.. والصفقات السرّيّة.

من الواضح أنّني كنت في كوكب ليس كوكبي..

راح سي الشريف يطلع ضيوفه على تلك اللوحة بشيء من الفخر والمودّة معًا..

والتفت إليّ قائلًا:

– أتدري خالد.. لقد حقَّقت لي اليوم أمنية عزيزة عليّ. كنت أريد أن يكون في بيتي عمل من أعمالك. لا تَنْسَ أنّك صديق طفولتي وابن حيّي «كوشة الزيّات».. أتذكر ذلك الحيّ؟

كنت أحبّ سي الشريف. كان فيه شيء من هَيْبة قسنطينة وحضورها، شيء من الجزائر العريقة وذاكرتها، شيء من سي الطاهر، من صوته وطلَّته..

وكان في أعماقه شيء نقيّ لم يلوَّث بعد برغم كلّ شيء. ولكن حتّى متى..

كنت أشعر بأنّه محاط بالذباب وبقذارة المرحلة. وكنت أخاف أن يتسلَّل إليه العفن حتّى العمق ذات يوم.

أخاف عليه، وقد أخاف على ذلك الاسم الكبير الذي يحمله إرثًا من سي الطاهر من التدنيس.

ترى أكان شعوري ذلك حدسًا، أم استنتاجًا منطقيًا لذلك الواقع الموجع الذي كنت أراه محاطًا به؟

فهل سينجو سي الشريف من هذه العدوى؟ وماذا عساه أن يختار؟ في أيّ بحيرة سيسبح.. مع أيّ تيّار وضدّ أيّ تيّار.. ولا حياة للأسماء الصغيرة المعزولة في هذه المياه العَكِرة التي تحكمها أسماك القرش؟

كان الجواب أمامي ولم أنتبه في تلك السهرة. سي الشريف اختار بحيرته العَكِرة وانتهى الأمر.

قال جاري الأنيق خلف سيجاره الكوبي:

– لقد كنت دائمًا مُعجَبًا برسومك.. وطلبت أن يتّصلوا بك لتسهم في بعض مشاريعنا.. ولكنَّني لا أذكر أنَّني شاهدت لك أيّ لوحات عندنا.

لم أكن أدري آنذاك من هو محدّثي.. ولا عن أيّ مشاريع كان يحدّثني. ولكن كان يكفي أن يتحدَّث عن نفسه بصيغة الجمع، لأفهم أنَّه شخصيّة فوق العادة.

وكأنَّ سي الشريف تنبَّه إلى أنَّني أجهل هويَّة محدّثي فتدخَّل موضّحًا:

– إنَّ (سي...) مولع بالفنّ، وهو مشرف على مشاريع كبرى ستغيِّر الوجه الثقافي للجزائر.

ثمَّ أضاف وكأنَّه تنبَّه إلى شيء:

– .. ولكنَّك لم تزر الجزائر منذ عدَّة سنوات.. صحيح أنَّك لم ترَ بعد تلك المركَّبات الثقافيّة والتجاريّة الجديدة.. لا بدّ أن تتعرَّف إليها.. لم أُجبه..

كنت أراه يتدحرج أمامي من سلّم القيم، غباءً أو تواطؤًا لا أدري. فاحتفظت لنفسي بما سمعته عن تلك.. «المنشآت» وكلّ ما

جاورها من معالم وطنيّة بُنيت حجرًا حجرًا على العمولات والصفقات، وتناوب عليها السرّاق كبارًا وصغارًا.. على مرأى من الشهداء الذين شاء لهم سوء حظّهم أن يكون مقامهم مقابلًا.. لتلك الخيانة.

ها هو ذا إذن (سي...) يبدو طيّبًا ورجلًا شبه بسيط، لولا بدلته الأنيقة جدًّا.. وحديثه الذي لا يتوقّف عن مشاريعه القريبة والبعيدة، التي تمرّ جميعها بباريس وبأسماء أجنبيّة مشبوهة، تبدو مخجلة في فم ضابط سابق.

ها هو ذا إذن.. تراه ظاهرة ثقافيّة في عالم العسكر.. أم ظاهرة عسكريّة في عالم الثقافة..

أم أنّ هذا «الزواج المنافي للطبيعة» أصبح أمرًا طبيعيًّا مذ شاع وباؤه «رسميًّا» في أكثر من قيادة أركان عربيّة!

كان الجميع يتملّقونه، ويجاملونه، عساهم يلحسون شيئًا من ذلك العسل الذي كان يتدفّق بين يديه نهرًا من العملة الصعبة، في زمن القحط والجفاف..

وكنت أتساءل طوال تلك السهرة، ماذا كنت أفعل وسط ذلك المجلس العجيب؟

كنت أتوقّع أن تكون تلك الدعوة عائليّة، أو على الأقلّ موعدًا نادرًا لي مع الوطن، أستعيد فيه مع سي الشريف ذكرياتنا البعيدة.

ولكنّ الوطن كان غائبًا من تلك السهرة. ناب عنه جرحه، ووجهه الجديد المشوّه.

كانت سهرة في فرنسا.. نتحدّث فيها بالفرنسيّة.. عن مشاريع سيُقام معظمها عن طريق جهات أجنبيّة.. بتمويل من الجزائر.. فهل حصلنا على استقلالنا حقًّا؟

انتهت تلك السهرة في حدود منتصف الليل. فقد كان (سي...)
متعبًا وله ارتباطات ومواعيد صباحيّة.. وربّما ليليّة أيضًا.

إنَّ المال السريع الكسب، يعجّل في فتح شهيّتنا للمزيد من
الملذّات.

وكان يمكن أن أكون سعيدًا ذلك المساء. لقد كنت في الواقع
محطّ اهتمام الجميع لأسباب لم أشأ التعمّق فيها..

بل ربّما كنت النجم الثاني في تلك السهرة مع (سي...) الذي
فهمت أنَّ الدعوة كانت على شرفه، وأنّني دُعيت لها، لأنّه كان يحبُّ
أن يكون محاطًا في سهراته بالفنّانين دليلًا على ولعه بالإبداع.. وذوقه
غير العسكري!

والواقع أنّه كان لطيفًا ومجاملًا.. وأنّه حدَّثني يومها عن آرائه
الفنّيّة في مجالات مختلفة، وعن حبّه لبعض الرسّامين الجزائريّين
بالذات. بل وقال مازحًا، إنّه يحسد سي الشريف على تلك اللّوحة،
وإنّني إذا كنت آخذ معي لوحة حيث أذهب، فسيدعوني إلى بيته عند
زيارتي للجزائر..

ضحكت من مزاحه.

ولكنَّني كنت حزينًا بما فيه الكفاية بعد ذلك لأكون على حافة
البكاء، وأنا أنفرد بنفسي ذلك المساء في سريري، وأتساءل أيّ حماقة
أوصلَتني إلى ذلك البيت؟

بيت كنت أتوقَّعه بيتك، وإذا بي أدخله وأغادره دون أن ألمح
حتّى طرف ثوبك، وهو يعبر ذلك الممرّ الذي كان يفصلني.. عن عالمك.

في صباح اليوم التالي، دقّ الهاتف. توقَّعتكِ أنتِ، لكنّها كانت
كاترين.. قالت:

– قبلات صباحيّة.. وأجمل الأماني لك..

وقبل أن أسأل عن المناسبة أضافت:

– .. اليوم عيد «السان فالنتان» القدِّيس الذي يبارك العشّاق. فكَّرت أن أطلبك بدل أن أبعث إليك بطاقة.. ماذا تريد أن أتمنَّى لك في عيد الحبِّ؟

وأمام دهشتي.. أو ترددي أضافت بلهجة ساخرة أُحبُّها:

– اطلب أيُّها الأحمق.. فالدعوات تستجاب اليوم!

ضحكت..

كدت أقول لها أطلب شيئًا من النسيان فقط. ولكنَّني قلت شيئًا مشابهًا لذلك:

– أريد أن أُحال إلى التقاعد العاطفيّ.. أيمكنك أن تبلِّغي قدِّيسك طلبي هذا!

قالت:

– يا لك من مجنون.. أتمنَّى ألّا يسمعك فيحرمك من بركاته إلى الأبد.. هل أتعبَك موعدنا الأخير إلى هذا الحدِّ؟

يومها ضحكتُ مع كاترين، ثمّ وضعت تلك السمّاعة لأبكي معك. كنت أكتشف لأوّل مرّة ألم ذلك العيد الذي لم أكن سمعت به من قبل.

لم يأت هاتفكِ حتَّى ليشكرني على تلك اللّوحة، أو حتَّى على تلك الزيارة، وذلك الموعد المتعمَّد الذي حضرتُه وتغيَّبتِ عنه.

جاء عيد الحبِّ إذن..

فيا عيدي وفجيعتي، وحبِّي وكراهيّتي، ونسياني وذاكرتي، كلّ عيد وأنتِ كلّ هذا..

للحبِّ عيد إذن... يحتفل به المحبّون والعشّاق، ويتبادلون فيه البطاقات والأشواق، فأين عيد النسيان سيّدتي؟

هم الذين أعدّوا لنا مسبقًا تقويمًا بأعياد السنة، في بلد يحتفل كلّ يوم بقدِّيس جديد على مدار السنة.. أليس بين قدِّيسيهم الثلاثمئة والخمسة والستّين.. قدِّيس واحد يصلح للنسيان؟

ما دام الفراق هو الوجه الآخر للحبّ، والخيبة هي الوجه الآخر للعشق، لماذا لا يكون هناك عيد للنسيان يُضرب فيه سُعاة البريد عن العمل، وتتوقَّف فيه الخطوط الهاتفيَّة، وتُمنَع فيه الإذاعات من بثِّ الأغاني العاطفيّة.. ونكفُّ فيه عن كتابة شعر الحبّ!

منذ قرنين كتب فيكتور هوغو لحبيبته جوليات درويبه يقول: «كم هو الحبّ عقيم، إنّه لا يكفّ عن تكرار كلمة واحدة «أحبّك» وكم هو خصب لا ينضب: هناك ألف طريقة يمكنه أن يقول بها الكلمة نفسها..»

دعيني أدهشك في عيد الحبّ.. وأجرِّب معك ألف طريقة لقول الكلمة الواحدة نفسها في الحبّ..

دعيني أسلك إليك الطرق المتشعّبة الألف، وأعشقك بالعواطف المتناقضة الألف، وأنساك وأذكرك، بتطرُّف النسيان والذاكرة.

وأخضع لك وأتبرّأ منك، بتطرُّف الحرِّيّة والعبوديّة.. بتناقض العشق والكراهية.

دعيني في عيد الحبّ.. أكرهك.. بشيء من الحبّ.

تراني بدأت أكرهك يومها؟

ومتى وُلدَت داخلي تلك العاطفة بالتحديد، وراحت تنمو بسرعة مدهشة، وأصبحت تجاور الحبّ بعنفه؟

ترى إثر خيباتي المتكرّرة معك، بعد كلّ تلك الأعياد التي أخلفتها مرورًا بذكرى لقائنا، أم بسبب ذلك التوتُّر الغامض الذي كان يسكنني، ذلك الجوع الدائم إليك، الذي كان يجعلني لا أشتهي امرأة سواك؟

كنت أريدك أنت لا غير، وعبثًا كنت أتحايل على جسدي. عبثًا كنت أقدّم له امرأة أخرى غيرك. كنتِ شهوته الفريدة.. ومطلبه الوحيد. الأشدّ إيلامًا ربّما، عندما كنتُ في لحظة حبّ أمرّر يدي على شعر كاترين. وإذا بيدي تصطدم بشعيراتها القصيرة الشقراء، فأفقد فجأة شهيّة حبّي وأنا أتذكّر شعرك الغجريّ الطويل الحالك، الذي كان يمكن أن يفرش بمفرده سريري.

كان نحولها يذكّرني بامتلائك، وخطوط جسدها المستقيمة المسطّحة تذكّرني بتعاريجك وتضاريس جسدك.

وكان عطرك يأتي بغيابه حتّى حواسّي ليُلغي عطرها، ويذكّرني كطفلٍ يتصرّف بحواسه الأولى، بأنَّ ذلك العطر الفرنسي الفاخر ما كان العطر السرّيّ لأمّي!

كنت تتسلّلين إلى جسدي كلّ صباح وتطردينها من سريري.

يوقظني ألمك السرّيّ، وشهوتك المتراكمة في الجسد قنبلة موقوتة، ورغبة ليليّة مؤجّلة يومًا بعد آخر.

هل تستيقظ الرجولة باكرًا حقًّا، أم الشوق هو الذي لا ينام؟

أجيبيني أيّتها الأنثى التي تنام ملء جفونها كلّ ليلة.. أوَحدهم الرجال لا ينامون؟

ولماذا يرتبك الجسد، وأكاد أجهش على صدر غيرك بالبكاء، أكاد أعترف لها بأنّني عاشق امرأة أخرى، وأنّني عاجز أمامها لأنَّ رجولتي لم تعد ملكي، وإنّما تتلقّى أوامرها منك فقط!

متى بدأت أكرهك؟

ترى في ذلك اليوم الذي لبست فيه كاترين ثيابها، مدّعيةً بمجاملة كاذبة موعدًا ما لتتركني وحدي في ذلك السرير الذي لم يعد يشبع نهمها.

يوم اكتشفتُ وأنا أذرف دمعة رجاليّة مكابرة: أنّه يحدث للرجولة أيضًا أن تنكِّس أعلامها، وترفض حتّى لعبة المجاملة.. أو منطق الكبرياء الرجاليّ.. وأنّنا في النهاية لسنا أسياد أجسادنا كما نعتقد.

يومها تساءلت بشيء من السخرية المرّة، إن كان ذلك القدِّيس «السان فالنتان» استجاب لدعوتي بهذه السرعة.. وحوّلني حقًّا إلى عاشق متقاعد!

أذكر أنّني لعنتك.. وحقدت عليك آنذاك، وشعرت بشيء من المرارة المجاورة للبكاء.. أنا الذي لم أبكِ حتّى يوم بُترَت ذراعي، كان يمكن أن أبكي يومها وأنت تسرقين منّي آخر ما أملك.

تسرقين رجولتي!

ذات يوم سألتُك «هل تحبِّينني؟..».

قلتِ:

– لا أدري.. حبّك يزيد وينقص كالإيمان!

يمكن أن أقول اليوم، إنّ حقدي عليك كان يزيد وينقص أيضًا كإيمانك..

يومها أضفتُ بسذاجة عاشق:

– وهل أنتِ مؤمنة؟

صحتِ:

– طبعًا.. أنا أمارس كلّ شعائر الإسلام.. وفرائضه.

– وهل تصومين؟

– طبعًا أصوم.. إنّها طريقتي في تحدِّي هذه المدينة.. في التواصل مع الوطن.. ومع الذاكرة.

تعجَّبتُ لكلامك. لا أدري لماذا لم أكن أتوقَّعك هكذا. كان في مظهرك شيء ما يوهم بتحرّرك من كلّ الرواسب.

عندما أبديتُ لك دهشتي قلتِ:

– كيف تسمّي الدين رواسب، إنّه قناعة؛ وهو ككلّ قناعاتنا قضيّة لا تخصّ سوانا..

لا تصدّق المظاهر أبدًا في هذه القضايا. الإيمان كالحبّ عاطفة سرّية نعيشها وحدنا في خلوتنا الدائمة إلى أنفسنا. إنّها طُمَأنينَتنا السرّية، درعنا السرّية.. وهروبنا السرّيّ إلى العمق لتجديد طاقتنا عند الحاجة.

أمّا الذين يبدو عليهم فائض من الإيمان، فهم غالبًا ما يكونون قد أفرغوا أنفسهم من الداخل ليعرضوا كلّ إيمانهم في الواجهة، لأسباب لا علاقة لها بالله!

ما كان أجمل كلامك يومها!

كان يأتي ليقلب ثنايا الذاكرة، ويوقِظ داخلي صوت المآذن في صباحات قسنطينة.

كان يأتي مع الصلوات، مع التراتيل، مع صوت «المؤدّب» في كتاتيب قسنطينة القديمة. فأعود إلى الحصير نفسه أجلس عليه بالارتباك الطفولي نفسه، أردّد مع أولاد آخرين تلك الآيات التي لم نكن نفهمها بعد، ولكنّنا كنّا ننسخها على ذلك اللّوح ونحفظها كيفما كان، خوفًا من «الفلقة». وتلك العصا الطويلة التي كانت تتربّص بأقدامنا لتُدميها عند أوّل غلطة.

كان يأتي ليصالحني مع الله، أنا الذي لم أَصُم من سنين.

كان يصالحني مع الوطن، ويحرّضني ضدّ هذه المدينة التي تسرق منّي كلّ يوم مساحة صغيرة من الإيمان.. ومن الذاكرة.

كنتِ يومها المرأة التي أيقظَت ملائكتي وشياطيني في الوقت نفسه. ثمّ راحت تتفرّج عليّ بعدما حوّلتني إلى ساحة يتصارع الخير والشرّ فيها.. دون رحمة!

* * *

في ذلك العام.. كان النَّصر للملائكة.

قرَّرتُ أن أصوم وقتها ربَّما بتأثير كلامك، وربَّما أيضًا للهروب منك إلى الله. أما قلت «العبادة درعنا السرِّيّة».

قلت سأحتمي من سهامك بالإيمان إذن..

رحت أحاول أن أنساك وأنسى قطيعتك.. وأنسى حتَّى وجودك معي في المدينة نفسها.

كم من الأيَّام قضيتها في تلك الغيبوبة الدينيّة، بين الرهبة والذهول.. أحاول، بترويض جسدي على الجوع، أن أروّضه على الحرمان منك أيضًا.

كنت أريد أن أستعيد سلطتي على حواسّي التي تسلَّلتِ إليها، وأصبحَت تتلقَّى أوامرها منكِ وحدك.

كنت أريد أن أعيد لذلك الرجل الذي كان يومًا أنا، مكانته الأولى قبلك. هَيْبته.. حُرمته.. مبادئه.. وقِيَمه التي أعلنتِ عليها الحرب.

أعترف بأنَّني نجحت في ذلك بعض الشيء ولكنَّني لم أنجح في نسيانك أبدًا.

كنت أقع في فخِّ آخر لحبّك. وأنا أكتشف أنَّني كنت أثناء ذلك أعيش بتوقيتك لا غير.

كنت أجلس إلى طاولة الإفطار معك. وأصوم وأفطر معك. أتسحّر وأمسك عن الأكل معك، أتناول نفس أطباقك الرمضانيّة، وأتسحّر بك.. لا غير.

لم أكن أفعل شيئًا سوى التوحُّد معك في كلّ شيء دون علمي.

كنت في النهاية كالوطن. كان كلّ شيء يؤدّي إليك إذن.

مثله كان حبّك متواصلًا حتَّى بصدّه وبصمته.

مثله كان حبّك حاضرًا بإيمانه وبكفره.
فهل العبادة تَواصُل أيضًا؟

* * *

انتهى رمضان. وها أنا أنزل من طوابق سُمُوّي العابر، وأتدحرج فجأة نحو حزيران. ذلك الشهر الذي كنت أملك أكثر من مبرّر للتشاؤم منه.

فقد كان في ذاكرتي، ما عدا حزيران 67، ذكريات موجعة أخرى ارتبطت بهذا الشهر، آخرها حزيران 71 الذي قضيت بعضه في سجنٍ للتحقيق والتأديب، يُستضاف فيه بعض الذين لم يبتلعوا ألسنتهم بعد...

أمّا أوّل ذكرى مؤلمة ارتبطت بهذا الشهر فكانت تعود إلى سجن «الكدية» الذي دخلته يومًا في قسنطينة مع مئات المساجين إثر تظاهرات ماي 1945 حيث حوكمنا في بداية حزيران أمام محكمة عسكريّة.

أيّ حزيران كان الأكثر ظلمًا، وأيّ تجربة كانت الأشدّ ألمًا؟

أصبحت أتحاشى طرح هذه الأسئلة، منذ اليوم الذي أوصلَتني أجوبتي إلى جمع حقائبي ومغادرة الوطن.

الوطن الذي أصبح سجنًا لا عنوان معروفًا لزنزانته؛ لا اسم رسميًا لسجنه؛ ولا تهمة واضحة لمساجينه، والذي أصبحتُ أُقاد إليه فجرًا، معصوب العينين محاطًا بمجهولَين، يقودانني إلى وجهة مجهولة أيضًا. شرف ليس حتّى في متناول كبار المجرمين عندنا.

هل توقّعت يوم كنت شابًا بحماسته وعنفوانه وتطرّف أحلامه أنّه سيأتي بعد ربع قرن، يوم عجيب كهذا، يجرّدني فيه جزائريّ مثلي

من ثيابي.. وحتّى من ساعتي وأشيائي، ليزجّ بي في زنزانة (فرديّة هذه المرّة) زنزانة أدخلها باسم الثورة هذه المرّة..

الثورة التي سبق أن جرَّدتني من ذراعي!

أكثر من سبب وأكثر من ذكرى كانت تجعلني أتطيّر من ذلك الشهر الذي قضم الكثير من سعادتي على مرّ السنوات.

تراني في ذلك العام تحرّشت بالقدر أكثر، ليردّ على تشاؤمي بكلّ تلك الفجائع المذهلة التي حلّت بي في شهر واحد، أم فقط، كان ذلك هو قانون الفجائع والكوارث التي لا تأتي سوى دفعة واحدة «كِي تِجي تْجيبها شعرة.. وكي تروح تقطّع السلاسل»؟

كانت تلك عبثيّة الحياة، حيث يكفي لمصادفة رفيعة كشعرة أن تأتيك بالسعادة والحبّ والحظّ الذي لم تكن تتوقَّعه.

ولكن.. عندما تنقطع تلك الشعرة الرفيعة، فهي تكسر معها كلّ السلاسل التي كنت مشدودًا إليها، معتقدًا أنَّها أقوى من أن تكسرها شعرة!

قبلها لم أتنبَّه إلى أنَّ لقاءك ذات يوم، بعد ربع قرن من النسيان، كان تلك المصادفة الرفيعة كشعرة، التي عندما جاءت جرَّت معها سعادة العالم بأكمله، وعندما رحلت قطعت كلّ سلاسل الأحلام، وسحبت من تحتي سجّاد الأمان.

تلك الشعرة التي ها هي ذي وبعد ستّ سنوات، تعود اليوم لتكسر آخر أعمدة بيتي، وتهدّ السقف عليّ، بعدما ظننت أنَّني في حزيران 82 دفعت ما يكفي من الضريبة لينساني القدر بعض الوقت، بعدما لم يبق شيء واحد قائم في حياتي، يمكن أن أخاف عليه من السقوط..

كنت أجهل حين ذاك المادّة الأولى في قانون الحياة:

«إنَّ مصير الإنسان إنَّما هو خلاصة تسلسلات حمقاء.. لا غير».

* * *

كان لبداية صيف 82 طعم المرارة الغامضة، ومذاق اليأس القاتل، عندما يجمع بين الخيبات الذاتيّة والخيبات القوميّة مرّة واحدة.

وكنت أعيش بين خبريْن: خبر صمتك المتواصل، وخبر الفجائع العربيّة.

كان قدري يتربّص بي هـذه المرّة من طريق آخر. فقد جاء اجتياح إسرائيل المفاجئ لبيروت في ذلك الصيف، وإقامتها في عاصمة عربيّة لعدّة أسابيع.. على مرأى من أكثر من حاكم.. ومئات ملايين العرب.. جاء ينزل بي عدّة طوابق في سلّم اليأس.

أذكر أنّ خبرًا صغيرًا انفرد بي وقتها وغطّى على بقيّة الأخبار. فقد مات الشَّاعر اللبناني خليل حاوي منتحرًا بطلقات ناريّة، احتجاجًا على اجتياح إسرائيل للجنوب الذي كان جنوبه وحده، والذي رفض أن يتقاسم هواءه مع إسرائيل..

كان لموت ذلك الرجل الذي لم أكن قد سمعت به من قبل، ألم مميّز فريد المرارة.

فعندما لا يجد شاعر شيئًا يحتجّ به سوى موته.. ولا يجد ورقًا يكتب عليه سوى جسده.. عندها يكون قد أطلق النار أيضًا علينا.

ذهب قلبي طوال تلك الأيّام عند زياد..

كان قديمًا يقول: «الشعراء فراشات تموت في الصيف». كان وقتها مولعًا بالروائي الياباني «ميشيما» الذي مات منتحرًا أيضًا بطريقة أخرى احتجاجًا على خيبة أخرى..

تراه قالها يومها من وحي أحد عناوين ميشيما: «الموت في الصيف»، أم هي فكرة مُسبَقة ما دام يدافع عنها بسرد قائمة بأسماء الشعراء الذين اختاروا هذا الموسم ليرحلوا؟

كنت أستمع إليه آنذاك، وأحاول أن أقابل نظرته التشاؤميّة للصيف بشيء من السخرية، خشية أن ينقل عدواه إليّ. فأقول له مازحًا: «يمكنني أن أسرد عليك أيضًا عشرات الأسماء لشعراء لم يموتوا في الصيف!».

فيضحك ويردّ: «طبعًا.. هناك أيضًا من يموتون بين صيفيْن!» فلا أملك إلّا أن أجيبه: «يا لعناد الشعراء.. وحماقتهم!».

عاد زياد إلى الذاكرة. ورحت أتساءل فجأة أين يمكن أن يكون في هذه الأيّام؟

في أيّ مدينة.. في أيّ جبهة.. في أيّ شارع، وكلّ الشوارع مطوّقة، وكلّ المدن مقابر جاهزة للموت؟

منذ رحل لم تصلني منه سوى رسالة واحدة قصيرة، يشكرني فيها على ضيافتي. كان ذلك منذ رحيله.. منذ ثمانية أشهر. فماذا تراه أصبح منذ ذلك الحين؟

لم أكن قلقًا عليه حتَّى الآن. فقد عاش دائمًا وسط المعارك والكمائن، والقصف العشوائيّ. كان رجلًا يخافه الموت أو يحترمه، فلم يشأ أن يأخذه بالجملة.

وبرغم ذلك كانت عاطفة غامضة ما توقظ مخاوفي. ورحت أتشاءم وأنا أتذكّر كلامه عن الصيف.. وموت ذلك الشاعر منتحرًا.

ماذا لو كان الشعراء يقلّد بعضهم بعضًا في الموت أيضًا؟ ماذا لو لم يكونوا فراشات فقط؟ لو كانوا مثل حيتان البالين الضخمة يحبُّون الموت جماعيًا في المواسم نفسها.. على الشطآن ذاتها؟

لقد انتحر همنغواي أيضًا صيف 1961 تاركًا خلفه مسوّدة روايته الأخيرة «الصيف الخطر».

فأيّ علاقة بين الصيف وبين كلّ هؤلاء الروائيّين والشعراء الذين لم يتلاقوا؟

كان لا بدّ ألّا أتعمَّق كثيرًا في تلك الفكرة، وكأنَّني أستدرج بها القدر أو أتحدّاه، فيعطيني في ذلك الصيف تلك الصفعة التي لم أنهض منها بعد، برغم مرور السنوات.

* * *

مات زياد..

وها هو خبر نعيه يقفز مصادفة من مربّع صغير في جريدة إلى العين.. ثمّ إلى القلب.. فيتوقّف الزمن. يتكوّر النبأ غصّة في حلقي، فلا أصرخ.. ولا أبكي. أُصاب بشلل الذهول فقط، وصاعقة الفجيعة.

كيف حدث هذا؟ وكيف لم أتوقَّع موته ونظراته الأخيرة لي كانت تحمل أكثر من وداع؟

ما زالت حقيبته هنا، في خزانة غرفته تفاجئني عدّة مرّات في اليوم وأنا أبحث عن أشيائي.

لقد عاد إلى هناك دون أمتعة. أكان يعرف أنّه لن يحتاج إلى كثير من الزاد لرحلته الأخيرة، أم كان يفكّر في العودة ليستقرّ هنا ويعيش إلى جوارك كما كنت أتوهّم تحت تأثير غيرتي؟

لم أسأله يومها عن قراره الأخير. لقد سكن الصمت بيننا في الأيّام الأخيرة. وأصبحت أتحاشى الجلوس إليه. وكأنّني أخاف أن يعترف لي بأمرٍ أخشاه أو بقرار أتوقَّعه.

لم يقل شيئًا وهو يسافر مُحمَّلًا بحقيبة يد صغيرة. قال لي معتذرًا فقط: «ألا يزعجك أن أترك هذه الحقيبة عندك.. أنت تدري أنَّ مضايقات المطارات كثيرة هذه الأيّام، ولا أريد أن أنقل أشيائي مرّة أخرى من مطار إلى آخر..»

ثمّ أضاف بما يشبه السخرية: «خاصّة أن لا شيء ينتظرني في المطار الأخير!».

لم يخطئ حدسه إذن.. لم يكن في انتظاره سوى رصاصة الموت.

ما زلت أذكر قوله مرّة: «لنا في كلّ وطن مقبرة.. على أيدي الجميع متنا.. باسم كلّ الثورات وباسم كلّ الكتب»..

ولم تقتله قناعاته هذه المرّة.. قتلته هويّته فقط!

نخب ضحكته سكرتُ ذلك المساء.

نخب نبرته المميّزة التي لا يشبهها صوت.

نخب حزنه المكابر أيضًا.. ذلك الذي لا يعادله حزن.

نخب رحيله الجميل.. نخب رحيله الأخير.

بكيتُه ذلك المساء..

ذلك البكاء الموجع المكابر الـذي نسرقه سرًّا من رجولتنا. وتساءلت أيّ رجل فيه كنت أبكي الأكثر.

ولِمَ البكاء؟

لقد مات شاعرًا كما أراد.. ذات صيف كما أراد.. مقاتلًا في معركة ما كما أراد أيضًا.

لقد هزمني حتَّى بموته.

تذكّرت وقتها تلك المقولة الرائعة للشّاعر والرسّام جان كوكتو الذي كتب يومًا سيناريو فيلم يتصوَّر فيه موته مسبقًا، فتوجّه إلى بيكاسو وإلى أصدقائه القلائل الذين وقفوا يبكونه، ليقول لهم بتلك السخرية الموجعة التي كان يتقنها:

«لا تبكوا هكذا.. تظاهروا فقط بالبكاء.. فالشعراء لا يموتون. إنّهم يتظاهرون بالموت فقط!».

وماذا لو كان زياد يتظاهر بالموت فقط؟ لو فعل ذلك عن عناد.. ليقنعني بأنَّ الشعراء يموتون حقًّا في الصيف ويُبعثون في كلِّ الفصول؟ وأنتِ..

تراك تدرين؟ هل أتاك خبر موته؟ أم سيأتيك ذات يوم وسط قصّة أخرى وأبطال آخرين؟

وماذا ستفعلين يومها.. أستبكينه.. أم تجلسين لتبني له ضريحًا من الكلمات، وتدفنيه بين دفّتَي كتاب، كما تعوّدت أن تدفني على عجل كلّ من أحببت وقرّرت قتلهم يومًا؟

هو الذي كان يكره الرثاء، كراهيته لربطات العنق والبدلات الفاخرة، بأيّ لغة سترثينه؟

في الواقع.. لقد هزمك زياد كما هزمني.

وضعك أمام الحدّ الفاصل بين لعبة الموت.. والموت. فليس كلّ الأبطال قابلين للموت على ورق.

هنالك من يختارون موتهم وحدهم.. ولا يمكننا قتلهم لمجرّد كتابة رواية.

وكان يكذب.. كبطل جاهز لرواية.

كان يكابر ويدّعي أنَّ فلسطين وحدها أمّه. ويعترف أحيانًا فقط بعد أكثر من كأس، بأن لا قبر لأمّه، تلك التي دُفنَت في مقابر جماعيّة

لمذبحة أولى كان اسمها «تلّ الزعتر»، وأنّهم أخذوا صورًا تذكاريّة، ورفعوا علامات النصر ووقفوا بأحذيتهم على جثث.. ربما كانت بينها جثّتها.

لحظتها فقط كان يبدو لي أنّه يبكي.

فلِمَ البكاء زياد؟

في كلّ معركة كانت لك جثّة. في كلّ مذبحة تركتَ قبرًا مجهولًا. وها أنتَ ذا تواصل بموتك منطق الأشياء. فلا شيء كان في انتظارك غير قطار الموت.

هنالك من أخـذ قطار تـلّ الزعـتر، وهنالك مـن أخـذ قطار «بيروت 82» أو قطار صبرا وشاتيلا..

وهنا أو هناك، مَن لا يزال ينتظر رحلته الأخيرة، في مخيّم أو في بقايا بيت، أو حتّى في بلد عربي ما..

وبين كلّ قطار وقطار.. قطار.

بين كلّ موت وموت.. موت.

فما أسعد الذين أخذوا القطار الأوّل صديقي. ما أسعدهم وما أتعسنا أمام كلّ نشرة أخبار!

بعدهم كَثُرَت «وكالات السفريات» و«الرحلات الجماعيّة».

أصبحت ظاهرة عربيّة يحترفها كلّ نظام على طريقته..

بعدهم أصبح الوطن مجرّد محطّة. وأصبحت في أعماق كلٍّ منّا سكّة حديديّة تنتظر قطارًا ما.. يحزننا أن نأخذه.. ويحزننا أن يسافر دوننا.

رحل زياد إذن..

وإذا بحقيبته السوداء المنسيّة في ركن خزانته، منذ عدّة شهور، تغطِّي فجأة على كلّ أثاث البيت، وتصبح أثاثي الوحيد، حتّى كأنّني لا أرى غيرها.

عندما أعود إلى البيت. أشعر بأنَّها تنتظرني وأنني على موعد معه. عندما أترك بيتي، أشعر بأنَّني أهرب منها وأنَّها كانت بلغزها جاثمة على صدري، دون أن أدري.

ولكن كيف الهروب منها وهي تتربَّص بي كلّ مساء، عندما أطفئ جهاز التلفزيون، وأجلس وحيدًا لأدخِّن سيجارة قبل النوم فيبدأ العذاب.. وأعود إلى السؤال نفسه: ماذا داخل هذه الحقيبة.. وماذا أفعل بها؟

أحاول أن أتذكّر ماذا يفعل الناس عادة بأشياء الموتى. بثيابهم مثلًا وحاجاتهم الخاصّة. فتعود «امّا» إلى الذاكرة ومعها تلك الأيّام المؤلمة التي سبقت وتلت وفاتها.

أتذكّر ثيابها وأشياءها، أتذكّر «كندورتها» العنّابي التي لم تكن أجمل أثوابها، ولكنَّها كانت أحبّ أثوابها إليّ. فقد تعوّدتُ أن أراها تلبسها في كلّ المناسبات.

كان أكثر ثوب يحمل عطرها ورائحتها المميّزة، رائحة فيها شيء من العنبر، شيء من عرقها، وشيء شبيه بالياسمين المعتّق. مزيج من عطور طبيعيّة بدائيّة، كنتُ أستنشق معها الأمومة.

سألت عن تلك «الكندورة» بعد أيّام من وفاة «امّا» فقيل لي بشيء من الاستغراب إنَّها أُعطيت، مع أشياء أخرى، للنساء الفقيرات، اللّاتي حضرن لإعداد الطعام في ذلك اليوم.

صرخت: «إنَّها لي.. كنت أريدها..» ولكن خالتي الكبرى قالت: «إنّ أشياء الميّت يجب أن تخرج من البيت قبل خروجه منه.. ما عدا بعض الأشياء الثمينة التي يُحتفَظ بها للذكرى أو للبركة».

ومقياس «امّا».. ذلك السوار الذي لم يفارق معصمها يومًا وكأنَّها ولدت به، ماذا تراهم فعلوا به؟

لم أجرؤ على السؤال.

كان أخي حسّان الذي لم يكن يتجاوز السنوات العشر، لا يعي
شيئًا ممّا يحدث حوله سوى وفاة امّا وغيابها النهائيّ.

وكنت محاطًا بحشد من النساء اللّاتي كنّ يقرّرن كلّ شيء، كأنّ
ذلك البيت أصبح فجأة لهنّ.

أين «مقياس» امّا؟ من الأرجح أنه أصبح من نصيب إحدى
الخالات، أو ربّما استحوذ عليه أبي مع بقيّة صيغتها ليقدّمها هديّة
لعروسه الجديدة.

كلّما عدت إلى هذه الذكرى وتفاصيلها، ازدادت علاقتي بهذه
الحقيبة تعقيدًا. فقد كان لبعض الأشياء، على بساطتها، قيمة لا علاقة
لها بمقاييس الآخرين للتركة والمخلّفات. فماذا أفعل بحقيبة تركها
صاحبها منذ ثمانية أشهر دون أيّ وصيّة أو توضيح خاصّ.. ومات؟

هل أتصدّق بها على الفقراء، ما دامت أشياء الموتى يجب
أن تلحق بهم، أم أحتفظ بها ذكرى من صديق ما دمنا لا نحتفظ إلّا
بالأشياء الثمينة؟

أهي عبء.. أم أمانة؟

وإذا كانت عبئًا.. فلماذا أخذتها منه دون مناقشة، لماذا لم
أقنعه بحملها معه، بحجّة أنّني قد أترك باريس مثلًا؟

وإذا كانت أمانة.. ألم تتحوّل بموت صاحبها إلى وصيّة. فهل
نتصدّق بوصايا الشهداء.. هل نضعها عند بابنا هديّةً لأوّل عابر سبيل؟

وكنت أدري خلال تلك الأيّام التي عشتها مسكونًا بهاجس تلك
الحقيبة أنّني أرهق نفسي هباءً، وأنّ محتواها وحده يمكن أن يحدّد
قيمتها وصفتها، ويحدّد بالتالي ما يمكن أن أفعله بها. ولذا بدأت
أخافها فجأة، أنا الذي لم أكن أعيرها اهتمامًا من قبل.

ترى أكان موت زياد هو الذي أضفى عليها ذلك الطابع المربك، أم كنت في الحقيقة أخاف أن تحمل لي سرَّكِ، تحمل شيئًا عنكِ كنتُ أخاف أن أعرفه؟

* * *

كان لا بدّ أن أفتح تلك الحقيبة.. لأغلق أبواب الشكّ.

أخذت ذلك القرار ذات ليلة سبت، بعد مرور أسبوع على قراءتي خبر استشهاد زياد.

كان هناك احتمال آخر فقط، لا يخلو من الحماقة، كأن آخذها إلى مقرّ المنظّمة وأسلّمها لأحدهم هناك، ليتكفّل بإرسالها إلى أقرباء زياد في لبنان أو في مكان آخر..

ولكنّني عدلت عن هذه الفكرة الساذجة وأنا أتذكّر أنّه لم يعد لزياد من أهل في لبنان. فلمن سيسلّمها هؤلاء.. وعند أيّ قبيلة وأيّ فصيلة سينتهي مصيرها؟

من سيكون «أبوها».. وهنالك أكثر من «أبو» يعتقد أنّه ينفرد وحده بأبوّة القضيّة الفلسطينيّة، وأنّه الوريث الشرعيّ الوحيد للشهداء.. وأنّ الآخرين خونة؟

ومن أدراني على يد مَنْ مات زياد؟

على يد المجرمين «الإخوة».. أم على يد المجرمين الأعداء؟ أما كان يقول: «لقد حوّلوا «القضيّة» إلى قضايا.. حتّى يمكنهم قتلنا تحت تسمية أخرى غير الجريمة»؟

فبأيّ رصاصة مات زياد.. وخيرة الشباب الفلسطينيّ قتل برصاص فلسطينيّ.. أو عربيّ لا غير؟

في ذلك المساء.. ارتجفَت يدي وأنا أفكّ أقفال تلك الحقيبة.
شيءٌ ما جعلني أتذكّر أنّني أملك يدًا واحدة.

لم تكن الحقيبة مُغلقَة بمفتاح ولا بأقفال جانبيّة. وكأنّه تعمّد
أن يتركها لي شبه مفتوحة كما يترك أحد الباب موارِبًا، في دعوة
صامتة للدخول.

شعرت بشيء من الارتياح لهذه «الالتفاتة»، ولهذا الإذن السابق أو
المتأخّر عن أوانه، الذي منحه لي زياد لدخول عالمه الخاصّ دون إحراج..
تراه فعل ذلك لأنّه كان يكره الأقفال المخلوعة، والأبواب
المفتوحة عنوة، كراهيته للمخبرين ولأقدام العسكر؟
أم لأنّه كان يتوقّع يومًا كهذا؟

كلّ هذه الافتراضات لم تمنع قشعريرة من أن تسري في
جسدي، وفكرة أخرى من أن تعبرني..

لقد كان يعرف مسبقًا أنّه ذاهب إلى الموت. وهذه الحقيبة
كانت مُعدّة لي منذ البداية. وكان بإمكاني أن أفتحها منذ عدّة شهور.
فهي لم تعد موجودة بالنسبة إليه منذ أن غادر هذا البيت.

إنّها طريقته في قطع جذور الذاكرة.. كالعادة.

رفعتُ النصف الفوقيّ للحقيبة، بعدما وضعتها على طرف
السرير.. وألقيت نظرة أولى على ما فيها.

وإذا بالموت والحياة يهجمان عليّ معًا، وأنا أرى ثيابه أمامي،
ألمس كنزته الصوفيّة الرماديّة، وجاكيته الجلديّة السوداء التي تعوّدتُ
أن أراه بها..

ها أنا أملك حجّة حضوره، وحجّة غيابه. حجّة موته.. وحجّة
حياته. وها هي رائحة الحياة والموت تنبعثان معًا وبالقوّة نفسها من
ثنايا تلك الحقيبة.

ها أنا معه ودونه.. أمام بقاياه.

ثياب.. ثياب.. أغلفة خارجيّة لكتاب بشريّ.

واجهة قماشيّة لمسكن من زجاج.

انكسر المسكن وظلّت الواجهة، ذاكرة مثنيّة في حقيبة، فلماذا ترك لي الواجهة؟

بين الثياب قميص حريريّ سماويّ اللّون، ما زال في غلافه اللّامع الشفّاف.. لم يفتح بعد. أستنتج دون جهد أنّه هديّة منكِ.

ثمّ ثلاثة أشرطة موسيقيّة، أحدها لتيودوراكيس، والأخرى مقطوعات كلاسيكيّة أضعها جانبًا وأنا أتذكّر أنّ زياد كلّما سافر ترك لي أشرطة وكتبًا.. وثيابًا.. وحبًّا معلّقًا أيضًا.

ولكن هذه هي المرّة الأولى التي يترك فيها أشياءه مجموعة في حقيبة، مُرتَّبة بعناية وكأنّه أعدّها لنفسه وجمع فيها كلّ ما يحبّ استعدادًا لسفر ما. كأنّه أراد أن يأخذها معه حيث سيذهب وحيث كان يريد أن يرتدي جاكيته السوداء المفضّلة.. ويستمع إلى موسيقى تيودوراكيس!

وفجأة تقع يدي على روايتك أسفل الحقيبة. فأُصاب بهزّة أولى. ترتعش يدي، تتوقّف لحظات قبل أن تمسك بالكتاب. أجلس على طرف السرير قبل أن أفتحه. وكأنّني سأفتح طردًا ملغومًا. أتصفّح الكتاب بسرعة، وكأنّني لا أعرفه.

ثمّ أتذكّر شيئًا.. وأركض إلى الصفحة الأولى بحثًا عن الإهداء، فتقابلني ورقة بيضاء.. دون كلمة واحدة، دون توقيع أو إهداء، فأشعر بنوبة حزن تشلّ يدي، وبرغبة غامضة في البكاء.

لمن منّا أهديتِ نسختك المزوّرة؟ وكلانا يملك منكِ نسخة دون توقيع؟

من مِنّا أوهَمتِه أنّه يسكن الصفحات الداخليّة للكتاب – كما يسكن قلبك – وأنّه ليس في حاجة إلى إهداء؟

وهل صدّقَك زياد.. هل صدّقك – هو أيضًا – لدرجة أنّه قرّر أن يأخذ معه هذه الرواية ليعيد قراءتها، حيث سيذهب.. هناك!

كانت تلك الصفحة البيضاء كافية لإدانتك. كانت تقول بالكلمات التي لم تُكتب، أكثر ممّا كان يمكن أن تكتبي.. فهل كان مهمًّا بعد ذلك ألّا أجد أيَّ رسالة لك في تلك الحقيبة؟

لقد كنتِ امرأة تتقن الكتابة على بياض.. ووحدي كنت أعرف ذلك.

ما عدا روايتك، لم أجد سوى مفكّرة سوداء متوسّطة الحجم موضوعة أسفل الحقيبة – أيضًا – كسرّ عميق.

ما كدت أرفعها حتّى وقعَت منها «البطاقة البرتقاليّة» التي كان يستعملها زياد للتنقّل بالميترو. داخلها قصاصة بتاريخ أكتوبر، الشهر الأخير الذي رحل فيه.

أنظر إلى تلك البطاقة على عجل، وأنا لا أفكّر إلّا في الاطّلاع على تلك المفكّرة. ولكن صورته تستوقفني..

مربكة صور الموتى..

ومربكة أكثر صور الشهداء. موجعة دائمًا. فجأة يصبحون أكثر حزنًا وأكثر غموضًا من صورتهم.

فجأة.. يصبحون أجمل بلغزهم، ونصبح أبشع منهم.

فجأة.. نخاف أن نُطيل النظر إليهم.

فجأة.. نخاف من صورنا القادمة ونحن نتأمّلهم!

كَمْ كان وسيمًا ذاك الرجل.

تلك الوسامة الغامضة المَخفيَّة التي لا تفسير لها. ها هو حتَّى في صورة سريعة تُلتقط له في ثلاث دقائق، بخمسة فرنكات، يمكنه أن يكون مميّزًا.

يمكنه أن يكون حتَّى بعد موته مغريًا، بذلك الحزن الغامض الساخر، وكأنَّه يسخر مُسبَقًا من لحظة كهذه.

وأفهم مرّة أخرى أن تكوني أحببته. لقد أحببتُه قبلك بطريقة أخرى. كما نحبّ شخصًا نُعجَب به ونريد أن نشبهه، لسبب أو لآخر. فنكثر من الجلوس إليه والخروج برفقته والظهور معه. وكأنَّنا نعتقد في أعماقنا أنّ الجمال والجنون والموهبة والصفات التي تبهرنا فيه قد تكون قابلة للعدوى والانتقال إلينا عن طريق المعاشرة.

أيّ فكرة حمقاء كانت تلك! لم أكتشف أنَّها كانت سبب كارثتي إلّا أخيرًا. عندما قرأت قولًا رائعًا لكاتب فرنسي (رسّام أيضًا..) «لا تبحث عن الجمال.. لأنَّك عندما تجده، تكون قد شوّهت نفسك!». ولم أكن فعلت شيئًا غير هذه الحماقة.

أعدت بطاقته وصورته إلى الحقيبة، ورحت أقلّب تلك المفكّرة.. كنت أشعر بأنَّها تحمل شيئًا قد يفاجئني، قد يعكّر مزاجي ويشرع الباب للعواصف المتأخّرة عن مواسمها. فماذا تراه كتب في هذا الدفتر؟

كنت أدري أنَّ الحقيقة تولَد صغيرة دائمًا. وكنت أشعر بأنَّ الحقيقة هنا كانت صغيرة في حجم مفكّرة جيب. فخفت المفكّرة.. بحثت عن سيجارة أشعلها. واستلقيت على ذلك السرير لأتصفّح جرحي على مهل..

كانت الصفحات تتوالى مليئة بالمقاطع الشعريّة المبعثرة بين تاريخ وآخر. بالكتابات الهامشيّة.. ثمّ بقصائد أخرى تشغل وحدها

أحيانًا صفحتين أو ثلاثًا، ثمّ خواطر قصيرة من بضعة سطور مكتوبة وسط الصفحة بلون أحمر دائمًا.. وكأنّه يريد أن يميّزها عن بقيّة ما كتب.

ربَّما لأنّها لم تكن شعرًا، وربَّما لأنّها كانت أهمّ من الشعر.

من أين أبدأ هذه المفكّرة؟.. من أيّ مدخل ألِجُ الدهاليز السرِّيّة لزياد، التي حلمت دائمًا بالتسلّل إليها عساني أكتشفكِ فيها؟

كانت العناوين تستوقفني، فأبدأ بقراءة قصيدة. أحاول فكّ لغز الكلمات المتقاطعة.. أبحث عنك وسط الرموز تارة، ووسط التفاصيل الأكثر اعترافًا أحيانًا أخرى.

ثمّ لا ألبث أن أتركها وألهث مسرعًا إلى صفحة أخرى، بحثًا عن حجج أخرى، عن إيضاحات أكثر، عن كلمات تقول لي بالأسود والأبيض.. ما الذي حدث.

ولكنّني كنت في الواقع على درجة من الانفعال والأحاسيس المتطرِّفة المتناقضة التي كانت تكاد تشلّ تفكيري، وتجعلني عاجزًا عن التمييز بين ما أقرأ وما أتوهّم قراءته.

كان منظر تلك الحقيبة المفتوحة أمامي بأشيائها المبعثرة، وبذلك الدفتر الأسود الصغير الذي كنت ممسكًا به، يجعلني أخجل من نفسي في تلك اللَّحظة. وكأنَّني بفتحها لم أفعل شيئًا غير تشريح جثّة زياد المبعثرة بأشيائها وأشلائها على سريري، لأخرج منها هذا الدفتر الذي هو قلبه لا غير.

قلب زياد الذي نبض يومًا لك، والذي ها هو اليوم، حتّى بعد موته، يواصل نبضه في يدي على وقع الكلمات المشحونة حسرة وخوفًا.. حزنًا.. وشهوة..

«على جسدي مرّري شفتيك

فما مرّروا غير تلك السيوف عليّ

أشعليني أيا امرأة من لهب

يقرّبنا الحبّ يومًا

يباعدنا الموت يومًا

ويحكمُنا حفنةً من تراب..

تقرّبنا شهوة للجسد

ثمّ يومًا

يباعدنا الجرح ألمًا يصير بحجم جسد

توحّدت فيك

أيا امرأة من تراب ومرمر

سقيتك ثمّ بكيت وقلت..

أميرة عشقي..

أميرة موتي

تعالي!»

كم من مرّة قرأت هذا المقطع. بأحاسيس جديدة كلّ مرّة، بشكٍّ جديد كلّ مرّة، وتساءلت بعجز من لا يحترف الشعر.. أين ينتهي الخيال.. وأين يبدأ الواقع؟

***

أين يقع الحدّ الفاصل بين الرمز والحقيقة؟

كانت كلّ جملة تلغي التي سبقتها. وكانت المرأة هنا جسدًا ملتحمًا بالأرض إلى حدٍّ لم يعد فيه الفصل أو التمييز بينهما ممكنًا. ولكن كانت هناك كلمات لا تخطئ بواقعيّتها وبشهوتها المفضوحة:

«مرّري على جسدي شفتيك»

«أشعليني يا امرأة من لهب»

«تقرّبنا شهوة للجسد»

«توحّدت فيك»

أكانت الثورة إذن حشوًا من الكلمات لا أكثر برّأ بها زياد نفسه؟ كان يفضّل أن يهزمه الموت ولا تهزمه امرأة. قضيّة كبرياء.. مراوغة شخصيّة.. «أميرة موتي.. تعالي..».

ها هو الموت جاء أخيرًا. وأنتِ، تراك جئتِ في ذلك اليوم؟

هل انفرد بكِ حقًّا.. أمرّرتِ على جسده شفتيكِ.. أَشعلتِه.. أتوحّد فيكِ.. وهل..؟

من الأرجح أن يكون ذلك حصل. فتاريخ هذه القصيدة يصادف تاريخ سفري إلى إسبانيا.

كان القلب قد بدأ يطفح بعاطفة غريبة لا علاقة لها بالغيرة.

نحن لا نشعر بالغيرة من الأموات.. ولكنّنا لا يمكن أن نغيّر طعم المرارة في هذه الحالات.

فهل أمنع عينيّ اللّتين يستوقفهما اللّون الأحمر، من أن تقرآ هذه الخاطرة.. دون دموع.

«لم يبق من العمر الكثير

أيّتها الواقفة في مفترق الأضداد

أدري..

ستكونين خطيئتي الأخيرة

أسألك:

حتّى متى سأبقى خطيئتك الأولى؟

لك متّسع لأكثر من بداية

وقصيرة كلّ النهايات.

إنِّي أنتهي الآن فيك

فمن يعطي للعمر عمرًا يصلح لأكثر من نهاية؟!».

تستوقفني بعض الكلمات، وتستدرجني إلى الذهول..

ويأخذ الحبر الأحمر فجأة لونًا شبيهًا بدم ورديّ خجول يتدحرج على ورق.. ليصبح لون «خطيئتك الأولى»..

فأسرع بإغلاق تلك المفكّرة وكأنّني أخاف إن أنا واصلت قلب الصفحات، أن أفاجئكما في وضعٍ لم أتوقَّعه!

يحضرني كلام قاله زياد مرّة في زمن بعيد.. بعيد.

قال: «أنا أكنّ احترامًا كبيرًا لآدم، لأنَّه يوم قرّر أن يذوق التفّاحة لم يكتفِ بقضمها، بل أكلها كلّها. ربّما كان يدري أنَّه ليس هناك من أنصاف خطايا ولا أنصاف ملذّات.. ولذلك، لا مكان ثالثًا بين الجنّة والنّار. وعلينا – تفاديًا للحسابات الخاطئة – أن ندخل إحداهما بجدارة!».

كنت آنذاك مُعجَبًا بفلسفة زياد في الحياة. فما الذي يؤلمني اليوم في أفكار شاطرته إيّاها؟

ترى كونه سرق تفّاحته هذه المرّة من حديقتي السرِّيّة؟ أم كونه راح يقضمها أمامي.. بشهيّة من حسم اختياره وارتاح؟

«لا تملك الأشجار إلا

أن تمارس الحبّ واقفة أيضًا

يا نخلة عشقي.. قفي

وحدي حملت حداد الغابات التي

أحرقوها

ليرغموا الشَّجر على الركوع

"واقفة تموت الأشجار"

تعالي للوقوف معي

أريد أن أشيّع فيك رجولتي

إلى مثواها الأخير..».

فجأة بدأت أشعر بحماقة فتح تلك المفكّرة.

أتعبَتني تأويلاتي الشخصيّة لكلّ كلمة أصادفها.

وبدأت أشعر بالندم. فأنا برغم كلّ شيء لا أريد أن أكره زياد اليوم. لا أستطيع ذلك.

لقد منحه الموت حصانة ضدّ كراهيتي وغيرتي. وها أنا صغير أمامه وأمام موته.

ها أنا لا أملك شيئًا لإدانته، سوى كلماته القابلة لأكثر من تأويل. فلماذا أصرّ على تأويلها الأسوأ؟

لماذا أطارده بكلّ هذه الشبهات، وأنا أدري أنّه شاعر يحترف الاغتصاب اللّغويّ، نكاية في العالم الذي لم يخلق على قياسه، بل ربّما خُلِقَ على حسابه. فهل أطلق النّار عليه بتهمة الكلمات؟

لقد وُلد هكذا واقفًا.. ولا قدر له سوى قدر الأشجار. فهل أحاسبه حتّى على طريقة موته.. وعلى طريقة حبّه؟

وأذكر الآن أنّني عرفته واقفًا.

أذكر ذلك اليوم الذي زارني فيه في مكتبي أوّل مرّة، عندما أبديت له بعض ملاحظاتي على ديوانه، وطلبت منه أن يحذف بعض القصائد.

أذكر صمته، ثمّ نظرته التي توقَّفت بعض الوقت عند ذراعي المبتورة، قبل أن يقول تلك الجملة التي كانت بعد ذلك سببًا في تغيير مجرى حياتي. قال لي: «لا تبتر قصائدي.. سيّدي، ردّ لي ديواني. سأطبعه في بيروت..».

لماذا قبلت إهانته يومها، دون ردّ؟ لماذا لم أصفعه بيدي الثانية غير المبتورة وأرمي له بمخطوطه؟

ألأنّني احترمت فيه شجاعة الأشجار ووحدتها، في زمن كانت فيه الأقلام سنابل تنحني أمام أوّل ريح؟

واقفًا عرفت زياد.. وواقفًا غادرني.

أمام مخطوط تركني كأوّل مرّة. ولكن دون أيّ تعليق هذه المرّة. لقد أصبح بيننا – منذ ذلك الحين – تواطؤ الغابات... واليوم صمتها.

فجأة استيقظَت داخلي بقايا مهنة سابقة. ورحت أقلّب ذلك الدفتر وأعدّ صفحاته وأتفحّصها بعينَيْ ناشر. وإذا بحماسة مفاجئة تدبّ في قلبي وتغطّي على بقيّة الأحاسيس، وقرارٌ جنونيٌّ يسكنني.

سأنشر هذه الكتابات في مجموعة شعريّة، قد أسمّيها «الأشجار» أو «مسوّدات رجلٍ أحبّكِ».. أو عنوانًا آخر قد أعثر عليه أثناء ذلك.

المهمّ.. أن تصدر هذه الخواطر الأخيرة لزياد. أن أمنحه عمرًا آخر لا صيف لا صيف فيه.. فهكذا ينتقم الشعراء دائمًا من القدر الذي يطاردهم كما يطارد الصيف الفراشات..

إنّهم يتحوّلون إلى دواوين شعر. فمن يقتل الكلمات؟

* * *

أنقذني دفتر زياد من اليأس دون أن أدري..

منحني مشاريع لأيّام كانت فارغة من أيّ مشروع. فقد حدث في تلك الأيّام أن قضيت ساعات بأكملها وأنا أنسخ قصيدة، أو أبحث

عن عنوان لأخرى، وأحاول ترتيب فوضى تلك الخواطر والمقاطع المُبعثَرة، لوضعها في سياقٍ صالح للنشر.

كنت أشعر بلذّة ومرارة معًا..

لذّة الانحياز للفراشات، وبَعثِ الحياة في كلماتٍ وحدي أملك حقّ وَأدِها في مفكّرة، أو منحها الخلود في كتاب.

ومرارة أخرى..

مرارة التنقيب في أوراق شاعر مات، والتجوّل في دورته الدمويّة، في نبضه وحزنه ونشوته، ودخول عالمه المُغلَق السرّي دون تصريح ولا رخصة منه، والتصرّف نيابة عنه في الاختيار وفي الإضافة والحذف.

أحقًّا كنت أملك صلاحيّة كهذه..؟ ومن يمكن أن يدّعي أنّه لسبب أو لآخر مُوكَل بمهمّة كهذه؟

ولكن من يجرؤ أيضًا على الحكم بالموت على كلمات الآخرين، ويقرّر الاستحواذ عليها وحده؟

كنت أدري في أعماقي، أنّه إذا كان لموت الشعراء والكتّاب نكهة حزن إضافيّة، تميّزهم عن موت الآخرين، فربّما تُعزى لكونهم وحدهم عندما يموتون يتركون على طاولتهم، ككلّ المبدعين، رؤوس أقلام.. رؤوس أحلام، ومسوّدات أشياء لم تكتمل.

ولذا فإنَّ موتهم يحرجنا.. بقدر ما يحزننا.

أمّا الناس العاديُّون، فهم يحملون أحلامهم وهمومهم ومشاعرهم فوقهم. إنّهم يلبسونها كلّ يوم مع ابتسامتهم، وكآبتهم، وضحكتهم، وأحاديثهم، فتموت أسرارهم معهم.

في البدء، كان سرّ زياد يجرحني، قبل أن يستدرجني إلى البوح، وإذا بكتاباته تخلق عندي رغبة لا تُقاوَم للكتابة.

رغبة كانت تزداد في تلك المرّات التي كنت أشعر بأنَّ كلماته لا تطال أعماقي، وأنَّها أقصر من جرحي، ربَّما لأنَّه كان يجهل النصف الآخر للقصّة، تلك التي كنت أعرفها وحدي.

متى وُلدَت فكرة هذا الكتاب؟

ترى في تلك الفترة التي قضيتُها مُحاصَرًا بإرث زياد الشعريّ، في ذلك اللّقاء غير المتوقَّع لي مع الأدب والمخطوطات التي انفصلت عنها منذ انفصالي عن وظيفتي.. منذ عدّة سنوات في الجزائر؟

أم في لقائي غير المتوقع الآخر، مع مدينة حجز لي القدر نفسه موعدًا متأخِّرًا معها؟

أكان يمكنني أن أجد نفسي وجهًا لوجه مع قسنطينة، دون سابق إنذار، دون أن تنفجر داخلي الدهشة، شلّالات شوق وجنون وخيبة..

فتجرفني الكلمات.. إلى حيث أنا!

الفصل الخامس

ما زلت أذكر ذلك السبت العجيب.. عندما رنّ الهاتف ذلك
المساء بتوقيت نشرة الأخبار.

كان سي الشريف على الخطّ بحرارة وشوق أسعداني في البداية،
وأخرجاني من رتابة صمتي الليليّ ووحدته.

كان صوته عندي عيدًا بحدّ ذاته والصلة الوحيدة التي ظلّت
تربطني بكِ، بعدما سُدّت كلّ الطرق المُوصِلة إليكِ.

وكنت أستبشر خيرًا به. إنّه يحمل دائمًا احتمال لقاءٍ بكِ بطريقة
أو بأخرى.

ولكنّه هذه المرّة كان يحمل لي أكثر من هذا..

راح سي الشريف يعتذر أوّلًا عن انقطاعه عنّي منذ سهرتنا
الأخيرة، بسبب مشاغله الكثيرة، وزيارات المسؤولين التي لا تتوقّف
لباريس.. قبل أن يضيف:

«إنّني لم أنسَك طوال هذه الفترة.. لقد علّقتُ لوحتك في
الصالون وأصبحت أتقاسم معك البيت.. أتدري، لقد تركَت التفاتتك

تلك أثرًا كبيرًا في نفسي، وخلقت لي أكثر من حاسد.. وكلّ مرّة لا بدّ
أن أشرح للآخرين صداقتنا وعلاقتنا التي تعود إلى أيّام الشباب».

كنت أستمع له وكان القلب قد ذهب بحماقة على عجل إليك..

كان يكفي أن أعرف أنَّ تلك المكالمة تأتي من بيتٍ أنتِ فيه،
لأعود عاشقًا مبتدئًا بكلّ انفعالات العشّاق وحماقاتهم.

ولكن صوته أعادني إلى الواقع عندما سألني:

– أتدري لماذا طلبتُك الليلة؟ لقد قرّرت أن أصحبك معي إلى
قسنطينة.. لقد أهديت لي لوحة عن قسنطينة وأنا سأهدي لك سفرة
إليها..

صحت متعجّبًا:

– قسنطينة.. لماذا قسنطينة؟

قال وكأنّه يزفّ لي بشرى:

– لحضور عرس ابنة أخي الطاهر..

ثمّ أضاف بعد شيءٍ من التفكير.

– .. ربّما تذكرها. لقد حضرت افتتاح معرضك منذ شهور مع
ابنتي ناديا..

شعرت فجأة بأنّ صوتي انفصل عن جسدي، وأنّني عاجز عن أن
أجيب بكلمة واحدة.

أيمكن للكلمات أن تنزل صاعقة على شخصٍ بهذه الطريقة؟

أيمكن للجسد أن يصبح إثر كلمة، عاجزًا عن الإمساك بسمّاعة؟

يحدث في لحظات كهذه، أن أتذكر فجأة أنّني أملك يدًا واحدة..
سحبت بقدمي كرسيًا مجاورًا وجلست عليه.

وربّما لاحظ سي الشريف صمتي وحدوث شيءٍ ما.. فقطع
ذهولي قائلًا:

– يا خويا.. ما الذي يخيفك من سفرٍ كهذا؟ لقد جاء ذكرك منذ أيّام في جلسة مع بعض الأصدقاء في الأمن، وأكّدوا لي أنّه لا توجد أيّ تعليمات في شأنك، وأنَّ بإمكانك أن تزور الجزائر متى شئت. لقد تغيّرت الأمور كثيرًا منذ مجيئك، ولا بدّ أن تعود إلى الجزائر ولو في زيارة خاطفة.. إنّني أتحمّل مسؤوليّة عودتك.. ستسافر معي وعلى حسابي.. فما الذي يقلقك إلى هذا الحدّ؟

أجبته وأنا أبحث عن مخرج لتوتّري:

– الحقيقة أنّني لست مستعدًّا نفسيًّا بعد لزيارة كهذه.. وأفضّل أن تكون في ظروف أخرى..

قال:

– أنت لن تجد ظروفًا أحسن من هذه للعودة.. أنا واثقٌ من أنّني إذا لم أجرّك هكذا من يدك هذه المرّة، فقد تمضي عدّة سنوات أخرى قبل أن تعود إليها. هل ستقضي عمرك في رسم قسنطينة؟ ثمّ ألا يسعدك حضور زواج ابنة سي الطاهر؟ إنّها ابنتك أيضًا، لقد عرفتَها طفلة ويجب أن تحضر عرسها للبركة.. افعل هذا لوجه أبيها، يجب أن تقف معي في ذلك اليوم مكان سي الطاهر..

كان سي الشريف يعرف نقطة ضعفي، ويـدري مكانة سي الطاهر عندي. فراح يحرّك ما بقي داخلي من وفاء لماضينا وذاكرتنا المشتركة.

كان في ذلك الموقف شيء من السرياليّة واللّامعقول.

كنت أقف على الحدّ الفاصل بين العقل والجنون، بين الضحك والبكاء..

«لقد عرفتَها طفلة..» لا يا صديقي! عرفتُها أنثى أيضًا وهذه هي المشكلة. «إنّها ابنتك أيضًا..» لا لم تكن ابنتي، كان يمكن فقط أن

تكون كذلك ولكن.. كان يمكن أيضًا أن تكون حبيبتي.. كان يمكن أن تكون زوجتي.. كان يمكن أن تكون لي.

سألته:

– لمن ستكون؟

قال:

– أعطيتها لـ«سي...» لقد سهرتَ معه المرّة الماضية.. لا أدري ما رأيك فيه، ولكنّني أعتقد أنّه رجل طيّب برغم ما يُقال عنه.

كان في جملته الأخيرة جواب مسبق على ردٍّ كان يتوقّعه.

«سي...» إذن ولا أحد غيره!

«رجل طيّب..» هل الطيبة هي حقًّا صفته المميّزة الأولى؟ في هذه الحال، أنا أعرف أكثر من رجلٍ كان يمكن أن يصبح زوجها.

ولكن «سي...» كان أكثر من ذلك. كان رجل الصفقات السرّيّة والواجهات الأماميّة. كان رجل العملة الصعبة والمهمّات الصعبة. كان رجل العسكر.. ورجل المستقبل. فهل مهمّ بعد هذا أن يكون طيّبًا أو لا يكون؟

تجمّعَت في الحلق أكثر من غصّة، منعَتني من أن أُبدي رأيي فعلًا في ذلك الشخص، وأسأل سي الشريف سؤالًا واحدًا فقط: تُراه يعتقد حقًّا أنَّ بإمكان رجلٍ لا أخلاق له.. أن يكون طيّبًا؟

أم تراني صمتّ لأنّني كنت بدأت لا أفرّق كثيرًا بينه وبين «صهره» وأنا أسأل نفسي سؤالًا آخر.. هل يمكن لشخص يتصاهر مع رجل قذر.. أن يكون نظيفًا حقًّا؟

فقدتُ فجأة شهيّة الكلام. أخرسَتْني الصدمات المتتالية في مكالمة واحدة. فاختصرت كلّ الكلام في جملة واحدة قابلة لأكثر من تفسير:

– كلّ شيء مبروك..

ردّ سي الشريف حسب التقاليد:

– الله يهنّيك.. ويبارك فيك..

ثمّ أضاف بسعادة من نجح في امتحان:

– إذن سنراك.. راني نعوّل عليك.. سنسافر بعد عشرة أيّام تقريبًا فالزواج سيكون في 15 يوليو.. اطلبني هاتفيًا كي نتّفق على تفاصيل سفرك.

انتهَت المكالمة، وبدأت مرحلة جديدة من حياتي.

بدأ عمري الآخر الذي أعلنتُ يومها رسميًا خروجكِ منه. ولكن.. هل خرجتِ حقًّا؟

أحسست أنّ رقعة الشطرنج أصبحت فارغة إلّا منّي. كانت كلّ المربَّعات بلونٍ واحد لا غير.. وكلّ القطع أصبحت قطعةً واحدةً أُمسكها وحدي.. بيدٍ واحدة!

فهل كنتُ الرابح أم الخاسر الوحيد.. كيف لي أن أعرف ذلك؟

لقد تقلّصت الرقعة، ومعها مساحة الأمل والترقّب، حسَمها طرف آخر، كنّا نلعب جميعًا منذ البدء نيابة عنه: إنّه القدَر!

كنت أحقد على ذلك القدر أحيانًا، ولكن كنت كثيرًا ما أستسلم له دون مقاومة. بلذّة غامضة وبفضول رجل يريد أن يعرف كلّ مرّة، إلى أيّ حدّ يمكن لهذا القدر أن يكون أحمق، ولهذه الحياة أن تكون غير عادلة، وأن تكون عاهرة لا تهب نفسها سوى لذوي الثروات السريعة، ولأصحاب السلوك المشبوه الذين يغتصبونها على عجل..

وعندها كنت أجد سعادتي النادرة في مقارنة نفسي بتفاهة الآخرين، وأجد في هزائمي الذاتيّة، دليلًا على انتصارات أخرى ليست في متناول الجميع.

تراني في لحظة جنون كهذه قبلتُ أن أحضر عـرسكِ، وأن أكون شاهدًا على مأتمي، وعلى الحقارة التي يمكن أن يصلها البعض دون خجل؟

أم تراني ككلّ المبدعين، كنت مازوشيًّا بتفوّق، وأصرّ في غياب السعادة المطلقة، على أن أعيش حزني المطلق، وأن أذهب معك إلى أبعد نقطة في تعذيب النفس، فأمارس كيّ هذا القلب بنفسي ليُشفى منك؟

كرهتكِ ذلك اليوم بشراسة لم أكن عرفتها من قبل.

انقلبَت عواطفي مرّة واحدة إلى عاطفة جديدة، فيها مزيج من المرارة والغيرة والحقد.. وربّما الاحتقار أيضًا.

ما الذي أوصلكِ هنا؟

وهل النساء حقًّا مثل الشعوب، يشعرن دائمًا بإغراء.. وبضعف ما تجاه البدلات العسكريّة.. حتّى الباهتة منها؟!

ما زلت حتّى اليوم أتساءل.. كيف قبلتُ يومها أن أذهب إلى قسنطينة لحضور عرسك؟

كنت أعرف مسبقًا أنَّ دعوتي لم تكن مجرّد نيّة حسنة، والتفاتة ودّ وصداقة لرجل تجمعني به أكثر من قرابة.

ولكن كانت قبل كلّ شيء، استغلالًا للذاكرة واستعمالًا سيّئًا لاسمٍ من الأسماء القليلة التي ظلّت نظيفة في زمن انتشر فيه وباء القذارة.

كان سي الشريف يدري أنّه يقوم بصفقة قذرة، وأنّه يبيع بزواجه اسم أخيه، وأحد كبار شهدائنا مقابل منصب وصفقات أخرى..

وأنّه يتصرّف باسمه، بطريقة لم يكن ليقبلها لو كان حيًّا.

وكان يلزمه أنا.. ولا أحد غيري لأبارك اغتصابكِ، أنا صديق سي الطاهر الوحيد ورفيق سلاحه.

أنـا الهيكل المُفتَّت الأطـراف الأخير، الـذي بقي مـن ذلك الزمن الغابر.

كانت تلزمه مباركتي، ليُسكت بحضوري ضميره ويعتقد أنَّ سي الطاهر سيغفر له، هو الذي عاش من اسمه طويلًا.

فلماذا قبلتُ الدخول في تلك اللُّعبة؟ لماذا قبلت دون نقاش أن أسلّمكِ لأظافرهم؟

ألأنَّني أدري أنَّ مباركتي قضيّة شكليّة، لن تقدّم ولن تؤخّر في شيء، وأنّه لو لم يزوّجك من «سي...» لكنت من نصيب «سي...» آخر من السادة الجدد.

فمـاذا يـهمّ في النهاية، أيّ اسم مـن أسمـاء الأربعين لقّا ستحملين؟!

لماذا قبلتُ السفر.. ألكلِّ هـذا أم لأنَّني استسلمت لإغراء قسنطينة، ولندائها السرّيّ الذي كان يلاحقني ويطاردني منذ الأزل، كما يطارد نداء الحوريّات في الجزر المسحورة أولئك البحّارة الذين نزلت على بواخرهم لعنة الآلهة..

أم تراني كنت عاجزًا عن أن أخلف موعدًا معك، حتّى لو كان ذلك مناسبة زواجك؟

هنالك قرارات وليدة ضدّها، فكيف يمكنني اليوم أن أفسّر قرارًا أخذته خارج المنطق؟

كنت كعالم فيزيائي مجنون، يريد أن يجمع بين صيغتَين متفجّرتَين في الوقت نفسه: أنت.. وقسنطينة، صيغتَين صنعتهما بنفسي في نوبة شوق وعشق وجنون، قست قدرتهما التدميريّة كلًّا على انفراد، وأردتُ أن أجرِّبهما معًا كما تُجرّب قنبلة ذريّة في صحراء.

أردت أن أعيشهما معًا في انفجارٍ داخليّ واحـد.. يهزّني وحدي.. يدمّرني وحدي.. وأخرج بعده من وسط الحرائق والدمار، إمّا رجلًا آخر.. أو أشلاء رجل.

ألم تقولي مرّة إنّ هناك رغبة سرّيّة تسكننا جميعًا اسمها «شهوة اللّهب»؟

اكتشفت بعدها بنفسي التطابق بينك وبين تلك المدينة.

كان فيكما معًا، شيءٌ من اللّهب الذي لم ينطفئ.. وقدرة خارقة على إشعال الحريق..

ولكنّكما معًا، كنتما تتظاهران بإعلان الحرب على المجوس. إنّه زيف المدن العريقة المحترمة.. ونفاق بنات العائلات.. أليس كذلك؟

* * *

جاء صوتكِ يوم الاثنين هكذا دون مقدّمات. دون أيّ نبرة حزن أو فرح مميّزة.. دون ارتباك ولا أيّ خجل واضح.

ورحتِ تتحدّثين إليّ، وكأنّك تواصلين حديثًا بدأناه البارحة، كأنّ صوتك لم يعبر هذا الخطّ الهاتفيّ منذ أكثر من ستّة أشهر.

ما أغرب علاقتك بالزّمن.. وما أغرب ذاكرتك!

– أهلًا خالد.. هل أيقظتكَ؟

كان يمكن أن أقول لا، وكان من الأصحّ أن أقول نعم. ولكنّني قلت بصوت من يخرج من غيبوبة عشق:

– أنتِ..؟!

ضحكتِ.. تلك الضحكة الطفوليّة التي أسرّتني يومًا وقلت:

– أظن أنّني أنا.. هل نسيتَ صوتي؟!

ثمّ أضفتِ أمام صمتي:

– كيف أنت؟

– أحاول أن أصمد..

– تصمد في وجه من..؟

– في وجه الأيّام..

قلتِ بعد شيء من الصمت.. وكأنّكِ شعرت بذنبٍ ما:

– كلّنا نحاول ذلك..

ثمّ أضفتِ:

– هل أخباري هي التي أزعجتكَ؟

عجيب سؤالك. عجيب كذاكرتك. كعلاقتك بمن تحبّين!

قلتُ:

– أخبارك ليست سوى جزءٍ من تقلّبات الأيّام.

أجبتِ ببراءةٍ كاذبة:

– كنت أتوقَّع أن تستقبل خبر زواجي بطريقة أخـرى. لقد سمعتُ عمِّي يتحدّث إليك أمس على الهاتف، وتعجّبت أن تكون قبلتَ المجيء إلى قسنطينة دون مناقشة أو ترۇُّد. لقد أسعدني ذلك كثيرًا، وقرَّرت أن أطلبكَ.. استنتجت أنّك لم تعد عاتبًا عليّ.. فأنا أريد أن تحضر هذا العرس.. من الضروري أن تحضر..

لا أدري لماذا أعادتني كلماتك إلى مكالمتي السابقة مع سي الشريف، وإلى ذلك الموقف العجيب، عندما كان يقنعني بأنّك ابنتي. شعرت مرّة أخرى بأنّني أقف على الحدّ الفاصل بين العقل واللّاعقل، بين البكاء والضحك..

سألتكِ بشيء من المرارة الساخرة:

– أتمنّى أن أفهم سرّ إصراركم جميعًا على حضوري..

قلتِ:

– سبب إصرار عمّي على حضورك لا يهمّني إطلاقًا. ولكنّني
أدري أنّني سأكون تعيسة لو تغيّبتَ عن المجيء..

أجبتكِ بتهكّم:

– هل السادية.. آخر هواياتك؟

قلتِ بنبرة فاجأتني:

– لقد أحببتُ هذه المدينة من أجلكَ.

أجبتكِ بتلك الطريقة نفسها التي أجبتِني بها يومًا، وأنا أعترف
لكِ «لقد أحببتك يوم قرأتك» فقلتِ «كان ينبغي ألّا تقرأني..».

قلتُ:

– كان ينبغي ألّا تحبِّيها إذن..

وإذا بجوابكِ يدهشني.. يوقظني.. ويبثّ شحنة كهربائيّة في
جسدي..

– .. ولكنّني أحببتُكَ!

ها هي الكلمة التي انتظرتها عامًا دون جدوى. فهل أشكرك أم
أبكي. أم أسألك لماذا اليوم.. لماذا الآن.. ولماذا كلّ هذا العذاب إذن؟

سألتكِ فقط:

– وهو؟

أجبتِني وكأنّك تتحدّثين عن شيء لا يعنيك تمامًا:

– إنّه قدَرٌ جاهز.

قاطعتُك:

– لكلّ شخصٍ القدرُ الذي يستحقّه. كنت أتوقّع لك قدرًا غير
هذا.. كيف قبلتِ أن ترتبطي به؟

قلتِ:

– أنا لا أرتبط به.. أنا أهرب إليه فقط من ذاكرة لم تعد تصلح للسكن، بعدما أثَّثتُها بالأحلام المستحيلة والخيبات المتتالية..

– ولكن لماذا هو.. كيف يمكن أن تمرِّغي اسم والـدك في مزبلة كهذه.. أنت لستِ امرأة فقط، أنت وطن، أفلا يهمّك ما سيكتبه التاريخ يومًا؟

أجبتِ بشيء من السخرية المرّة:

– وحدكَ تعتقد أنَّ التاريخ جالس مثل ملائكة الشرّ والخير على جانبينا، ليسجّل انتصاراتنا الصغيرة المجهولة.. أو كبواتنا وسقوطنا المفاجئ نحو الأسفل. التاريخ لم يعد يكتب شيئًا. إنّه يمحو فقط! لم أسألك ما الذي تريدين محوَه بالضبط. ولم أناقشك في نظرتك الخاطئة للقِيَم..

سألتِك:

– ما الذي تريدينه منِّي على التحديد؟

قلتِ كأنّك طفلة يسألونها عن أيّ حلوى تريد:

– أريدكَ..

خطر بذهني لحظتها أنّكِ ربَّما كنت امرأة عاجزة عن حبّ رجل واحد، وأنّه يلزمك دائمًا رجلان. كانا في الماضي زياد وأنا. وأصبحا اليوم أنا.. والآخَر.

عاد صوتك يقول:

– خالد.. أتدري أنّني أحببتكَ.. لقد أردتك واشتهيتك حدّ الجنون.. شيء فيك جرّدني من عقلي يومًا.. ولكنّني قرَّرتُ أن أشفى منك.. كانت علاقة حبّنا علاقة مَرَضيّة، أنت نفسك قلت هذا..

سألتكِ:

– لماذا عدتِ اليوم إذن؟

قلت:

– عدتُ لأقنعكَ بالمجيء إلى قسنطينة. أريد أن تباركنا تلك المدينة ولو مرّة واحدة.. تباركنا ولو كذبًا، لقد تواطأَت معنا وأوصلَتنا إلى جنوننا هذا.. أدري أنّنا لن نلتقي فيها.. قد لا نتحدّث.. وقد لا نتصافح. ولكن سأكون لك ما دمنا فيها. سنتحدّاهم على مرأى منها.. ووحدها ستعرف أنّني أمنحك ليلتي الأولى.. أيسعدك هذا؟

كم من ليلة أولى تملكين؟ كم من ليلة وهميّة أولى كنت قادرة على أن تهبي على بياض، كما وهبتِ روايتك الأولى.. نسختَين مزوّرتَين لي ولزياد.. موقّعتَين على بياض.

لمن ستكونين بعد كلّ ليلة وهميّة؟ ومع من بدأتِ كذبتك الأولى؟ لمن أهديتِ هديّتك الملغومة الأولى؟

عندما أذكر كلامكِ اليوم، أضحك وأنا أشبّه نفسي آنذاك بإثيوبي جائع يسردون عليه قائمة من الأطباق الشهيّة التي لن يذوقها، ويسألونه بعدها كيف وجدها.. وإذا كان ذلك يسعده..

ولكن وقتها لم أضحك، بل ربّما بكيت وأنا أجيبك بحماقة عاشق.. «يسعدني..».

لم أنتبه إلى أنّكِ كنتِ تمنحينني ليلةً وهميّة، عليّ أن أتنازل عنها مباشرة لرجلٍ آخر، سيستفيد منها فعليًا!

ولكن هل يهمّ ذلك.. ما دمت أتنازل عن شيء ليس في جميع الحالات لي؟

هكذا التاريخ دائمًا عزيزتي وهكذا الماضي.. ندعوه في المناسبات ليتكفّل بفتات الموائد.

نتحايل على الذاكرة، نرمي لها عظمة تتلهّى بها، بينما تُنصَب الموائد للآخرين.

وهكذا الشعوب أيضًا، نهبها كثيرًا من الأوهـام.. كثيرًا من الأحلام المعلّبة، من السعادة المؤجّلة، فتغض النظر عن الولائم التي تُدعى إليها..

ولكن لم أعِ كلّ هذا إلّا بعد فوات الأوان. بعدما رُفعَت الموائد، وانسحب الجميع لأبقى وحدي.. أمام فتات الذاكرة.

قلتُ:

– أريد أن أراكِ..

صحتِ:

– لا.. لم يعد لقاؤنا ممكنًا الآن.. وربّما كان هذا أفضل. يجب أن نبحث عن نهاية أقلّ وجعًا لقصّتنا. لتكن قسنطينة لقاءنا وفراقنا معًا.. فلا داعي لمزيد من العذاب.

هكذا إذن.. قرَّرتِ قتلي حسب الأصول، بجرّة سكّين واحدة، ذهابًا وإيابًا.. في لقاءٍ وفراقٍ واحد. فما أَرأَفكِ بي.. وما أغباني! أكثر من سؤال ظلّ معلّقًا في الحلق، لم أطرحه عليك يومها.

أكثر من لومٍ.. أكثر من عتابٍ.. أكثر من رغبةٍ..

ولكن اتصالك انتهى كما بدأ، خارج الزمان، وأنا بين الغفوة واليقظة ممدّدٌ بذهول في فراشي.

حتّى إنّني تساءلت بعدها: هل طلبتِني حقًّا في ذلك الصباح أم أنا حلمت.. فقط؟

ها نحن مثل الأطفال إذن..

نمحو كلّ مرّة آثار الطباشير على الأرض لنرسم قوانين لعبة جديدة.

نتحايل على كلّ شيء لنربح كلّ شيء. فتتّسخ ثيابنا ونصاب بخدوش ونحن نقفز على رِجْل واحدة من مربّع مستحيل إلى آخر.

كلّ مربّعٍ فخٌّ نُصِبَ لنا، وفي كلّ مربّع وقفنا وتركنا أرضًا شيئًا من الأحلام.

كان لا بدّ من أن نعترف بأنّنا تجاوزنا عمر القفز على رِجْل واحدة، والقفز على الحبال، والإقامة في مربّعات الطباشير الوهميّة.

أخطأنا حبيبتي..

الوطن لا يُرسم بالطباشير، والحبّ لا يُكتب بطلاء الأظافر.

أخطأنا.. التاريخ لا يُكتب على سبُّورة، بيد تمسك طباشير وأخرى تمسك ممحاة..

والعشق ليس أرجوحة يتجاذبها الممكن والمستحيل.

دعينا نتوقّف لحظة عن اللّعب. لحظة عن الجري في كلّ الاتّجاهات. نسينا في هذه اللّعبة مَنْ مِنّا القطّ، ومَن الفأر.. ومن منّا سيلتهم مَنْ. نسينا أنّهم سيلتهموننا معًا.

لم يعد أمامنا متّسعٌ للكذب. لا شيء أمامنا سوى هذا المنعطف الأخير. لا شيء تحتنا غير هاوية الدمار.

فلنعترف بأنّنا تحطّمنا معًا.

لستِ حبيبتي..

أنتِ مشروع حبّي للزمن الآتي. أنت مشروع قصّتي المقبلة وفرحي المقبل.. أنتِ مشروع عمري الآخر.

في انتظار ذلك.. أَحِبّي من شئتِ من الرجال، واكتبي ما شئتِ من القصص..

وحدي أعرف قصّتكِ التي لن تصدر يومًا في كتاب. وحدي أعرف أبطالك المنسيِّين وآخرين صنعتهم من ورق.

وحدي أعرف طريقتك الشاذّة في الحبّ، طريقتك الفريدة في قتل من تحبّين.. لتؤثّثي كتبك فقط.

أنا الذي قتلتِني لعدّة أسباب غامضة، وأحببتُك لأسباب غامضة أخرى.

أنا الرجل الذي حوّلكِ من امرأة إلى مدينة، وحوّلتِه من حجارة كريمة إلى حصى.

لا تتطاولي على حطامي كثيرًا.

لم ينته زمن الزلازل، ما زال في عمق هذا الوطن حجارة لم تقذفها البراكين بعد.

دعينا نتوقّف لحظةً عن اللّعب. كفاك كلّ ما قُلتِه من كذب.. أعرف اليوم أنّك لن تكوني لي.

دعيني إذن، أنحشر معك يوم الحشر حيث تكونين، لأكون نصفك الآخر.

دعيني أحجز مسبقًا مكانًا لي إلى جوارك، ما دامت كلّ الأماكن محجوزة حولك هنا، وما دامت مفكّرتك ملأى بالمواعيد حتّى آخر أيّامك.. يا امرأة على شاكلة وطن.. أيهمّ بعد اليوم أن نبقى معًا؟

حقيبة صغيرة فقط لملاقاة الوطن.

ولا شيء سوى بدلة سوداء لحضور حفل زفافك. زجاجتَيْ وسكي.. قمصان.. وشفرات حلاقة.

هنالك أوطان تنتج كلّ مبرّرات الموت، وتنسى أن تنتج شفرات حلاقة!

على أصابع الجرح أعود إلى الوطن.

دون أمتعة شخصيّة، دون زيادة في الوزن ولا زيادة في حساب.

وحدها الذاكرة أصبحت أثقل حملًا، ولكن من سيحاسبنا على ذاكرة نحملها بمفردنا؟

مشيًا على جرحي الأخير أعود إليه على عجل.

عشر سنوات من الغياب، وها هو ذا الرجوع المفاجئ. كنت أتوقّع لقاءً غير هذا..

كنت سأحجز لي مكانًا في الدرجة الأولى مثلًا. فيحدث للذاكرة في مثل هذه المناسبات، أن ترفض الجلوس في الكراسي الخلفيّة.

ولكن، لا يهمّ سيِّدتي.. كانت كلّ الكراسي الأماميّة محجوزة مُسبَّقًا، لأولئك الذين حجزوا كراسي الوطن أيضًا بأمر..

فلأعد إليه كما جئت منه إذن، على كرسيٍّ جانبيٍّ للحزن.

نغادر الوطن، مُحمَّلين بحقائب نحشر فيها ما في خزائننا من عمر، ما في أدراجنا من أوراق.

نحشر ألبوم صُوَرنا، كتبًا أحببناها، وهدايا لها ذكرى..

نحشر وجوه من أحبَبنا.. عيون من أحبّونا.. رسائل كتبت لنا.. وأخرى كنّا كتبناها.

آخر نظرة لجارة عجوز قد لا نراها، قبلة على خدٍّ صغير سيكبر بعدنا، دمعة على وطن قد لا نعود إليه.

نحمل الوطن أثاثًا لغربتنا، ننسى عندما يضعنا الوطن عند بابه، عندما يغلق قلبه في وجوهنا، دون أن يلقي نظرة على حقائبنا، دون أن يستوقفه دمعنا.. ننسى أن نسأله من سيؤثّثه بعدنا.

وعندما نعود إليه.. نعود بحقائب الحنين.. وحفنة أحلام فقط. نعود بأحلام ورديّة.. لا بـ «أكياس ورديّة»، فالحلم لا يُستورَد من محالّ «تاتي» الرخيصة الثمن.

عارٌ أن نشتري الوطن ونبيعه حلمًا في السوق السوداء. هنالك إهانات أصعب على الشهداء من ألف عملة صعبة!

ها أنذا.. بحقيبة يدٍ صغيرة، هنا في اللّامكان.

في هذه النقطة المعلّقة بين الأرض والسماء، والهاربة بي من ذاكرة إلى أخرى، أجلس على مقعد في الدرجة الثانية للنسيان.

أحلّق على تضاريس حبّك. على ارتفاع تصعب معه الرؤية، ويصعب معه النسيان. وأتساءل رغم فوات الأوان: تراني أرتكب آخر حماقات عمري، وأهرب منك إلى الوطن؟ أحاول أن أُشفى منك به، أنا الذي لم أُشفَ بكِ منه؟

ها هي اللّوحة التي أحضرتُها هديّة لعرسك تشغل مكانك الفارغ إلى جواري.

ها نحن نسافر – أخيرًا معًا – أنا وأنت..

نأخذ طائرة واحدة لأوّل مرّة، ولكن ليس للرحلة نفسها.. ولا للاتّجاه نفسه.

ها هي قسنطينة..

ساعتان فقط ليعود القلب عمرًا إلى الوراء.

تشرّع مضيفةٌ باب الطائرة، ولا تتنبّه إلى أنّها تشرّع معه القلب على مصراعَيه. فمن يوقف نزف الذاكرة الآن؟

من سيقدر على إغلاق شبّاك الحنين، من سيقف في وجه الرّياح المضادّة، ليرفع الخمار عن وجه هذه المدينة.. وينظر إلى عينها دون بكاء.

ها هي قسنطينة إذن..

وها أنذا أحمل بيدي الوحيدة حقيبة يد، ولوحة تسافر معي سفرها الأخير، بعد خمس وعشرين سنة من الحياة المشتركة.

ها هي «حنين»، النسخة الناقصة عن قسنطينة، في لقاء ليليّ مع اللّوحة الأصل..

تكاد مثلي تقع عن سلّم الطائرة تعبًا.. ودهشة.. وارتباكًا..

تتقاذفنا النظرات الباردة المغلقة. تتقاذفنا العبارات التي تنهى وتأمر، وكلّ هذه الوجوه المغلقة، وكلّ هذه الجدران الرماديّة الباهتة.. فهل هذا هو الوطن؟

قسنطينة..

كيف أنتِ يا أميمة.. واشك؟

أشرعِي بابك واحضنيني.. موجعة تلك الغربة.. موجعة هذه العودة..

باردٌ مطارك الذي لم أعد أذكره. باردٌ ليلك الجبليّ الذي لم يعد يذكرني.

دثّريني يا سيّدة الدفء والبرد معًا.

أجّلي بردك قليلًا.. أجّلي خيبتي قليلًا.

قادمٌ إليك أنا من سنوات الصقيع والخيبة، من مدن الثّلج والوحدة.

فلا تتركيني واقفًا في مهبّ الجرح.

كانت الإشارات المكتوبة بالعربيّة، وبعض الصور الرسميّة، وكلّ تلك الوجوه المتشابهة السمراء، تؤكّد لي أنّني أخيرًا أقف وجهًا لوجه مع الوطن، وتشعرني بغربةٍ من نوعٍ آخر تنفرد بها المطارات العربيّة.

وحده وجه حسّان ملأني دفئًا مفاجئًا عندما أطلّ، وأذاب جليد اللّقاء الأوّل.. مع ذلك المطار.

وعندما احتضَنَني، وأخذ عنّي حمولة يدي، وقال بلهجة جزائريّة مازحة وهو يحمل عنّي تلك اللّوحة:

«واش.. ما زلت تنقّل في الطابلوهات..؟» ثمّ أضاف «آسيدي.. هذا نهار مبروك من هو اللّي قال نشوفك هنا..!».

شعرتُ بأنَّ قسنطينة أخذت فجأة ملامحه، وأنّها أخيرًا جاءت ترحّب بي.

وهل كان حسّان غير تلك المدينة نفسها. غير حجارتها.. قرميدها.. وجسورها ومدارسها.. وأزقّتها وذاكرتها؟

هنا وُلد، وهنا تربّى ودرس، وهنا أصبح مدرّسًا. لم يغادرها إلّا نادرًا في زيارات قصيرة لتونس أو لباريس.

كان يحضر لزيارتي من سنة إلى أخرى، لكي يطمئنَّ عليَّ وليشتري بالمناسبة بعض لوازم عائلته التي ما فتِئَت تكبر وتتضاعف. وكأنَّ حسّان قرّر أن يتحمّل بمفرده مسؤوليّة عدم اندثار اسم العائلة، بعدما يئس من تزويجي وأدرك بعد محاولات إغراء فاشلة، أنّه لن يكون لي بنات ولا بنون.. ما عدا تلك اللّوحات التي تنفرد بحمل اسمي.

أكتشف اليوم، أنّ هذا الرجل الفارع القامة، المهذّب المظهر، والذي يتحدَّث دائمًا بحماسة الأساتذة وعنادهم وتكرارهم، وكأنّه يواصل حديثه لتلاميذه لا للآخرين، هو أخي.. لا غير.

أكنت أجهل هذا؟ لا!

ولكن في هذا اليوم الاستثنائيّ الألم والخيبة.. والفرحة! أشعر بأنَّ قرابته بي تصبح الأرض الصّلبة الوحيدة التي يمكن أن أقف عليها وسط زلازلي الداخليّة، والصدر الوحيد الذي كنت لَوْلا الكبرياء، بكيت عليه في تلك اللّحظة.

عشر سنوات.. حدث خلالها في بعض المرّات أن انتظرته أنا في مطار أورلي الدولي.

كانت الأدوار معكوسة. كان هو القادم.. وأنا المنتظر. وكنت أشعر آنذاك بأنّني أقوم بواجب عائليّ لست مُلزمًا به، ولكن كنت أحرص عليه. فقد كانت تلك إحدى فرصي القليلة لألعب دور «الأخ الكبير» بكلّ مسؤوليّاته وواجباته، ذلك الدور الذي لم أُوفَّق دائمًا في أدائه. فقد عشت في الواقع دائمًا بعيدًا عن حسّان، حسّان الذي كنت أدرك جوعه للحنان ويتمه المبكّر.. وتعلّقه العاطفيّ بي.

تُراه لهذا أيضًا تزوّج باكرًا على عجل، وراح يكثر من الأولاد ليحيط نفسه أخيرًا بتلك العائلة التي حُرِمَ منها دائمًا في طفولته، والتي كنت عاجزًا عن أن أعوّضها له بحضوري العابر.. وغيابي المتنقّل من منفى إلى آخر؟

فلماذا يقلب لقائي بحسّان اليوم كلَّ مقاييسي السابقة، ويشعرني برغم فارق العمر، وبرغم أولاده الستّة، أنّني الأخ الأصغر وأنّه في هذه اللَّحظة يكبرني بسبع سنوات، وربّما بأكثر..

ترى لأنّه هو الذي يحمل حقيبتي ويمشي أمامي، ويسألني عن تفاصيل سفري.. أم أنّ هذا المطار الذي يستفزّ رجولتي وكبريائي يجرّدني من وقار عمري، فأترك حسّان يتصرّف فيه نيابة عنّي، وكأنّ تجربته مع هذه المدينة ومعايشته لطباعها المتقلّبة، جعلته اليوم يبدو أكبر..

أم تراها قسنطينة.. تلك الأمّ المتطرّفة العواطف، حبًّا وكراهية.. حنانًا وقسوة، هي التي حوّلَتني بوطأة قدم واحدة على ترابها، إلى ذلك الشابّ المرتبك الخجول الذي كُنتُه قبل ثلاثين سنة؟

نظرت إليها من زجاج سيّارة كانت تنقلني من المطار إلى البيت، وتساءلت: أتراها تعرفني؟

هذه المدينة الوطن، التي تُدخل المخبرين وأصحاب الأكتاف العريضة والأيدي القذرة من أبوابها الشَرَقيّة.. وتدخلني مع طوابير الغرباء وتجّار الشنطة.. والبؤساء.

أتعرفني.. هي التي تتأمّل جوازي بإمعان.. وتنسى أن تتأمّلني؟

سُئلَت أعرابيّة يومًا: «من أحبّ أولادك إليك؟» قالت: «غائبهم حتّى يعود.. ومريضهم حتّى يُشفى.. وصغيرهم حتّى يكبر...».

ولكن قسنطينة لم تكن قد سمعت بقول تلك الأعرابيّة، فلم أعتَب عليها. عتبتُ على ما قرأتُ من كتب التراث العربيّ!

لم أَنَم تلك اللّيلة..

أكان ذلك العشاء الذي أعدَّته عتيقة زوجة حسّان، وكأنّها تعدّ وليمة، والذي استسلمتُ له بشهيّة أكاد أقول تاريخيّة، هو الذي كان سبب قلقي، بعدما تناولت الكثير من أطباقه التي لم أَذُق معظمها من سنين؟

أم السبب هو صدمة لقائي العاطفيّ الآخر مع ذلك البيت، الذي وُلدتُ فيه وتربّيت، والذي على جدرانه وأدراجه ونوافذه وغرفه وممرّاته، كثير من ذاكرتي، من أفراح ومآتم وأعياد.. وأيّام عاديّة أخرى، تراكمت ذكراها في أعماقي لتطفو الآن فجأة.. كذكريات فوق العادة تلغي كلّ شيء عداها؟

ها أنا أسكن ذاكرتي وأنا أسكن هذا البيت، فكيف ينام من يتوسّد ذاكرته؟

ما زال طيف الذين غادروه يعبر هذه الغرف أمامي. أكاد أرى ذيل كندورة «امّا» العنّابيّ يمرّ هنا، ويروح ويجيء بذلك الحضور السرّيّ

للأمومة، وصوت أبي يطالب بالماء للوضوء، أو يصيح من أسفل الدرج «الطريق.. الطريق» لينبّه النساء في البيت أنّه قادم بصحبة رجل غريب، وأنّ عليهنَّ أن يفسحن الطريق ويذهبن للاختباء في الغرف البعيدة.

أكاد أرى خلف الجدران الجديدة البياض آثار المسمار الذي علّق عليه أبي يومًا شهادتي الابتدائيّة منذ أربعين سنة، ثمّ جوارها بعد سنوات شهادة أخرى..

وبعدها لا شيء..

توقَّف اهتمامه بي ليبدأ اهتمامه بأشياء أخرى، ومشاريع أخرى، انتهت بموت «امّا» وزواجه الذي كان جاهزًا للاستهلاك، ومُعَدًّا في ذهنه منذ مدّة.

أكاد أرى جثمان «امّا» يخرج مرّة أخرى من هذا الباب الضيّق. يليه حشد من قرّاء القرآن.. ونساء يحترفن البكاء في المآتم.

أكاد أرى موكبًا آخر يعود بعد أسابيع، بعروس صغيرة هذه المرّة.. ونساء يحترفن الزغاريد والمواويل.

ثمّ تلك الليلة التي قبَّلتُ فيها حسّان وودّعتُه قبل أن ألتحق بالجبهة.

لم يسألني ليلتها إلى أين كنت ذاهبًا. كان حسّان وهو في عامه الخامس عشر، قد سبق عمره بسنوات.

كان مثلي، جعلَه اليتم يكبر على عجل.. وعلَّمه ذلّه أن يصمت ويحتفظ لنفسه بالأسئلة.

سألَني:

– .. وأنا؟

وأجبتُه بالذهول نفسه:

– ما زلتَ صغيرًا يا حسّان.. انتظرني..

فقال وكأنّه يتقمّص فجأة صوت «امّا» وخوفها المرضيّ عليّ:
– عندك على روحك.. آ خالد..
وأجهش بالبكاء.
ها هو الوطن الذي استبدلتُه بأمّي يومًا.
كنت أعتقد أنّه وحده قادر على شفائي من عقدة الطفولة، من
يُتمي ومن ذلّي.
اليوم.. بعد كلّ هذا العمر، بعد أكثر من صدمة وأكثر من
جرح، أدري.. أنّ هناك يُتم الأوطان أيضًا. هنالك مذلّة الأوطان، ظلمها
وقسوتها، هنالك جبروتها وأنانيّتها.
هنالك أوطان لا أمومة لها.. أوطان شبيهة بالآباء.

* * *

لم أنَم ليلتها حتّى ساعة متقدِّمة من الصباح.
كان للقائي الليليّ مع تلك المدينة مذاق مُسبَق لمرارة ما. وما
كدت أغفو حتّى أيقظَني من غفوتي أصغر أولاد حسّان، الذي استيقظ
باكرًا وراح يبكي بكاء رضيع يطالب بحضن أمّه، ووجبته الصباحيّة.
حسدت براءته وجرأته الطفوليّة.. وقدرته على قول ما يريد
دون كلام.
في ذلك الصباح، وفي أوّل لقاء لي مع تلك المدينة، فقدت
لغتي.
شعرت بأنّ قسنطينة هزمتني حتّى قبل أن نلتقي، وأنَّها جاءت
بي إلى هنا، لتقنعني بذلك لا غير!
ولم أشعر برغبةٍ في مقاومة قدري.

لقد هزَمت من مرّوا قبلي، وصنَعت من جنونهم بها أضرحة للعبرة.

وأنا آخر عشّاقها المجانين..

أنا ذو العاهة الآخر الذي أحبّها، أنا «أحدب نوتردام» الآخر، وأحمق قسنطينة الآخر.. ما الذي أوصلني إلى جنون كهذا؟ ما الذي أوقفني عند أبواب قلبها عمرًا؟

وكانت تشبهكِ..

تحمل اسمين مثلك، وعدّة تواريخ للميلاد، خارجة لتوّها من التاريخ باسمين: واحد للتداول.. وآخر للتذكار.

كان اسمها يومًا «سيرتا». قاهرة كانت.. كمدينة أنثى.

وكانوا رجالًا.. في غرور العسكر!

من هنا مرّ صيفاكس.. ماسّنسيسا.. ويوغرطة.. وقبلهم آخرون. تركوا في كهوفهم ذاكرتهم. نقشوا حبّهم وخوفهم وآلهتهم. تركوا تماثيلهم وأدواتهم، وصكوكهم النّقديّة، أقواس نصرهم وجسورًا رومانيّة..

.. ورحلوا.

لم يصمد من الجسور سوى واحد. ولم يبق من أسمائها سوى اسم «قسنطينة» الذي منحه لها منذ ستّة عشر قرنًا «قسطنطين».

أحسد ذلك الإمبراطور الروماني المغرور، الذي منح اسمه لمدينة لم تكن حبيبته بالدرجة الأولى.. وإنّما اقترن بها لأسباب تاريخيّة محض. وحدي منحتكِ اسمًا لم يكن اسمي.

وربّما لذلك، يحدث أن أعاكس قانون الحماقات هذا، وأنادي تلك المدينة «سيرتا» لأعيدها إلى شرعيّتها الأولى.

تمامًا.. كما أناديك «حياة».

ككلّ الغزاة.. أخطأ قسطنطين.

المدن كالنساء.. نحن لا نمتلكها لمجرّد أنّنا منحناها اسمنا.

لقد كانت «سيرتا» مدينة نُذِرَت للحبّ والحروب، تمارس إغراء التاريخ، وتتربّص بكلّ فاتح سبق أن ابتسمَت له يومًا من علوّ صخرتها.

كنسائها كانت تغري بالفتوحات الوهميّة..

ولكن لم يَعتبر من مقابرها أحد!

هنا أضرحة الرومان.. والوندال.. والبيزنطيّين.. والفاطميّين.. والحفصيّين.. والعثمانيّين.. وواحد وأربعين بايًا تناوبوا عليها قبل أن تسقط في يد الفرنسيّين. هنا وقفت جيوش فرنسا سبع سنوات بأكملها على أبواب قسنطينة.

فرنسا التي دخلت الجزائر عام 1830، لم تفتح هذه المدينة الجالسة على صخرة، إلّا عام 1837، سالكة ممرًّا جبليًّا تركت فيه نصف جيشها، وتركت فيه قسنطينة خيرة رجالها.

منذ ذلك اليوم، وُلِدَ أكثر من جسر حول تلك المدينة، وكَثُرَت الطرقات المؤدِّية إليها.

ولكن، كانت الصخرة دائمًا أكبر من الجسور، لأنّها تدري أن لا شيء تحت الجسور سوى الهاوية!

ها هي مدينة تتربّص بكلّ فاتح.. تلفّ نفسها بملاءتها السوداء وتخفي سرّها عن كلّ سائح.

تحرسها الوهاد العميقة من كلّ جانب، تحرسها كهوفها السرِّيّة وأكثر من وليّ صالح، تبعثرت أضرحتهم على المنعرجات الخضراء تحت الجسور.

هنا القنطرة.. أقرب جسر لبيتي ولذاكرتي. أعبرها تلقائيًّا وكأنَّني أرسمها، مشيًا على الأقدام، بين الدوار المبهم والتذكار وكأنَّني أعبر حياتي، أجتاز العمر من طرف إلى آخر.

كلّ شيء كان يبدو مسرعًا على هذا الجسر. السيّارات والعابرون وحتَّى الطيور، وكأنّ شيئًا ما كان ينتظرهم على الطرف الآخر.

ربَّما كان بعضهم يجهل آنذاك أنّ الذي يبحث عنه، قد يكون تركه خلفه، وأنّه في الحقيقة، لا فرق بين طرفي الجسر. الفرق الوحيد هو في ما فوقه.. وما تحته.

تلك الهاوية المخيفة التي يفصلكَ عنها حاجز حديديّ لا أكثر، والتي لا يتوقَّف أحد لينظر إليها، ربَّما لأنّ الإنسان بطبعه لا يحبّ أن يتأمّل الموت.. كثيرًا.

وحدي تستوقفُني هذه الهاوية الموغِلة في العمق.

ترى لأنَّني أتيتها بأفكار مسبقة وذاكرة متوارثة؟ أم سلكت هذا الطريق، لأنفرد بهذه المدينة على جسر؟

* * *

هنالك حماقات يجب عدم ارتكابها، كأن تأخذ موعدًا مع ذاكرتك على جسر..

وخاصّة عندما تتذكّر فجأة، تلك القصّة التي نسيتها تمامًا منذ سنين..

قصّة جدّك البعيد الذي رمى بنفسه يومًا من جسر ربَّما كان هذا.. بعدما توعّده أحد البايات بالقتل.. عندما جاءه خبر خياناته وتآمره مع بعض وجهاء قسنطينة لإطاحته، هو الذي كان مبعوثه ورسوله الخاصّ.. ورجل ثقته.

كان جدّي يومها أضعف من أن يقف بمفرده في وجه ذلك الأمر القاطع بالقتل، وكان أيضًا أكبر من أن يُقاد ليقف بين يدي ذلك الباي ذليلًا..

ولذا، عندما أرسل الباي من يحضره إليه.. كان جدّي جثّة في هوّة سحيقة كهذه، أسفل وادي الرّمال. فقد رفض أن يمنح الباي شرف قتله. سمعت هذه القصّة مرّة واحدة من فم أبي، يوم سألته عن سرّ هذا الاسم الذي نحمله.

يبدو أنّه كان لا يحبّ رواية هذه الحادثة. فقد كان الانتحار في حدّ ذاته عارًا وكُفرًا في مجتمع قسنطيني متديّن. ولهذا هاجرت عائلتنا بعد ذلك إلى غرب الجزائر مستبدلة اسمها الأول باسم آخر، ولم تعد إلى قسنطينة إلا بعد جيل أو أكثر وهي تحمل اسم مدينة أخرى. أعيد نظري إلى أسفل.

عمّ تراني جئت أبحث هنا، في هذا الجسر المُعلّق على ارتفاع مئة وسبعين مترًا من جوف الأرض، والذي تعبره أسراب الغربان على عجل؟ تراني أبحث عن بقايا جدّ ما، كان اسمه أحمد.. يقال إنّه كان وسيمًا وذا مالٍ وعلم كبيرين، وأنّه رمى يومًا كلّ شيء من هنا.. ليترك حزنه وجرحه إرثًا لتلك العائلة؟

هذه هي قسنطينة.. مدينة لا يهمّها غير نظرة الآخرين لها، تحرص على صيتها من القيل والقال الذي تمارسه بتفوّق. وتشتري شرفها بالدم تارة.. والبُعد والهجرة تارة أخرى. تراها تغيّرت؟

أذكر أنّني سمعت وأنا شابّ بعائلة غادرَت قسنطينة فجأة إلى مدينة أخرى، بعدما شاع أنّ إحدى الأغاني التي ما يزال يغنّيها «الفرقاني» اليوم، قد نظمها أحدهم تغزّلًا بإحدى بناتها!

ويظلُّ السؤال.. ما الذي جئت أفعل هنا فوق هذا الجسر؟

تراني على موعد مع ذاكرتي، أم فقط مع لوحتي في هذا الصباح؟

ها أنا أقف أمامها اليوم دون فرشاة ولا ألوان، وبلا قلق أو خوف من مربّع القماش الأبيض.

أنا لست خالقها في هذه اللّحظة. لست رسّامها ولا مبدعها. أنا جزء منها. ويمكنني أن أصبح حتّى جزءًا من تفاصيلها وتضاريسها.

يمكنني أن أجتاز هذا الحاجز الحديديّ الذي يفصلني عنها، وكأنّني أجتاز إطار لوحة.. كأنّني أخترقها لأسكنها إلى الأبد.

أتدحرج نحو هذا الوادي الصخريّ العميق نقطة بشريّة، قطرة للونٍ ما.. على لوحةٍ أبديّة، لمنظرٍ أردت أن أرسمه، فرسمني.

أليست هذه أجمل نهاية لرسّام، أن يتوحّد مع لوحته في مشهد واحد؟

كنت أدري في تلك اللّحظة وأنا أنظر إلى الوهاد العميقة تحتي، إلى تلك الأنفاق الصخريّة التي يشطرها نهر الرّمال ببطء زبديّ، أنّ «الهاوية الأنثى» كانت تستدرجني إلى العمق، في موتٍ شبقيٍّ أخير، ربّما كان فرصتي الأخيرة للتوحّد الجسدي مع قسنطينة، ومع ذاكرة جدّ بدأتُ فجأة أشعر بتواطؤ غامض معه.

ترى شهوة السقوط والتحطّم هي التي أشعرتني عندئذٍ بالدوار، وأنا معلّق على ذلك الجسر وحدي؟

وإذا بي أشعر فجأة بالخجل من هذه المدينة.. وأكاد أعتذر لها. وحدهم الغرباء هنا يشعرون بالدوار. فمتى بالتحديد وضعَتني قسنطينة في خانتهم؟

ورغم ذلك أعترف بأنّني لم أكن يومها مستعدًّا للموت.

ليس تمسّكًا منّي بالحياة، ولكن لأنّني وصلت بذلك الحزن

الجارف العميق الذي اجتاحني منذ وطئت هذه المدينة، إلى عاطفة غامضة متطرّفة أخرى.

لقد وصلت بمرارتي وخيبتي حدّ الطمأنينة والسعادة المبهمة.

فلقد تعلّمت أن أسخر من استفزاز الأشياء لي، وأقابل تلك المواجهة مع الذاكرة بشيء من التهكّم المرّ.

ألم آتِ إلى هنا إثر قرار جنونيّ، ربّما بحثًا عن الجنون في مدينة تكاد تحترفه! ولذا بدأت أتلذّذ سرًّا بهذه اللّعبة الموجعة، وأحرص على أن أعيش صدماتي بمازوشيّة متعمّدة. فربّما كانت خيبتي اليوم مع هذه المدينة، هي منجم جنوني وعبقريّتي القادمة.

وبرغم ذلك قرّرت فجأة أن أهرب من ذلك الجسر الذي كان بداية جنوني يومًا.

فجأة تطيّرت منه، أنا الذي أولعت به طويلًا وحوّلته إلى ديكور لحياتي، بعدما أحطت نفسي بأكثر من نسخة منه.

أيكون ذلك الإحساس جاءني، وأنا ألمح من حيث كنت تلك السفوح الجبليّة التي كانت يومًا مرشوشة بشقائق النعمان.. وأزهار النرجس المنثور بين الممرّات الخضراء، والتي كان أهل قسنطينة يأتون إليها كلّ سنة لاستقبال الربيع.. محمّلين بما أعدّته النساء لتلك المناسبة من «براج» وحلويات وقهوة.. والتي تبدو اليوم حزينة، وكأنّ أزهارها غادرتها لسبب غامض؟

أم تراه منظر مزار سيدي محمّد الغراب الذي يعود فجأة إلى الذاكرة. وإذا بي أستعيد ما قرأته عنه أخيرًا في كتاب تاريخيّ عن قسنطينة، فتعبرني قشعريرة غامضة.

ماذا لو لاحقَتني، دون أن أدري، اللّعنة التي لاحقت صالح باي، أكبر بايات قسنطينة على الإطلاق، بسبب هذا الجسر؟ هو الذي كان

يريد أن يختم إنجازاته المعماريّة الهائلة، وإصلاحاته المختلفة التي وهبها لتلك المدينة، بإصلاح جسر القنطرة، اللّسان الترابيّ الوحيد الذي كان يربط المدينة بالخارج، والجسر الوحيد الذي صمد من بين خمسة جسور رومانيّة.

تقول أسطورة شعبيّة، إنَّ هذا الجسر كان أحد أسباب هلاك صالح باي ونهايته المفجعة..

فقد قُتِل فوقه سيدي محمّد، أحد الأولياء الذين كانوا يتمتّعون بشعبيّة كبيرة. وعندما سقط رأس الرجل الولي على الأرض، تحوّل جسمه إلى غراب، وطار متوجّهًا نحو دار صالح باي الريفيّة التي كانت على تلك السفوح، ولعنه واعدًا إيّاه بنهاية لا تقلّ قسوة ولا ظلمًا عن نهاية الوليّ الذي قتله.

فما كان من صالح باي إلّا أن غادر بيته وأراضيه إلى الأبد، تطيّرًا من ذلك الغراب، واكتفى بداره في المدينة.

هكذا، أطلق الناس على ذلك المكان اسم «سيدي محمّد الغراب»، ليبقى بعد قرنين مزار المسلمين واليهود في قسنطينة، يأتونه في نهايات الأسبوع وفي المواسم، لقضاء أسبوع كامل يرتدون خلاله ثيابًا ورديّة، يؤدُّون بها طقوسًا متوارَثة جيلًا عن جيل، فيقدّمون له ذبائح الحمام، ويستحمّون في المياه الدافئة لبركته الصخريّة حيث كانت تستحمّ السلاحف، ويعيشون على شرب «العروق» لا غير، ويستسلمون لنوبات رقص بدائيّة، في حلقات جماعيّة يؤدّونها في الهواء الطلق.. على وقع بندير «الفقيرات».

ولكن قسنطينة، لم تحقد على بايها الذي وهبها الكثير من الوجاهة والرفاهيّة.

سؤّت فقط بطيبة أو بجنون.. بين القاتل والقتيل.

صنعَت من سيدي محمّد الغراب أشهر مزار وليّ قسنطينيّ على الإطلاق، في مدينة يحمل كلّ شارع فيها اسم وليّ.

وخلّدَت من بين واحد وأربعين بايًا حكموها، اسم صالح باي وحده، فكتبت فيه أجمل أشعارها، وغنّت فجيعة موته في أجمل أغنية رثاء. وما زالت تلبس حداده حتّى اليوم مع ملاءات نسائها السوداء.. دون أن تدري!

هذه هي قسنطينة..

لا فرق بين لعنتها ورحمتها، لا حاجز بين حبّها وكراهيتها، لا مقاييس معروفة لمنطقها.

تمنح الخلود لمن تشاء، وتنزل العقاب بمن تشاء.

فمن عساه يحاسبها على جنونها، ومن عساه يحسم موقفه منها، حبًّا أو كراهيّة.. إجرامًا أو براءةً.. دون أن يعترف بأنّها تحمل في كلّ الحالات ضدّها؟

* * *

في كلّ يوم كنت أقضيه في تلك المدينة، كنت أتورّط أكثر في ذاكرتها، فرحت أبحث في سهراتي مع حسّان، وأحاديثنا المتشعّبة الطويلة، التي تمتدّ بنا أحيانًا حتّى ساعة متأخّرة من اللّيل.. عن وصفة أخرى للنسيان.

أبحث في ذلك الجوّ العائليّ الذي افتقَدتُه طويلًا عن طمأنينة أخرى خارج فضائها.

كان لوجودي في ذلك البيت العائليّ الذي أعرفه ويعرفني، تأثير على نفسيّتي في تلك الأيّام، وربّما كان سندي السرّي الذي لم أتوقّعه.

لقد كنت أعود إليه كلّ ليلة، وكأنّني أصعد نحو دهاليز طفولتي البعيدة، لأصبح جنينًا من جديد...

أختبئ في جوف أمّ وهميّة، ما زال مكانها هنا فارغًا منذ ثلاثين سنة.

يحدث في تلك اللّيالي أن أذكر زياد، يوم أقام عندي بضعة أشهر في الجزائر، عندما رفض مستأجره أن يجدّد له عقد إيجار البيت.

تعوّدتُ وقتها أن أترك له سريري، وأنام على فراش آخر وضعته على الأرض في غرفة أخرى.

وكان زياد يحتجّ ويشعر بشيء من الإحراج، معتقدًا أنّني أفعل ذلك مجاملة له.

وكنت أوكّد له كلّ مرّة، أنّني اكتشفت بفضله أنّني أسعد أكثر بالنوم على الأرض. فقد كان الفراش الأرضيّ يذكّرني بطفولتي وبنومي إلى جوار أمّي لعدّة سنوات، على ذلك المطرح الصوفيّ الذي ما زلت أذكر لونه الأزرق، بل وتلك الأيّام التي كانت تخصّصها «امّا» كلّ خريف، لغسل الصوف وتجديد تلك المطارح الصوفيّة التي كانت الأثاث الأساسيّ لغرفة نومي.

تمنّيتُ لو طلبتُ من عتيقة أن تضع لي في المستقبل فراشًا على الأرض، تمامًا كما تفعل مع أولادها الذين ينامون في الغرف الأخرى، على فراش أرضيّ مشترك يوحي بالدفء والرغبة في الانزلاق تحت أغطيته الصوفيّة الجميلة التي تثير غيرتي وحنيني لزمنٍ لم أعد أدري، لبُعده، إن كنت عشتُه حقًّا.. أم تخيّلته.

ولكن أيُعقَل أن أطلب هذا الطلب من عتيقة؟ هي التي أعطتني أجمل غرف بيتها، غرفة نومها العصريّة المُعدَّة لاستقبال الضيوف، أكثر منها لقضاء ليالٍ زوجيّة.. للحبّ؟

لو فعلتُ هذا فربَّما أحرجتُها، ولما وجدَت تفسيرًا لجنوني هذا. فقد كانت عتيقة تشارك أحيانًا في سهرتنا، وتحاول أن تستنجد بي، بصفتي رجلًا متحضّرًا قادمًا من باريس، لأقنع أخي بالتخلِّي عن هذا البيت العربيّ القديم، وهذه الطريقة المتخلّفة في العيش، وتكاد تعتذر لي عن كلّ الأشياء التي تبدو في نظري جميلة.. ونادرة.

ولأنّني لم أكن أملك القدرة على إقناعها برأيي، ولا الجرأة على معاكسة رأيها، كنت أكتفي بالاستماع إلى نقاشهما مع حسّان، ذلك النقاش الذي يكاد يتحوّل أحيانًا إلى شجار قبل أن تنسحب هي إلى النوم، ويعلّق حسّان شبه معتذر:

«لا يمكن أن تقنع امرأة تشاهد مسلسل «دالاس» على التلفزيون، بأن تسكن بيتًا كهذا وتحمد الله.. لا بدّ أن يوقفوا هذا المسلسل، ما داموا عاجزين عن منح الناس سكنًا محترمًا.. وحياة أفضل..».

كنت أحسد قناعة حسّان، وأُعجَب بفلسفته في الحياة.

كان يقول: «لكي تكون سعيدًا، عليك أن تنظر إلى مَن تحتك. فإذا كان في يدك قطعة رغيف، نظرتَ لِمَن ليس في يده شيء، فستُسعَد وتحمد الله. وأمّا إذا رفعتَ رأسك كثيرًا لمن في يدهم قطعة «كعك» فأنت لن تشبع، بل ستموت قهرًا فقط.. وتتعَس باكتشافك!».

وهكذا، ففي نظر حسّان أنّ العيش في بيت كهذا، برغم كلّ سلبيّاته التي تبدو أحيانًا مزعجة، بتفاصيلها الصغيرة التي تَجاوزَها العصر، يظلّ أفضل ممّا يعانيه آلاف الناس، بل وعشرات الآلاف الذين لم يجدوا بيتًا واسعًا كهذا يسكنونه بمفردهم مع أولادهم وزوجتهم، بل كثيرًا ما يتقاسمون مع أهلهم وأقاربهم، الشقّة الضيّقة التي تكون بيتًا لعائلتين لعدّة سنوات.

هكذا كان حسّان..

«لقد كانت نظرته إلى الأشياء نظرة عموديّة، فقد تعلّم كلّ ما تعلّمه في صباه على سبّورة بالحائط..»

وكان سعيدًا بتلك النظرة التي قد تعود أيضًا إلى عقليّته كموظَّف محدود الدخل.. ومحدود الأحلام!

فَبِمَ يمكن أن يحلم أستاذٌ للعربيّة يقضي يومه في شرح النصوص الأدبيّة، وسرد سيرة الكتّاب والشعراء القدامى على تلاميذه.. وتصحيح أخطائهم النحويّة والإنشائيّة، ولا يجد مُتَّسعًا من الوقت – أو الجرأة – لشرح ما كان يحدث أمامه، وتصحيح أخطاء أكبر تُرتكَب على مرأى منه باسم كلمات خرجت فجأة من اللّغة، لتدخل قاموس الشعارات والمزايدات؟

كان في أعماق حسّان مرارة غامضة تبدو على كلّ تفاصيل حياته، ولكنّه كان يحتفظ بها لنفسه.

من الواضح أنّه كان مُتعبًا وغارقًا في مشكلات أولاده السّتّة وزوجته الشابّة التي تحلم بحياة أخرى غير حياة قسنطينة المغلقة. وأمّا هو فلم يكن يجرؤ على الحلم، أو بالأحرى كان آنذاك يحلم بالعثور على شخص يتوسّط له ليحصل على ثلّاجة جديدة.. لا غير!

عندما عرفتُ أمنيَته البسيطة الصعبة، حزنت وأنا أكتشف أنّنا لم نكن متخلّفين عن أوروبا وفرنسا فقط، كما كنت أعتقد، وإلّا لهان الأمر.. وبدا منطقيًّا. لقد كنّا متخلّفين عمّا كنّا عليه منذ نصف قرن وأكثر، يوم كنّا تحت الاستعمار.

يومها كانت أمنياتنا أجمل.. وأحلامنا أكبر.

يكفي أن تتأمّل وجوه الناس اليوم وأن تسمع أحاديثهم وأن تلقي نظرة على واجهات المكتبات لتفهم ذلك.

يومها كنّا وطنًا يصدّر الأحلام.. مع كلّ نشرة أخبار، إلى كلّ شعوب العالم.

وكانت هذه المدينة بمفردها تصدّر من الجرائد والمجلّات والكتب ما لا تصدّره اليوم المؤسّسات الوطنيّة لا نوعًا.. ولا عدًّا. يومها كان لنا من المفكّرين والعلماء.. والشعراء والظرفاء والكتّاب، ما يملأنا زهوًا وغرورًا بعروبتنا.

اليوم.. لم يعد أحد يشتري الجرائد ليحتفظ بها في خزانة، إذ لم يعد في الجرائد ما يستحقّ الحفظ.

ولم يعد أحد يجلس إلى كتاب ليتعلّم منه شيئًا. لقد أصبح البؤس الثقافيّ ظاهرة جماعيّة، وعدوى قد تنتقل إليك وأنت تتصفّح كتابًا. لقد كانت الكتب دائمًا على صواب في ذلك العهد، وكان الواحد منّا فصيحًا يتكلّم كما تتكلّم الكتب...

واليوم أصبحت الكتب تكذب أيضًا.. مثلها مثل الجرائد. ولذا تقلّص صدقنا.. وماتت فصاحتنا، منذ أصبح حديثنا يدور فقط حول الموادّ الاستهلاكيّة المفقودة!

عندما قلت يومها هذا الكلام لحسّان، ظلَّ يتأمّلني بذهول وكأنّه اكتشف شيئًا لم ينتبه له من قبل.. ثمّ قال بشيء من الحسرة:

– صحيح.. لقد خلقوا لنا أهدافًا صغيرة لا علاقة لها بقضايا العصر، وانتصارات فرديّة وهميّة، قد تكون بالنسبة للبعض الحصول على شقّة صغيرة بعد سنوات من الانتظار.. أو قد تكون الحصول على ثلّاجة، أو التمكّن من شراء سيّارة.. أو حتّى دواليبها فقط! ولا أحد عنده متّسع من الوقت والأعصاب ليذهب أبعد من ذلك، ويطالب بأكثر من هذا..

نحن مُتعبون.. أهلكَتنا هموم الحياة اليوميّة المُعقّدة التي تحتاج دائمًا إلى وساطة لحلّ تفاصيلها العاديّة. فكيف تريد أن نفكّر في أشياء أخرى، عن أيّ حياة ثقافيّة تتحدّث؟ نحن همّنا الحياة لا

غير.. وما عدا هذا ترف.. لقد تحوَّلنا إلى أمّة من النمل، تبحث عن قوتها وعن جحر تختبئ فيه مع أولادها لا أكثر..

سألتُه بسذاجة:

– وماذا يفعل الناس؟

قال مازحًا:

– الناس؟ لا شيء.. البعض ينتظر.. والبعض يسرق.. والبعض الآخر ينتحر، هذه مدينة تقدّم لك الاختيارات الثلاثة بالمبرّرات نفسها.. والحجّة نفسها!

يومها خفت على حسّان من تلك المدينة.. انتابَتني فجأة قشعريرة مبهمة.

سألته دون تفكير.. وكأنّني أساله أيّ الوصفات الثلاثة اختار:

– وهل لك أصدقاء هنا تلتقي بهم.. وتخرج معهم؟

أجابني وكأنّه يُعجَب لسؤالي، أو يسعد لاهتمامي المفاجئ بكلّ تفاصيل حياته:

– لي أصدقاء معظمهم مدرّسون معي في الثانويّة.. ما عدا هذا ليس لي أحد.. لقد فرغَت قسنطينة من أهلها، ورحلت كلّ العائلات القديمة التي عرفناها.

وراح يسرد عليّ أسماء عائلات كبيرة هاجرت أو راحت تستقرّ في العاصمة أو في الخارج، لتترك تلك المدينة لآخرين.. جاء معظمهم من القرى والمدن الصغيرة المجاورة.

قبل أن يضيف تلك الجمل التي لم تستوقفني ساعتها، والتي أخذت بعد ستّ سنوات كلّ أبعاد القدر الأحمق. قال:

– لقد أصبح سكّان هذه المدينة الأصليّون، لا يزورونها سوى في الأعراس.. أو في المآتم!

وقبل أن أعلّق على كلامه، أضاف وكأنّه يتذكّر شيئًا:

– سأعرّفك إلى ناصر ابن سي الطاهر.. من المؤكّد أنّه سيأتي بعد غدٍ لحضور زواج أخته. سترى.. لقد أصبح رجلًا بطولك وبضخامتك، وهو يتردّد عليّ منذ بضعة أشهر، منذ قرّر أن يستقرّ في قسنطينة. إنّه الوحيد الذي قام بهجرة معاكسة. لقد رفض حتّى منحة إلى الخارج.. تصوّر! لا أحد يصدّق هذا.. عندما سألته لماذا لم يسافر مثل الآخرين ويهرب من هذا البلد، قال لي: «أخاف إن سافرت ألّا أعود أبدًا.. كلّ أصحابي الذين سافروا لم يعودوا..».

ضحكتُ وأنا أكتشف هذا التطرّف الذي يذكّرني بكِ، وكأنّه سمة عائليّة. وشعرت برغبة في إطالة ذلك الحديث الذي كان يؤدّي إليك بطريقة.. أو بأخرى..

سألتُه:

– وماذا يفعل الآن؟

– لقد أعطوه بصفته ابن شهيد محلًّا تجاريًّا وشاحنة يعودان عليه بدخل كبير. ولكنّه ما زال ضائعًا متردّدًا، يفكّر أحيانًا في مواصلة دراسته، ثمّ أحيانًا أخرى في التفرّغ للتجارة. والحقيقة أنّني عاجز عن نُصحه. فمن المؤسف أن ينقطع إنسان عن دراسته العليا، لأنّه سيظلّ يشعر بذلك النقص طوال حياته.. ومن ناحية أخرى، لم تعد الشهادات تفيد في شيء اليوم، حسبما يقول، وهو يرى حوله شبابًا بشهادات عليا عاطلين من العمل، وآخرين جَهَلة يتنقّلون في سيّارات مرسيدس ويسكنون فيلّات فخمة.. ليس هذا زمنًا للعلم.. إنّه زمن الشَّطارة.. فكيف يمكن أن تقنع اليوم صديقك أو حتّى تلميذك، بالتفاني في المعرفة؟ لقد اختلّت المقاييس نهائيًّا..

قلت لحسّان:

– المهمّ أن يعرف الإنسان ما هو هدفه الحقيقيّ في الحياة.. هل المال هو مشكلته الأولى.. أم المعرفة وتوازنه الداخليّ؟

ردَّ حسّان مازحًا:

– توازن؟ عن أيّ توازن تتحدّث.. نحن شعب نصف مختلّ. لا أحد فينا يدري ما يريد بالضبط.. ولا ماذا ينتظر بالتحديد.. إنَّ المشكل الحقيقيّ هو في هذا الجوّ الذي يعيشه الناس، وهذا الإحباط العامّ لشعبٍ بأكمله. إنّه يفقدك شهيّة المبادرة والحلم والتخطيط لأيّ مشروع.. فلا المثقَّفون سعداء.. ولا الجاهلون ولا البسطاء ولا الأغنياء. قل لي يرحم والديك.. ماذا يمكن أن تفعل بعلمك إذا كنت ستنتهي موظَّفًا يعمل تحت إشراف مدير جاهل، وُجِد في منصبه مصادفة ليس لسعة معرفته، بل.. لكثرة معارفه وعرض أكتافه؟! وماذا يمكن أن تفعل بأموالك في قسنطينة مثلًا.. سوى أن تدفعها عمولة لتحصل على شقّة غير صالحة للسكن في معظم الأحيان.. أو تقيم عرسًا بها يغنّي فيه «الفرقاني»؟ أمّا إذا كان كلّ ما تملكه لا يتجاوز العشرين ألف دينار.. فيبقى أمامك أن تدفعها «شراب قهوة» لمسؤول محلّي يختبئ خلف أيّ موظف آخر، ليبيع جوازات سفر إلى الحجّ. وهكذا يمكنك أن تؤدِّي فريضتك وتحجز لك غرفة صغيرة في الآخرة.. بعدما ضاقت بك الدنيا!

صحتُ عجبًا:

– واش.. أحقًّا تقول.. هل يبيعون جـوازات سفـر إلـى الحجّ بمليونين!؟

– طبعًا.. لأنَّ الحكومة حدَّدت عدد الحجّاج كلّ عام بسبب تكاليفهم الباهظة بالعملة الصعبة، بعدما اكتشفَت أنّ معظمهم يسافر عدّة مرّات لأسباب لا علاقة لها بالحجّ، بل لأغراضٍ تجاريّة محض. وإلّا

فكيف تفسّر أن يكون بعضهم حجّ ستّ مرّات أو سبعًا دون أن يكون ذلك واضحًا على سلوكه وأخلاقه؟ أنا أعرف حاجًّا «سوكارجي» لا تفارق الخمرة بيته، وأعرف آخر متفرِّغًا للترافيك و«البزنس».. وتغيير العملة الصعبة في السوق السوداء.. هؤلاء ما زالوا يسافرون كلّ عام للحجّ. يمكنهم أن يحصلوا على عشرين ألف دينار بسهولة. وأمّا أنا فمن أين لي هذا المبلغ لأقوم بتأدية فريضتي، ودخلي لا يتجاوز آلاف أربعة دينار في الشهر؟

قلت له وأنا أنتقل من دهشة إلى أخرى:

– علاش.. هل تنوي الحجّ؟

قال:

– طبعًا.. ولمَ لا.. ألستُ مسلمًا؟ لقد عدتُ إلى الصلاة منذ سنتين، ولولا إيماني لأصبحت مجنونًا. كيف يمكن أن تصمد أمام كلّ هذا المُنكَر وهذا الظلم دون إيمان؟ وحدها التقوى تعطيك القدرة على الصمود.. انظر حولك: لقد توصّل جميع الناس إلى هذه النتيجة وربّما الشباب أكثر من غيرهم لأنّهم الضحيّة الأولى في هذا الوطن.. وحتّى ناصر نفسه أصبح يصلّي منذ عاد إلى قسنطينة، ربّما لهذا السبب وربّما لأنَّ الدِّين كالكفر.. عدوى أيضًا! والله يا خالد.. لو رأيتهم يوم الجمعة يتّجهون إلى المساجد بالآلاف حتّى تضيق بهم جدرانها.. وتفيض بهم الشوارع.. لوقفتَ معهم تصلِّي دون أن تتساءل لماذا!!

لم أجد شيئًا أعلّق به على كلام حسّان في تلك السهرة العجيبة، التي طالت بنا حتّى الثانية صباحًا. فقد كان حسّان سعيدًا بوجودي، وسعيدًا ببدء العطلة الصيفيّة التي تسمح له بالسهر والتحدّث إليَّ طويلًا بعد كلّ هذه السنوات التي باعدَتنا.

فتركته يتحدّث.. ويعرّي أمامي هذا الوطن الذي كنت كَسَوتُه حنينًا وعشقًا وجنونًا.

أكان يخاف عليَّ من خيبتي، ويخشى أن يفقد فرحة عودتي إليه وإلى هذا الوطن مرّة أخرى، عندما كان يتوقَّف أحيانًا عن الحديث ليتنقّل بي إلى موضوع آخر؟ كأن يستدرجني مثلًا بطريقة غير مباشرة إلى الدِّين وإلى التقوى والإيمان. ويغريني بالتوبة، وكأنَّ وجودي في فرنسا بحدّ ذاته قد أصبح ذنبًا وكفرًا.

أهذا هو حسّان؟

لم أمنع نفسي ساعتها من الابتسام وأنا أتذكّر أنّني أحضرت له معي زجاجتَي ويسكي كالعادة.

تساءلت ليلتها وأنا في فراشي عن ذنوبي. حاولت أن ألخّصها، أن أحصرها.. فلم أجدها أكبر من ذنوب غيري، بل ربّما وجدتها أقلّ بدرجات..

لم أكن مجرمًا.. ولا مقامرًا.. ولا كافرًا.. ولا كاذبًا.. ولا سكّيرًا.. ولا خائنًا..

لم تكن لي زوجة ولا سرير شرعي استبدلتُ به آخر.

خمسون سنة من الوحدة. نصفها تمامًا ما يمكن أن أسمّيه «السنوات المعطوبة» تلك التي قضيتها بذراعٍ واحدة، مُشوَّه الجسد والأحلام.

كم أحببتُ من النساء؟ لم أعد أذكر. منذ حبِّي الأوَّل لتلك الجارة اليهوديَّة التي أغريتها، إلى تلك الممرِّضة التونسيَّة التي أغرتني، إلى نساء أخريات.. لم أعد أذكر أسماءهنَّ ولا ملامحهنَّ، تناوبن على سريري لأسبابٍ جسديَّة محض، وذهبن محمَّلات بي لأبقى فارغًا منهنَّ.. وجئتِ أنتِ..

أكبر ذنوبي على الإطلاق كنتِ أنتِ. المرأة الوحيدة التي لم أمتلكها، والذنب الوحيد الذي لم أقترفه حقًّا.

لقد كانت ذنوبي معك، هي ما يمكن أن أسمّيه «ذنوب اليد اليمنى».. اليد الوحيدة التي رسمتكِ بها.. واستحضرتكِ بها.. واغتصبتكِ بها.. وهمًّا!

فهل سيعاقبني الله على ذنوب يدٍ لم يترك لي سواها؟!

لا أذكر من قال: «الفضيلة ليست في تجنّب الرذيلة بل في عدم اشتهائها».

وأعتقد أنّني بهذا المفهوم فقط.. لم أكن رجلًا فاضلًا.

فقد كان لا بدّ ألّا أشتهيكِ أنتِ.. وألّا أبدأ رذيلتي معك. كان لحبّك طعم المحرّمات والمقدَّسات التي يجب تجنّبها، والتي كنت أنزلق نحوها دون تفكير.

لقد كان الأمر المدهش حقًّا في قصّتي معك، أن تكون المبرّرات التي جعلتني أحبّك، هي التي كان يجب أن تجعلني أعدل عن حبّك.

ولهذا ربّما كنت أحبّك وأعدل عن حبّك.. أكثر من مرّة في اليوم، وبالتطرّف نفسه كلّ مرّة.

وأنا لا أفعل شيئًا في النهاية هنا، سوى البحث عن حدّ لهذا المدّ والجزر العاطفيّ الذي أعيشه معك كلّ لحظة.

كنت أدري أنَّ العاشق مثل المدمن، لا يمكن أن يقرّر بمفرده الشفاء من دائه، وأنّه مثله يشعر أنّه ينزل تدريجًا كلَّ يوم أكثر نحو الهاوية. ولكنّه لا يمكن أن يقف على رجليه ويهرب، ما لم يصل إلى أبعد نقطة في الجحيم، ويلامس بنفسه قعر الخيبة والمرارة القصوى.

وكنت سعيدًا في تلك الليلة..

تلك السعادة الغامضة المُرّة، لأنّني كنت أدري أنّ كلّ شيء سوف يُحسم في اليومَين المقبلَين، وأنّني بطريقة أو بأخرى سأنتهي منك.

كانت زوجة حسّان في تلك السهرة منهمكة في إعداد نفسها للحدث الهامّ، ولمرافقة الموكب النسائيّ في الغد إلى الحمّام، ثمّ إلى ليلة الحنّة.

وكانت كثيرة الحركة ومشغولة عنّا وعـن أولادهـا بهمومها النسائيّة، وبما ستأخذه في حقيبتها من ثياب للحمّام، حيث ستستعرض النساء مثل العادة كلّ شيء حتّى ثيابهنّ الداخليّة.. ليتظاهرن بغناهنّ الكاذب في معظم الأحيان.. أو ليقنعن أنفسهنّ فقط، بأنّهنّ ما زلن برغم كلّ شيء قادرات على إغراء رجل، تمامًا مثل تلك العروس التي يرافقنها.. والتي يتأمّلنها بحسَدٍ سرّيّ.

فليكن.. غدًا تبدأ طقوس أفراحكِ.. وينتهي ذلك الزمن الذي سرقناه من الزمن.

أجمل الأحلام إذن سيّدتي في انتظار غدك.

ولتصبح على خير.. أيّها الحزن!

* * *

يوقظني الحبّ المضادّ في هذا الصباح الصيفيّ.. ويرمي بي في الشوارع.

قرّرتُ حال استيقاظي أن أهرب من البيت، ومن حديث عتيقة الذي لا ينقطع عن مراسيم الحفل، وعن أسماء الشخصيّات والعائلات الكبيرة التي جاءت خصّيصًا لتحضر ذلك الحدث الذي لم تشهد قسنطينة مثله منذ سنوات.

ولكنَّها لحقَت بي حتَّى الباب لتواصل حديثها:

- على بالك.. يقال إنّهم أحضروا كلَّ شيء من فرنسا.. منذ شهر، والطائرة تنقل لـوازم العـرس.. لو رأيتَ جهاز العروس وما لبسَته البارحة.. يا حسرة.. قال لك «واحد عايش في الدنيا.. وواحد يوانس فيه..!»

أجبتُها وأنا أغلق خلفي الباب، وكأنّني أغلق بعنف أبواب قلبي:

- ما عليهش.. البلد لهم والطائرات أيضًا، ويمكنهم أن يجلبوا إليه كما أخذوا منه ما شاؤوا!

أين أهرب؟

ها أنا أَوصدتُ الباب خلفي، وإذا لا شيء أمامي.. سِواي.

رميت بخطاي دون تفكير وسط أفواج المارّة الذين يجوبون الشوارع هكذا كلَّ يوم دون جهد دون وجهة محدّدة.

هنا.. أنتَ تملك الخيار بين أن تمشي، أو تتّكئ على جدار، أو تجلس في مقهى لتتأمّل الذين يمشون أو يتّكئون أمامك.. على حائط الرصيف المقابل..

رحت أمشي..

شعرت في لحظةٍ ما، بأنّنا نطوف جميعًا حول هذه المدينة الصخرة، دون أن ندري تمامًا.. ماذا يجب أن نفعل بغضبنا، ماذا يجب أن نفعل ببؤسنا.. وعلى من نرمي هذه الحصى التي امتلأت بها جيوبنا الفارغة.

من الأَوْلى بالرّجم في هذا الوطن؟ من؟ أولئك الجالسون فوقنا؟ أم ذلك الجالس فوق الجميع؟

حضرَني لحظتها عنوان رواية لمالك حدّاد.. «الأصفار تدور حول نفسها».

تمنّيت لو أنّني قرأتها، عساني أجد تفسيرًا لكلّ هذه الدوائر التي تَحوّلنا إليها.

ثمّ قادتني أفكاري إلى مشهد شاهدته يومًا في تونس لجمل مغمض العينين، يـدور دون توقّف في ساحة سيدي بو سعيد، ليستخرج الماء من بئر أمام متعة السيّاح ودهشتهم.

استوقفتني يومها عيناه اللّتان وضعوا عليهما غمامة ليتوهّم أنّه يمشي إلى الأمام دائمًا، ويموت دون أن يكتشف أنّه كان يدور في حلقة مفرغة.. وأنّه قضى عمره دائرًا حول نفسه!

تُرانا أصبحنا ذلك الجمل الذي لا يكاد ينتهي من دورة حتى يبدأ أخرى تدور به بطريقة أو بأخرى حول همومه الصغيرة اليوميّة؟!

تُرى هذه الجرائد التي تحمل لنا أكياسًا من الوعود بغدٍ أفضل، تخفي عنّا صدمة الواقع وفجيعة الفقر والبؤس الحتميّ الذي أصبح لأوّل مرّة يتربّص بنصف هذا الشعب؟

وأنا.. تراني لم أعد أعرف المشي إلى الأمام في خطٍّ مستقيم لا يعود بي تلقائيًا إلى الوراء.. إلى هذا الوطن الذاكرة؟

وهـذا الـوطـن.. مـن أيـن لـه هـذه الـقـدرة الخارقة على لَيِّ المستقيمات، وتحويلها إلى دوائر.. وأصفار!

ها هي الذاكرة سياجٌ دائريّ يحيط بي من كلّ جانب.

تطوّقُني أوّل ما أضع قدميّ خارج البيت. وفي كلّ اتّجاه أسلكه تمشي إلى جواري الذكريات البعيدة..

فأمشي نحو الماضي مغمَض العينين.. أبحث عن المقاهي القديمة، تلك التي كان لكلّ عالمٍ أو وجيهٍ مجلسه الخاصّ فيها، حيث كانت تُعَدُّ القهوة على الوجاق الحجريّ وتقدّم بالجزوة.. ويخجل نادل أن يلاحقك بطلباته. كان يكفيه شرف وجودك عنده.

في ذلك الزمن كان لابن باديس المقهى الذي كان يتوقَّف عنده، وهو في طريقه إلى المدرسة. كان اسمه «مقهى بن يامينة».

وكان هنالك «مقهى بو عرعور» حيث كان مجلس بلعطّار وباشتارزي، وحيث كنت ألمح أبي أحيانًا وأنا أمرّ بهذا الطريق.

أين ذلك المقهى لأحتسي فيه هذا الصباح فنجان قهوة نخب ذكراه؟ كيف أعثر على مقهى لم يكن كبيرًا سوى بأسماء روّاده؟ كيف أجده.. في هذا الزمن الذي كبرت فيه المقاهي وكثرت، لِتَسَع بؤس المدينة، وإذا بها متشابهة وحزينة كوجوه الناس؟

لم يعد يميّزها شيء. حتّى تلك الهَيْبة التي كانت سِمة أهل قسنطينة، وذلك الشاش والبرنس المتألّق بياضًا، أصبحت نادرة وباهتة اليوم.

ربّما كان أوّل ما لفت نظري ذلك الصباح، ذلك الزيّ الموحّد لتلك المدينة التي تستيقظ كما تنام بحزن غامض، ذلك اللّون القاتم المتدرّج والمشترك بين الجنسين.

النساء ملفوفات بملاءاتهنّ السوداء التي لا يبدو منها شيء سوى عيونهنّ.

والرجال في بدلاتهم الرماديّة أو البنّيّة التي لا تختلف عن لون بشرتهم.. ولا لون شعرهم، والتي يبدون كأنّهم فصّلوها جميعًا عند خيّاط واحد.

وقلّما كان يبدو من بين الحشود نقطة ضوء، أو لون زاهٍ لفستانٍ أو لبدلةٍ صيفيّة.

تراني كنت أنظر ذلك الصباح إلى تلك المدينة، بعينيْ رسّام لا تلفت نظره سوى الألوان، ولا يكاد يرى سواها في كلّ شيء، أم تراني كنت أراها فقط بعيون الماضي وخَيْبة الحاضر؟

رمَيتُ بنفسي وسط أمـواج الرجال الضائعين مثلي في تلك المدينة. شعرت لأوّل مرّة بأنّني بدأت أشبههم.

مثلهم أملك وقتًا ورجولة لا أدري ماذا أفعل بها. فلا أملك إلّا أن أمشي ساعات في الشوارع كما يمشون.. محمَّلًا ببؤسي الحضاريّ.. وبؤسي الجنسيّ الآخر.

ها نحن نتشابه فجأة في كلّ شيء.. في لون شعرنا ولون بدلتنا وجرّ أحذيتنا وخطانا الضائعة على الأرصفة.

نتشابه في كلّ شيء، وأنفرد وحدي بك. ولكن هل يغيّر ذلك شيئًا؟ حبّكِ الذي استدرجني حتّى هذه المدينة، أعادني إلى تخلّفي دون علميّ. رمى بي وسط هذه الجموع الرجاليّة، التي تسير ببطء تحت الشمس الصيفيّة، دون وجهة محدّدة، ودون أن تدري ماذا تفعل بتلك الأشعّة التي تختزنها الأجساد المحمومة في النَّهار، وتنفقها الأيدي البائسة سرًّا في اللَّيل.. في الملذّات الفرديّة.

تتوقَّف فجأة خطواتي أمام جدران بيت لا يشبه بيوتًا أخرى.

هنا كانت أكبر «دار مغلقة» يرتادها الرجال، وكان لها ثلاثة أبواب تؤدِّي إلى شوارع وأسواقٍ مختلفة.

لقد كانت في الواقع دارًا مغلقة مشرّعة، مدروسة ليتسلّل إليها الرجال من أيّ جهة، ويخرجوا منها من أيّ جهة أخرى.

كان الرجال يَؤُمّونها من كلّ صوب، هربًا من المدن والقرى المجاورة، التي لا ملذّات فيها ولا نساء.

وكانت النساء الجميلات والبائسات، يأتين أيضًا من كلّ المدن المجاورة ليختفين خلف هذه الجدران المُصفرّة، التي لا يخرجن منها إلّا عجائز ينفقن ثروتهنَّ في الصدقات والحسنات، وتطهير الأيتام في موسم توبتهنَّ الأخيرة.

هنا أنفق أبي ثروته ورجولته..!

أحاول ألّا أتوقّف عند ذلك البيت الاستثنائيّ، الذي كان لعدّة سنوات سبب حزن أمّي السرّي، وربّما موتها قهرًا.

وكان لعدّة سنوات أيضًا سرّ نشوتي السرّيّة، وأحلامي المكبوتة أيّام صباي، يوم كنت أحلم به ولا أجرؤ على دخوله، ربّما خوفًا من أن ألتقي بأبي هناك، ربّما أيضًا لأنّني كنت مكتفيًا بمغامراتي العابرة المسروقة فوق السطح تارة، أو في غرف المؤونة التي قلّما يفتحها أحد..

اليوم لم يعد أبي هنا ليمنعني احتمال وجوده في هذا «البيت» من الدخول.

لقد رحل بعدما ترك تاريخه بامتياز خلف هذه الجدران، تمامًا كما يفعل أيّ قسنطينيّ ثريّ ومحترَم على أيّامه.

ألم تكن جدّتي تقول وقتها لتعلّم أمّي الصبر، وتعوّدها على تقبّل تلك الخيانة بفخر: «إنّ ما يفعله الرجال.. طُرِّزَ على أكتافهم!».

وكان أبي يطرّز مغامراته جرحًا ووشمًا على جسد «امّا» دون أن يدري.

ماذا أصبح هذا «البيت»؟ لست أدري..

يُقال إنّهم أغلقوه وربّما ظلّ له باب واحد فقط.. بعدما أُغلقت أبوابه الأخرى، في إطار سياسة تقليص الملذّات في هذه المدينة، أو احترامًا لعشرات المساجد التي نبتت على صدر هذه الصخرة، والتي يرتفع صوتها مجتمعة عدّة مرّات في اليوم، ليذكّر الناس بمزايا الإيمان والتوبة..

وكنت في تلك اللّحظة، كمعظم رجال هذه المدينة، أقف في الحدّ الفاصل بين شهوة الجسد وعفّة الروح. يتجاذبني إلى أسفل

النداء السرّي لتلك الغرف المظلمة الشبقيّة.. حيث تحلو الخطايا.. ويسمو بي إلى أعلى ذلك النداء الآخر، لتلك المآذن التي افتقدتُ طويلًا تكبيرها، ورهبة أذانها الذي كان يدعو إلى الصلاة، فيخترق بقوّته دهاليز نفسي، ويهزّني لأوّل مرّة منذ سنوات.

لقد أصبحتُ في بضعة أيّام رجلًا مزدوجًا كهذه المدينة، وبدأت أعي أن ليس في هذا العالم المسكون بالأضداد من مدن بريئة، ومدن فاجرة.

هنالك مدن منافقة.. وأخرى أقلّ نفاقًا فقط..

وليس هناك من مدن بوجهٍ واحد.. وحرفة واحدة. وقسنطينة أكثر المدن وجوهًا.. وتناقضًا.

ها هي مدينة تستدرجُكَ إلى الخطيئة، ثمّ تردعك بالقوّة نفسها التي تستدرجك بها.

كلّ شيء هنا دعوة مكشوفة للجنس.. شيءٌ ما في هذه المدينة يُغري بالحبّ المسروق: قيلولاتها التي لا تنتهي.. صباحاتها الدافئة الكسلى.. وليلها الموحش المفاجئ. طرقاتها المعلّقة بين الصخور.. أنفاقها السرّيّة الموبوءة الرطوبة.. منظر جبل الوحش وما حوله من ممرّات متشعّبة.. غابات الغار والبلّوط.. وكلّ تلك المغارات والأنفاق المختبئة.

ولكن.. عليكَ أن تكتفي بالتفرّج على عادات النفاق المتوارثة هنا منذ أجيال، وتتحاشى النظر إلى هذه المدينة في عينيها حتّى لا تربكها.. وترتبك!

فالجميع هنا يعرفون أنّه خلف شوارعها الواسعة تختبئ الأزّقة الضيّقة الملتوية، وقصص الحبّ غير الشرعيّة، واللّذة التي تُسرَق على عجل خلف باب.. وتحت ملاءتها السوداء الوقور، تنام الرغبة

المكبوتة من قرون، الرغبة التي تعطي نساءها تلك المشية القسنطينيّة المنفردة، وتمنح تحت «العجار»، ذلك البريق النادر.

تعوَّدَت النساء هنا منذ قرون، على حمل رغبتهنَّ كقنبلة موقوتة، مدفونة في اللّاوعي. لا تنطلق من كبتها إلّا في الأعراس، عندما تستسلم النساء لوقع البندير، فيبدأن الرقص وكأنّهنَّ يستسلمن للحبّ، بخجل ودلال في البداية. يحرّكن المحارم يمنة ويسرة على وقع «الزندالي».. فتستيقظ أنوثتهنَّ المخنوقة تحت ثقل ثيابهنَّ وصيغتهنّ.

يصبحن أجمل في إغرائهنَّ المتوارث.

تهتزّ الصدور وتتمايل الأرداف، ويدفأ فجأة الجسد الفارغ من الحبّ.

تشبّ فيه فجأة الحمّى التي لم يطفئها رجل، ويتواطأ البندير الذي تسخِّنُه النساء مُسبّقًا مع الجسد المحموم، فتزيد الضربات فجأة قوّة وسرعة، وتنفكّ ضفائر النساء، وتتطاير خصلات شعرهنَّ، وينطلقن في حلبات الرقص كمخلوقات بدائيّة تتلوّى وجعًا ولذّة في حفلة جذب وتهويل، يفقدن خلالها كلّ علاقة بما حولهنَّ، وكأنّهنَّ خرجن فجأة من أجسادهنَّ، من ذاكرتهنَّ وأعمارهنَّ، ولم يعد يمكن أحدًا أن يعيدهنَّ إلى هدوئهنَّ السابق.

وكما في طقوس اللّذة.. وطقوس العذاب، يدري الجميع أنّه لا يجب وقف ضربات البندير، ولا قطع وقعها المتزايد، قبل أن تصل النساء إلى ذروة لاشعورهنَّ ولذّتهنَّ، ويقَعن على الأرض مُغمى عليهنَّ، تمسكهنَّ نساء من خصورهنَّ، وترشّهنَّ أخريات بالريحة والعطر الجاهز لهذه المناسبات.. حتّى يعدن تدريجًا إلى وعيهنَّ.

هكذا تمارس النساء الحبّ.. وَهْمًا في قسنطينة!

قسنطينة التي أغرتني.. بليلة حبٍّ وهميّة، وقبلتُ صفقتَها السرِّية، مقابل شيء من النسيان.

فأين النسيان قسنطينة.. وفي كلّ منعطف يتربّص بي جرح؟

هل الحنين وعكة صحيّة؟

مريض أنا بك قسنطينة.

كان موعدنا وصفة جرّبتُها للشفاء، فقتلَتني الوصفة.

تراني تجاوزت معك جرعة الشوق المسموح بها في هذه الحالات؟

لم أشترِكِ في صيدليّة جاهزة في طريق، لأرفع دعوى على بائع الأقدار الذي وضعَكِ في طريقي.

لقد صنعتُك أنا بنفسي، وقستُ كلَّ تفاصيلك على مقاييسي.. أنت مزيج من تناقضي، من اتّزاني وجنوني، من عبادتي وكفري.. أنت طهارتي وخطيئتي، وكلّ عقَد عمري.

الفرق بينك وبين مدينة أخرى.. لا شيء.

لعلَّك كنت فقط المدينة التي قتلتني أكثر من مرّة لسبب مناقض للأوّل.. كلّ مرّة.

فأين الحدّ الفاصل بين جرعة الشفاء وجرعة الموت هذه المرّة؟

وفي مواسم الخيبة، تصبح الذاكرة مشروبًا مرًّا يُبتلَع دُفعةً واحدة، بعدما كان حلمًا مُشتَركًا يُحتسى على مهل؟

هنا تبدأ الذاكرة المشتركة، وشوارع يسكنها التاريخ وينفرد بها.

بعضها مَشيتُها مع سي الطاهر وأخرى مع آخرين.

هنا شارع يحمل اسمه.. وشوارع تذكر عبوره. وها أنذا أتوحّد بخطاه وأواصل طريقًا لم نكمله معًا.

تمشي العروبة معي من حيٍّ إلى آخر. ويملأني فجأة شعور غامض بالغرور.

لا يمكن أن تنتمي إلى هذه المدينة، دون أن تحمل عروبتها. العروبة هنا.. زهوٌّ ووجاهة وقرون من التحدِّي والعنفوان.

ما زالت لحية ابن باديس وكلماته تحكم هذه المدينة حتَّى بعد موته.

ما زال يتأمَّلنا في صورته الشهيرة تلك، ملتحيًا وقاره، متّكئًا على يده، يفكِّر في ما أُلنا إليه بعده.

وما زالت صرخته التاريخيّة تلك بعد نصف قرن، النشيد غير الرسميّ الوحيد.. الذي نحفظه جميعًا.

«شعب الجزائر مسلم

وإلى العروبة ينتسبْ

من قال حادَ عن أصله

أو قال مات فقد كذبْ

أو رام إدماجًا له

رام المحال من الطلبْ»

صدقَت نبوءتك لنا يا ابن باديس.. لم نَمُت.

فقط ماتت شهيّتنا للحياة. فماذا نفعل أيّها العالِم الفاضل؟ لا أحد توقَّع لنا الموت يأسًا. كيف يموت شعب يتضاعف كلّ عام؟

«يا نشء أنت رجاؤنا

وبك الصباح قد اقتربْ»

ذلك النشء الذي تغنّيتَ به.. لم يعد يترقَّب الصباح، مذ حجز الجالسون فوقنا.. الشمس أيضًا. إنَّه يترقَّب البواخر والطائرات.. ولا يفكّر سوى بالهرب.

أمام كلِّ القنصليّات الأجنبيّة تقف طوابير موتانا، تطالب بتأشيرة حياة خارج الوطن.

دار التاريخ وانقلبت الأدوار. أصبحت فرنسا هي التي ترفضنا، وأصبح الحصول على «فيزا» إليها ولو لأيّام.. هو «المحال من الطلب»! لم نَمُت ظلمًا.. متنا قهرًا. فوحدها الإهانات تقتل الشعوب.

في زمن ما كنّا نردّد هذا النشيد في سجن قسنطينة. كان يكفي أن ينطلق من زنزانة واحدة، لتردّده زنازين أخرى، لم يكن مساجينها سياسيّين.

كان لكلماته قدرة خارقة على توحيدنا. اكتشفنا مصادفة هناك صوتنا الواحد.

كنّا شعبًا واحدًا ترتعد الجدران لصوته، قبل أن ترتعد أجسادنا تحت التعذيب.

هل بحّ صوتنا اليوم.. أم أصبح هناك صوت يعلو على الجميع. مذ أصبح هذا الوطن لبعضنا فقط؟

* * *

وُلدَت كلّ هذه الأفكار في ذهني وأنا أعبر ذلك الشارع، وألتقي بعد 37 سنة مع جدران سجن كنت يومًا أراها من الداخل.

ولكن هل يصبح السجن شيئًا آخر لمجرّد أنّنا ننظر إليه من الخارج، وهل يمكن للعين أن تلغي الذاكرة اليوم، وهل يمكن لذاكرة أن تلغي أخرى؟

كان سجن «الكُديا» جزءًا من ذاكرتي الأولى التي لن تمحوها الأيّام.

وها هي الذاكرة تتوقّف أمامه وترغم قدميّ على الوقوف، فأدخله من جديد كما دخلته ذات يوم من سنة 1945 مع خمسين ألف سجين ألقيَ عليهم القبض بعد تظاهرات 8 ماي الحزينة الذكر.

وكنت أكثر حظًّا، قياسًا إلى الذين لم يدخلوه يومها.

خمسة وأربعون ألف شهيد سقطوا في تظاهرات هزّت الشرق الجزائري كلّه بين قسنطينة وسطيف وقالمة وخرّاطة.

وكانوا أوّل دفعة رسميّة لشهداء الجزائر. جاء استشهادهم سابقًا لحرب التحرير بسنوات.

هل أنساهم؟

أأنسى أولئك الذين دخلوه ولم يخرجوا منه، وظلّت جثثهم في غرف التعذيب؟ وأولئك الذين ماتوا بأكثر من طريقة للموت، رفاقنا الذين اختاروا موتهم وحدهم؟

هنالك إسماعيل شعلال. كان مجرّد عامل بناء، وكانت له مهمّة حفظ وثائق «حزب الشعب» وأرشيفه السرّي، وكان أوّل من تلقّى زيارة الاستخبارات العامّة الذين دقّوا باب غرفته الصغيرة الشاهقة صارخين «البوليس.. افتح».

وبدل أن يفتح إسماعيل شعلال الباب.. فتح نافذته الوحيدة. ورمى بنفسه على وادي الرّمال، ليموت هو وسرّه في أودية قسنطينة العميقة.

أيمكن اليوم، وحتَّى نصف قرن، أن أذكر إسماعيل دون دموع، هو الذي مات حتَّى لا يبوح بأسمائنا تحت التعذيب؟

وهنالك صوت عبد الكريم بن وطاف الذي كانت صرخات تعذيبه تصل حتَّى زنزانتنا، خنجرًا يخترق جسدنا أيضًا ويبعث فيه الشحنات الكهربائيّة نفسها. وصوته يشتم بالفرنسيّة معذّبيه ويصفهم بالكلاب والنازيّين والقتلة.. فيأتي متقطّعًا بين صرخة وأخرى.

Criminels.. assassins.. salauds.. nazis

فيردّ عليه صوتنا بالأناشيد الحماسيّة والهتاف.

ويصمت صوت بن وطاف.

وهنالك بلال حسين أقرب صديق إلى سي الطاهر، أحد رجال التاريخ المجهولين، وأحد ضحاياه.

كان بلال نجّارًا. لم يكن رجل علم ولكن على يده تعلّم جيل بأكمله الوطنيّة. فقد كان محلّه القائم تحت جسر سيدي راشد مقرّ الاجتماعات السرِّيّة.

أذكر أنّه كان يستوقفني وأنا أمرّ بمحلّه متّجهًا إلى ثانويّة قسنطينة، فيعرض عليَّ قراءة جريدة «الأمّة» أو منشورًا سرِّيًا.

وكان خلال سنتين يهيّئني سياسيًا للانخراط في «حزب الشعب». ويضعني أمام أكثر من امتحان ميدانيّ، كان لا بدّ لكلّ عضو من أن يَمُرّ به قبل أن يؤدّي قَسَم الانخراط في الحزب، ويبدأ نشاطه في إحدى الخلايا التي كان يحدّدها بلال.

في ذلك المحلّ الـذي لا أثـر لـه اليـوم، كـان يلتقي القادة السياسيّون، ويعطي مصالي الحاج تعليماته الأخيرة، وفيه نوقِشَت الشعارات التي رفعها المتظاهرون، وكُتبت ليلًا على اللّافتات لتكون مفاجأة فرنسا.

وعندما انطلقت تلك التظاهرة من فوق جسر سيدي راشد كما خطّط لها بلال لأسباب تكتيكيّة، يسهل معها تجمّع المتظاهرين ثم تبعثُرهم من كلّ الطرقات المؤدِّية للجسر، أدهشَت القوّات الفرنسيّة بدقّتها ونظامها غير المتوقّع. وكان بلال أوّل من أُلقيَ القبض عليه يومها.. ومن عُذِّب للعبرة.

لم يمت بلال حسين كغيره. قضى سنتين في السجن والتعذيب، ترك فيهما جلده على آلات التعذيب.

أذكر أنّه ظلّ لعدّة أيّام عاري الصدر، عاجزًا حتّى عن أن يضع قميصًا على جلده، حتّى لا يلتصق بجراحه المفتوحة، بعدما رفض طبيب المستشفى تحمّل مسؤوليّة علاجه.

ثمّ خرج محكومًا عليه بالنفي والرقابة المشدّدة. وعاش بلال حسين مناضلًا في المعارك المجهولة، ملاحقًا مطاردًا حتّى الاستقلال. ولم يمُت إلّا أخيرًا في عامه الواحد والثمانين في 27 ماي 1988، في الشهر نفسه الذي مات فيه لأوّل مرّة.

مات بائسًا، أعمى، ومحرومًا من المال والبنين.

اعترف قبل موته ببضعة أشهر لصديقه الوحيد، بأنّهم عندما عذّبوه تعمّدوا تشويه رجولته، وقضوا عليها إلى الأبد... وأنّه في الواقع مات منذ أربعين سنة.

يوم وفاته، جاء حفنة من أنصاف المسؤولين لمرافقته إلى مثواه الأخير، أولئك الذين لم يسألوه يومًا بماذا كان يعيش، ولا لماذا لا أهل له.

مشوا خلفه خطوات.. ثمّ عادوا إلى سيّاراتهم الرسميّة، دون أدنى شعور بالذنب.

لم يكن أحد يعرف سرّه الذي احتفظ به أربعين سنة كاملة، بحياء رجل من جيله ومن طينته.

فهل كان يستحقّ ذلك السرّ، كلّ ذلك الكتمان؟

كان بلال حسين آخر الرجال في زمن الخصيان..

وكان المُبصر في زمن عُميَت فيه البصائر..

فهل أنسى بلال حسين؟

* * *

ها هو ذا سجن الكديا..

أتأمّله كما أتأمّل جدران سجن أوّل، دخلناه كما ندخل حلمًا مزعجًا لم نكن مهيّئين له. مرّت سنوات كثيرة، قبل أن أدخل سجنًا آخر، كان جلّادوه هذه المرّة جزائريّين لا غير. ولم يكن له من عنوان معروف، ليعرف طيف «امّا» طريقه إليّ فيأتيني كما كانت تأتي لزيارتي هنا في الماضي، باكية متضرّعة لكلّ حارسٍ..

ها هو ذا سجن الكديا.. كم من قصص مؤلمة، وأخرى مدهشة عرفها هذا السجن، الذي تناوب عليه أكثر من ثائر، لأكثر من ثورة.

عام 1955.. أي بعد عشر سنوات بالضبط من أحداث 8 ماي 1945، عاد هذا السجن للصدارة، بدفعة جديدة لسجناء استثنائيين كانت فرنسا تعدّ لهم عقابًا استثنائيًا.

في الزنزانة رقم 8.. المُعَدّة لانتظار الموت، كان ثلاثون من قادة الثورة ورجالها الأوائل، ينتظرون موثّقين، تنفيذ الحكم بالإعدام عليهم، بينهم مصطفى بن بولعيد والطاهر الزبيري ومحمد لايفا وإبراهيم الطيّب رفيق ديدوش مراد وباجي مختار وآخرون.

كان كلّ شيء معدًّا للموت يومها، حتّى إنّ حلّاق مساجين الحقّ العام، أخبر الشهيد القائد مصطفى بن بولعيد في الصباح، أنّهم غسلوا المقصلة أمس، وأنّه حلم أنّهم «نفذوا».

وكانت هذه الكلمة تحمل معنيَيْن بالنسبة لمصطفى بن بولعيد، الذي كان يُعِدّ منذ أيّام خطّة للهرب من الكُديا.. وكان قد شرع مع رفاقه منذ عدّة أيّام، في حفر ممرّ سرّيٍّ تحت الأرض، أوصلَهم في المرّة الأولى إلى ساحة مغلقة داخل السجن. فأعادوا الحَفر من جديد، ليصلوا بعد ذلك إلى خارج السجن.

يوم 10 نوفمبر 1955، بعد صلاة المغرب، وبين الساعة السابعة والثامنة مساءً بالتحديد، كان مصطفى بن بولعيد ومعه عشرة آخرون من رفاقه، قد هربوا من الكديا، وقاموا بأغرب عمليّة هروب من زنزانة لم يغادرها أحد ذلك اليوم.. سوى إلى المقصلة.

بعد ذلك سقط القائد مصطفى بن بولعيد وبعض من فرّوا معه، شهداء في معارك أخرى لا تقلّ شجاعة عن عمليّة فرارهم، فتصدّروا برحيلهم كتب التاريخ الجزائري، وأهمّ الشوارع والمنشآت الجزائريّة، بينما نُفّذ حكم الإعـدام، في من ظلّوا بالزنزانة، دون أن يتمكّنوا من الهروب.

ولم يبق اليوم من السجناء الأحد عشر الذين هربوا من الكُديا، سوى اثنين على قيد الحياة. ومات الرجال الثمانية والعشرون الذين جمعتهم الزنزانة رقم ثمانية يومًا، لقدَرٍ كان مقرّرًا أن يكون.. واحدًا.

كلّما وقفت أمام الجدران العالية لهذا السجن تبعثرَت ذاكرتي، وذهبتُ لأكثر من وجه، لأكثر من اسم، ولأكثر من جلّاد، وشعرت برغبة في فتح أبواب سجون أخرى ما زالت مُغلَقة على أسرارها، دون أن تجد كاتبًا واحدًا يردّ دَيْن من مرّوا بها.

وقتها، كنت أحسد ذلك الرفيق الذي جمعتني به زنزانة هنا لبضعة أسابيع.

كنّا آنـذاك.. أنا وهو، أصغر معتقلين سياسيّيْن، وربّما كان ياسين يصغرني ببضعة أشهر.

كان عمره ستّة عشر عامًا فقط.

ورغم أنّهم أطلقوا سراحي لصغر سنّي، رفضوا أن يطلقوا سراح ياسين، وبقي في سجن الكُديا أربعة عشر شهرًا، يحلم بالحرّيّة..

وبامرأة مستحيلة تكبره بعشر سنوات، كانت في السادسة والعشرين من عمرها.. وكان اسمها «نجمة»!

وبينما عدت أنا بعد ستّة أشهر من السجن إلى الدراسة، راح ياسين يكتب بعد عدّة سنوات رائعته «نجمة».

تلك الرواية الفجيعة، التي وُلدَت فكرتها الأولى هنا، في ذلك اللّيل الطويل، وفي مخاض المرارة والخيبة والأحلام الوطنيّة الكبرى.

أذكر أنّ ياسين كان مدهشًا دائمًا. كان مسكونًا بالرفض وبرغبة في التحريض والمواجهة.

ولذا كان ينقل عدواه من سجين إلى آخر. وكنّا نستمع إليه، ونجهل وقتها أنّنا أمام لوركا الجزائر، وأنّنا نشهد ميلاد شاعر سيكون يومًا، أكبر ما أنجب هذا الوطن من مواهب.

مرّت عدّة سنوات، قبل أن ألتقي بكاتب ياسين في منفاي الإجباري الآخر بتونس.

اكتشفت بفرح لا يخلو من الدهشة أنّه لم يتغيّر.

ما زال يتحدّث بتلك الحماسة نفسها، وبلغته الهجوميّة نفسها، معلنًا الحرب على كلّ من يشتَمُّ فيهم رائحة الخضوع لفرنسا أو لغيرها.

لقد كانت له حساسيّة ضدّ الإهانات المهذَّبة، وضدّ قابليّة البعض للانحناء.. الفطريّ!

كان يومها يلقي محاضرة في قاعة كبرى بتونس، عندما راح فجأة يهاجم السياسيّين العرب، والسلطات التونسيّة بالتحديد.

لم يستطع أحد يومها إسكات ياسين.

فقد ظلّ يخطب ويشتم حتّى بعدما قطعوا عليه صوت الميكرفون، وأطفأوا الأضواء ليرغموا النّاس على مغادرة القاعة.

يومها دفعتُ في جلسة تحقيق مع البوليس ثمن حضوري في الصفّ الأمامي وهتافي على ياسين «تعيش.. آ ياسين..».

لم ينتبه أحد وقتها إلى وجوه من صفّقوا. ولكن بعض من كان يعنيهم الأمر انتبهوا إلى يدي الوحيدة المرفوعة تأييدًا.. وإعجابًا.

يومها اكتشفت البُعد الآخر لليد الواحدة. فقدَر صاحبها أن يكون معارضًا ورافضًا، لأنّه في جميع الحالات.. عاجز عن التصفيق! احتضنته بعدها وقلت: «ياسين.. إذا رزقتُ ولدًا فسأسمّيه ياسين..».

وشعرت بشيء من الزهو والمتعة، كأنّني أقول له أجمل ما يمكن أن نقوله لصديق أو لكاتب.

فضحك ياسين وهو يربّت كتفي بيدٍ عصبيّة كعادته عندما يربكه اعتراف ما.

وقال بالفرنسيّة: «أنت أيضًا لم تتغيّر.. ما زلت مجنونًا!».

وضحكنا لنفترق لعدّة سنوات أخرى.

تراني كنت أريد أن أكون وفيًّا لذاكرتنا المشتركة، أم فقط، كنت أريد أن أعوّض بذلك من عقدتي تجاه «نجمة»، الرواية التي لن أكتبها، والتي كنت أشعر أنّها بطريقة أو بأخرى، كانت قصّتي أيضًا. بأحلامي وخيباتي، بملامح «امّا» الواقفة على حافة اليأس والجنون، الراكضة بين السجن والأولياء الصالحين، تقدّم الذبائح لسيدي محمّد الـغـراب، والـعـمـلات لحارس السجن اليهودي، الـذي كان جارنا.. حتّى يأتيني بين الحين والآخر بقفّة الأكل الذي تعدّه لي. «امّا» التي كدت لا أعرفها عندما غادرتُ السجن بعد ستّة أشهر، والتي، أمـام انشغال أبي عنّي وعنها، بتجارته وعشيقاته، أصبحَت لا تطلب من الله إلّا عودتي لها، وكأنّني الشيء

الوحيد الذي يمكن أن يبرّر وجودها، والشاهد الوحيد على أمومتها وأنوثتها المسلوبة.

نعم، كنّا في النهاية جيلًا بقصّة واحدة، بجنون الأمّهات المتطرّفات في الحبّ، بخيانة الآباء المتطرّفين في القسوة، وبقصص حبّ وهميّة، وخيبات عاطفيّة، يصنع منها البعض روائع عالميّة في الأدب، ويتحوّل آخرون على يدها إلى مرضى نفسانيّين.

تراني لا أفعل شيئًا بكتابة هذا الكتاب، سوى محاولة الهروب من صنف المرضى إلى صنف المبدعين؟

آه ياسين.. كم تغيّر العالم منذ ذلك اللّقاء.. منذ ذلك الوداع.. أنت الذي أنهيتَ روايتك قائلًا على لسان ذلك البطل:

«وداعًا أيها الرفاق.. أيّ شباب عجيب ذاك الذي عشناه!».

لم تكن تتوقّع وقتها، أنّ عمرنا سيكون أعجب من سنوات شبابنا بكثير!

غدًا سيكون عرسكِ إذن..

وعبثًا أحاول أن أنسى ذلك، وأمشي في شوارع قسنطينة، يسلّمني زقاق إلى آخر.. وذاكرة إلى أخرى.

أما قلتِ إنّكِ لي ما دمنا في هذه المدينة؟

أين تكونين الآن إذن؟ في أيّ شارع.. في أيّ زقاق من هذه المدينة المتشعّبة الطرقات والأزقّة كقلبك، التي تذكّرني بحضورك وغيابك الدائمين، والتي تشبهك حدّ الارتباك؟

لستِ لي..

أدري أنّهم يعدّونكِ الآن لليلة حبّك المقبلة. يعدّون جسدك لرجل آخر ليس أنا، بينما أهيم أنا على جرحي لأنسى ما يحدث هناك.

مليئًا كان يومك، كيوم عروس، وفارغًا كان يومي، كيوم موظّف متقاعد.

منذ زمان أخذ كلّ واحد منّا طريقًا مخالفًا للآخر. وها نحن نعيش بمفكّرتَين متناقضتَين، إحداهما للفرح وأخرى للحزن. فكيف أنسى ذلك؟

كانت كلّ الطرق تؤدِّي إليك، حتَّى تلك التي سلكتُها للنسيان، والتي كنتِ تتربّصين لي فيها.

كلّ المدارس والكتاتيب العتيقة.. كلّ المآذن.. كلّ «البيوت المُغلَقة».. كلّ السجون.. كلّ المقاهي.. كلّ الحمّامات التي كانت تخرج منها النساء أمامي جاهزات للحبّ، كلّ الواجهات التي تعرض الصيغة والثياب الجاهزة للعرائس، وحتَّى.. تلك المقبرة التي ألقيتُ نفسي في سيّارة أجرة، ورحت أبحث فيها عن قبر «امّا»، وأستعين بسجلّات حارسها لأتعرّف إلى أرقام الممرّات التي كانت توصل إليها.. أوصلَتني إليك لا غير.

«امّا».. لماذا قادتني قدماي إليها ذلك اليوم بالذات، في ليلة عرسك بالذات؟ أَرحتُ أزورها فقط.. أم رحت أدفن جوارها امرأة أخرى توهّمتُها يومًا أُمّي؟

عند قبرها الرخاميّ البسيط مثلها، البارد كقدَرها.. والكثير الغبار كقلبي، تسمّرت قدماي، وتجمّدت تلك الدموع التي خبّأتُها لها منذ سنوات الصقيع والخيبة.

ها هي ذي «امّا».. شبر من التراب، لوحة رخاميّة تخفي كلّ ما كنت أملك من كنوز، صدر الأمومة الممتلئ.. رائحتها.. خصلات شعرها المحنّاة.. طلّتها.. ضحكتها.. حزنها.. ووصاياها الدائمة.. «عندك يا خالد يا ابني..».

«امّا» عوّضتُها بألف امرأة أخرى.. ولم أكبَر.

عوّضت صدرها بألف صدر أجمل.. ولم أرتوِ. عوّضت حبّها بأكثر من قصّة حبّ.. ولم أُشفَ.

كانت عطرًا غير قابل للتكرار. لوحة غير قابلة للتقليد ولا للتزوير.

فلماذا في لحظة جنون تصوّرتُ أنّكِ امرأة طبق الأصل عنها؟

لماذا رحت أطالبك بأشياء لا تفهمينها، وبدَور لن تطاليه؟

هذا الحجر الرخاميّ الذي أقف عنده أرحم بي منك.

لو بكيتُ الآن أمامه.. لأجهشَ بدوره بالبكاء.

لو توسّدت حجره البارد، لصعد من تحته ما يكفي من الدفء لمواساتي.

لو ناديته «يا امّا..» لأجابني ترابه مفجوعًا «واش بيك آ ميمة..؟».

ولكن كنت أخاف حتّى على تراب «امّا» من العذاب، هي التي كانت حياتها مواسم للفجائع لا غير.

كنت أخاف عليها حتّى بعد موتها من الألم، وأحاول كلّما زرتها أن أخفي عنها ذراعي المبتورة.

ماذا لو كان للموتى عيون أيضًا؟

ماذا لو كانت المقابر لا تنام.. كم كان يلزمني من الكلام وقتها لأشرح لها كلّ ما حلّ بي بعدها؟

لم أجهش ساعتها بالبكاء، وأنا أقف أمامها بعد كلّ ذلك العمر.

نحن نبكي دائمًا في ما بعد.

مرّرت فقط يدي على ذلك الرخام، وكأنّني أحاول أن أنزع عنه غبار السنين وأعتذر له عن كلّ ذلك الإهمال.

ثمّ رفعت يدي الوحيدة لأقرأ فاتحة على ذلك القبر..

بدا لي وقتها ذلك الموقف.. وكأنّه موقف سريالي، وبدت يدي الوحيدة الممدودة للفاتحة وكأنّها تطلب الرحمة بدل أن تعطيها.. فتنهّدت.. وأخفيت يدي.

ألقيتها داخل جيب سترتي.. وألقيت بخطاي خارج مدينة التراب.. والرخام.

* * *

كان ترقّب حسّان وزوجته للعرس، واستعداداتهما الدائمة له، للقاء كلّ الذين سيحضرونه من شخصيّات وعائلات كبيرة، يجعلني أستمع لهما أحيانًا، وكأنّني أستمع إلى أطفال يتحدّثون عن «سيرك»، سيحلّ بمدينة لم يزرها سيرك ولا مهرّجون من قبل.

وكنت لذلك أشفق عليهما.. وأعذرهما.

لقد كانت قسنطينة في النهاية، مدينة لا يحدث فيها شيءٌ ما عدا الأعراس. فتركتهما لفرحتهما ينتظران «السيرك عمّار»، واحتفظت لنفسي بخيبتي.

كان كلّ شيء استثنائيًّا في ذلك اليوم، وكنت أعرف مسبّقًا برنامجه من أحاديث السهرة.

سيذهب حسّان لقضاء حاجاته في الصباح، ثمّ يصلّي صلاة الظهر في المسجد، وبعدها سيمرّ بي بصحبة ناصر لنذهب جميعًا إلى حضور العرس.

أمّا عتيقة، فقد تأخذ الأولاد وتذهب منذ الصباح لترافق العروس إلى الحلّاق، ثمّ تبقى هناك لتقوم مع نساء أخريات بخدمة الضيوف وإعداد الطاولات.

كنت أشعر برغبةٍ في البقاء في سريري في ذلك الصباح، وعدم مغادرته قبل الظهر، ربّما بسبب متاعب البارحة، وربّما استعدادًا للسهر والمتاعب الأخرى التي تنتظرني في ذلك اليوم..

وربّما فقط لأنّني لم أعد أدري أين يمكنني أن أذهب، بعدما قضيت أسبوعًا وأنا أهيم على وجهي في تلك المدينة التي كانت تتربّص بذاكرتي في كلّ شارع. وكنتِ تختبئين لي فيها خلف كلّ منعطف..

وجدتُ بعد تفكيرٍ قصير، أنّ السرير هو المكان الوحيد الذي يمكن أن أهرب إليه منك، أو على الأقلّ الذي يمكن أن ألتقي فيه معك بلذّة لا بألم. ولكن..

هل سأجرؤ حقًّا على استحضارك اليوم.. في هذه اللّحظة التي كنت أدري أنّك تتجمّلين فيها استعدادًا لرجل آخر؟

هل سأجرؤ على استحضارك.. في هذا الصباح.. وهل سيغفر لك جسدي حقًّا في لحظة نزوة كلّ خياناتك السابقة واللّاحقة؟ كان ذلك جنونًا في جنون!!

ولكن أليس هذا الذي كنت تريدينه في النهاية، عندما قلت: «سأكون لك في تلك الليلة..»؟

كنت أشعر برغبة في امتلاككِ في ذلك الصباح.

وكأنّني أريد أن أسرق منك كلّ شيء، قبل أن أفتقدك إلى الأبد. فبعد اليوم لن تكوني لي، وستنتهي هذه اللّعبة الموجعة الحمقاء التي لم تكن هوايتي قبلك.

موجعًا كان لقائي معك ذلك الصباح.

فيه كثيرٌ من الشراسة والمرارة الغامضة.

فيه كثيرٌ من الحقد والشهوة الجنونيّة.

لو كنتِ لي..

آه لو كنتِ ذلك الصباح.. في ذلك السرير الكبير الفارغ البارد دونك. في ذلك البيت الشاسع المسكون بذكريات الطفولة المبتورة.. وشهوة الشباب المكبوت الذي مرّ على عجل.

لو كنت لي.. لامتلكتك كما لم أمتلك امرأة هنا. لاعتصرتك بيدي الوحيدة في لحظة جنون. لحوّلتك إلى قطع.. إلى موادّ أوّليّة.. إلى بقايا امرأة.. إلى عجينة تصلح لصنع امرأة.. إلى أيّ شيء غيرك أنت، أيّ شيء أقلّ غرورًا وكبرياء.. أقلّ ظلمًا وجبروتًا منك.

أنا الـذي لم أرفع يـدي الوحيدة في وجه امـرأة، ربّما كنتُ ضربتكِ ذلك اليوم حدّ الألم، ثمّ أحبَبتُك حدّ الألم، ثمّ جلستُ إلى جوار جسدك أعتذر له..

أقبّل كلّ شيء فيك، أمحو بشفتيَّ حمرة أطرافكِ المخضّبة بالحنّاء، لأوشمك بشراسة القُبَل، عساك عندما تستيقظين تكتشفينني مرسومًا على جسدك كالوشم، بذلك اللّون الأخضر الوحيد الذي لا يُرسَم إلّا على الجسد!

من أين جاءني كلّ ذلك الجنون؟ أكنت أريـد أن أنفرد بك وأمتلكك قبله، أم كنت أدري يومها بحدسٍ أو بقرارٍ مُسبق أنّني أنفق معك آخر رعشات اللّذّة، وأنّني سأضعك خارج هذا السرير بعد اليوم إلى الأبد؟

لم تكن مشكلتي معك مجرّد شهوة. لو كانت لَحسمتُها يومها بطريقة أو بأخرى.

هنا أكثر من امرأة يمكن أن يمتلكها رجل دون جهد.

هناك أكثر من باب نصف مفتوح ينتظر أن يفتحه رجل.

هناك جارات تتقاطع خطواتي بهنّ مرارًا في هذه البيوت العربيّة المشتركة، وأدري رغبتهنّ السرّيّة في الحبّ.

تعلَّمت مع الزمن، أن أفكّ رموز نظرات النساء المحتشمات..
والمبالغات في اللياقة والمفردات المؤدَّبة.

ولكنّـني كنـت أتجاهـل نظرتـهنَّ ودعـوتـهنَّ الصامتـة
إلى الخطيئة.

لم أعد أدري اليوم.. إن كنت أتصرّف كذلك عن مبدأ.. أم عن
حماقة وعن شعور غامض بالغثيان؟

كنت في الواقع أشفق عليهنَّ.. وأحتقر أزواجهنَّ الذين يسيرون
كالديوك المغرورة دون مبرّر..

سوى أنَّهم يمتلكون في البيت دجاجة ممتلئة متشحِّمة لم
يقربها أحد ربَّما عن قرف!

أو أخرى شهيّة ومدجّنة حسب التقاليد ولا يتوقَّع صاحبها أنّ
جناحيها القصيرين.. ما زالا يمارسان القفز.. فطريًّا!

يا لحماقة الديوك!

إذا كانت كلّ النساء عفيفات هنا، وشرف كلّ الرجال مصونًا،
فمع من يزني هؤلاء إذن؟ وكلّهم دون استثناء يتبجّح في المجالس
الرجاليّة بمغامراته؟

أليس كلّ واحد منهم يضحك على الآخر.. ولا يدري أنّ هناك
من يضحك عليه؟!

كم أكره ذلك الجوّ الموبوء بالنفاق.. وتلك القذارة المتوارَثة..
بنزاهة!

يحدث عندما تتقاطع نظراتي بهنَّ، أن أستعيد قولكِ مرّة، عندما
أبديتُ لك دهشتي ممَّا جاء في روايتك الأولى.. ورحت أستجوبك بحثًا
عن ذاكرة مشبوهة.

قلتِ:

«لا تبحث كثيرًا.. لا يوجد شيء تحت الكلمات. إنَّ امرأة تكتب هي امرأة فوق كلّ الشبهات.. لأنَّها شفّافة بطبعها. إنَّ الكتابة تطهّرنا ممّا علِق بنا منذ لحظة الولادة.. ابحث عن القذارة حيث لا يوجد الأدب!».

وكانت القذارة المتوارَثة أمامي في كلّ مكان، في عيون معظم النساء الجائعات لأيّ رجل كان.

في عصبيّة الرجال الذين يحملون شهوتهم تراكمًا قابلًا للانفجار.. أمام أوّل أنثى.

ولكن كان عليّ أن أقاوم رغبتي الحيوانيّة ذلك اليوم، وألّا أترك تلك المدينة تستدرجني إلى الحضيض.

فهناك مبادئ لا يمكنني التخلّي عنها مهما حدث، كأن أعاشر امرأة متزوّجة، تحت أيّ مبرّر.

وربَّما كان هذا سرّ حزني الآخر. فقد كنت أدري أنَّ مستحيلًا آخر قد أُضيفَ إلى مستحيلات أخرى يومها، وأنَّكِ لن تكوني لي أبدًا بعد اليوم.

لم أكن خجولًا من يدي اليمنى ذلك اليوم..

شعرت بشيء من الارتياح، وأنا أكتشف أنَّني برغم كلّ ما حلّ بي ما زلت أحترم جسدي.

المهمّ في هذه الحالات، ألّا نفقد احترام جسدنا ونحن نمنحه لأوّل عابر سبيل.

فأين يمكن أن نسكن بعد ذلك إن نحن أهنّاه.. وإن هو رفض أن ينسى ذلك؟

رمَيت فجأة بالغطاء، واتّجهت نحو النافذة وأشرعتها وكأنَّني أفتحها ليخرج طيفكِ منها إلى الأبد، ويدخل النور إلى تلك الغرفة.

في هذه المدينة المسكونة بالجنّ والسحرة، ماذا لو كنت جنّيّة تتسلّل إليّ مع العتمة، تنام إلى جواري، تقصّ عليّ قصصًا عجيبة، تعدني بألف حلّ سحريّ لمأساتي.. ثمّ تختفي مع أوّل شعاع وتتركني لهواجسي وظنّي؟

هل خرج طيفك حقًّا يومها من سريري.. من غرفتي وذاكرتي وهرب من تلك النافذة؟ لا أدري!

أدري فقط أنّ قسنطينة دخلت من تلك النافذة نفسها، التي قلّما فتحتُها.

وإذا بالأذان يفاجئني من أكثر من مئذنة في آن واحد، ويسمّرني في مكاني أمام الأقدام المسرعة في كلّ الاتّجاهات.

وكان جسر سيدي راشد يبدو بدوره منهمكًا في حركة دائمة كامرأة تستعدّ لحدثٍ ما.. مأخوذًا بهمومه اليوميّة، وبحماسة نهايات الأسبوع. وجدت في انشغاله عن حزني ذلك الصباح بالذات شيئًا شبيهًا بالخيانة.. وعدم العرفان بالجميل.

قرّرتُ بدوري ألّا أجامله.. فأغلقت في وجهه وجهي.. ورَدَدْت النافذة..

وفجأة انتابتني رغبة جارفة في الرسم. زوبعة شهوة للألوان.. تكاد توازي رغبتي الجنسيّة السابقة وتساويها عنفًا وتطرُّفًا.

لم أعد في حاجة إلى امرأة.. شُفيت من جسدي وانتقل الألم إلى أطراف أصابعي..

في النهاية لم يكن السرير مساحة للذّاتي ولا لطقوس جنوني. وحدها تلك المساحة البيضاء المشدودة إلى الخشبِ كانت قادرة على إفراغي من ذاتي.

فيها أريد أن أصبّ الآن لعنتي، أبصق مرارة عمرٍ من الخيبات.

أفرغ ذاكرة انحازت للَّون الأسود.. مذ انحزتُ لهذه المدينة الملتحفة – حماقةً – بالسواد منذ قرون، والتي تخفي وجهها – تناقضًا – تحت مثلَّثٍ أبيض للإغراء.

سلامًا أيّها المثلَّث المستحيل.. سلامًا أيّتها المدينة التي تعيش مُغلَقة وسط ثالوثها المحرَّم (الدِّين – الجنس – السياسة).

كم تحت عباءتكِ السوداء.. ابتلعتِ من رجال. فلم يكن أحد يتوقَّع أن تكون لك طقوس مثلَّث «برمودا» وشهيَّته للإغراق..

كانت الأفكار الرماديّة تتوالد في ذهني في ذلك الصباح، والغيظ يملأني تدريجًا كلَّما تقدَّمت الساعة واقترب وقت قدوم حسَّان وناصر لمرافقتي إلى ذلك البيت، لأحضر عرسك.

وكان غيظي وخيبتي قد شلَّا يدي ومنعاني حتَّى من أن أحلق ذقني أو أستعدّ لذلك الفرح المأتم.

كنت أذهب وأجيء فجأة في تلك الغرفة بعصبيّة مدمن تنقصه رشفة أفيونه.

كيف لم أتوقَّع أن أشعر بهذه الحاجة المَرضيَّة اليوم لإمساك فرشاة، وبهذه الرغبة الجارفة للرسم؟ تلك الرغبة التي لا تُقاوَم، والتي تصبح ألمًا في أطراف الأصابع، وتوتُّرًا جسديًّا ينتقل من عضوٍ إلى آخر؟

كنت أريد أن أرسم.. أرسم.. حتَّى أفرغ من كلَّ شيء، وأقع ميِّتًا.. أو مُغمى عليّ، إرهاقًا ونشوة.

الأرجح أنَّني هذه المرّة لن أرسم جسورًا ولا قناطر. ربَّما رسمت نساءً بملاءات سوداء.. ومثلَّثات بيضاء.. وعيون كاذبة، واعدات بفرح ما. فاللَّون الأسود لون كاذب في معظم الأحيان.. تمامًا مثل اللَّون الأبيض.

وقد لا أرسم شيئًا، وأموت هكذا واقفًا، عاجزًا أمام لوحة بيضاء.
فهل أروع من أن نوقّع مساحة بيضاء ببياض، وننسحب على
رؤوس الأصابع، ما دمنا لم نوقّع شيئًا في النهاية، ووحدها الأقدار
توقّع حياتنا، وتفعل بنا ما تشاء؟

لماذا التحايل على الأشياء إذن.. لماذا المراوغة؟

أما كنتِ لوحتي؟ ما فائدة أن أكون رسمتك ألف مرّة، ما دام
آخر سيضع توقيعه عليك اليوم، سيضع بصماته على جسدك، واسمه
جوار أوراقك الثبوتيّة؟

وماذا تفيد عشرات المساحات التي غطّيتُها بكِ، أمام سرير
سيحتوي جسدك.. ويخلّد أنوثتك الأبديّة؟

أيّ جدوى لما أرسمه.. إذا كان هناك دائمًا من سيضع توقيعه
نيابة عنّي كالعادة؟

* * *

في تلك اللّحظة المتقدِّمة من اليأس، دقّ فجأة الهاتف، وأخرجني
للحظة من وحدتي وهواجسي، فرحت أُسرع نحو الغرف البعيدة
الأخرى، لأرُدّ عليه.

كان حسّان على الخطّ. سألني دون مقدِّمات:

– واش راك تعمل..؟

أجبته بشيء من الصدق:

– كنت غافيًا شيئًا ما..

قال:

– حسنًا إذن.. توقَّعت أن تكون جاهزًا وتنتظرني منذ مدّة.
كنت أريد أن أخبرك أنّني قد أتأخّر بعض الوقت. هنالك مشكل صغير
يجب أن أحلّه.

سألته متعجِّبًا:

– أيّ مشكل؟

قال:

– تصوَّر بماذا طلع لي ناصر اليوم؟ إنَّه لا يريد أن يحضر عرس أخته..

قلت وأنا أزداد فضولًا:

– لماذا؟

قال:

– إنَّه ضدّ هذا الـزواج.. ولا يريد أن يلتقي بالضيوف ولا بالعريس.. ولا حتَّى بعمِّه!

كدت أقاطعه «معه حقّ».. ولكنَّني سألته:

– وأين هو الآن؟

قال:

– لقد تركته في المسجد. قال لي إنَّه يفضِّل أن يقضي يومه هناك بدل أن يقضيه مع هؤلاء «القوّ...»!

ولأوَّل مرّة ضحكتُ من قلبي، ولم أستطع أن أمنع نفسي من التعليق بصوتٍ عالٍ:

– رائع ناصر.. والله «نستعرف بيه»!

ولكن حسَّان قاطعني بصوتٍ فيه شيء من العتاب والعجب:

– واش بيك هبلت إنت تاني.. عيب.. شفت واحد ما يروّوحش لعرس أختو.. واش يقولوا الناس..

– الناس.. الناس.. يقولوا واش يحبّوا.. خلينا يا راجل يرحم والديك..

وقبل أن أقول له شيئًا قال:

– ابق في البيت إذن.. سأمرّ عليك حالما أنتهي. سنتحدَّث في هذا الموضوع في ما بعد، فأنا أحدّثك من مقهى، وحولي كثير من الناس «... على بالك..!».

ثمّ أضاف:

– ستجد في المطبخ أكلًا أعدّته لك عتيقة..

وضعت السمّاعة، وعدت إلى غرفتي.

لم أكن في حاجة إلى أكل. كنت فقط أشعر بشيء من الظمأ الصباحيّ، وبشيءٍ من المرارة التي صار لها فجأة بعد ذلك الهاتف، مذاق السعادة الغامضة.

لقد ملأني موقف ناصر غبطة. شعرت بأنّ هناك شخصًا آخر يشاركني حزني دون علمه، ويقف معي ضدّ هذا الزواج، ولكن على طريقته..

فحلٌ ناصر، جدير بأن يكون ابن سي الطاهر.

لم ألتق به بعد، ولكن أتوقّع أن يكون «راسو خشين» مثل أبيه، أن يكون عنيدًا ومباشرًا مثله.

وإذا كان فعلًا مثله فلن ينجح حسّان أبدًا في تغيير رأيه.

ما زلت أذكر عناد سي الطاهر وقراراته النهائيّة دائمًا، التي لا يمكن أحدًا أن يزيحه عنها.

وقتها كنت أجد في تلك المواقف شيئًا من الدكتاتوريّة، وغرور القائد. ثمّ مع الزمن، أدركت أنّه كان لا بدّ للثورة في أيّامها الأولى من رجالٍ مثل سي الطاهر، بذلك العناد، وتلك الثقة المُطلَقة بالنفس، حتّى يفرضوا رأيهم وسلطتهم على الآخرين، لا حبًّا بالجاه والسلطة، بل للمّ

شمل الثورة وعدم ترك مجال للخلافات والاعتبارات الشخصيّة، وحتَّى لا تموت تلك الشعلة الأولى وتبعثرها الرِّياح..

عادت ذكرى سي الطاهر فجأة، في لحظة لم أحجزها له.. وعادت طلّته، موجعة كتلك الرصاصات التي أفرغوها في جسده يومًا، وأودَت به قبل أن يشهد استقلال الجزائر بأشهر.

أين هو ليحضر هذا اليوم الاستثنائي الذي سيخلف موعده أيضًا؟ أكان قدره أن يخلف فرحتين؟

رحـل كما جـاء، سابقًا لزمنـه، وكأنّـه أدرك أنّـه لم يخلق للزمن الآتي.

كنت أعي بشيء من المرارة، أنّ كلّ الذين أحبّوكِ لن يحضروا عرسك هذا.

سيتغيّب عن فرحك كلّ الذين كنتِ فرحتهم. سي الطاهر وزياد.. وناصر أيضًا.

لماذا وحدي وقعت عليّ تلك القرعة، وقادتني الأقدار إليكِ؟ ولماذا استدرجَتني حتَّى هنا، باسم الذاكرة والحنين.. وذلك الحبّ الجنونيّ المستحيل، وقلتِ تلك الجملة التي ملأت جيوب الأحلام وهمًا.. «سأكون لك ما دمنا في قسنطينة..».

كيف صدّقتُكِ.. وجئت؟

وكنت أدري أنّكِ تكذبين، وتهديني الغيوم البيضاء.. لصيف طويل. ولكن.. من يقاوم مطر الكذب الجميل؟

هنالك أكاذيب نحاول أن نصدّقها حتَّى نُحرج النشرات الجويّة. لكن عندما تنهطل الأمطار داخلنا.. من يجفِّف دمع السماء؟

في الواقع كنتِ امرأة ساديّة، وكنت أعرف ذلك.

أذكر ذلك اليوم الذي قلتُ فيه: «لو خلّف هتلر ابنة في هذا العالم.. لكنتِ ابنته الشرعيّة!».

ضحكتِ يومها. ضحكت.. ضحكة حاكم جبّار واثق من قوّته.

وعلّقت أنا بسذاجة الضحيّة: «لا أدري ما الذي أوصلني إلى حبّك، أنا الهارب من حكم الجبابرة.. أيمكن بعد هذا العمر أن أقع في حبّ امرأة طاغية...؟!».

ابتسمتِ فجأة.. ثمّ قلتِ بعد شيء من الصمت: «مدهش أنت عندما تتحدّث، تفجّر فيّ أكثر من موضوع للكتابة.. سأكتب يومًا هذه الفكرة..».

اكتبيها إذن ذات يوم.. صحيح أنّها تصلح لرواية!

في ذلك الصباح، كانت الخمرة ملجئي الوحيد، لأنسى خيبتي معك.

في تلك الغرفة التي يؤثّثها سرير فارغ، ونافذة تطلّ على المآذن والجسور، وطاولة فارغة من لوازم الرسم، لم أجد لي من طوق نجاة سوى بضع أوراق وأقلام فقط، وزجاجة ويسكي أحضرتُها لحسّان قبل أن يتوب، وما زالت في حقيبتي تنتظر. فأحضرتها ورحت أشرب ذلك الصباح نخب زياد وسي الطاهر.. ونخب قسنطينة.

تذكّرت مسرحيّة أُعجِبتُ بها يومًا. فكتبت أعلى الصفحة، دون كثير من التفكير «كأسك يا قسنطينة».

وضحكت لهذا الدَور الذي كان جاهزًا لي في هذه المدينة التي تمنع عنك الخمرة، وتوفّر لك كلّ أسباب شربها.

لم أكن أدري وقتها، أنّني كنت أخطّ خلاصة خيبتي كلمتَين قد تصلحان عنوانًا لهذا الكتاب، الذي ربّما وُلدَت فكرته يومها.

كانت بي رغبة لتحدّيكِ وتحدّي هـذه المـدينة.. وهذا الوطن الكاذب.

رفعتُ كأسي الملأى بك.. نخب ذاكرتك التي تحترف النسيان مثله.. نخب عينيك اللّتين خُلِقَتا لتكذبا.

نخب فرح اللّيلة الجاهز للبكاء.. نخب بكائي العاجز عن الدموع.

أنت التي صالحتِني مع الله، وأعدتِني يومًا إلى العبادة. ها أنت تخونينني ليلة جمعة.. تُحلّين دمي، وتُطلقين عليّ رصاص الغدر.. فلماذا لا أسكر اليوم.. من أكثرنا كفرًا يا ترى!

في الواقع، لم تكن الخمرة هوايتي. كانت مشروب فرحي وحزني المتطرّف. ولذا ارتبطَت بك وبتقلّباتك الجنونيّة. ففي كلّ مرّة شربتُ فيها كنت أؤرّخ لحدثٍ ما في قصّتنا التي لا تنتهي.

وها أنا أفتح على شرفك زجاجتي الأخيرة.. وأركب جنوني الأخير. فلا أعتقد أنّني قد أسكر بعد اليوم، لأنّني سأغسل يدي منك اليوم.. وأشيّعك على طريقتي.

وحده أمر ناصر يعنيني الآن، أخيك الذي يصلّي في هذه اللّحظة في أحد مساجد هذه المدينة، لينسى مثلي، أنّهم سيتناوبون على وليمتك اللّيلة.. وأنّ هناك من سيتمتّع بك في غفلةٍ منّا..

في الواقع.. كنت أسكر نخبه.. لا غير!

إيه ناصر..

أنا.. وأنت.. وهذه المدينة.

مدينة تواطأت معنا في التطرّف والجنون. مدينة «ساديّة» تتلذّذ بتعذيب أولادها. حَبِلَت بنا دون جهد، ووضعتنا كما تضع

سلحفاة بحريّة أولادها عند شاطئ وتمضي دون اكتراث، لتسلّمهم لرحمة الأمواج والطيور البحريّة..

«إفكروا.. وإلّا الله لا يجعلكم تِفكروا..» تقول «الفكرون» (السلحفاة) في ذلك المثل الشعبي وهي تتخلّى عن أولادها، مسلّمةً إيّاهم إلى أقدارهم.

وها نحن بلا أفكار.. نبحث عن قدَرنا بين الحانات والمساجد.

ها نحن سلحفاة تنام على ظهرها. قلبوها حتّى لا تهرب، قلبوها في محاولة انقلاب على المنطق..

فكم يشبه الميلاد الموت في المدن العريقة، حيث نولَد ونموت وسط مجرى الهواء والرِّياح المضادّة!

وما أكبر يُتم السلاحف في هذه المدينة!

عندما جاء حسّان بعد ذلك، وفاجأني جالسًا أكتب أمام تلك الطاولة وأمامي زجاجة ويسكي نصف فارغة، كاد يشهق من العجب. وظلّ ينظر إليّ مدهوشًا وكأنّني بفتح تلك الزجاجة أخرجت له ماردًا، أو جنًّا أطلقته في البيت.

حاولت أن أمازحه فسألته بسخرية:

— لماذا تنظر إليّ هكذا.. ألم ترَ زجاجة كهذه قبل اليوم؟

ولكنّه دون أيّ رغبة في المزاح أخذ الزجاجة من أمامي، وذهب بها إلى المطبخ، وهو يسبّ ويتحدّث لنفسه كلامًا لم يكن يصِلني.

وعندما عاد قال لي بنبرة فيها شيء من اليأس وبقايا من متاعب ناصر:

— يا أخي واش بيكم.. البلاد متّخذة وأنتما واحد لاتي يصلّي.. وواحد لاتي يسكر.. كيفاش نعمل معاكم؟

توقَّف سمعي عند ذلك التعبير الذي لم أسمعه منذ عدّة سنوات «البلاد متّخذة» والذي يعني به أنَّ المدينة قائمة قاعدة.. أو تشهد حدثًا استثنائيًّا، والذي هو في الواقع تعبير جنسيّ محض.

ابتسمت وأنا أكتشف مرّة أخرى قدرة هذه المدينة على زجّ الصور الجنسيّة في كلّ شيء، ببراءة مدهشة..

رفعت عيني نحوه وقلت له بشيء من السخرية المرّة:

– هذه هي الجزائر يا حسّان.. البعض يصلّي.. والبعض يسكر.. والآخرون أثناء ذلك «يأخذوا في البلاد..»!

ولكن حسَّان لم يبدُ على استعداد للتمادي معي في النقاش.

ربَّما لأنَّه بعد ذلك الوقت الذي قضاه في إقناع ناصر لم يعد قادرًا على المزيد من المناقشة. فقال هو يقاطعني:

– سأذهب لأحضر لك قهوة، حتَّى تفيق وتطير عنك هذه السكرة.. ثمّ نتحدّث. إنَّ الناس ينتظروننا هناك وبعضهم لم يرَك منذ سنوات. يجب ألّا تذهب إليهم في هذه الحالة!

عندما عاد بعد لحظات بالقهوة سألته:

– ماذا فعلت مع ناصر؟

قال:

– لقد وعدني أنّه سيمرّ هناك وقت العشاء إرضاءً لخاطري فقط، ولكنه لن يمكث طويلًا. وبرغم ذلك أشكّ في أن يحضر فعلًا. لا أفهم عناده هذا.. إنّه لا يملك سوى أخت واحدة في النهاية.. ولا يمكن ألّا يقف في عرسها أمام الناس.

جنون!

كنت أحتسي تلك القهوة حتَّى يطير سكري، حسب تعبير حسّان.

ولكن كنت أشعر في الواقع بأنّني ازداد سكرًا أو جنونًا، وأنا أستمع إليه.

كتلك اللَّحظة التي سألته فيها عن سبب مقاطعة ناصر لهذا العرس، وإذا بالحديث يجرّنا إلى أكثر من موضوع.

قال:

– إنَّه على خلاف مع عمّه. فهو يعتقد أنَّه استفاد كثيرًا من اسم سي الطاهر، وأنَّه قلّما اهتمّ بمصير زوجة أخيه وأولاده. وهذا العرس لا هدف له غير أسباب وصوليّة ومطامع سياسيّة محض.. فهو ضدّ اختيار عمّه لهذا العريس السيّئ الصيت سياسيًا وأخلاقيًا. فالجميع يتحدّث عن العمولات التي يتقاضاها في صفقاته المختلفة.. وعن حساباته في الخارج.. وعن عشيقاته الجزائريّات.. والأجنبيّات. إضافة إلى كون هذا الزواج زواجه الثاني، وأنَّ له أولادًا يقارب عمرهم عمر عروسه الجديدة..

سألته:

– وهل تجد أنت هذا الزواج طبيعيًا؟

قال:

– لا أدري بأيّ منطق تريد أن أحكم عليه. من المؤكَّد أنَّه بمنطق الأشياء عندنا زواج طبيعي. إنَّه ليس أوّل زواج من هذا النوع، ولن يكون الأخير.. إنَّ لمعظم الرجال المهمّين هنا أكثر من عشيقة. وكلّهم تخلّوا بطريقة أو بأخرى عن زوجاتهم وأولادهم، ليتزوّجوا عروسًا جديدة أصغر عمرًا وأكثر جمالًا وثقافة من الأولى.. إنَّك لا تستطيع أن تمنع رجلًا عندنا زادوا له نجمة على أكتافه، من أن يزيد امرأة في بيته، أو تمنع رجلًا حصل على منصب جديد لم يحلم به، من أن يبدأ بالبحث عن فتاة أحلامه.

وأضاف:

– أنا حاولت فقط أن أقنع ناصر بأنَّ عمّه لم يقصد بالضرورة القضاء على مستقبل أخته بهذا الزواج، بل إنَّ أيّ شخص سواه كان

سيرحّب بهذه المصاهرة.. ويسعى إليها لاهثًا.. إنّها الطريقة الوحيدة ليحلّ مشكلاته ومشكلات ابنته مرّة واحدة، ويوفّر عليها كثيرًا من المتاعب..

سألته:

– لو كانت لك بنت وخطبها منك هذا الرجل، أكنت زوّجته إيّاها؟

قال:

– طبعًا.. لم لا؟ إنّ الزواج حلال.. الحرام هو ما يمارسه بعضهم بطرقٍ عصريّة، كأن يرسل أحدهم ابنته أو زوجته.. أو أخته لتحضر له ورقة من إدارة، أو تطلب شقّة أو رخصة لمحلٍّ تجاريّ نيابة عنه، وهو يعلم أن لا أحد هنا يعطيك شيئًا بلا مقابل. لقد خلق البسطاء بأنفسهم عملة أخرى للتداول ويقضون بها حاجاتهم.. هات امرأة.. وخذ ما تشاء!

تمتمتُ بذهول:

– أحقٌّ ما تقول؟

أجاب:

– إنّه ما يحدث الآن في أكثر من مدينة.. وفي العاصمة بالذات.. حيث يمكن أيّ فتاة تمرّ بمكتبٍ ما في الحزب أن تحصل على شقّة أو خدمة أخرى.. والجميع يعرف العنوان طبعًا، ويعرف اسم من يوزّع الشقق والخدمات على النساء والشعارات على الشعب بالتساوي.. يكفي أن ترى منظر الفتيات اللّاتي يدخلن هناك لتفهم كلّ شيء..

سألته:

– ومن أدراك بهذا؟

قال متذمّرًا:

- من؟ لقد سمعته بأذني وشاهدته بعيني يوم ذهبت هناك منذ بضعة أشهر لأقابل صديقًا موظّفًا في الحزب.. عساه يساعدني في الخروج من سلك التعليم. تصوّر.. حتّى البوّاب لم يكلّف نفسه مشقّة الحديث إليّ.. وعبثًا رحت أشرح له أنّني قادمٌ من قسنطينة لهذا الغرض. وحدهنّ النساء كنّ جديرات بالعناية هناك.. وعندما أبديت تذمّري لـ «الأخ الفرّاش» أجابني بشيء من العصبيّة، و«التشناف» أنّ معظم الزائرات.. موظّفات في الاتّحادات الحزبيّة.. أو مناضلات. وكدت أسأله وأنا أرى إحداهنّ تمرّ أمامي «بأيّ "عضو" ناضلن على التحديد..؟» ولكنّني سكتّ.

إيه.. يا وِلدي روح.. كلّ شيء يمرّ بالنساء اليوم. بالسهرات.. والمجالس الخاصّة. ولذا لو كنت أملك الخيار لزوّجت ابنتي بواحد يمكنه بهاتف أن يأتيها بكلّ شيء. على أن أعطيها لواحد مثلي يعيش معها في البؤس كما أعيش أنا.. أو يدخل في هذه الحلقة القذرة.. ويبعثها تدقّ على مئة باب.

ربّما لاحظ وقتها آثار الصدمة المدهشة على ملامحي.. وتلك المرارة التي أسكَتَتني من الذهول، عندما أضاف وكأنّه يستدرك ليخفّف من خيبتي:

- على كلّ حال.. لن يحدث هذا. حتّى لو عرضت ابنتي على «سي...» فمن المؤكّد أنّه لن يقبل بها. إنّهم لا يتزوّجون إلّا من بعضهم. ففلان لا يريد إلّا بنت فلان، حتّى «يبقى زيتنا في دقيقنا..!» ويضمنوا لأنفسهم التنقّل من كرسي سلطة إلى آخر، فكيف تريد في هذا الجوّ أن يستطيع شابٌّ بسيط أن يبني حياته؟ كلّ البنات يبحثن عن المسؤولين والمديرين والرجال الجاهزين.. وهؤلاء يعرفون ذلك

فيزيدون من شروطهم كلّ مرّة.. بينما عدد العوانس يزيد كلّ يوم.. إنّه قانون العرض والطلب.

إذا رأيت الأمور بهذه العين، فإنّك حتمًا تعذر سي الشريف. المهمّ أن يستر بنت أخيه، ويضمن لها ولنفسه مستقبلًا سعيدًا قدر الإمكان.

أمّا كون العريس سارقًا وناهبًا لأملاك الدولة.. فماذا تريد أن تفعل؟ كلّهم سُرّاق ومحتالون. هنالك من انفضحت أموره، وهنالك من عرف كيف يحافظ على مظهرٍ محترم.. فقط!

أُصبت بذهول وأنا أستمع إليه.

كدت أقول له إنّه في النهاية على حقّ، وربّما كان سي الشريف أيضًا على حقّ.. لا أدري.

ولكن كان هناك شيء ما في هذا الزواج، يرفض أن يدخل عقلي وأقتنع به.

الفصل السادس

لِعرسِك لبست بدلتي السوداء.

مدهش هذا اللَّون. يمكن أن يلبس للأفراح.. وللمآتم!

لماذا اخترت اللَّون الأسود؟

ربَّما لأنَّني يوم أحببتك أصبحتُ صوفيًّا، وأصبحتِ أنتِ مذهبي وطريقتي، وربَّما لأنَّه لون صمتي.

لكلِّ لون لغته. قرأت يومًا أنَّ الأسود صدمة للصبر.

قرأت أيضًا أنَّه لون يحمل نقيضه. ثمّ سمعت مرّة مصمِّم أزياء شهيرًا، يجيب عن سرّ لبسه الدائم للأسود قال: «إنَّه لون يضع حاجزًا بيني وبين الآخرين».

ويمكن أن أقول لك اليوم الكثير عن ذلك اللَّون، ولكنِّي سأكتفي بقول مصمِّم الأزياء هذا.

فقد كنت في ذلك اليوم أريد أن أضع حاجزًا بيني وبين كلّ الذين سألتقي بهم، كلّ ذلك الذباب الذي جاء ليحطّ على مائدة فرحك.

وربَّما كنت أريد أن أضع حاجزًا بيني وبينك أيضًا.

لبست طقمي الأسود، لأواجه بصمت ثوبك الأبيض، المرشوش باللآلئ والزهور، والذي يقال إنّه أُعدَّ لك خصّيصًا في دار أزياء فرنسيّة. هل يمكن لرسّام أن يختار لونه بحياد؟

وكنتُ أنيقًا. فللحزن أناقته أيضًا. أكّدَت لي المرآة ذلك. ونظرة حسّان، الذي استعاد فجأة ثقته بي، وقال بلهجة جزائريّة أحبّها، وهو يتأمّلني: «هكذا نحبّك آ خالد.. إهلكهم..!».

نظرت إليه.. كدت أقول له شيئًا.. ولكنّي صمتّ.

عند الباب المُشرّع للسيّارات، وأفواج القادمين، استقبلني سي الشريف بالأحضان..

– أهلًا سي خالد.. أهلًا.. زارتنا البركة.. يعطيك الصحّة اللّي جيت.. راك فرحتي اليوم.

اختصرت ذلك الموقف العجيب مرّة أخرى في كلمة. قلت:

– كلّ شيء مبروك..

وضعت قناع الفرح على وجهي. وحاولت أن أحتفظ به طوال تلك السهرة.

يمتلئ البيت زغاريد، ويمتلئ صدري بدخان السجائر التي أحرقها وتحرقني. يمتلئ قلبي حزنًا، ويتعلّم وجهي تلقائيًا الابتسامات الكاذبة، فأضحك مع الآخرين. أجالس من أعرف ومن لا أعرف. أتحدّث في الذي أدري والذي لا أدري. حتّى لا أخلو بك لحظة واحدة.. حتّى لا أفاجئك داخلي.. فأنهار.

أسلّم على العريس الذي يقبّلني بشوق صديق قديم لم يلتق به منذ مدّة:

– هاك جيت للجزائر آ سيدي.. كان موش هاذ العرس.. ما كنّاش شفناك!

أحاول أن أنسى أنّني أتحدّث إلى زوجك، إلى رجل يتحدّث إليّ مجاملة على عجل، وهو يفكّر ربّما في اللّحظة التي سينفرد فيها بك في آخر اللّيل..

أتأمّل سيجاره الـذي اختاره أطول للمناسبة.. بدلته الزرقاء الحريريّة التي يلبسها – أو تلبسه – بأناقة من تعوّد على الحرير. أحاول ألّا أتوقّف عند جسده. أحاول ألّا أتذكّر. أتلّهى بالنظر إلى وجوه الحاضرين. وتطّلين..

تدخلين في موكبٍ نسائيّ، يحترف البهجة والفرح، كما أحترف أنا الرسم والحزن.

أراك لأوّل مرّة، بعد كلّ أشهر الغيبة تلك، تمرّين قريبة وبعيدة، كنجم هـارب. تسيرين.. مُثقلَة الأثـواب والخطى، وسط الزغاريد ودقّاتِ البندير، وأغنية تستفزّ ذاكرتي، وتعود بي طفلًا أركض في بيوت قسنطينة القديمة، في مواكب نسائيّة أخرى.. خلف عروس أخرى.. لم أكن أعرف عنها شيئًا يومذاك.

آه كم أحبّ تلك الأغاني التي كانت تُزَفّ بها العرائس، والتي كانت تطربني دون أن أفهمها. وإذا بها اليوم تبكيني!

«شرّعي الباب يا أمّ العروس..» يقال إنّ العرائس يبكين دائمًا عند سماع هذه الأغنية.

تراكِ بكيتِ يومها؟

كانت عيناك بعيدتَين.. يفصلني عنهما ضباب دمعي وحشد الحضور، فعدلت عن السؤال.

اكتفيت بتأمّلك، في دورك الأخير.

ها أنت ذي تتقدّمين كأميرة أسطوريّة، مغرية شهيّة، مُحاطة بنظرات الانبهار والإعجاب.. مرتبكة.. مربكة.. بسيطة.. مكابرة.

ها أنت ذي، يشتهيك كلّ رجل في سرّه كالعادة.. تحسدك كلّ النساء حولك كالعادة..

وها أنذا أواصل ذهولي أمامك.

وها هو ذا «الفرقاني».. كالعادة.. يغنّي لأصحاب النجوم والكراسي الأماميّة.

يصبح صوته أجمل، وكمنجته أقوى عندما يـزفّ الوجهاء وأصحاب القرار والنجوم الكثيرة.

تعلو أصوات الآلات الموسيقيّة.. ويرتفع غناء الجوقة في صوتٍ واحد لترحّب بالعريس:

«يا ديني ما أحلالي عِرسُو.. بالعوّادة..

الله لا يقطعُلو عادة..

وانخاف عليه.. خمسة. والخميس عليه»

تعلو الزغاريد... وتتساقط الأوراق النقديّة.

ما أقوى الحناجر المُشتراة، وما أكرم الأيدي التي تدفع كما تقبض على عجل!

ها هم هنا..

كانوا هنا جميعهم.. كالعادة.

أصحاب البطون المنتفخة.. والسجائر الكوبيّة.. والبدلات التي تُلبَس على أكثر من وجه.

أصحاب كلّ عهد وكلّ زمن.. أصحاب الحقائب الدبلوماسيّة، أصحاب المهمّات المشبوهة، أصحاب السعادة وأصحاب التعاسة، وأصحاب الماضي المجهول.

ها هم هنا..

وزراء سابقون.. ومشاريع وزراء. سُرّاق سابقون. ومشاريع سُرّاق. مديرون وصوليُّون.. ووصوليُّون يبحثون عن إدارة. مخبرون سابقون.. وعسكر متنكّرون في ثياب وزاريّة.

ها هم هنا..

أصحاب النظريّات الثوريّة، والكسب السريع. أصحاب العقول الفارغة، والفيلّات الشاهقة، والمجالس التي يتحدّث فيها المفرد بصيغة الجمع.

ها هم هنا.. مجتمعون دائمًا كأسماك القرش. ملتّفون دائمًا حول الولائم المشبوهة.

أعرفهم وأتجاهل معظمهم «ما تقول أنا.. حتّى يموت كبار الحارة!» أعرفهم وأشفق عليهم.

ما أتعسهم في غناهم وفي فقرهم. في علمهم وفي جهلهم. في صعودهم السريع.. وفي انحدارهم المفجع!

ما أتعسهم، في ذلك اليوم الذي لن يمدّ فيه أحد يده حتّى لمصافحتهم.

في انتظار ذلك.. هذا العرس عرسهم. فليأكلوا وليطربوا، وليرشقوا الأوراق النقديّة، وليستمعوا للفرقاني يردِّد كما في كلّ عرس قسنطيني أغنية «صالح باي».

تلك التي ما زالت منذ قرنين تُغنّى للعبرة، لتذكّر أهل هذه المدينة بفجيعة صالح باي وخدعة الحكم والجاه الذي لا يدوم لأحد.. والتي أصبحت تُغنّى اليوم بحكم العادة للطرب دون أن تستوقف كلماتها أحدًا..

«كانوا سلاطين ووزراء
ماتوا وقبلنا عزاهمْ

نالوا مِن المال كُثرْة

لا عزّهم.. لا غناهُمْ

قالوا العرب قالوا

ما نعيطوْ صالح ولا مالوْ..»

أتذكّر وأنا أستمع لهذه الكلمات، أغنية عصريّة أخرى وصلَتني
كلماتها من مذياع بموسيقى راقصة.. تتغزّل بصالح آخر «صالح يا
صالح.. وعينيك عجبوني..».

إيه قسنطينة، لكلّ زمن «صالحه».. ولكن ليس كلّ «صالح»
بايًا.. وليس كلّ حاكم صالحًا!

ها هو ذا الوطن الآخر أخيرًا أمامي.. أهذا هو الوطن حقًّا؟

في كلّ مجلس وجه أعرف عنه الكثير، فأجلس أتأمّلهم، وأستمع
لهم يشكون ويتذمّرون.

لا أحد سعيد منهم حسب ما يبدو.

المدهش أنّهم هم دائمًا الذين يبادرونك بالشكوى، وبنقد
الأوضاع.. وشتم الوطن.

عجيبة هذه الظاهرة!

كأنّهم لم يركضوا جميعًا خلف مناصبهم زحفًا على كلّ شيء. كأنَّهم
ليسوا جزءًا من قذارة الوطن. كأنّهم ليسوا سببًا في ما حلّ من كوارث..
أسلِّم على سي مصطفى. لقد أصبح وزيرًا منذ ذلك اليوم الذي
زارني فيه ليشتري منّي لوحة، ورفضت أن أبيعه إيّاها.

لقد نجحت تكهّنات سي الشريف إذن، فقد راهن على حصان
رابح..

أسأله مجاملة:

ــ واش راك سي مصطفى؟

فيبدأ دون مقدِّمات بالشكوى:

– رانا غارقين في المشاكل.. على بالك..!

تحضرني وقتها، مصادفةً، مقولة لديغول: «ليس من حقٍّ وزير أن يشكو.. فلا أحد أجبره على أن يكون وزيرًا!».

أحتفظ بها لنفسي وأقول له فقط..

– إيه.. على بالي..

نعم.. كنت «على بالي..» بتلك المبالغ الهائلة التي تقاضاها في كندا عمولةً لتجديد معدّات إحدى الشركات الوطنيّة الكبرى. ولكنّني كنت أخجل أن أقول ذلك، لأنّني أدري أنّ الذين سبقوه إلى ذلك المنصب.. لم يفعلوا أحسن منه.

اكتفيت فقط بالاستماع إليه وهو يشكو، بطريقة تثير شفقة أيّ مواطن مسكين..

بينما كان حسّان مشغولًا عنّي بالحديث مع صديق قديم.. كان أستاذًا للعربيّة.. قبل أن يصبح فجأة.. سفيرًا في دولة عربيّة! كيف حدث ذلك؟

يقال إنّه ردّ دَين.. وقضيّة «تركة» وصداقة قديمة تجمع ذلك الأستاذ بوالد إحدى الشخصيّات.. وأنّها ليست «الحالة الدبلوماسيّة» الوحيدة!

مثل سي حسين الذي أعرفه جيِّدًا والذي كان مدير إحدى المؤسّسات الثقافيّة، يوم كنت أنا مديرًا للنشر. وإذا به بين ليلة وضحاها يُعيَّن سفيرًا في الخارج.. بعدما طلعت رائحته في الداخل. فتكفّلوا بلفّه في بضعة أشهر وبعثه إلى الخارج مع كلّ التشريفات الدبلوماسيّة خلف علم الجزائر!

ها هو ذا اليوم هنا.. في جوّه الطبيعي.

لقد استُدعِيَ إثر قضيّة احتيال وتلاعب بأموال الدولة في الخارج،
ليعاد دون ضجيج إلى وظيفة حزبيّة.. ولكن على كرسيّ جانبيّ هذه المرّة.
هنالك دائمًا في هذه الحالات.. سلّة مهملات شرفيّة!

في مجلس آخر، ما زال أحدهم ينظر ويتحدّث وكأنّه مفكّر
الثورة وكلّ ما سيليها من ثورات. وإحدى ثورات هذا الشخص.. أنّه
وصل إلى الصفوف الأماميّة في ظروفٍ مشبوهة، بعدما تفرّغ لتقديم
طالباته إلى مسؤول عجوز مولَع بالفتيات الصغيرات..

هذا هو الوطن..

وهـذا هو عرسكِ الـذي دعوتني إليه. إنّه «السيرك عمّار»..
سيرك لا مكان فيه إلّا للمهرّجين، ولمن يحترفون الألعاب البهلوانيّة..
والقفز على المراحل.. والقفز على الرقاب.. والقفز على القِيَم.

سيرك يضحك فيه حفنة على ذقون الناس، ويُروَّض فيه شعب
بأكمله على الغباء.

فكم كان ناصر محقًّا عندما لم يحضر إلى هذا الكرنفال!

كنت أدري بحدسٍ ما أنّه لن يحضر.. ولكن أين هو الآن؟

تراه ما زال يصلّي في ذلك المسجد.. لكي لا يلتقي بهم؟ وهل
تغيّر صلاته.. أو يغيّر سُكري شيئًا؟

آه ناصر! كفّ عن الصلاة يا ابني. لقد أصبحوا يصلّون أيضًا
ويلبسون ثياب التقوى.

كفّ عن الصلاة.. وتعال نفكّر قليلًا. فأثناء ذلك ها هو ذا الذباب
يحطّ على كلّ شي، والجراد يلتهم هذه الوليمة.

كلّما تقدّم اللّيل، تقدّم الحزن بي، وتقدّم بهم الطرب. وهطل
مطر الأوراق النقديّة عند أقدام نساء الذوات، المستسلِمات لنشوة
الرقص، على وقع موسيقى أشهر أغنية شعبيّة..

«إذا طاح الليلْ وَيْن انباتُو
فوق فراش حرير ومَخدّاتُو..»
أمان.. أمان..
إيه آ الفرقاني غَنِّ..
لا علاقة لهذه الأغنية بأزمة السكن، كما قد يبدو من الوهلة الأولى.
إنَّها فقط تمجيد للّيالي الحمراء والأسرّة التي ليست في متناول الجميع.
«ع اللِّي ماتوا.. يا عين ما تبكيش ع اللِّي ماتوا..»
أمان.. أمان.
لن أبكي.. ليست هذه ليلة لسي الطاهر.. ولا لزياد.
ليست للشهداء ولا للعشّاق. إنَّها ليلة الصفقات التي يُحتفَل بها
علنًا بالموسيقى والزغاريد.
«خارجة من الحمّامْ بالريحيّةْ
يا لِندراشْ للغير وإلّا ليّ..»
أمان.. أمان.

لن أطرح على نفسي هذا السؤال. الآن أعي أنّكِ للغير ولستِ
لي. تؤكّد ذلك الأغنيات، وذلك الموكب الذي يهرب بك، ويرافقك
بالزغاريد إلى ليلة حبّك الشرعيّة.
وعندما تمرّين بي، عندما تمرّين.. وأنت تمشين مشية العرائس
تلك، أشعر أنّكِ تمشين على جسدي، ليس بالريحيّة بل بقدمَيك
المخضّبتَين بالحنّاء.. وأنّ خلخالك الذهبيّ يدقّ داخلي، ويعبرني
جرسًا يوقظ الذاكرة..
قفي..
قسنطينيّة الأثواب مهلًا! ما هكذا تمرّ القصائد على عجل!

ثوبك المطرّز بخيوط الذهب، والمرشوش بالصكوك الذهبيّة، مُعلّقة شِعرٍ كتبَتها قسنطينة جيلًا بعد آخر على القطيفة العنّابي.

وحزام الذهب الذي يشدّ خصرك، لتتدفّقي أنوثةً وإغراءً، هو مطلع دهشتي.

هو الصدر والعجز في كلّ ما قد قيل من شِعرٍ عربيّ.

فتمهّلي..

دعيني أحلم أنَّ الزمن توقَّف.. وأنَّك لي، أنا الذي قد أموت دون أن يكون لي عرس، ودون أن تنطلق الزغاريد يومًا من أجلي.

كم أتمنّى اليوم لو سرقتُ كلّ هذه الحناجر النسائيّة، لتباركَ امتلاكي لك!

لو كنت «خطّاف العرائس»، ذلك البطل الخرافيّ الذي يهرب بالعرائس الجميلات ليلة عرسهنَّ، لجئتك أمتطي الرّيح وفرسًا بيضاء.. وخطفتك منهم..

لو كنتِ لي.. لباركَتنا هذه المدينة، ولخرج من كلّ شارع عبرناه وليّ يحرق البخور على طريقنا.. ولكن ما أحزن اللّيلة.. قسنطينة! ما أتعس أولياءها الصالحين.. وحدهم جلسوا إلى طاولتي دون سبب واضح.. وحجزوا لذاكرتي الأخرى كرسيًّا أماميًّا..

وإذا بي أقضي سهرتي في السلام عليهم واحدًا واحدًا..

سلامًا يا سيدي راشد..

سلامًا يا سيدي مبروك.. يا سيدي محمّد الغراب.. يا سيدّي سليمان.. يا سيدي بوعنّابة.. يا سيدي عبد المؤمن.. يا سيدي مسيد.. يا سيدي بومعزة.. يا سيدي جليس..

سلامًا يا من تحكمون شوارع هذه المدينة.. أزقّتها وذاكرتها.

قفوا معي يا أولياء الله.. مُتعَبٌ أنا اللّيلة.. فلا تتخلّوا عنّي.. أما كان أبي منكم؟

أبي يا «عيساوي» أبًا عن جَدّ؟

أنتَ الذي كنت في تلك الحلقات المغلقة، في تلك الطقوس الطُرقيّة العجيبة، تغرس في جسدكَ ذلك السفّود الأحمر الملتهب نارًا.. فيخترق جسدك من طرفٍ إلى آخر، ثمّ تخرجه دون أن تكون عليه قطرة دم؟

أنتَ الذي كنتَ تمرّر حديده الملتهب والمحمرّ كقطعة جمر. فينطفئ جمره من لعابك، ولا تحترق.

علّمني الليلة كيف أتعذّب دون أن أنزف.

علّمني كيف أذكر اسمها دون أن يحترق لساني.

علّمني كيف أُشفَى منها، أنت الذي كنتَ تردّد مع جماعة «عيساوة» في حلقات الجذب والتهويل، وأنت ترقص مأخوذًا باللهب:

«أنا سيدي عيساوي.. يجرح ويداوي..»

من يداويني يا أبي.. من؟

وأحبّها..

في هذه الساعة المتأخِّرة من الألم، أعترف بأنّني ما زلتُ أحبّها.. وأنّها لي.

أتحدّى أصحاب البطون المنتفخة.. وذلك صاحب اللّحية.. وذلك صاحب الصلعة.. وأولئك أصحاب النجوم التي لا تُعَدّ.. وكلّ الذين منحتُهم الكثير.. واغتصبوها في حضرتي اليوم.

أتحدّاهم بنقصي فقط.

بالذراع التي لم تعد ذراعي، بالذاكرة التي سرقوها منِّي، بكلّ ما أخذوه منّا.

أتحدّاهم أن يحبّوها مثلي، لأنَّني وحدي أحبّها دون مقابل.

وأدري أنَّه في هذه اللّحظة، هناك من يرفع عنها ثوبها ذاك على عجل. يخلع عنها صيغتها دون كثير من الاهتمام ويركض نحو جسدها بلهفة رجل في الخمسين يضاجع صبيّة.

حزني على ذلك الثوب.. حزني عليه.

كم من الأيدي طرّزته، وكم من النساء تناوبْن عليه، ليتمتَّع اليوم برفعه رجل واحد. رجل يلقي به على كرسيٍّ كيفما كان، وكأنَّه ليس ذاكرتنا، كأنَّه ليس الوطن.

فهل قدَر الأوطان أن تعدّها أجيال بأكملها، لينعم بها رجل واحد؟

أتساءل اللّيلة.. لماذا وحدي تستوقفني كلّ هذه التفاصيل. وكيف اكتشفت الآن فقط، معنى كلّ الأشياء التي لم يكن لها معنى من قبل؟

أتراه عشق هذا الوطن.. أم البعد عنه، هو الذي أعطى الأشياء العاديّة قداسة لا يشعر بها غير الذي حُرِم منه؟

ألأنَّ المعايشة اليوميّة تقتل الحلم وتغتال قداسة الأشياء، كان أحد الصحابة ينصح المسلمين بأن يغادروا مكّة، حال انتهائهم من مراسم الحجّ، حتَّى تبقى لتلك المدينة رهبتها وقداستها في قلوبهم، وحتَّى لا تتحوَّل بحكم العادة إلى مدينة عاديّة يمكن أيَّ واحِد أن يسرق ويزني ويجور فيها دون رهبة؟

إنّه ما يحدث لي منذ وطئَت قدماي هذه المدينة. وحدي أعاملها كمدينة فوق العادة.

أعامل كلّ حجر فيها بعشق. أسلّم على جسورها جسرًا جسرًا. أسأل عن أخبار أهلها، عن أوليائها وعن رجالها، واحدًا.. واحدًا.. أتأمّلها وهي تمشي، أتأمّلها وهي تصلّي، وتزني وتمارس جنونها. ولا أحد يفهم جنوني وسرّ تعلّقي بمدينة يحلم الجميع بالهرب منها. هل أعتب عليهم؟

هل يشعر سكّان أثينا بأنّهم يمشون ويجيئون على ذاكرة التاريخ.. وعلى تراب مشَت عليه الآلهة، وأكثر من بطل أسطوريّ؟

هل يشعر سكّان الجيزة في بؤسهم وفقرهم، بأنّهم يعيشون عند أقدام معجزة، وأنّ الفراعنة ما زالوا بينهم، يحكمون مصر بحجرهم وقبورهم؟

وحدهم الغرباء الذين قرأوا تاريخ اليونان والفراعنة، في كتب التاريخ، يعاملون تلك الحجارة بقداسة، ويأتون من أطراف العالم لمجرّد الاقتراب منها.

تراني أطلتُ المكوث هنا، واقترفت حماقة الاقتراب من الأحلام حتّى الاحتراق، وإذا بي يومًا بعد آخر، وخَيْبة بعد أخرى، أُشفَى من سلطة اسمها عليّ، وأَفرغ من وهمي الجميل.. ولكن ليس دون ألم؟

في هذه اللّحظة، لا أريد لهذه المدينة أن تكون أكثر من رصاصة رحمة.

ولذا أتقبّل تلك الزغاريد التي انطلقت في ساعة متقدّمة من الفجر، لتبارك قميصك الملطّخ ببراءتك، كآخر طلقة ناريّة تطلقها في وجهي هذه المدينة، ولكن دون كاتم صوت.. ولا كاتم ضمير. فأتلقّاها جامدًا.. مذهول النظرات كجثّة، بينما أرى حولي من يتسابق للَمس قميصك المعروض للفرجة.

ها هم يقدّمونك لي، لوحة ملطّخة بالدم، دليلًا على عجزي الآخر، دليلًا على جريمتهم الأخرى.

ولكنّني لا أتحرّك ولا أحتجّ. ليس من حقّ مُشاهِدٍ لمصارعة الثيران، أن يغيّر منطق الأشياء، وينحاز للثور. وإلّا كان عليه أن يبقى في بيته ولا يحضر «كوريدا» خُلقَت أساسًا لتمجيد «الماتادور»!

شيء ما في هذا الجوّ المشحون بالزغاريد والزينة وموسيقى «الدخلة».. والهتافات أمام ثوبٍ موقّع بالدم، يذكّرني بطقوس الكوريدا. وذلك الثور الذي يعدّون له موتًا جميلًا على وقع موسيقى راقصة يدخل بها الساحة، ويموت على نغمها بسيوفٍ مزيّنة للقتل، مأخوذًا باللّون الأحمر، وبأناقة قاتله!

من منّا الثور؟ أنتِ أم أنا المُصاب بعمى الألوان، والذي لا يرى الآن غير اللّون الأحمر.. لون دمك؟

ثور يدور في حلبة حبّك، بكبرياء حيوان لا يهزم إلّا خدعة، ويدري أنّه محكوم عليه بالموت المسبق.

الواقع أنَّ دمك هذا يربكني، يحرجني، ويملأني تناقضًا.

أما كنت أتحرّق دائمًا لمعرفة نهاية قصّتَكِ معه، هو الذي أخذك منّي، تراه أخذ منك كلّ شيء؟

سؤال كان يشغلني ويسكنني حدّ الجنون، منذ ذاك اليوم الذي وضعتُ فيه زياد أمامكِ. ووضعتُكِ أمام قدرك الآخر.

تراك فتحت له قلاعك المحصّنة، وأذللتِ أبراجك العالية، واستسلمت لإغراء رجولته؟

تراك تركت طفولتك لي، وأنوثتك له؟

ها هو الجواب يأتيني بعد عام من العذاب. ها هو أخيرًا لزجٌ.. طريّ.. أحمر.. ورديّ.. عمره لحظات.

ها هو الجواب كما لم أتوقّعه، مقحمًا، محرجًا، فَلِمَ الحزن؟

ما الذي يؤلمني أكثر هذه اللّيلة.. أن أدري أنّني ظلمت زيادًا بظنّي، وأنّه مات دون أن يتمتّع بك، وأنّه في النهاية كان هو الأجدر بك اللّيلة؟

أم أن تكوني فقط، مدينة فُتِحَت اليوم عنوة بأقدام العسكر، ككلّ مدينة عربيّة؟

ما الذي يزعجني أكثر اللّيلة؟ أن أكون قد عرفت لغزك أخيرًا، أم كوني أدري أنّني لن أعرف عنك شيئًا بعد اليوم، ولو تحدّثتُ إليكِ عمرًا، ولو قرأتُك ألف مرّة؟

أكنتِ عذراء إذن، وخطاياك حبرًا على ورق؟

فلماذا أوهمتِني إذن بكلّ تلك الأشياء؟ لماذا أهديتِ لي كتابتك وكأنّك تهدين لي خنجرًا للغيرة؟

لماذا علّمتني أن أحبّكِ سطرًا بعد سطر.. وكذبة بعد أخرى.. وأن أغتصبك على ورق!

فليكن..

عزائي اليوم، أنّك من بين كلّ الخَيبات.. كنت خَيبتي الأجمل.

* * *

يسألني حسّان: لماذا أنت حزين هذا الصباح؟

أحاول ألّا أسأله: ولماذا هو سعيد اليوم؟

أدري أنّ غياب ناصر ومقاطعته البارحة للعرس، قد عكّر نوعًا ما مزاجه. ولكنّه لم يمنعه من أن ينسجم مع أغاني «الفرقاني»، وأن يضحك.. ويحادث كثيرًا من الناس الذين لم يلتقِ بهم من قبل.

كنت ألاحظه، وكنت سعيدًا شيئًا ما، لسعادته الساذجة تلك.

كان حسّان سعيدًا أن تُفتح له أخيرًا تلك الأبواب التي قلّما تُفتَح للعامّة، وأن يُدعى لحضور ذلك العرس الذي يمكنه الآن أن يتحدّث عنه في المجالس لأيّام؛ ويصفه للآخرين الذين سيلاحقونه بالأسئلة، عن أسماء من حضروا وما قُدِّم من أطباق.. وما لبسَت العروس..

ويمكن زوجته أيضًا أن تنسى أنّها استعارت صيغتها والثياب التي حضرت بها العرس من الجيران والأقارب، وتبدأ بدورها بالتفاخر على الجميع بما رأته من بذخٍ في ذلك العرس، وكأنّها أصبحت فجأة طرفًا فيه، فقط لأنّها دُعيت للتفرّج على خيرات الآخرين.

قال فجأة:

– إنّ سي الشريف يدعونا غدًا للغداء عنده. لا تنسَ أن تكون في البيت وقت الظهر لنذهب معًا..

قلتُ له بصوتٍ غائب:

– غدًا سأعود إلى باريس.

صاح:

– كيف تعود غدًا.. ابقَ معنا أسبوعًا آخر على الأقلّ.. ما الذي ينتظرك هناك؟

حاولت أن أوهمه أنَّ لي بعض الالتزامات، وأنَّني بدأت أتعب من إقامتي في قسنطينة.

ولكنّه راح يلحّ:

– يا أخي عيب.. على الأقلّ احضر غداء سي الشريف غدًا ثمّ سافر..

أجبته بلهجة قاطعة لم يفهم سببها:

– فرات.. غدوة نروّح.

كان يحلو لي أن أحدّثه بلهجة قسنطينيّة. كنت أشعر مع كلّ
كلمة ألفظها، بأنّه قد يمرّ وقت طويل قبل أن ألفظها مرّة أخرى.

قال حسّان وكأنّه يقنعني بضرورة عدم رفض تلك الدعوة:

– والله سي الشريف ناس ملاح.. ما زال برغم منصبه وفيًّا
لصداقتنا القديمة. أتدري أنّ البعض يقول هنا إنّه قد يصبح وزيرًا.
ربّما يفرجها الله علينا في ذلك اليوم على يده..

قال حسّان هذه الجملة الأخيرة بصوت شبه خافت، وكأنّه يقولها
لنفسه..

مسكين حسّان!

مسكين أخي الذي لم يفرجها الله عليه بعد ذلك. أكان من
السذاجة بحيث يجهل أنّ ذلك العرس هو صفقة لا غير، وأنّ سي
الشريف لا بدّ أن يتلقّى شيئًا ما مقابله. نحن لا نصاهر ضبّاطًا من
الدرجة الأولى.. دون نوايا مسبقة.

أمّا بالنسبة لما يمكن أن يربح حسّان من وراء منصب سي
الشريف المحتمل.. فمجرّد أوهام.

المؤمن يبدأ بنفسه، وقد تمرّ سنوات قبل أن يصل دور حسّان..
وينال بعض ما يطمح إليه من فتات.

سألتُه مازحًا:

– هل بدأتَ تحلم أن تصبح أنت أيضًا سفيرًا؟

قال وكأنّ السؤال قد جرحه نوعًا ما:

– يا حسرة يا رجل.. «اللّي خطف.. خطف.. خطف بكري..» أنا لا أريد
أكثر من أن أهرب من التعليم، وأن أتسلّم وظيفة محترمة في أيّ
مؤسّسة ثقافيّة أو إعلاميّة، أيّ وظيفة أعيش منها أنا وعائلتي حياة
شبه عاديّة.. كيف تريد أن نعيش نحن الثمانية بهذا الدخل؟ أنا عاجز

حتّى عن أن أشتري سيّارة. من أين آتي بالملايين لأشتريها؟ عندما أتذكّر تلك السيّارات الفخمة التي كانت مصطفّة أمس في ذلك العرس، أمرض وأفقد شهيّة التعليم. لقد تعبت من هذه المهنة، أنت لا تشعر بأيّ مكافأة ماديّة أو معنويّة فيها. لقد تغيّر الزمن الذي «كاد فيه المعلّم أن يكون رسولًا».. اليوم حسب تعبير زميل لي «كاد المعلّم أن يكون (شيفونًا)» وخرقة لا أكثر.

لقد أصبحنا ممسحة للجميع. فالأستاذ يركب الحافلة مع تلاميذه. و«يدزّ» و«يطبّع» مثلهم، ويشتمه الناس أمامهم، ثم يعود مثل زميلي هذا، ليعدّ دروسه ويصحّح الامتحانات في شقّة بغرفتين، يسكنها ثمانية أشخاص وأكثر..

بينما هناك من يملك شقّتين وثلاثًا بحكم وظيفته أو واسطاته.. يمكنه أن يستقبل فيها عشيقاته أو يعير مفاتيحها لمن سيفتح له أبوابًا أخرى.

صحّة عليك يا خالد.. أنت تعيش بعيدًا عن هذه الهموم، في حيّك الراقي بباريس.. ما على بالكش واش صاير في الدنيا!

آه حسّان.. عندما أذكر حديثنا ذلك اليوم، تصبح المرارة غصّة في الحلق، تصبح جرحًا، تصبح دمعًا، تصبح ندمًا وحسرة.

كان يمكن أن أساعدك أكثر، صحيح.

كنتَ تقول: «اطلب شيئًا يا خالد ما دمت هنا، ألست مجاهدًا؟ ألم تفقد ذراعك في هذه الحرب؟ اطلب محلًا تجاريًا.. اطلب قطعة أرض.. أو شاحنة، إنّهم لن يرفضوا لك شيئًا. هذا حقّك. وإذا شئت دعه لي لأستفيد منه وأعيش عليه أنا وأولادي.. أنت يحترمونك ويعرفونك، وأمّا أنا فلا يعرفني أحد. إنّه جنون ألّا تأخذ حقّك من هذا الوطن. إنّهم

لا يتصدّقون عليك بشيء. أكثر من واحد يحمل شهادة مجاهد وهو لم يقم بشيء في الثورة. أنت تحمل شهادتك على جسدك»..

إيه حسّان.. لم تكن تفهم أنَّ هذا هو الفرق الوحيد بيني وبينهم. لم تكن تفهم أنّه لم يعد ممكنًا اليوم، بعد كلّ هذه السنوات، وكلّ هذا العذاب، أن أطأطئ رأسي لأحد... ولو مقابل أيّ هبة وطنيّة.

ربّما كنتُ فعلت هذا بعد الاستقلال. ولكن اليوم مع مرور الزمن، أصبح ذلك مستحيلًا.

لم يبقَ من العمر الكثير أخي. لم يبقَ من العمر الكثير، لأطأطئ رأسي قبل الموت.

أريد أن أبقى هكذا أمامهم، مغروسًا كشوكة في ضميرهم. أريد أن يخجلوا عندما يلتقون بي، أن يطأطئوا هم رؤوسهم ويسألوني عن أخباري، وهم يعرفون أنّني أعرف كلّ أخبارهم، وأنّني شاهد على حقارتهم.

آه لو تدري حسّان!

لو تدري لذّة أن تمشي في شارع مرفوع الرأس، أن تقابل أيّ شخص بسيط أو هامّ جدًا، دون أن تشعر بالخجل.

هناك من لا يستطيع اليوم أن يمشي خطوتين على قدميه في الشارع، بعدما كانت كلّ الشوارع محجوزة له، وكان يعبرها في موكب السيّارات الرسميّة.

لم أقل شيئًا لحسّان. وعدته فقط كمرحلة أولى أن أشتري له سيّارة. قلت له: «تعال معي، واختر سيّارة تناسبك. تأخذها معك من فرنسا. لا أريد أن تعيش هكذا بعد اليوم..».

فرح حسّان يومها كطفل. شعرت بأنَّ ذلك كان حلمه الكبير الذي كان عاجزًا عن تحقيقه، وعاجزًا عن طلبه منّي. ولكن كيف لي أن أعرف ذلك وأنا لم أزره منذ سنوات؟

عندما أذكر حسّان اليوم، وحدها تلك الالتفاتة تبعث في قلبي شيئًا من السعادة، لأنّني أسعدته بعض الوقت، ومنحته راحة لبضع سنوات.

سنوات.. لم أكن أتوقّع أن تكون الأخيرة.

عاد حسّان إلى موضوعه، قال:

– هل أنت مصرّ حقًّا على السفر غدًا؟

قلت له:

– نعم.. الأرجح أن أسافر غدًا..

قال:

– إذن لا بدّ أن تطلب سي الشريف اليوم، لتعتذر منه. فقد يسيء تفسير موقفك.. ويأخذ على خاطره.

فكّرت قليلًا فوجدته على حقّ. قلت لحسّان:

– اطلب لي رقم سي الشريف لأعتذر إليه..

كنت أتوقّع أن تتوقّف الأمور هناك، ولكن سي الشريف راح يرحّب بي.. ويحرجني بلطفه، ويلحّ لأحضر لزيارته ولو في ذلك الحين..

قال:

– تعال إذن وتغدّ معنا اليوم.. المهمّ أن نراك قبل أن تسافر.. ثمّ يمكنك أن تقدّم هديّتك بنفسك للعروسين قبل أن يسافرا أيضًا هذا المساء..

لم يكن هناك من مخرج. وجدت نفسي مرّة أخرى، أواجه قدَري معك. أنا الذي قرّرت السفر على عجل، حتّى أنتهي من العيش في هذه الأجواء التي كانت تدور كلّها بطريقة أو بأخرى حولك.

ها أنا مرّة أخرى ألبس بدلتي السوداء نفسها، أحمل لوحة توقَّفتِ أمامها يومًا وكانت سبب كلّ ما حلّ بي بعد ذلك، وأذهب مع حسّان إلى الغداء..

ها هما قدماي تقودانني مرّة أخرى نحوكِ. كنت أدري أنّني سألتقي بكِ هذه المرّة. كان هناك حدس مُسبَق يشعرني بأنّنا لن نخلف هذا الموعد اليوم.

ما الذي قاله سي الشريف ذلك اليوم؟ ما الذي قلتُه ومن قابلتُ من الناس؟ وماذا قُدِّم لنا من أطباق على تلك السفرة.. لم أعد أذكر.

كنت أعيش لحظات حبّكِ الأخيرة. ولم يكن يهمّني شيء في تلك اللّحظة، سوى أن أراكِ.. وأن أنتهي منكِ في الوقت نفسه!

ولكن.. كنت أخاف حبّكِ. كنت أخاف أن يشتعل حبّكِ من رماده مرّة أخرى. فالحبّ الكبير، يظلّ مخيفًا حتّى في لحظات موته.. يظلّ خَطِرًا حتّى وهو يحتضر.

وجئتِ..

أكثر اللّحظات وجعًا، أكثر اللّحظات جنونًا، أكثر اللّحظات سخرية، كانت تلك التي وقفتُ فيها لأسلّم عليكِ، وأضع على وجنتَيك قبلتَين بريئتَين، وأنا أهنِّئك بالزواج، مستعملًا كلّ المفردات اللائقة بذلك الموقف العجيب.

كم كان يلزمني من القوّة، من الصبر ومن التمثيل، لأوهم الآخرين بأنّني لم ألتقِ بكِ قبل اليوم، سوى مرّة عابرة، وأنَّكِ لم تكوني المرأة التي قلبَت حياتي رأسًا على عقب؟

المرأة التي تُقاسمُني سريري الفارغ منذ عدّة أشهر، والتي كانت حتّى البارحة.. لي!

كم كان يلزمني من التمثيل، لأهدي لك تلك اللّوحة، دون أيّ تعليق إضافيّ، دون أيّ إشارة توضيحيّة، وكأنّها لم تكن اللّوحة التي بدأتُ بها قصّتي معك منذ خمس وعشرين سنة.

وكم كنتِ مدهشة أنتِ في تمثيلك، وأنتِ تفتحينها وتلقين نظرة معجَبة عليها، وكأنّكِ ترينها أوّل مرّة! فلا أستطيع إلّا أن أسألك بتواطؤ سرّي جمعنا يومًا:

– هل تحبِّين الجسور؟

ويخيّم بيننا فجأة صمتٌ قصير، يبدو لي طويلًا كلحظة تسبق حكمًا بالإعدام.. أو بالعفو.

قبل أن ترفعي عينيكِ نحوي وينزل حكمكِ عليّ:

– نعم أحبّها!

كم من السعادة منحتِني لحظتها في كلمتين!

شعرتُ بأنّكِ تبعثين لي آخر إشارة حبّ.

شعرتُ بأنّكِ تهدين لي أكثر من مشروع لوحة قادمة، أكثر من ليلة وهميّة.. وأنّكِ رغم كلّ شيء ستظلّين وفيّة لذاكرتنا المُشتَركة.. ولمدينة تواطأت معنا، ومدّت كلّ هذه الجسور.. لتجمعنا.

ولكن.. أكنتِ حبيبتي حقًّا؟ في تلك اللّحظة التي كان فيها رجل آخر إلى جوارك. يلتهمك بعينين لم تشبعهما ليلة حبّ كاملة، في تلك اللّحظة التي كان فيها الحديث يدور حول المدن التي ستزورينها في شهر العسل، وكنت أنا أشيّعك بصمت، لسفرك الأخير عن قلبي..

لقد كانت تلك هزيمتكِ الأولى معي.. انتهى كلّ شيء إذن. ها أنا قابلتك أخيرًا، أكان هذا اللّقاء يستحقّ كلّ ذلك الانتظار، كلّ ذلك الألم؟

كم كان حلمي به جميلًا! وكم هو اليوم مدهش ومُسطَّح في واقعه! كم كان مليئًا بانتظارك، وكم هو فارغ.. موجع بحضورك!

أكانت نصف النظرة التي تبادلناها بين نظرتين، تستحقّ كلّ
ذلك الوجع، كلّ ذلك الشوق والجنون؟

تريدين أن تقولي لي شيئًا، وتتلعثم الكلمات.. تتلعثم النظرات.

لقد نسيَت عيناكِ الحديث إليّ.. ولم أعد أعرف فكّ رموزك
الهيروغليفيّة.

فهل عدنا يومها إلى مرتبة الغرباء، دون أن ندري؟

افترقنا..

قبلتان أخيرتان على وجنتيك. نظرة.. نظرتان.. وكثير من
التمثيل، وألم سرّي صامت.

تبادلنا جميعًا كلمات المجاملة والتهاني والشكر الأخير.

تبادلنا عناويننا، بعدما أصرّ زوجك على أن يعطيني رقم هاتفه
في البيت وفي المكتب إذا ما احتجتُ إلى شيء.

وانصرفنا كلٌّ بِوَهِمه.. وقراره المُسبَق.

عندما عدتُ إلى البيت بعد ذلك، نظرت طويلًا إلى تلك البطاقة
التي كنتُ أتحسّسها طوال الطريق بشيء من الذهول.. ومذاق ساخر
للمرارة. وكأنّكِ انتقلت معها من قلبي إلى جيبي تحت اسم ورقم
هاتفي جديدين.

ودون كثير من التردّد.. أو التعمّق في التفكير، قرّرت أن أمزّقها
فورًا، ما دمت أملك القدرة على ذلك، وما دمت مصمّمًا على أن ينتهي
كلّ شيء هنا في قسنطينة.. كما أردتِ يومًا، وكما أصبحتُ أريد
أنا اليوم.

* * *

ما الذي كنت تريدينه ذلك المساء؟ عندما جاء هاتفك فجأة ليخرجني من دوّامة أفكاري وأحاسيسي المتناقضة؟

حين مدَّ حسّان نحوي الهاتف وقال: «هناك امرأة تريد أن تتحدّث إليك..» توقَّعت كلّ شيء إلّا أن تكوني أنتِ.

سألتكِ بدهشة:

ـ ألم تسافري بعد؟

قلتِ:

ـ سنسافر بعد ساعة.. أردت أن أشكركَ على اللّوحة.. لقد وهبتَني سعادة لم أتوقَّعها..

قلت لكِ:

ـ أنا لم أهبك شيئًا.. لقد أعدتُ لكِ لوحة كانت جاهزة لكِ منذ خمس وعشرين سنة.. إنّها هديّة قدَرنا الذي تقاطع يومًا. وأمّا أنا فلي هديّة أخرى لكِ أتوقَّع أن تعجبكِ، سأقدّمها لكِ ذات يوم..

قلتِ بصوت خافت وكأنّكِ تخافين أن يسترق أحد السمع إليكِ أو يسرق منكِ تلك الهديّة:

ـ ماذا ستهدي لي؟

ـ إنّها مفاجأة.. لنفترض أنّني سأهبك غزالة.

قلتِ مدهوشة:

ـ إنّه عنوان كتاب!

قلتُ:

ـ أدري.. لأنّني سأهبك كتابًا. عندما نحبّ فتاة نهبها اسمنا. عندما نحبّ امرأة نهبها طفلًا. وعندما نحبّ كاتبة.. نهبها كتابًا. سأكتب من أجلك رواية.

أحسستُ في صوتك بشيء من الفرح والارتباك.. شيء من الدهشة والحزن الغامض. ثمّ قلتِ فجأة بنبرة عشقيّة لم أعهدها منك:

– خالد.. أحبّك.. أتدري هذا؟

وانقطع صوتك فجأة، ليتوحّد بصمتي وحزني، ونبقى هكذا لحظات دون كلام. قبل أن تضيفي بشيء من الرجاء:

– خالد.. قل شيئًا.. لماذا لا تجيب؟

قلت لكِ بشيء من السخرية المرّة:

– لأنّ رصيف الأزهار لم يعد يجيب..

– هل تعني أنَّكَ لم تعد تحبّني؟

أجبتكِ بصوت غائب:

– أنا لا أعني شيئًا بالتحديد.. إنّه عنوان لرواية أخرى للكاتب نفسه!

ماذا قلتِ بعدها، لا أذكر. من الأرجح أن يكون هذا آخر ما قلتُه لك قبل أن أضع السمّاعة، ونفترق لعدّة سنوات.

* * *

«لا تطرقي الباب كلّ هذا الطرق.. فلم أعد هنا».

لا تحاولي أن تعودي إليّ من الأبواب الخلفيّة، ومن ثقوب الذاكرة، وثنايا الأحلام المطويّة، ومن الشبابيك التي أشرعتها العواصف. لا تحاولي..

فأنا غادرت ذاكرتي، يوم وقعت على اكتشاف مذهل: لم تكن تلك الذاكرة لي، بل كانت ذاكرة مشتركة أتقاسمها معك. ذاكرة يحمل كلّ منّا نسخة منها حتّى قبل أن نلتقي.

لا تطرقي الباب كلّ هذا الطرق سيّدتي.. فلم يعد ليَ باب.

لقد تخلّت عنِّي الجدران يوم تخلّيتِ عنك، وانهار السقف عليّ وأنا أحاول أن أُهرّب أشيائي المُبعثَرة بعدك.

فلا تدوري هكذا حول بيت كان بيتي.

لا تبحثي عن نافذة تدخلين منها كسارقة. لقد سرقتِ كلّ شيء منِّي، ولم يعد هناك شيء يستحقّ المغامرة.

لا تطرقي الباب كلّ هذا الطرق الموجع..

هاتفك يدقّ في كهوف الذاكرة الفارغة دونك، ويأتي الصدى موجعًا ومخيفًا.

ألا تدرين أنّني أسكن هذا الوادي بعدك، كما تسكن الحصى جوف «وادي الرِّمال»؟

تمهّلي سيّدتي إذن..

تمهّلي وأنت تمرّين على جسور قسنطينة. فأيّ زلّة قدم سترميني بسيلٍ من الحجارة، وأيّ سهو منك سيرميك هنا عندي لتتحطّمي معي.

يا امرأة متنكّرة في ثياب أُمِّي.. في عطر أُمِّي وفي خوف أُمِّي عليّ.. متعبٌ أنا.. كجسور قسنطينة. معلّق أنا مثلها بين صخرتين وبين رصيفين.

فلماذا كلّ هذا الألم؟ ولماذا.. أكذَب الأُمّهات أنت، وأحمَق العشّاق أنا!

لا تطرقي أبواب قسنطينة الواحد بعد الآخر.. أنا لا أسكن هذه المدينة.. إنَّها هي التي تسكنني.

لا تبحثي عنِّي فوق جسورها، هي لم تحملني مرّة.. وحدي أنا حملتها.

لا تسألي أغانيها عنّي، وتأتيني لاهثة بخبرٍ قديم – جديد،
وأغنية كانت تُغنّى للحزن فصارت تُغنّى للأفراح..

«قالوا العرب قالوا
ما نعطيْو صالح ولا مالُو
قالوا العرب هيهات
ما نعطيْو صالح باي البايات..»

أعرف عن ظهر قلب ما قاله العرب، وما لم يجرؤوا اليوم
على قوله.

وأدري.. كان صالح ثوب حدادك الأوّل حتّى قبل أن تولَدي.
كان آخر بايات قسنطينة.. وكنت أنا وصيّته الأخيرة: «يا حمّودة.. آه
يا وليدي تها الله لي في الدار.. آه.. آه..».

أيّ دار يا صالح.. أيّ دار توصيني بها!

لقد زرت سوق العصر وشاهدت دارك فارغة من ذاكرتها. سرقوا
حتّى أحجارها، وشبابيكها الحديديّة. خرّبوا ممرّاتها وعبثوا بنقوشها..
وظلّت واقفة، هيكلًا مصفرًّا يبول الصعاليك والسكارى على جدرانه.

أيّ وطن هذا الذي يبول على ذاكرته يا صالح؟

أيّ وطن هذا؟!

ها هي ذي مدينة تلبس حداد رجل لم تعد تذكر اسمه. وها
أنت ذي طفلة لا أحد يعرف قرابتها بهذه الجسور..

فانزعي «ملايتك» بعد اليوم.. وارفعي عن وجهك الخمار، ولا
تطرقي الباب كلّ هذا الطرق..

فلم يعد صالح هنا.. ولا أنا.

افترقنا إذن..

الذين قالوا وحده الحبّ لا يموت، أخطأوا..

والذين كتبوا لنا قصص حبّ بنهايات جميلة، ليوهمونا أنّ مجنون ليلى محض استثناء عاطفيّ.. لا يفهمون شيئًا في قوانين القلب.

إنّهم لم يكتبوا حبًّا، كتبوا لنا أدبًا فقط.

العشق لا يولَد إلّا في وسط حقول الألغام، وفي المناطق المحظورة. ولذا ليس انتصاره دائمًا في النهايات الرصينة الجميلة.. إنّه يموت كما يولَد.. في الخراب الجميل فقط!

افترقنا إذن..

فيا خرابي الجميل سلامًا. يا وردة البراكين، ويا ياسمينة نبتت على حرائقي سلامًا.

يا ابنة الـزلازل والشروخ الأرضيّة! لقد كان خرابك الأجمل سيّدتي، لقد كان خرابك الأفظع..

قتلتِ وطنًا بأكمله داخلي، تسلّلت حتّى دهاليز ذاكرتي، نسفت كلّ شيء بعود ثقاب واحد فقط..

من علّمكِ اللّعب بشظايا الذاكرة؟ أجيبي!

من أين أتيت هذه المرّة – أيضًا – بكلّ هذه الأمواج المحرقة من النار. من أين أتيت بكلّ ما تلى ذلك اليوم من دمار؟

افترقنا إذن..

لم تكوني كاذبة معي.. ولا كنتِ صادقة حقًّا. لا كنتِ عاشقة.. ولا كنتِ خائنة حقًّا. لا كنتِ ابنتي.. ولا كنتِ أُمّي حقًّا.

كنتِ فقط كهذا الوطن.. يحمل مع كلّ شيء ضدّه. أتذكرين؟

في ذلك الزمن البعيد، في ذلك الزمن الأوّل، يوم كنت تحبّينني وتبحثين فيّ عن نسخة أخرى لأبيك.

قلتِ مرّة:

– انتظرتكَ طويلًا.. انتظرتك كثيرًا، كما ننتظر الأولياء الصالحين.. كما ننتظر الأنبياء. لا تكن نبيًّا مزيَّفًا يا خالد.. أنا في حاجةٍ إليك! لاحظت وقتها أنّكِ لم تقولي أنا أحبّك. قلتِ فقط «أنا في حاجة إليك»..

نحن لا نحبّ بالضرورة الأنبياء. نحن في حاجة إليهم فقط.. في كلّ الأزمنة.

أجبتكِ:

– أنا لم أختَر أن أكون نبيًّا..

قلتِ مازحة:

– الأنبياء لا يختارون رسالتهم، إنّهم يؤدّونها فقط!

أجبتكِ:

– ولا يختارون رعيّتهم أيضًا. ولذا لو حدث واكتشفتِ أنّني نبيّ مزيّف.. قد يكون ذلك لأنّني بُعثتُ لرعيّة تحترف الرِّدّة! ضحكتِ.. وبعناد أنثى يغريها التحدّي قلتِ:

– أنت تبحث عن مخرج لفشلك المحتمل معي، أليس كذلك؟.. لن أمنحك مبرّرًا كهذا. هات وصاياك العشر وأنا أطبّقها.

نظرتُ إليكِ طويلًا يومها. كنت أجمل من أن تطبّقي وصايا نبيّ، أضعف من أن تحملي ثقل التعاليم السماويّة. ولكن كان فيك نورٌ داخليّ لم أشهده في امرأة قبلك.. بذرة نقاء لم أكن أريد أن أتجاهلها.. أليس دور الأنبياء البحث عن بذور الخير فينا؟

قلتُ:

– دعي الوصايا العشر جانبًا واسمعيني.. لقد جئتك بالوصيّة الحادية عشرة فقط..

ضحكتِ وقلت بشيء من الصدق:

– هات ما عندك أيّها النبيّ المفلس.. أقسم إنّني سأتبعك!

لحظتها شعرت برغبة في أن أستغلّ قَسَمك. وأقول لك: «كوني لي فقط..» ولكن لم يكن ذلك كلام نبيّ. وكنت دون أن أدري قد بدأت أمثّل أمامك الدور الذي اخترِته لي.. فرحت أبحث في ذهني عن شيء يمكن أن يقوله نبيّ يباشر وظيفته لأوّل مرّة.. قلتُ:

– احملي هذا الاسم بكبرياء أكبر.. ليس بالضرورة بغرور، ولكن بوعي عميق أنّك أكثر من امرأة. أنت وطن بأكمله.. هل تعين هذا؟ ليس من حقِّ الرموز أن تتهشّم.. هذا زمن حقير، إذا لم ننحَز فيه إلى القيم فسنجد أنفسنا في خانة القاذورات والمزابل. لا تنحازي لشيء سوى المبادئ.. لا تجاملي أحدًا سوى ضميرك.. لأنّك في النهاية لا تعيشين مع سواه!

قلتِ:

– أهذه وصيّتك لي.. فقط؟!

قلتُ:

– لا تَستهيني بها.. إنّ تطبيقها ليس سهلًا كما تتوهّمين. ستكتشفين ذلك بنفسك ذات يوم..

كان لا بدّ ألّا تسخري يومها من وصيّة ذلك النبيّ المفلس.. وتستسهليها إلى هذا الحدّ!

مرّت ست سنوات على ذلك السفر. على ذلك اللّقاء، ذلك الوداع.

حاولتُ خلالها أن ألملم جرحي وأنسى. حاولت منذ عودتي، أن أضع شيئًا من الترتيب في قلبي، أن أعيد الأشياء إلى مكانها الأوّل،

دون ضجيج ولا تذمّر، دون أن أكسر مزهريّة، دون أن أغيّر مكان لوحة، ولا مكان القيم القديمة التي تكدّس الغبار عليها داخلي منذ زمان.

حاولت أن أعيد الزمان إلى الوراء، دون حقد ولا غفران أيضًا.

لا.. نحن لا نغفر بهذه السهولة لمن يجعلنا، بسعادة عابرة، نكتشف كم كنّا تعساء قبله. ونغفر أقلّ، لمن يقتل أحلامنا أمامنا دون أدنى شعور بالجريمة.

ولذا لم أغفر لك.. ولا لهم.

حاولت فقط أن أتعامل معك ومع الوطن بعشق أقلّ. واخترت اللّامبالاة عاطفة واحدة نحوكما.

كان يحدث لأخبارك أن تصلني عن طريق المصادفة، وأنا أستمع إلى من يتحدّث عن زوجك، عن صعوده المستمرّ.. وعن صفقاته وشؤونه السرّيّة والعلنيّة التي تشغل أحاديث المجالس.

وكان يحدث لأخبار الوطن أن تأتيني أيضًا تارة في جريدة، وتارة في مجالس أخرى، وتارة عندما زارني حسّان بعد ذلك لآخر مرّة ليشتري تلك السيّارة التي وعدتُه بها..

وكلّ مرّة، كنت أواجه كلّ ما أسمعه باللّامبالاة نفسها التي لا يمكن أن يولّدها سوى اليأس الأخير.

بدأت أتعلّق بحسّان فقط، وكأنّني اكتشفت فجأة وجوده. أصبح أمره وحده يهمّني بعدما وعيت أنّه كلّ ما بقي لي في هذا العالم، وبعدما اكتشفت تلك الحياة البائسة التي كان يعيشها، والتي كنت أجهل كلّ شيء عنها قبل زيارتي إلى قسنطينة.

أصبحت أطلبه هاتفيًّا بانتظام. أسأله عن أخباره وعن الأولاد، وعن البيت الذي كان ينوي أن يقوم فيه ببعض الإصلاحات، والذي وعدته أن أتكفّل بمصاريف ترميمه وتجديده.

أحلام مستغانمي

كانت معنويّاته تنخفض وترتفع من هاتف إلى آخر. كان يحدّثني تارة عن بعض مشاريعه، وعن بعض الاتصالات التي يقوم بها ليُنقل إلى العاصمة.. ثمّ يعود ويفقد فجأة حماسته.

كنت أعرف ذلك عندما يسألني في آخر مكالمته:

– متى ستأتي يا خالد؟

أشعر عندئذٍ بأنّه باخرة تغرق، وتبعث إشارة ضوئيّة تطلب النجدة منّي.

وبرغم ذلك، كنت أسايره فقط، وأعده كلّ مرّة أنّني قد أزوره في الصيف المقبل. وكنت أعرف في أعماقي أنّني أكذب، وأنّني قطعت الجسور مع الوطن حتّى إشعار آخر.

في الواقع، أصبحَت عندي قناعة بانعدام الأمل. كان القطار يسير في الاتّجاه المعاكس، وبسرعة لم يكن ممكنًا معها أن نفعل شيئًا.. أيّ شيء، غير الذهول وانتظار كارثة الاصطدام.

وكنت أحزم حقائب القلب.. وأمضي دون أن أدري في اتّجاهٍ آخر أيضًا، في الاتّجاه المعاكس للوطن.

رحت أؤثّث غربتي بالنسيان. أصنع من المنفى وطنًا آخر لي، وطنًا ربّما أبديًا، عليّ أن أتعوّد العيش فيه.

بدأت أتصالح مع الأشياء. أقمت علاقات طبيعيّة مع نهر السين.. مع جسر ميرابو.. مع كلّ المعالم التي كانت تقابلني من تلك النافذة، والتي كنت أعيش في معاداة لها دون سبب.

اخترت لي أكثر من عشيقة عابرة. أثّثت سريري بالملذّات الجنونيّة.. بنساء كنت أدهشهنّ كلّ مرّة أكثر، وأقتلك بهنّ كلّ مرّة أكثر، حتّى لم يبق شيء منكِ في النهاية.

نسيَ هذا الجسد شوقه لك، نسي تطرّفه وحماقاته وإضرابه عن كلّ لذّة ما عدا لذّتك الوهميّة.

تعمّدت أن أفرغ النساء من رموزهنّ الأولى.

من قال إنّ هناك امرأةً منفى، وامرأة وطنًا، فقد كذب..

لا مساحة للنساء خارج الجسد. والذاكرة ليست الطريق الذي يؤدّي إليهنّ. في الواقع هنالك طريق واحد لا أكثر.. يمكنني أن أجزم اليوم بهذا!

اكتشفت شيئًا لا بدّ أن أقوله لكِ اليوم..

الرغبة محض قضيّة ذهنيّة. ممارسة خياليّة لا أكثر. وهمٌ نخلقه في لحظة جنون نقع فيها عبيدًا لشخصٍ واحدٍ، ونحكم عليه بالروعة المطلقة لسبب غامض لا علاقة له بالمنطق.

رغبة تولَد هكذا من شيء مجهول، قد يعيدنا إلى ذكرى أخرى.. لعطر رائحة أخرى.. لكلمة، لوجه آخر..

رغبة جنونيّة تولَد في مكان آخر خارج الجسد، من الذاكرة أو ربّما من اللّاشعور، من أشياء غامضة تسلّلتِ إليها أنتِ ذات يوم، وإذا بكِ الأروع، وإذا بكِ الأشهى، وإذا كلّ النساء أنتِ.

أفهمتِ لماذا قتلتُك تلقائيًا يوم قتلتُ قسنطينة في داخلي؟

ولم أعجب يومها وأنا أرى جثّتك ممدّدة في سريري.

لم تكونا في النهاية سوى امرأة واحدة.

ستقولين: لماذا كتبتَ لي هذا الكتاب إذن؟ وسأجيبك أنّني أستعير طقوسك في القتل فقط، وأنّني قرّرت أن أدفنك في كتاب لا غير.

فهناك جثث يجب ألّا نحتفظ بها في قلوبنا. فللحبّ بعد الموت، رائحة كريهة أيضًا، خاصّة عندما يأخذ بُعد الجريمة.

لاحظي أنّني لم أذكر اسمك مرّة واحدة في هذا الكتاب. قرّرت هكذا أن أتركك بلا اسم. هنالك أسماء لا تستحقّ الذكر.

لنفترض أنّك امرأة كان اسمها «حياة»، وربّما كان لها اسم آخر.. فهل مهمّ اسمك حقًّا؟

وحدها أسماء الشهداء غير قابلة للتزوير، لأنّ من حقّهم علينا أن نذكرهم بأسمائهم كاملة، كما من حقّ هذا الوطن علينا أن نفضح من خانوه، وبنوا مجدهم على دماره، وثروتهم على بؤسه، ما لم يكن هناك من يحاسبهم.

وأدري.. ستقول إشاعة ما إنّ هذا الكتاب لك. أؤكّد لك سيّدتي تلك الإشاعة.

سيقول نقّاد يمارسون النقد تعويضًا عن أشياء أخرى، إنّ هذا الكتاب ليس رواية، بل هذيان رجل لا علم له بمقاييس الأدب.

أؤكّد لهم مسبقًا جهلي، واحتقاري لمقاييسهم. فلا مقياس عندي سوى مقياس الألم، ولا طموح لي سوى أن أُدهشَك أنتِ، وأن أُبكيك أنت، لحظة تنتهين من قراءة هذا الكتاب.. فهناك أشياء لم أقلها لكِ بعد.

اقرئي هذا الكتاب.. وأحرقي ما في خزانتك من كتبٍ لأنصاف الكتّاب، وأنصاف الرِّجال، وأنصاف العشّاق.

من الجرح وحده يولد الأدب. فليذهب إلى الجحيم كلّ الذين أحبّوك بتعقّل، دون أن ينزفوا.. دون أن يفقدوا وزنهم ولا اتّزانهم.. تصفّحيني بشيء من الخجل.. كما تتصفّحين ألبوم صور مصفَرّة، لطفلة كانت أنتِ..

كما تطالعين قاموسًا لمفرداتٍ قديمة معرّضة للانقراض والموت.. كما تقرئين منشورًا سرِّيًا، عثرتِ عليه يومًا في صندوق بريدك.

افتحي قلبك.. واقرأيني.

كنت يومًا أريد أن أحدّثك عن سي الطاهر وعن زياد وعن آخرين.. عن كلّ ما كنت تجهلين.

ولكن مات حسّان.. ولم يعد من وقتِ اليوم للحديث عن الشهداء... أصبح كلّ واحدٍ منّا مشروع شهيد.

يحزنني ألّا أهبك غزالة. **«الغزلان لا تكون غزلانًا إلّا عندما تكون حيّة».** ولم يبقَ لي ما يمكن أن أهدي لكِ اليوم.

لقد أخذتِ منّي كلّ من أحببت، الواحد بعد الآخر، بطريقة أو بأخرى. وتحوّل القلب إلى مقبرة جماعيّة ينام فيها دون ترتيب كلّ من أحببت. وكأنّ قبر «امّا» قد اتّسع ليضمّهم جميعًا.

ولم أعد أنا سوى شاهد قبر لسي الطاهر.. لزياد ولحسّان. شاهد قبر للذاكرة.

كنت أدري الكثير عن حماقة القدر، الكثير عن ظلمه وعن عناده، عندما يصرّ على ملاحقة أحد.

ولكن هل كان يمكنني أن أتوقّع أنَّ شيئًا كذلك يمكن أن يحدث؟

كنت أعتقد أنّني دفعت لهذا القدَر الأحمق ما فيه الكفاية، وأنّه حان لي بعد هذا العمر، وتلك السنوات التي تلت فجيعة زياد، وفجيعة زواجك، أن أرتاح أخيرًا.

فكيف عاد القدَر اليوم ليأخذ منّي أخي، أخي الذي لم يكن لموته من منطق. لا كان في جبهة، ولا كان في ساحة قتال ليموت ميتة سي الطاهر، وميتة زياد، رميًا بالرصاص.. أيضًا.

* * *

ذات يوم من أكتوبر 88، جاء خبر موته هكذا صاعقة يحملها خطّ هاتفيّ مشوّش، وصوت عتيقة الذي تخنقه الدموع.

ظلّت تجهش بالبكاء وتردّد اسمي، وأنا أسألها مفجوعًا:

– «واش صار..؟»

كنت على علم بتلك الأحداث التي هزّت البلاد، والتي كانت الجرائد ونشرات الأخبار الفرنسيّة تتسابق في نقلها مصوّرة، مفصّلة، مطوّلة، باهتمام لا يخلو من الشماتة.

كنت أعرف تفاصيلها، وأدري أنّها ما زالت وهي في يومها الثاني مقتصرة على العاصمة. فمن أين لي أن أتوقّع الذي حدث؟

كان صوت عتيقة يردّد مقطّعًا:

– قتلوه.. آ خالد.. يا وخيدتي قتلوه..

وصوتي يردّد مذهولًا:

– كيفاش.. كيفاش قتلوه؟

كيف مات حسّان؟

هل مهمّ السؤال، وموته كان أحمق كحياته، ساذجًا كأحلامه.

أقرأ كلّ الجرائد لأفهم كيف مات أخي، بين الحلم والحلم.. بين الوهم والوهم.

ما الذي ذهب به إلى العاصمة ليقابل «جماعة» هناك، هو الذي لم يزر العاصمة إلّا نادرًا.

ذهب هكذا في نهاية أسبوع.. ليبحث عن نهايته.

ضاقت به قسنطينة، ولم توصله جسورها الكثيرة إلى شيء.

قالوا له: «في العاصمة ستكون لك "خيوط". ستوصلك الطرق القصيرة هناك.. ولن توصلك الجسور هنا!».

صدَّق حسَّان، وذهب إلى العاصمة ليقابل «فلانًا» من قِبَل «فلان» آخر..

وكان مقرَّرًا أن تُحَلّ قضيَّته أخيرًا هذه المرَّة، بعد عدَّة سنوات من الوساطات والتدخُّلات، ويغادر نهائيًا سلك التعليم، لينتقل إلى العاصمة ويعيَّن موظَّفًا في مؤسَّسة إعلاميَّة.

ولكنَّ القَدَر هو الذي حسم «ملفَّه» هذه المرَّة.

«بين «فلان» و«فلان» مات حسَّان، خطأ برصاصة خاطئة، على رصيف الحلم.

فالحلم ليس في متناول الجميع أخي.. كان عليك ألَّا تحلم! أحقًّا **«إنَّ الشقاء يعرف كيف يختار صفاته»** ولهذا اختارني أنا، واختار لي كلّ هذه الفجائع المذهلة، لأنفرد بها وحدي.

أنا الذي لم أكن أحلم سوى بأن أهبكِ غزالة..

كيف لي أن أفعل ذلك.. وأنتِ تهبينني كلّ هذا الدمار.. كلّ هذا الخراب؟

* * *

ويعود فجأة، حديثٌ قديم بيننا إلى البال.

حديث مرّت عليه اليوم ستّ سنوات. في ذلك الزمن الذي كنتِ تجدين فيه شبيهًا بيني وبين «زوربا»، الرجل الذي أحببتِه الأكثر حسب تعبيرك، والذي كنتِ تحلمين بكتابة رواية كروايته، أو بحبِّ رجل مثله.

ترى لأنَّك كنتِ عاجزة عن كتابة رواية كتلك، اكتفيتِ بتحويلي إلى نسخة منه، وجعلتني مثله أتعلَّم أن أُشفى من الأشياء التي أحبّها بأكلها حتَّى التقيّؤ..

جعلتِني أعشق الخراب الجميل، وأتعلّم كطائر يُذبَح أن أرقص من ألمي..

ها هو ذا الخراب الجميل، الذي حدّثتِني عنه يومًا بحماسةٍ مدهشة لم تُثِر شكوكي، يوم قلتِ:

«مدهش أن يصل الإنسان بفجائعه حد الرقص. إنّه تميّز في الخيبات والهزائم أيضًا. فليست كلّ الهزائم في متناول الجميع. لا بدّ أن تكون لك أحلام فوق العادة، وأفراح وطموحات فوق العادة، لتصل بعواطفك تلك إلى ضدّها بهذه الطريقة..»

آه سيّدتي لو تدرين!

كم كانت أحلامي كبيرة، وما أفظع هذا الخراب الذي تتسابق قنوات التلفزيون على نقله اليوم!

ما أفظع هذا الدمار، وما أحزن جثّة أخي الملقاة على رصيف، يخترقها رصاص طائش!

ما أحزن جثّته، وهي تنتظرني الآن في ثلّاجة الموتى لأتعرّف إليه، وأرافقه جثمانًا إلى قسنطينة.

ها هي ذي قسنطينة مرّة أخرى.

تلك الأمّ الطاغية التي تتربّص بأولادها، والتي أقسمَت أن تعيدنا إليها ولو جثّة.

ها هي قد هزمتنا، وأعادتنا إليها معًا. في تلك اللّحظة التي اعتقدنا فيها أنّنا شفينا منها، وقطعنا معها صلة الرحم.

لا حسّان سيغادرها إلى العاصمة.. ولا أنا سأقدر على الهرب منها بعد اليوم..

ها نحن نعود إليها معًا..

أحدنا في تابوت.. والآخر أشلاء رجل.

وقع حكمك عليّ أيّتها الصخرة.. أيّتها الأمّ الصخرة..
فأشرعي مقابرك، وانتظريني. سآتيك بأخي.. افسحي له مكانًا
صغيرًا بجوار أوليائك الصالحين، وشهدائك، وباياتك.. كان حسّان كلّ
هذا على طريقته.
كان غزالًا..
في انتظار ذلك.. تعالي سيّدتي وتفرّجي على كلّ هذا الخراب
الجميل!
فبعد قليل سيحضر زوربا ليمسك بكتفي ولنبدأ الرقص معًا.
تعالي..
لا بدّ ألّا تخلفي هذا المشهد، سترين كيف يرقص الأنبياء عندما
يفلسون حقًّا.
تعالي.. سأرقص اليوم كما لم أرقص يومًا، كما اشتهيت أن
أرقص في عرسك ولم أفعل..
سأقفز وكأنّ جناحيْن قد التصقا بقدميّ فجأة، وكأنّ ذراعي
المفقودة قد نبتت من جديد لتصبح ذراعي.
تعالي.. وليعذرني أبي الـذي لـم أشاركه يومًا في طقوس
«عيساوة» في حفل جذبه ورقصه الجنونيّ، وغرسه ذلك السفود في
جسده من طرفٍ إلى آخر.. بنشوة الألم الذي يجاور اللّذة.
للحزن أكثر من طقس، وليس للألم وطن على التحديد.
فليعذرني الأنبياء والأولياء الصالحون!
ليعذروني جميعًا. لا أدري ماذا يفعل الأنبياء بالتحديد عندما
يحزنون، ماذا يفعلون في زمن الرّدّة؟
هل يبكون أم يصلّون؟
أنا قرّرت أن أرقص. الرقص تواصل أيضًا. الرقص عبادة أيضًا..

فانظر أيّها الأعظم.. بذراع واحدة سأرقص لك.

ما أصعب الرقص بذراع واحدة يا ربّي! ما أبشع الرقص بذراعٍ واحدة يا ربِّي! ولكن..

ستعذرني أنت الذي أخذت ذراعي الأخرى.

ستعذرني.. أنت الذي أخذتهم جميعًا.

ستعذرني.. لأنّك ستأخذني أيضًا!

هل المؤمن مصاب حقًّا؟.. أم ترى تلك مقولة خلقت لتعلّمنا الصبر فقط، لتبيعنا بدل مصائبنا فرح امتلاك شهادة بالتّقوى؟.. فليكن..

شكرًا لك أيّها الأعظم، أنت الذي لا يُحمد على مكروه سواه.

أنت الذّي لا تخصّ بمصابك سوى المؤمنين من عبادك.. والأتقياء منهم.

أعترف بأنّني لم أكن أحلم بشهادة حسن سلوك كهذه!

أفرغ منك سيّدتي وأمتلئ لحنًا يونانيًّا.

تتقدّم موسيقى «زوربا» نحوي، دعوة للجنون المتطرّف.

تأتي على شريط تعوّدتُ الاستماع إليه بمتعة غامضة. وإذا بذلك اللّحن الصادح اليوم وسط الخراب والجثث، يأخذ فجأة بُعده الأوّل الحقيقيّ.

فأنتفض فجأة من أريكتي وهو يفاجئني، أصرخ كما في تلك القصّة «هيّا يا زوربا.. درّبني على الرقص..».

ها هو ذا «الخراب الجميل» الذي جعلتَنا نشتهيه. لم أكن أحسَب أن يكون بشعًا إلى هذا الحدّ.. موجعًا إلى هذا الحدّ!

تزحف موسيقى تيودوراكيس نحوي، وتخترقني نغمة.. نغمة. جرحًا.. جرحًا.

بطيئة.. ثمّ سريعة كنوبة بكاء.

خجولة.. ثم جريئة كلحظة رجاء.

حزينة.. ثمّ نشوى كتقلُّبات شاعرٍ أمام كأس.

مترِّددة.. ثمّ واثقة كأقدام عسكرٍ.

فأستسلم لها. أرقص كمجنون في غرفة شاسعة، تؤثِّثها اللّوحات والجسور.

وأقف أنا وسطها وكأنّني أقف على تلك الصخرة الشاهقة، لأرقص وسط الخراب، بينما جسور قسنطينة الخمسة تتحطّم وتتدحرج أمامي حجارة نحو الأودية.

إيه زوربا!

تزوَّجَت تلك المرأة التي كنتُ أحبُّها، وكانت تحبّكَ أنت. وكنت أريد أن أجعلها نسخة منِّي، فجعلتني نسخة منك.

ومات زياد.. ذلك الصديق الذي اشترى هذا الشريط لأنّه ربّما كان يحبّكَ أيضًا من أجلها، وربّما لأنّه كان يتوقَّع لي يومًا كهذا، ويعدّ لي على طريقته كلّ تفاصيل حزني القادم.

وربّما يكون تلقّاه هديّة منها.. وورثتُه أنا في جملة ما أورثَني من أحزان.

ومات حسّان.. أخي الذي لم يكن يهتمّ كثيرًا بالإغريق، وبالآلهة اليونانيّة.

كان له إله واحد فقط، وبعض الأسطوانات القديمة.

مات ولا حبّ له سوى الفرقاني.. وأمّ كلثوم.. وصوت عبد الباسط عبد الصمد.

ولا حلم له سوى الحصول على جواز سفر للحجّ.. وثلّاجة.

لقد تحقَّقت نصف أحلامه أخيرًا. لقد أهدى له الوطن ثلّاجة ينتظرني فيها بهدوء كعادته، لأشيّعه هذه المرّة إلى مثواه الأخير. لو عرفك، ربَّما لم يكن ليموت تلك الميتة الحمقاء.

لو قرأك بتمعّن، لما نظر إلى قاتليه بكلّ ذاك الانبهار، لما حلم بمنصب في العاصمة، بسيّارة وبيت أجمل..

لبصق في وجه قاتليه مُسبَقًا.. لشتمهم كما لم يشتم أحدًا، لرفض أن يصافحهم في ذلك العرس، لقال:

ـ «أيّها القوّادون.. السرّاقون.. القتلة. لن تسرقوا دمنا أيضًا. املأوا جيوبكم بما شئتم.. أثثوا بيوتكم بما شئتم.. وحساباتكم بأيّ عملة شئتم.. سيبقى لنا الدم والذاكرة. بهما سنحاسبكم.. بهما سنطاردكم.. بهما سنعمّر هذا الوطن.. من جديد».

آه زوربا.. مات زياد وها هو ذا حسّان يموت غدرًا أيضًا. آه لو تدري يا صديقي، لم يكن أحدهما يستحقّ الموت.

كان حسّان نقيًا كزئبق، وطيّبًا حدّ السذاجة. كان يخاف حتّى أن يحلم، وعندما بدأ يحلم قتلوه.

وكان زياد.. آه كان يشبهكَ بعض الشيء. لو رأيتَ ضحكته، لو سمعته يتحدّث.. يكفر.. يلعن.. يبكي.. يسكر.. لو عرفتهما، لرقصت.. حزنًا عليهما اللّيلة كما لم ترقص من قبل.

ولكن لا يهمّ.. أدري أنّك أنت أيضًا لن تحضر اللّيلة. ربَّما لأنّك متّ، كما في تلك الرواية، بعدما لعنتَ الكاهن الذي جاء ليناولك القربان المقدّس قبل الموت..

أو ربَّما لأنّك لم توجَد يومًا أبدًا على هذه الأرض. لأنّك بطل خرافيّ لزمن كان الناس يبحثون فيه عن خرافة كهذه. عن آلهة إغريقيّة جديدة، تعلّمهم الجنون والتحدّي.. وعبثيّة الحياة.

فهل مهمّ أن تتغيّب اللّيلة، كما تغيّبوا جميعًا؟

لن أعتب عليك يا صديقي. أنت لست مسؤولًا في النهاية عن كلّ ما يمكن أن يُرتَكَب من حماقات بسبب رواية!

ولكن أجبني فقط.. أنت الذي قتلت من الأتراك، وقتلوا من رفاقك الكثيرين، هل هناك من فرق بين القتلة؟

على يد الفرنسيّين مات سي الطاهر.. وعلى يد الإسرائيليّين مات زياد.. وها هو حسّان يموت على يد الجزائريّين اليوم.

فهل هناك درجات في الاستشهاد؟ وماذا لو كان الوطن هو القاتل والشهيد معًا؟

فكم من مدينة عربيّة دخلت التاريخ بمذابحها الجماعيّة، وما زالت مُغلَقة على مقابرها السرّيّة!

كم من مدينة عربيّة أصبح سكّانها شهداء.. قبل أن يصبحوا مواطنين!

فأين نضع كلّ هؤلاء.. في خانة ضحايا التاريخ، أم في خانة الشهداء؟

وما اسم الموت عندما يكون بخنجرٍ عربيّ!

* * *

ما كادت كاترين تراني في ذلك الصباح حتّى صاحت:

– إنَّ لك وجه رجل يستيقظ من ليلة سكر!

ثمَّ أضافت بشيءٍ من السخرية والتلميح الواضح:

– ماذا فعلت أمس أيّها الشقيّ، لتكون في هذه الحالة؟

قلتُ:
- لا شيء.. ربَّما لم أنم فقط!

قالت وهي تلقي نظرة على الصالون، وتبحث بفضول امرأة عن آثار تدلّها على نوعيّة من قضيتُ معهم السهرة:
- هل استقبلتَ أصدقاء أمس؟

ابتسمتُ لسؤالها، شعرتُ برغبة في أن أجيبها: نعم.

يحدث للحزن عندما يجاور الجنون، أن يبدأ هكذا بالسخرية من نفسه..

واصلَتْ:
- وهل قضوا اللّيلة هنا؟

قلت:
- لا.. رحلوا..

أضفتُ بعد شيء من الصمت:
- أصدقائي يرحلون دائمًا!

ربَّما لم يقنعها كلامي، أو زاد في فضولها فقط. فراحت تواصل بعينيها البحث وسط فوضى الغرفة، والحقيبتَين المفتوحتَين في الصالون عن شيءٍ ما.

النساء هكذا دائمًا: لا يرين أبعد من أجسادهنَّ، ولذا لم يكن في إمكان كاترين أن تكتشف آثار زياد وحسَّان وزوربا.. في ذلك البيت.

في الحقيقة.. لقد كانت كاترين دائمًا تعيش على هامش حزني. ولذا ربَّما اقتنعَت دون كثير من الكلام بأنّني أستيقظ من ليلة حبّ. سألَتني وكأنّها لا تجد فجأة مبرّرًا لوجودها عندي في تلك اللّحظة:
- لماذا طلبتَني على عجل؟

قلتُ:

– لأسباب كثيرة..

ثمّ أضفتُ فجأة:

– كاترين.. هل تحبّين الجسور؟

قالت بنبرة لا تخلو من التعجّب:

– لا تقل لي إنّك أحضرتني في هـذا الصباح لتطرح عليّ
هذا السؤال!

قلت:

– لا.. ولكن أودّ لو تجيبينني عنه.

قالت:

– لا أدري.. أنا لم أسأل نفسي سـؤالًا كهذا قبل اليوم. لقد
عشت دائمًا في مدن لا جسور فيها، ما عدا باريس ربَّما..

قلتُ:

– لا يهمّ.. فأنا أفضّل في النهاية ألّا تحبّيها. يكفي أن تحبِّي
رسمي..

أجابت:

– طبعًا أحبّ ما ترسمه.. لقد راهنت دائمًا على أنّك رسّام
استثنائيّ..

قلت:

– فليكن إذن.. كلّ هذه اللّوحات لك.

صاحت:

– أأنت مجنون؟ كيف تهبني كلّ هذه اللّوحات؟ إنّها مدينتك..
قد تحنّ إليها يومًا.

قلت:

– لم يعد هناك من ضرورة للحنين بعد اليوم، أنا عائد إليها. أهبها لك، لأنّني أدري أنّك تقدّرين الفنّ، وأنّها معك لن تضيع..

قالت كاترين وصوتها يأخذ نبرة جديدة لحزن وفرح غامض:

– سأحتفظ بها جميعًا.. فلم يحدث لرجل أن أهداني يومًا شيئًا كهذا..

قلت وأنا ألقي نظرة أخيرة على جسدها المختبئ دائمًا تحت الأثواب الخفيفة الفضفاضة:

– ولم يحدث لامرأة قبلك أن منحتني غربة أشهى..

قالت:

– أخاف أن تندم يومًا وتشتاق إلى إحدى هذه اللّوحات.. اعلم أنّك ستجدها دائمًا عندي.

قلت:

– ربّما سيحدث ذلك.. فنحن في جميع الحالات نندم على شيء ما..

تقاطعني وكأنّها اكتشفت جدّية الموقف:

. mais ce n’est pas possible.. لا يمكن أن نفترق هكذا!

– أوه كاترين.. دعينا نفترق على جوع. لقد حكم علينا التاريخ ألّا يشبع بعضنا من بعض تمامًا.. ولا يحبّ بعضنا بعضًا تمامًا.. لأكثر من سبب. إنّك تملكين اليوم أكثر من نسخة منّي.. علّقي على جدرانك ذاكرتي، حتّى لو كانت ذاكرة مضادّة.. لقد كنتِ أيضًا طرفًا فيها!

لا تفهم كاترين لماذا كلّ هذه الرموز اليوم.

ولماذا هذا الحديث الغامض الذي لم أعوّدها عليه؟

ربَّما فهِمَت، ولكن جسدها كان يرفض أن يفهم. جسدها يخرج عن الموضوع دائمًا. جسدها موظّف فرنسي يحتجّ دائمًا. يطالب دائمًا بالمزيد.. يفرط في حرّيّة التعبير، في حرّيّة الإضراب.

ولكن..

من أين سآتي بالكلمات التي ستشرح لها حزني؟

من أين سآتي بالصمت الذي سيقول لها دون أن أقول شيئًا، إنّ حسّان هناك في مدينة أخرى، ينتظرني في ثلّاجة، وإنّ أولاده الستّة لم يعد لهم غيري.

كيف أشرح لها سرّ قدميّ الباردتين، والصقيع الذي يزحف نحوي كلّما تقدَّمَت بي الساعات، وكلّما راحت يداها تفتحان أزرار قميصي دون انتباه.. بحكم العادة.

– كاترين.. ليس لي شهيّة للحبّ، اعذريني..

– وماذا تريد إذن؟

– أريد أن تضحكي كالعادة.

– لماذا أضحك؟

– لأنّك عاجزة عن الحزن.

– وأنت؟

– وأنا سأنتظر أن تذهبي لأحزن. حزني مؤجَّل فقط كالعادة..

– ولماذا تقول لي هذا اليوم؟

– لأنّني مُتعَب.. ولأنّني سأرحل بعد ساعات..

– ولكن لا يمكنك أن تسافر. لقد ألغوا كلّ الرحلات إلى الجزائر..

– سأذهب، وأنتظر في المطار أوّل طائرة تقلع. لا بدّ أن أسافر اليوم أو غدًا. هناك من ينتظرني..

كان يمكن أن أقول لها: «لقد مات أخي.. أخي الوحيد يا كاترين..» وأجهش بالبكاء. فقد كنت في حاجة إلى أن أبكي أمام أحدٍ يومها.

ولكن لم أكن قادرًا على ذلك معها. لعلّها عقدة قديمة.. فالحزن قضيّة شخصيّة، قضيّة تصبح أحيانًا وطنيّة..

ولذا احتفظتُ بجرحي داخلي، وقـرّرت أن أواصل حديثي كالعادة. لعلّي في يومٍ آخر سأخبرها بذلك، ولكن ليس اليوم. الصمت اليوم أكبر.

شعرتُ فجأة بأنّني أسأتُ للفراشات.

قلتُ:

– كاترين.. لقد كانت قصّتنا جميلة أليس كذلك؟ كانت مُعقّدة بعض الشيء.. ولكنّها جميلة برغم ذلك. لقد كنتِ المرأة التي كانت دائمًا على وشك أن تكون حبيبتي. وقد ينجح الفراق في تحقيق ما عجزَت كلّ سنوات القرب هذه عن تحقيقه..

– هل ستحبّني عندما نفترق؟

– لا أدري.. من المؤكّد أنّني سأفتقدكِ كثيرًا. إنّه منطق الأشياء. لقد كان لي معك أكثر من عادة. ولا بدّ لي بعد اليوم أن أغيّر عاداتي..

– وهل ستعود؟

– ليس قبل مدّة طويلة.. لا بـدّ أن أتعلّم الآن الوجه الآخر للنسيان. الغربة أمّ أيضًا، ليس سهلًا أن نجتاز الجسر الذي سيفصلنا عنها..

– خالد.. لماذا تحيط نفسك بكلّ هذه الجسور؟

– أنا لا أحيط نفسي بها.. أنا أحملها داخلي. هناك أناس وُلدوا هكذا على جسر معلّق. جاؤوا إلى العالم بين رصيفيْن وطريقيْن

وقارّتين. وُلِدوا وسط مجرى الرِّياح المضادّة، وكَبُروا وهم يحاولون أن يصالحوا بين الأضداد داخلهم. ربَّما كنت من هؤلاء.. في الحقيقة دعيني أبُحْ لك بسرّ. اكتشفت أنّني لا أحبّ الجسور، وأكرهها كراهيتي لكلّ شيء له طرفان، ووجهتان، واحتمالان، وضدّان. ولهذا تركت لك كلّ هذه اللّوحات.

كنت أودّ إحراقها، راودتني هـذه الفكرة، ولكنّي لست في شجاعة طارق بن زياد. ربَّما لأنّ إحراق بحّار لباخرته في معركة حربيّة، يظلّ أسهل من إحراق رسّام للوحاته في لحظة جنون..

وبرغم ذلك، أريد أن أحرقها حتّى أقطع على قلبي طريق العودة إلى الخلف.

لا أريد أن أقضي حياتي، وأنا أسلك هذا الجسر في الاتّجاهين.

أريد أن أختار لقلبي مسقطه الأخير.

أريد أن أعود إلى تلك المدينة الجالسة فوق صخرة، وكأنّني أفتحها من جديد، كما فتح طارق بن زياد ذلك الجبل، ومنحه اسمه..

.. منذ غادرتها أضعت بوصلتي. قطعت علاقتي بالتاريخ وبالجغرافيا، ووقفت سنوات على نقطة استفهام، خارج خطوط الطول والعرض.

أين يقع البحر وأين يقف العدوّ؟ أيّهما أمامي وأيّهما ورائي؟

لا شيء وراء البحر سوى الوطن.. ولا شيء أمامي سوى زورق الغربة.. ولا شيء بينهما سواي..

على من أعلن الحرب ولا شيء حولي سوى الحدود الإقليميّة للذاكرة؟

نظرَت إليّ كاترين، ولم تفهم شيئًا..

لقد كانت علاقتنا دائمًا ضحيّة سوء فهم وقصر نظر. فافترقنا كما التقينا منذ أكثر من قرن، دون أن يعرف أحدنا الآخر حقًّا.. دون أن يحبّ أحدنا الآخر تمامًا.. ولكن دائمًا بتلك الجاذبيّة الغامضة نفسها.

* * *

وقلتِ:
«الحبّ هو ما حدث بيننا.. والأدب هو كلّ ما لم يحدث».
نعم ولكن..
بين ما حدث وما لم يحدث، حدثت أشياء أخرى، لا علاقة لها بالحبّ ولا بالأدب.
فنحن في النتيجة، لا نصنع في الحالتين سوى بالكلمات. وحده الوطن يصنع الأحداث، ويكتبنا كيفما شاء.. ما دمنا حبره.
غادرتُ الوطن في زمنٍ لحظر التنفّس.. وها أنا أعود إليه مذهولًا في زمن آخر لحظر التجوّل.
أتذكّر وأنا أواجه هذه المرّة وحدي مطار تلك المدينة الملتحفة بالحداد كلامًا قاله حسّان منذ ستّ سنوات واستوقفَتني كلماته دون سبب واضح.
قال: «إنَّ قسنطينة فرغت من أهلها الأصليّين. لقد أصبحوا لا يأتونها سوى في الأعراس أو في المآتم».
يذهلني اكتشافي.. ها أنا أصبحت إذن الابن الشرعيّ لهذه المدينة التي جاءت بي مُكرهًا مرّتين.
مرّة لأحضر عرسك.. ومرّة لأدفن أخي. فما الفرق بين الاثنين؟
لقد مات أخي في الواقع مثلما مُتّ أنا منذ ذلك العرس.
قتلَتِنا أحلامنا..